Het Ij St.nicolaaskerk Schreierstoren Amstelkring Museum Oudekerk Beurs van Berlage Dam Nieuwekerk Koninklijk Paleis Theater Museum Anne Frank Huis Westerkerk Begijnhof Munttoren Bloemenmarkt Rembrandtplein Rembrandthuis Hortus Botanicus Amsterdam New Metropolis Science and Technology Center Nederlands Scheepvaart Museum Leidseplein Museum van Loon Vondelpark Museumplein Rijksmuseum Rijksmuseum Vincent Van Gogh Stedelijk Museum of Modern Art Tropenmuseum Hineken Experience Grand-Place Hôtel de Ville Maison des Ducs de Brabant Musée du Costume et de la Dentelle Musée du Cacao et Chocolat Maison des Brasseurs Théâtre Toone Théâtre Royal de la Monnaie Belgian Centre Belge de la Band Dessinée Cathédral St.Michel Église St. Nicolas Église St. Catherine Tour Noire Palais Royal Palais des Beaux-Arts Musée Royaux des Beaux-Arts Mont des Arts

自由行

乐游全球…… 17

荷兰
比利时
卢森堡

花香四溢
钟声回荡
欧洲的十字路

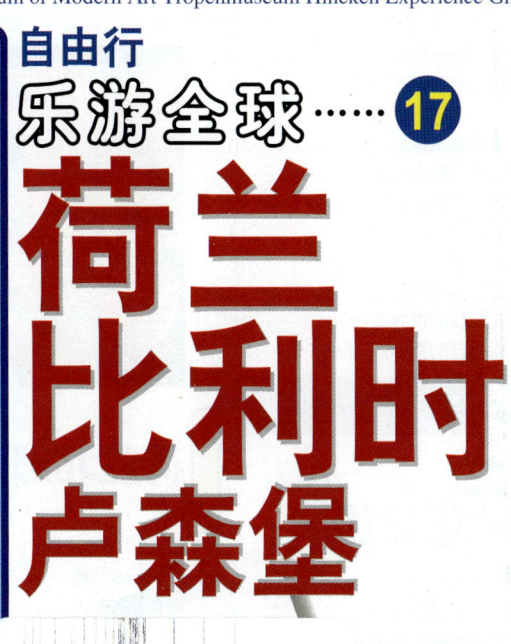

实业之日本社海外版编辑部 ◎ 编著
迟晓春 郭攀霞 满新茹 ◎ 译
张建邦 ◎ 审订

北京·旅游教育出版社

乐游全球 ⑰ 荷兰 比利时 卢森堡
Nederland　Belgium　Luxembourg

目录 CONTENTS

- Map 欧洲中部 …………… 6
- Map 比荷卢经济联盟 …… 8

走进荷比卢!
- 荷兰旅行基本信息 ……………… 10
- 比利时旅行基本信息 …………… 12
- 卢森堡旅行基本信息 …………… 13
- 图说魅力荷比卢 ………………… 14
- 3国基本概况 …………………… 15
- 周游3国方案推荐 ……………… 16
- 一定要参观的世界遗产 ………… 18
- 千万别错过的新看点 …………… 20

荷兰 …………………………… 21

荷兰 主题之旅
- 畅游风情十足的荷兰 …………… 22
- 精心选择荷兰的土特产 ………… 26
- 小小国家的伟大艺术家 ………… 28
- 汇聚了世界各种花卉的鲜花王国 … 30
- 邂逅童话般的风车王国 ………… 32
- 不可错过的超级美食 …………… 34

阿姆斯特丹 …………………… 35
- 城市风貌 ………………………… 36
- 漫步导览 ………………………… 38
- 经典旅游线路 …………………… 40
- 市内交通 ………………………… 48
- 各有特色的观光旅行团 ………… 52
- 主要景点 ………………………… 53
  - 阿姆斯特丹中央站周边 ……… 53
  - 莱兹广场周边 ………………… 59
- 文艺娱乐 ………………………… 64
- 夜晚时光 ………………………… 65
- 集市 ……………………………… 66
- 商店 ……………………………… 67
- 餐厅&咖啡店 …………………… 72
- 酒店 ……………………………… 76

荷兰北部 ……………………… 83
- 哈勒姆 …………………………… 84
- 沃伦丹&马肯 …………………… 88
- 埃丹&阿克玛 …………………… 90
- 霍伦&恩德豪森 ………………… 93
- 吕伐登 …………………………… 95
- 马克姆&欣德洛彭 ……………… 98
- 羊角村 …………………………… 101
- 泰瑟尔&阿默兰 ………………… 102
- 乌得勒支 ………………………… 104
- 梅登&哈泽伊伦斯 ……………… 110
- 阿纳姆及周边 …………………… 112
- 莱顿 ……………………………… 114

荷兰南部 ……………………… 119
- 海牙 ……………………………… 120
- 代尔夫特 ………………………… 130
- 鹿特丹 …………………………… 133
- 豪达 ……………………………… 140
- 莱尔丹 …………………………… 142
- 马斯特里赫特 …………………… 144
- 布雷达 …………………………… 152
- 托伦&米德尔堡 ………………… 154

逛街便携版
超大剪切地图
阿姆斯特丹市中心（正面）
布鲁塞尔市中心（反面）

比利时 ……………… 155

比利时主题之旅

食材丰富的特色菜肴 ………… 156
令天使与魔鬼微笑的七彩啤酒乐园 … 158
甜点王国的幸福味道 ………… 160
优雅精致的蕾丝世界 ………… 162
领衔超现实主义的比利时
　现代绘画 ………………… 163
栩栩如生的佛兰德写实绘画 … 164
诞生于比利时的新艺术风格建筑 … 166

布鲁塞尔 …………… 167

城市风貌 ………………… 168
漫步导览 ………………… 170
经典旅游线路 …………… 172
市内交通 ………………… 178
各有特色的观光旅行团 … 182
主要景点 ………………… 183
　布鲁塞尔大广场周边 … 183
　王宫周边 ……………… 187
　郊外 …………………… 191
商店 ……………………… 194
餐厅&咖啡店 …………… 197
酒店 ……………………… 201
近郊推荐景点 …………… 205
比利时的红人——少年记者
　丁丁 …………………… 206

佛兰德地区 ………… 207

布吕赫 …………………… 208
奥斯坦德 ………………… 219
克诺克-海斯特 ………… 222
安特卫普 ………………… 224
梅赫伦 …………………… 235
根特 ……………………… 238
鲁汶 ……………………… 246
哈瑟尔特 ………………… 250

瓦隆地区 …………… 253

列日 ……………………… 254
迪尔比伊 ………………… 260
那慕尔 …………………… 262
迪南 ……………………… 268

卢森堡 271
- 沿着摩泽尔河寻访美味葡萄酒 272
- 卢森堡市 274
- 埃希特纳赫 285
- 维安登 286
- 克莱沃 288

旅行信息 [中国篇] 289
- 出发日期的确定 290
- 制订旅行计划 292
- 预订酒店 294
- 购买机票 295
- 旅行必备品 296
- 旅行费用 298
- 收集信息 300
- 机场指南 302

旅行信息 [当地篇] 307
- 荷兰 308
  - 出入境指南 308
  - 国内交通 314
  - 实用信息 317
- 比利时 322
  - 出入境指南 322
  - 国内交通 329
  - 实用信息 331
- 卢森堡 334
  - 出入境指南 334
  - 实用信息 335
- 荷比卢治安状况 336
- 旅行健康管理 337
- 旅行会话 338
  - 英语+法语 338
  - 荷兰语 343
  - 购物用语 344
  - 问路 346

- 观光景点索引 348

重要信息

＜荷兰＞
- 方便实用的博物馆通卡 62
- 冬宫博物馆阿姆斯特丹分馆 64
- 大受欢迎的有机百货超市——MARKT 74
- 舒适的公寓式房间 80
- 海牙最具人气的尊贵之旅 122
- 海牙的特产——甜食 127
- 漂亮的画廊里欣赏玻璃艺术品 .. 143
- 布雷达丰富的节日活动 153

＜比利时＞
- 关于撒尿小孩铜像的逸闻趣事 .. 185
- 几经变迁、魅力无限的马洛鲁地区 .. 191
- "深海庭园"——一处适合休憩的静谧场所 221
- "向月亮泼水的人" 237
- 选择时尚游还是琴酒游？ 252
- 瓦隆地区最负盛名的阿登美食 .. 259
- 乘船巡游那慕尔 264
- 又大又硬的库克·德·迪南饼干 .. 270

＜卢森堡＞
- 让卢森堡之旅更加便捷的好帮手 .. 276
- 乘坐缆车，在乌尔河上空饱览美景 .. 287

为您导航
- 标有"Coffee Shop"的店铺可不是咖啡屋！ 73
- 引爆鹿特丹夏日激情的"北海爵士音乐节" 137
- 注意布鲁塞尔大广场一带的治安 .. 183
- 对货币黑市陷阱说"NO" 317

特别介绍
- 沃德洛彭徒步走海之旅 103
- 奈梅亨4日徒步行 113
- 海牙文化节 125
- 复活节狂欢会 146

原汁原味的文化
- 在运河船屋上生活 56
- 传统的"运河跳" 97
- 在米菲兔故乡与其相遇 108
- 根特节上"处罚者"游街活动的首创者——查理五世 242
- 感受瓦隆地区的法语文化 257
- 拯救了维安登城堡的维克多·雨果 .. 287

世界遗产
World Heritage

<荷兰>
阿姆斯特丹防线 ················· 54
贝姆斯特圩田 ··················· 89
沃达蒸汽泵站 ·················· 100
斯霍克兰及周边地区 ············ 100

瓦登海和海豹康复研究中心 ······ 100
施罗德住宅 ···················· 107

<比利时>
贝居安修道院 ·················· 213
帕拉丁-莫瑞图斯工坊-博物馆 ···· 229
图尔奈圣母大教堂 ·············· 234
斯皮耶纳新石器时代燧石矿 ······ 234

本书使用方法

● **货币符号**
€代表欧元，1欧元约兑换8.5元人民币（2014年5月）

● **地图标记**

H	···酒店	文	···学校
R	···餐厅	✈	···机场
S	···购物中心	✚	···医院
☕	···咖啡店	⛪	···教堂
N	···娱乐场所	i	···旅游咨询处
〒	···邮局	🚔	···警亭
B	···巴士	▲	···山峰
P	···停车点	········	地下隧道
🚌	···巴士车站	——	地铁

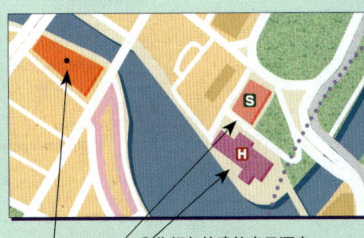

● 此颜色的建筑表示酒店
● 此颜色的建筑表示购物中心
● 此颜色的建筑表示观光景点或者地标性建筑

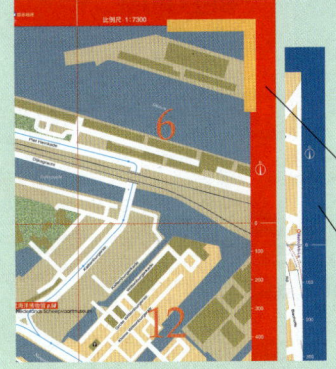

卷首剪切地图的使用方法

地图正面为红色，边框用红色标注（如阿姆斯特丹市中心）

地图反面为蓝色，边框用蓝色标注（如布鲁塞尔市中心）

地图上对一些观光景点和购物商店的具体位置进行了标注。见如下说明。

● 剪切地图-4　p.47-B
↳ 表示此景点或商店在正面地图的4区域内标注了位置。此外，在内文第47页的地图B区也有标注。

● 剪切地图-35　p.185-B
↳ 表示此景点或商店在反面地图的35区域内标注了位置。此外，在内文第185页的地图B区也有标注。

★本书里酒店介绍部分标示的价格里，S代表单人间房价，T代表标准间房价。建议住宿酒店最好在国内先预订好。

★本书中景点门票以及餐厅、酒店等费用数据后的"~"，表示"……起"，如"€30~"表示"30欧元起"。

★内文中相关符号的说明如下：

交	···交通	✉	···地址	开	···营业时间	€	···费用	休	···休息时间
☎	···电话	FAX	···传真	HP	···网址	邮	···电子邮箱	室	···客房

★鉴于本书中提供的相关费用、营业时间、休息时间、电话号码、交通工具运行时刻表等信息资料，时有变动，建议使用本书的读者，行前不妨再次加以确认。

★为使读者更直接地获取当地相关信息，本书保留了部分当地名称的拼写未进行音译，有中文音译名的一般都会有原名对照。

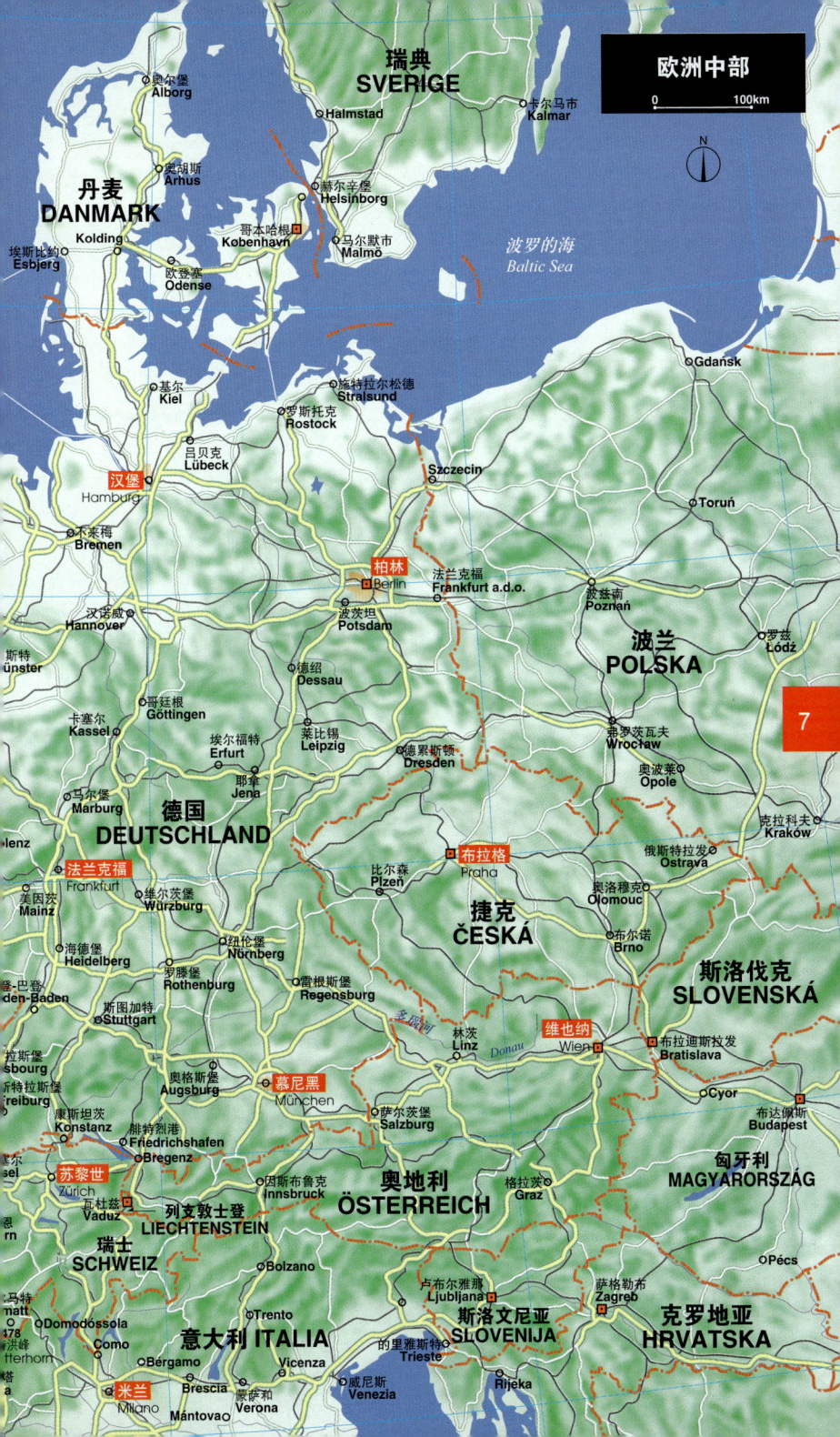

比荷卢经济联盟
Benelux

0 30km

Emden
Lingen
Münster
海瑟姆 p.100
温瑟姆 p.97 Winsum
Groningen
Emmen
Bocholt
GERMANY 德国
阿默兰 p.103 Ameland
吕伐登 p.95 Leeuwarden
丰角井 p.101 Giethoorn
阿珀尔多伦 Apeldoorn p.112
Enschede
Deventer
阿姆 p.113 Arnhem
奈梅亨 p.113 Nijmegen
斯塔克 p.100
Zwolle
马克姆 p.98 Makkum
欣德洛彭 p.99 Hindeloopen
恩科豪森 p.94 Enkhuizen
Lelystad
Rhein
Texel 塞瑟尔 p.102
霍伦 p.93 Hoorn
埃丹 p.90 Edam
沃伦丹 p.88 Volendam
马肯 p.89 Marken
阿姆斯特丹 p.35
海姆 p.110
梅登 Muiden
Amersfoort
P.35
乌特勒支 p.104 Utrecht
p.111 浑伊伦斯 Houten/Ijlens
利丹 p.142 Leerdam
Waal
Maas
Den Helder
NEDERLAND 荷兰
阿克玛汉姆 p.92 Alkmaar
Zaanse Schans 新伯伯丹 p.33
哈勒姆 p.84 Haarlem
机场 p.316
阿尔斯梅尔 Aalsmeer
Leiden 莱西 p.114
高达 p.32 Gouda p.140
Dordrecht
小渔堤防 Kinderdijk
Tilburg
布雷达 p.152 Breda
Keukenhof 库肯霍夫 p.31
斯海弗宁根 p.128 Scheveningen
海牙 p.120 Den Haag
代尔夫特 p.130 Delft
鹿特丹 p.133 Rotterdam

P.83

8

A

B

C

北海
Noordzee

D

E

F

p.154 米德尔堡

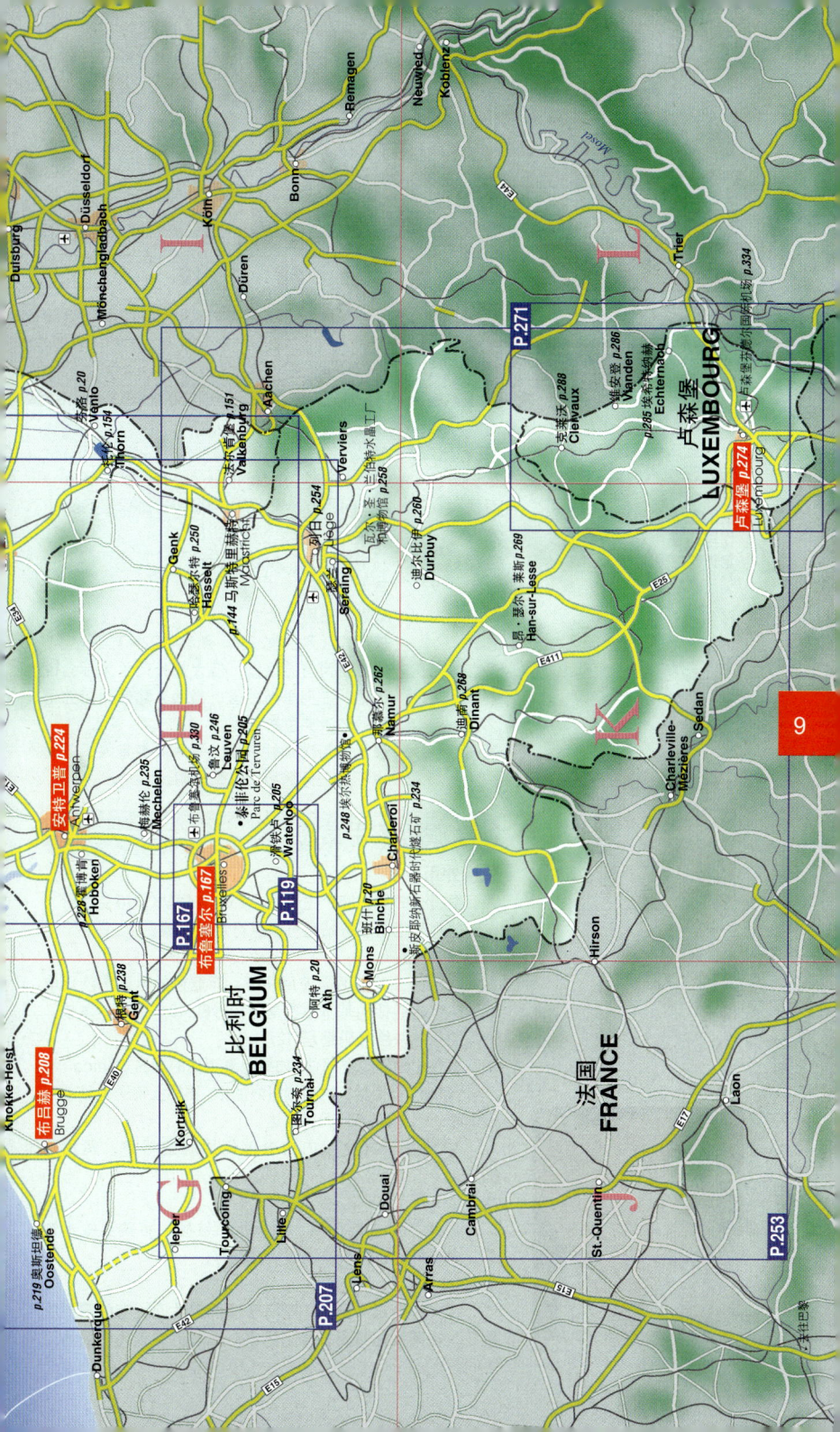

走进荷比卢！

荷兰旅行基本信息

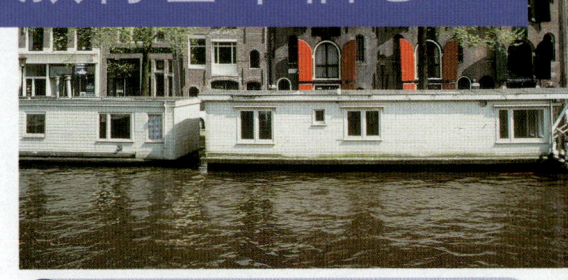

荷兰国旗

旗面自上而下由红、白、蓝三个平行相等的横长方形相连而成。1568年，在荷兰反抗西班牙统治的独立战争时期，被当作军旗使用，1937年正式定为荷兰国旗。

荷兰基本信息

正式国名	尼德兰王国　Koninkrijk der Nederlanden
面积	41 864平方公里（和中国海南省面积差不多）
人口	约1640万人
首都	阿姆斯特丹　Amsterdam
政体	君主立宪制
国王	威廉·亚历山大
宗教	基督教（天主教32%，新教徒22%）
语言	荷兰语为官方语言，但大部分荷兰人都会说英语。在弗里斯兰省，当地人除使用荷兰语外，还讲弗里斯兰语。
气候	属于温带海洋性气候，夏季凉爽宜人，冬季也不是十分寒冷，四季分明。

旅行实用信息

兑换外币

银行、邮局、35个主要站点都设有GWK外币兑换所，在一些观光指导服务站也可以进行外币兑换。

电话、邮政

绿色的公共电话需使用硬币，而蓝色的电话需使用电话卡。市内通话的基本话费是每10秒€0.10。警察、急救、消防的紧急联络号码都是112。

寄往中国的航空邮件，如果包裹上面的国名"China"和"Air Mail"都用醒目的字体写好的话，再写上寄送地址就可以寄送，大约会在5~7天内到达。

明信片和20克以内的书信使用航空邮寄，费用是€0.95。

水

自来水可直接饮用，如果水质较硬，可购买软水饮品。含碳酸的饮料和非碳酸饮料都有。

卫生间

在大型商店和建筑中都有干净的卫生间（有的需要收费）。在阿姆斯特丹，街上还设有很多男性专用的简易卫生间。

荷兰的邮筒

各商业场所的营业时间（大致时间）
- 银行　9:00~17:00／18:00　休 周末、节假日（有些银行在晚上和周六也正常营业）
- GWK外币兑换所　白天都营业，在主要站点还设有24小时提供服务的外币兑换所。
- 邮局　9:00~17:00　休 周末、节假日（有些邮局周六的营业时间为9:00~12:00）
- 百货商店　9:00~18:00
- 餐厅　12:00~14:00、17:30~22:00
- 咖啡馆、酒吧　9:00~翌日1:00

小费
荷兰没有在旅馆房间放置小费的习惯，通常也不给搬运工小费。但如果有特殊的场合需要小费，一般给€1左右就可以了。如果在餐厅吃饭，一般要付相当于餐费10%~15%的小费。

荷兰、比利时、卢森堡
荷比卢3国基本信息

通货
荷兰、比利时、卢森堡的法定货币是欧元区共同的货币——欧元（记做€、euro、eur）。欧元以下的单位是欧分（记做cent，或者在欧元的后面用小数点来表示）。流通货币的种类有50、20、10、5欧元的纸币，2、1欧元的硬币，以及50、20、10、5、2、1欧分的硬币。详情请参照p.298。

汇率
1欧元大约合8.5元人民币（2014年5月）

唯一的法定货币：欧元

1CENT　2CENT　5CENT　5EURO

10CENT　20CENT　50CENT　10EURO

20EURO

1EURO　2EURO
1EURO = 100CENT

50EURO

电压和插线头
荷兰
电压是230V、50 Hz。插线头有B、C、SE三种。
比利时
电压是220V、50 Hz。插线头有C、SE两种。
卢森堡
电压是220V、50 Hz。插线头一般是SE类型的。

往中国打电话的方法
00（国际电话的识别编号）
＋
86（中国代码）
＋
区号（如北京为10）
＋
对方的电话号码

时差
3个国家都属于中欧时区，和北京的时差是7个小时。夏令时间（3月的最后一个星期日到10月最后一个星期六），时针要往前调一个小时，这样一来，夏令时比国内晚6个小时。

走进荷比卢!

比利时旅行基本信息

比利时国旗

© Brussels International

旗面从左到右由黑、黄、红三个平行相等的竖长方形组成。在1789年反对奥地利统治的起义中初次使用。之后在1830年发起的抗击荷兰独立战争期间作为战旗使用。1831年,被正式定为国旗。其中黑色象征力量,黄色象征丰收,红色象征胜利。

● 比利时基本信息

正式国名	比利时王国　Royaume de Belgique
面积	30 528平方公里（略小于中国海南岛面积）
人口	约1060万人
首都	布鲁塞尔　Bruxelles
政体	议会制君主立宪制
元首	阿尔贝二世
宗教	基督教（天主教75%）
语言	北部地区使用荷兰语,南部地区使用法语。布鲁塞尔是两种语言通用的城市,在靠近德国边境的地区使用德语。而英语在每个城市几乎是通用的。
气候	海洋性气候,一年四季多雾多雨,并且在一天之内气候经常变化无常。

各商业场所的营业时间

（大致时间）

● 银行　9:00~16:00　休 周末、节假日（有些银行在周六上午也会营业）
● 外币兑换所　6:30~22:00
● 邮局　9:00~17:00　休 周末、节假日（有些邮局周六的营业时间是9:00~12:00）
● 百货商店　10:00~19:00
● 餐厅　12:00~14:30、18:30~19:00~22:00
● 咖啡馆、啤酒屋　10:00~翌日1:00

小费

在比利时,一般是不需要付小费的,因为大部分的消费中,都包含了服务费和税金。但是,在高级餐厅用餐,一般要额外付10%~15%的小费。用银行卡支付时,可以根据自己的情况在服务栏填写小费金额。

● 旅行实用信息

兑换外币

无论在布鲁塞尔机场内的外币兑换所,还是在市内银行、酒店、国营地铁的主要站点、街上的兑换所,都可以进行外币兑换。一般银行的兑换汇率比较高。

电话、邮政

使用公用电话的市内通话费用是每分钟€0.60（夜间、早晨以及周末、节假日为每分钟€0.30）。一般都是使用电话卡拨打。联系警察拨打101,急救电话是112,火警是100。

可以使用航空邮寄明信片和20克以内的书信,费用为€1.20。如果选用航空邮寄,在信件上面贴上蓝色的"PRIOR"标签,就可以邮寄了。大约1周就可以到达中国。

水

比利时的自来水也可以直接饮用,但是其中含有石灰成分,因而建议不要直接饮用,最好购买矿物质水。

卫生间

多数建筑和店铺都设有卫生间,但大部分都要收费。如果没指定收费金额,一般需要支付€0.25~0.50的小费。

走进荷比卢！

卢森堡旅行基本信息

卢森堡基本信息

正式国名	卢森堡大公国　Grand Duchy of Luxembourg
面积	2586平方公里（面积仅为中国上海市的三分之一）
人口	约47万人
首都	卢森堡市　Luxembourg
政体	君主立宪制
元首	亨利大公
宗教	基督教（大多数是天主教）
语言	官方语言是卢森堡语、法语、德语，但大多数人都会说英语。
气候	这里4~5月气候多变；6~8月干爽宜人，十分舒适；秋天经常是多云；冬天的卢森堡不是十分寒冷。一年四季降雨量较少。

旅行实用信息

兑换外币

在银行、外币兑换所、机场、车站、邮局和比较大的酒店都可以兑换外币，汇率比较高的地方是银行和邮局。

电话、邮政

在卢森堡国内，打电话没有市内和长途之分。打长途电话时不加区号也是可以的。市内每通话一次的费用是€0.12。使用公用电话拨打电话大多要使用电话卡。2012年，卢森堡引入了插卡式电话卡。联系警察的电话号码是113，急救和消防电话号码是112。

可以使用航空邮寄明信片和20克以内的书信，费用为€1.10。大约一周便可到达中国。

水

卢森堡的自来水可以直接饮用。但是有些地方的水质较硬，因此还是建议购买矿物质水饮用。

卫生间

需要注意的是，相比荷兰和比利时，卢森堡的卫生间较少。主要的公共设施和大型店铺内设有卫生间，大部分是要付费的。

卢森堡国旗

旗面由三个平行相等的横长方形组成，自上而下分别为红、白、浅蓝三色。虽然和荷兰国旗有些相似，但是蓝色稍有不同。荷兰国旗是深蓝，而卢森堡国旗是浅蓝。红、白、蓝三色取自于13世纪描绘着狮子的大公徽章，象征平等、民主和自由。1972年，被正式定为卢森堡国旗。

各商业场所的营业时间
（大致时间）

● 银行　9:00~16:30（大多数的银行会有一小时的午休）
休 周末、节假日（有些银行在周六上午也会营业）
● 邮局　8:00~17:00　休 周六、周日、节假日（中央邮局在周六7:00~17:00也正常营业）
● 百货商店　10:00~18:00
休 周日、周一的上午
● 餐厅　12:00~14:30，19:00~22:00

小费

在卢森堡，一般是不需要小费的，因为大部分的消费中，都包含了服务费和税金。但是，如果在高级餐厅用餐，一般要额外付10%~15%的小费。用银行卡支付时，可以根据自己的情况在服务栏填写小费金额。

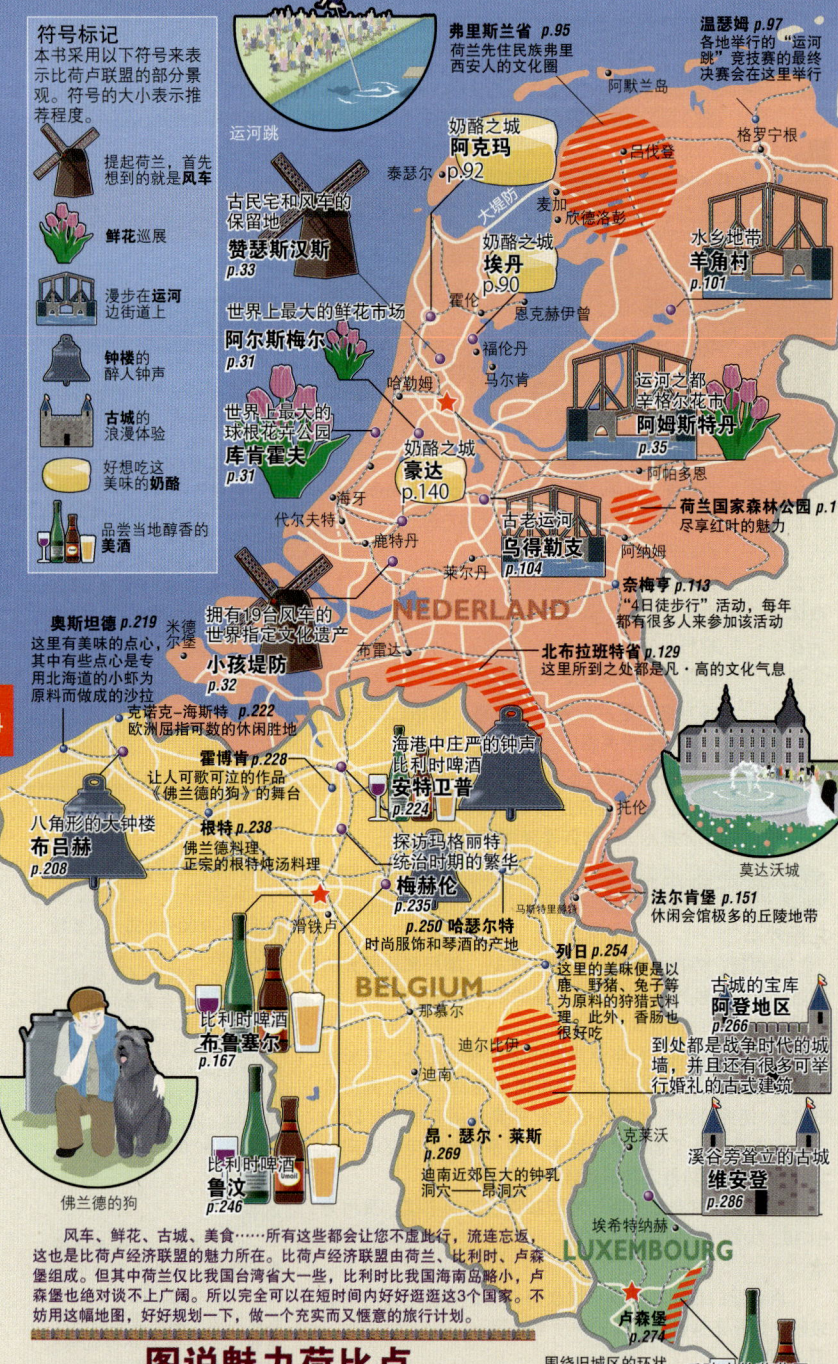

走进荷比卢！
3国基本概况

荷比卢3国面积都很小，国土合起来还没有中国重庆市面积大呢。历史上这3个国家曾组成尼德兰王国，后来比利时、卢森堡相继独立。现在，这3个国家又结成经济联盟，全称为"比荷卢经济联盟"。

荷兰是这样的国家

荷兰全境为低地，四分之一的土地海拔不到1米，四分之一的土地低于海平面，从古至今，这个国家都不断面临洪水的威胁。为解决这一问题，荷兰各地修筑堤坝，挖掘运河治理水患，围海造田开拓更多国土。因此，荷兰成为世界上围海造陆的典范。

在首都阿姆斯特丹，有多达165条运河，它们成为了划分整个城市街道的分界线。站在游艇停靠处一侧，来往的观光船纵横交错。当有大型船只经过时，吊桥就会升起，不管是行人、自行车还是小汽车都要停下来，等待船只通过。在运河旁搭建的露台上，有谈论时尚的年轻人，独自静坐的老人，他们品尝着咖啡，悠闲自在地享受属于自己的时光。

这是一个"水上之都"，如果去郊外的话，这一点会更令人印象深刻。担当调节运河水任务的不是别的，正是这里最有名的风车。如今，荷兰的风车大多采用电力式的水泵，当然，磨粉用的风车仍然可以看到。

这里的人们在与洪水对抗的过程中，逐渐掌握了驭水的本领，甚至找到诸多乐趣。比如"运河跳"就是在生活过程中产生的，如今已发展成一项竞技娱乐项目。此外，在海上还会开展游艇赛和帆船赛，当运河结冰的时候，人们还会尽情地溜冰。

围海造出的平坦土地造就了这里十分发达的乳畜业。此外，这里还是世界最大的花卉生产基地。如今，这里的人们已经形成了"自行车好过小汽车"的生活理念，窗台栽种各种花卉，精心修饰自家庭院，非常注重生活品质。在荷兰各地，街道都整齐美观，宛若艺术花园。

位于比利时安特卫普的布鲁塞尔大广场

比利时是这样的国家

世界上再也没有像比利时这样不同地域有不同风情的国家了。比利时有三个行政区，同时根据语言族群还设立了三个区，分别为荷兰语区、法语区、德语区，这三个共同体组成了这个联邦制国家。

佛兰德地区主要说荷兰语，它位于斯凯尔特（Schelde）河流域一带，地势平坦。

瓦隆地区使用法语，一些地方还会使用德语。它位于斯凯尔特河流域一带，地形变化丰富。

首都布鲁塞尔使用荷兰语和法语。布鲁塞尔是北大西洋公约组织（NATO）、欧盟（EU）等大型国际组织的总部所在地。

卢森堡是这样的国家

从地图上看，卢森堡宛如一粒水滴，十分可爱。它位于欧洲的中心，自古以来就是交通要塞。因其地形富于变化，在1890年独立之前，相邻国家先后在此建立军事据点。在卢森堡市的深谷边上，有一座自15世纪存留下来的环状城墙，到处可见样式独特的建筑物，整个小城被列为世界遗产。

卢森堡整个国家都被绿色覆盖，这一点绝不夸张。从首都出发，15分钟的车程，就进入了郁郁葱葱的森林。在河边的餐馆，美酒和佳肴在热情恭候每位游客的到来。

位于阿姆斯特丹运河边上的露天咖啡馆。尽管仍有些寒意，但人们依然享受着户外安静悠闲的时光

走进荷比卢！
使用比荷卢联盟通票来旅行吧！

周游3国方案推荐

荷兰、比利时、卢森堡3国都有丰富悠久的历史，在这里可以尽情呼吸新鲜空气，拥抱大自然。在此推荐您一条非常方便的旅行线路，就是利用在3国可自由通行的"比荷卢联盟通票"，乘火车尽情观赏车窗外的壮丽景观。

比荷卢联盟通票　Eurail Benelux Pass

在荷兰、比利时、卢森堡3国都可使用火车通票，可无限制地乘坐各国国营铁路列车。在一个月内，任选5天、2人以上全程持通票同行时，可购买享有优惠票价的同行通票，25岁以下乘客可购买青少年通票（参照p.310）。

❶ 第一日　*Amsterdam* → *Den Haag*

阿姆斯特丹
坐火车到海牙大约50分钟

- ●圣尼古拉斯教堂（p.53）
- ●达姆广场（p.55）
- ●安妮·弗兰克之家（p.56）
- ●国立美术馆（p.60）

海牙
坐火车到鹿特丹大约25分钟（住宿）

- ●平和宫（p.124）
- ●莫瑞泰斯皇家博物馆（p.123）
- ●监狱博物馆（p.124）
- ●国会大厦（p.122）

❷ 第二日　*Rotterdam* → *Antwerpen*

鹿特丹
坐火车到安特卫普大约1小时

- ●立方体房屋（p.135）
- ●鹿特丹海洋博物馆（p.135）
- ●荷兰建筑协会（NAI）（p.136）
- ●德夫哈芬地区（p.137）

安特卫普
坐火车到布鲁塞尔大约40分钟（住宿）

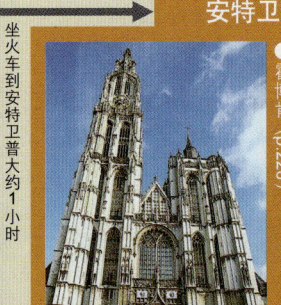

- ●霍博肯（p.228）
- ●安特卫普大广场（p.227）
- ●鲁本斯故居（p.225）
- ●圣母主教座堂（p.225）

③ 第三日

Bruxelles 布鲁塞尔

© Brussels International

- 布鲁塞尔大广场（p.183）
- 小于连撒尿铜像（p.185）
- 皇家莫奈剧场（p.186）
- 圣米歇尔大教堂（p.186）
- 王宫（p.187）
- 皇家美术馆（p.188）

→ 坐火车到布吕赫大约1小时 → 布吕赫（住宿）

④ 第四日

Brugge 布吕赫

- 市区（p.212）
- 圣血礼拜堂（p.211）
- 市场广场（p.211）
- 圣母教堂（p.212）

→ 坐火车到卢森堡大约3小时40分钟 → 卢森堡（住宿）

⑤ 第五日

Luxembourg 卢森堡

- 圣母大教堂（p.277）
- 军事广场（p.276）
- 威廉二世广场（p.276）
- 瓦茨拉夫环状城墙（p.278） 

→ 坐火车到阿姆斯特丹大约5小时 → 阿姆斯特丹

比荷卢联盟通票
HP http://cn.eurail.com/

能代理比荷卢联盟通票的旅行社
- 欧洲铁路公司
  HP http://www.raileurope.cn
- H.I.S.
  ☎ 03-5908-2174　HP http://rail.his-vacation.com
- seven-tourist
  ☎ 03-3984-2161　HP http://www.seven-tourist.com

走进荷比卢！ 周游3国方案推荐

走进荷比卢！
一定要参观的 世界遗产

荷兰、比利时、卢森堡3国里都有人类不可复制的财产——世界遗产。荷兰由于围海造陆，其遗产大多与其独特的地形有关。而比利时比较多的则是历史和文化类世界遗产。卢森堡因为国家小，仅有1处世界遗产。

荷兰

❶ 瓦登海域 （参照p.100）
临近荷兰、德国、丹麦的瓦登海域包括位于荷兰北部的瓦登海及其海岛、沼泽地带。2009年6月被列入世界遗产名录。这里退潮时出现的辽阔景象每每让人叹为观止，在此可以看到野生鸟类、螃蟹、海豹等。

❷ 斯霍克兰地区及其周边 （参照p.100）
斯霍克兰位于荷兰北部，原是艾瑟尔湖上的岛屿，后来被围垦后形成了如今的半岛。19世纪这里形成了独特的文化，是荷兰最早被列入世界遗产名录的文化遗产。

❸ 阿姆斯特丹防线 （参照p.54）
这是一条环阿姆斯特丹、周长135公里、为阻止敌人入侵而修建的防护线。具有代表性的观光景点是在埃丹和沃伦弗之间的城寨以及韦斯普Ossenmark的塔等。而同样被选入世界遗产的贝姆斯特圩田，现在也还保留着古时城寨的遗迹。

❹ 沃达蒸汽泵站 （参照p.100）
该蒸汽泵站建成于1920年，位于荷兰北部的莱默（Lemmer），是目前世界上仍在运行的、最大的蒸汽动力泵站。

❺ 贝姆斯特圩田 （参照p.89）
该圩田位于北荷兰省，创建于17世纪早期，由围海造陆而成。这里的建筑物和农田等景观都井然有序，至今仍保留着当时规划良好的乡村景色，于1999年被列入世界遗产名录。

❻ 施罗德住宅 （参照p.107）
位于荷兰北部的乌得勒支，是由建筑设计师吉瑞特·托马斯·里特维尔德亲自设计的住宅建筑。该住宅建于1924年，现在也是荷兰中央博物馆的一部分。

❼ 小孩堤防 （参照p.32）
小孩堤防村附近的19台风车建于18世纪，是为从低处引水到达灌溉目的地而建造的。这里具有重要的历史意义。荷兰国土有五分之三都低于海平面，风车便是荷兰自古以来和水、和湿气斗争的象征。

❽ 阿姆斯特丹辛格尔运河区 （参照p.38）
历史上，17世纪是荷兰的黄金时代。这条古老的阿姆斯特丹街区，有1550个建筑物至今被完好地保存下来。这个包含了绅士运河（Herengracht）、国王运河（Keizersgracht）与王子运河（Prinsengracht）的17世纪同心圆型运河区域，于2010年被正式列入世界遗产名录。

※在荷兰还有一处被选定为世界遗产的景观，那便是位于加勒比海库拉索的首府港口城市——威廉斯塔德的历史文化街区。

比利时

❾ 布鲁塞尔斯托克雷特宅邸　(参照p.193)

该建筑建于1905年，是银行家阿道尔夫·斯托克雷特（Adolphe Stoclet）的宅邸。于2009年6月被列入世界遗产名录。这也是荷比卢3国中最"年轻"的世界遗产了。

❿ 布鲁塞尔的布鲁塞尔大广场　(参照p.183)

位于布鲁塞尔中心的布鲁塞尔大广场周边，有很多建于17世纪、历史悠久的建筑群，比如天鹅咖啡馆、市政厅、国王之家等，这些都已被选定为世界遗产。这些景观无不见证了布鲁塞尔曾经的繁华与发展历程。

⓫ 布吕赫历史中心　(参照p.208)

被誉为"水都"的布吕赫位于比利时西北部，2000年被列入世界遗产名录。这里的街道大多留有中世纪的影子，保留了很多历史建筑遗迹。这里还有⓬⓭世界遗产的一部分。

⓬ 佛兰德的修道院　(参照p.213、248)

佛兰德共有13个修道院被列入世界遗产名录。从这些融合了传统宗教和荷兰传统建筑风格的建筑群中，可以窥见当时城市发展的具体规划。

⓭ 中央运河上的四座船舶升降机及其周边设施（埃诺省拉卢维耶尔镇）

巨大的船舶升降机

比利时南部有四座世界上独一无二的巨大船舶升降机。于19世纪开始建设，20世纪建成，至今仍在使用。

⓮ 斯皮耶纳新石器时代燧石矿　(参照p.234)

这处新石器时代燧石矿发掘于19世纪，也是欧洲最大和最早的古矿采掘场。据说，自公元前4000年开始到公元750年，都有人在此开采、挖掘。

⓯ 图尔奈圣母大教堂　(参照p.234)

该教堂位于比利时西南部，是基督教当时在图尔奈附近进行宣传时修建的大教堂。这里还高耸着五座融合罗马式与哥特式建筑风格的塔楼。

图尔奈的圣母大教堂

⓰ 帕拉丁—莫瑞图斯工坊—博物馆建筑群　(参照p.229)

在比利时北部的安特卫普市，有一座欧洲最大的印刷出版工坊。该建筑本身和其内收藏的书籍文物被联合国教科文组织选定为"世界记忆"。

⓱ 比利时和法国的钟楼群

这些钟楼群建于13~15世纪。其中比利时佛兰德地区有28处、瓦隆地区有7处被列入世界遗产名录。钟楼大多建于各城市的中心地区，主要集中在各大建筑广场内。

⓲ 维克多·奥尔塔设计的住宅群　(参照p.192)

在布鲁塞尔，新艺术（Art Nouveau）建筑风格的代表维克多·奥尔塔亲自设计的四处建筑被列入世界遗产名录。其建筑特点多使用钢铁和玻璃等素材，并注重优美灵动的室内装潢。截至目前只有其中的奥尔塔住宅可以公开观赏。

卢森堡

城墙遗迹

⓳ 卢森堡老城区和要塞　(参照p.274)

卢森堡所到之处都可以看到壮观雄伟的城墙。以这些城墙为特色，整个卢森堡老城区都被列入世界遗产名录。

走进荷比卢！千万别错过的新看点

荷兰
十年一度的鲜花盛宴 世界园艺博览会（Floriade）2012

2012年4月5日至10月7日世界园艺博览会（Floriade）在荷兰芬洛（MAP p.9-I）举办。来自全世界稀有珍贵的植物、树木、水果、蔬菜等都在园艺会进行了展览。除园艺外，还有来自世界各地的歌唱、舞蹈、文学作品、话剧、视觉艺术等文化项目也在这里展览，使园艺会更显热闹。在世界园艺博览会举办期间，芬洛开通了缆车以方便游客观光。乘坐缆车，可以将园艺博览会精致宏伟的场地设计、亮丽的景观一览无余。趁着园艺会的余热未尽，可一睹难遇的鲜花盛宴。

荷兰国家旅游会议促进局官方网站
HP http://www.holland.com/cn/tourism.htm

联合国教科文组织非物质文化遗产
班什狂欢节

比利时的班什（MAPp.9-H）位于布鲁塞尔以南约60公里处，人口约32 000人，是一个有着悠久历史的古城。每年，在大斋日的前三天，这里都会举办盛大的节日。在此期间，古城会被涂上狂欢节的色彩。狂欢节最早可追溯到中世纪。狂欢节期间，很多国外游客也都纷至沓来。班什狂欢节是欧洲保留至今的古老节日之一，也是世界非物质文化遗产。狂欢节每年举办的时间都不相同，详细信息可咨询相关部门。

歌利亚成为街头的标志 阿特巨人节

2005年巨人节被联合国教科文组织列入世界非物质文化遗产名录。每年8月的第四个周末，在法国国境附近城市、比利时阿特（MAPp.9-G）等城市举行。节日的第一天，在旧约圣经中记载的巨人歌利亚模样的、身长高达4米的巨人将会出现。由他再现结婚和战斗的场景。节日的第二天，各种各样的巨人将会在街上游行。每年具体的节日举办时间可通过比利时旅游网获知。

比利时旅游局官方网站
☎ 03-3237-7101
HP http://www.visitbelgium.com

荷兰
NEDERLAND

风车
郁金香
自行车
一个浪漫自由的国度

| 荷兰
主题之旅 |
|---|

观光篇

畅游风情十足的

在艾瑟尔湖堤坝上骑自行车旅行的队伍

● 黄色自行车之旅
Yellow Bike Guided Tours
　　城市自行车旅行团：每天10:30和13:30出发。有2小时的旅行路线（€19.50）和3小时路线（€23.50）供选择。郊区自行车旅行团：周末9:30出发，大约5个小时，费用为€29.50。可通过电话或者传真来预约。
✉ Nieuwezijdskolk 29
☎ 020-6206940
FAX 020-6207140　HP http://www.yellowbike.nl（●剪切地图-3 MAP p.47-A）

被运河和湖泊包围的布鲁克水上小岛

导游用英语向大家介绍路线

骑行畅游
荷兰地势平坦，平脆骑自行车去郊外吧！

　　在荷兰，自行车的数量远远大于荷兰的人口数量，自行车专用道更是比机动车道还长。荷兰地势平坦，基本上没什么起伏，因此十分适合骑自行车。很多火车站都设有自行车租赁点，并明码标价。书店和VVV有很多专门为自行车旅行设计的地图和指导丛书，都在向游客推荐骑自行车旅行。

　　对荷兰地理不熟悉的旅行者，选择参加自行车旅行团会更加轻松愉快。各大酒店和VVV的大厅都备有各旅行社的简介手册。阿姆斯特丹的"黄色自行车之旅"除了有市内景点巡游外，还准备了去往郊区的旅行路线。横穿辽阔的原野，在专心吃草的牛群旁边风一样地飞过，还可以畅想一下迎风蹬车后的充实感！

　　这35公里的旅行路线中，有各个年龄层的旅行者。因此，在每一处都要边整队边前进。即使掉队了，也要赶快追上去哦，其余的就交给荷兰变化多端的天气情况啦！现在开始，出发！

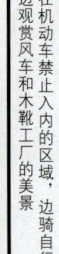

在机动车禁止入内的区域，边骑自行车边观赏风车和木靴工厂的美景

需要注意自行车有手握闸和脚踏式刹闸两种

荷兰

荷兰人非常喜欢自行车、运河、奶酪和庭院。可以的话不妨拿出一天或者半天的时间，以充分领略它们的魅力。当结束旅程的时候，或许您会发现已经深深地爱上这里了。

玛赫丽吊桥（上图）和七拱桥（右图）所呈现的景色

辽阔的天空以及绿树掩映下的运河

乘船巡游
运河上欣赏城市的另一种风情

在飞机上从上空俯瞰荷兰，陆地上运河以及水路穿梭往来的城市景观清晰可见。整个城市仿佛是孕育在水中一样。正如Nederland（低矮的土地）这个名字所呈现的，荷兰十分之三的国土都低于海平面。对于自古以来就与水作斗争的荷兰人来说，运河就是生命线，而荷兰的美丽也恰恰来源于运河。

阿姆斯特丹中央站周边的运河中，有很多往来于各运河线路的观光船。在观光船上观赏城市建筑再惬意不过了，设计上独具匠心的房屋、各种姿态雄壮优美的桥、在桥上亲密走过的情侣……通过巡游，可以了解这里浓厚的生活风情。和在陆地上看到的景象不同，这里展示的是荷兰的另一种风情。

不仅仅在阿姆斯特丹，地势较低的乌得勒支以及被称作是"荷兰威尼斯"的羊角村、港口城市鹿特丹等地，都可以乘坐观光船饱览各地独具特色的水上风景。在晴朗的夏日，水面上微风徐徐吹来，让人心旷神怡。夜晚时分，华灯下的街道和桥上的美丽景色也定会让您流连忘返。

敞开船篷，边吃午餐边享受惬意的旅行

铸币塔下，往来的游船成为城市独特的风景

不管天气多么糟糕，有游览船的玻璃船盖会遮挡风雨，旅行十分舒适

●**运河巡游　Canal Cruise**
旅行社：运河游船公司Lovers（●剪切地图-4 MAP p.47-A）、荷兰国际旅行社Holland International（●剪切地图-4 MAP p.47-A）。乘车地点：市内各站点（●剪切地图-4、9、21/MAP p.46-F, p.47-A、E）。乘坐时间是10:00~18:00，间隔每半小时一趟，旅行时间大约是1小时，费用€13。有运河游览、爵士巡游、美食巡游等。详细情况和申请办法可咨询各旅行公司，也可以到VVV进行了解（参照p.321）。
（VVV发行的 *Amsterdam Excursions*、各旅行社发行的宣传手册）
Lovers ☎020-5305412
🄷🄿 http://www.lovers.nl（英语）
Holland International ☎020-5171717
🄷🄿 http://www.thatsholland.nl（英语）

浪漫的夜晚运河游

荷兰主题之旅 奶酪篇

快来拜访碧绿的丝绒般的大牧场

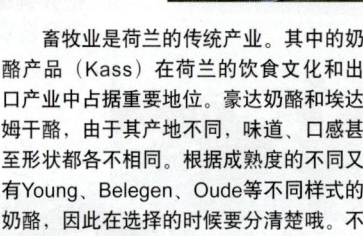

畜牧业是荷兰的传统产业。其中的奶酪产品（Kass）在荷兰的饮食文化和出口产业中占据重要地位。豪达奶酪和埃达姆干酪，由于其产地不同，味道、口感甚至形状都各不相同。根据成熟度的不同又有Young、Belegen、Oude等不同样式的奶酪，因此在选择的时候要分清楚哦。不过最有人气的奶酪还要数Buren Kass了。

Clara Maria位于阿姆斯特丹的郊外，观光大巴也会在该农场附近停车。这里的奶酪是用从Clara农场饲养的乳牛身上挤下的新鲜牛奶直接做成的，并且不含任何的防腐剂和色素等添加物，是纯粹的手工制作。该工厂生产的奶酪口味和口感都很独特，最值得称赞的还是产品绝对安全健康，让人放心食用。此外，游客还可以参观荷兰奶酪的生产线，详细了解其生产加工过程，这一点也得到游客的广泛好评。荷兰人吃奶酪的方法是将其切成薄片，和面包一起吃。除原味的奶酪外，还可以品尝到加入了大蒜＆韭菜、黑胡椒、微辣辣椒、核桃、芥末、香草等原料的奶酪。

周边是形成于200多年前的圩田

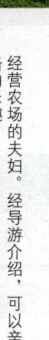

经营农场的夫妇，经导游介绍，可以亲自体验做奶酪的乐趣

印有生产者标志的Buren Kass，明显与工厂生产的不同

制作奶酪从搅拌牛奶（右边照片）开始。在干燥室里摆放的奶酪每天都要翻换位置。只要奶酪没切，其鲜度不变，还会逐渐成熟

刚做好的新鲜奶酪，正在热卖中

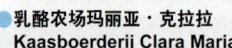

■ **乳酪农场玛丽亚·克拉拉**
Kaasboerderij Clara Maria
✉ Bovenkerkweg 106, Amstelveen
☎ 0297-582179　FAX 0297-582242
✉ info@claramaria.nl
HP http://www.claramaria.nl
交 从阿姆斯特丹的中央站乘坐170路大约40分钟，在Van Hattumweg下车，步行3分钟即可到达（MAP p.35）。

公园篇

从阿姆斯特丹出发，到郊外的BOS森林公园悠然漫步

每天都要接待大批游客的BOS森林公园

　　BOS森林公园位于阿姆斯特丹的西南方向，距离阿姆斯特丹市中心大约有5公里。公园紧临阿姆斯特尔芬，面积广阔，有935公顷（大约3个颐和园那么大），是当地市民休闲的绝佳去处。春天，公园里百花盛开，满眼绿色，来此享受森林浴的游客络绎不绝。孔雀和野鸡等都是放养的，几乎在公园的各个角落都可以看见各种动物。光是野鸟，园中就有200多种。

　　公园内还有博物馆、山羊牧场、野外剧场，并设有野营帐篷等。另外，公园中还有名为"Bloesem Park（樱花园）"的圆形园林，园中种植了400棵樱花树。3月中旬，放眼望去，园中满是灿烂盛开的樱花，仿佛天边漫布的霞光，到场的人无不对这样的美景叹为观止。公园内还有运河和池塘，总面积达1.65平方公里。每年5~9月的周日，运河上会开通游艇，乘船时间是13:00和15:00。届时，便可以坐在游艇上，观赏园中的别样风光了。游艇票价是€10，可在旅游服务中心买到船票。

因为旅游服务中心距离游艇乘坐处很远，所以要事先在乘坐游艇观光前1小时买好票

这里因各种野鸟和野生动物聚集而闻名

在园中，还可以划独木舟和骑自行车

樱花园中盛开的樱花

● **阿姆斯特丹　BOS**　　　　　MAP p.42-J
游艇乘坐处　✉ Bosbaanweg 5, 1182 AG, Amstelveen　☎ 020-5456100　🖥 http://www.amsterdamsebos.nl　🕐 12:00-17:00　休 1/1、12/25　💰 €10　🚌 在Van Nijnenrodeweg / Amstelveenseweg 巴士站（62、166、171、172路）下车

©Marjike Mooy

> 荷兰主题之旅

购物篇

精心选择

圣诞期间的代尔夫特陶器展

Delft Ware
选择代尔夫特陶器首先要看陶器的制作标志

代尔夫特陶器是荷兰很有名的特产,非常受游客欢迎。在珍珠一样洁白的陶器上,描绘着蓝色的图案,十分漂亮。这种绘画风格是在17世纪形成的。17世纪,荷兰迎来了其发展的黄金时代。受中国瓷器风格的影响和熏陶,荷兰这种风格的陶器也应运而生。在最鼎盛时期,荷兰全国共有30多家陶器生产厂,但现在只剩下了两家。而继续沿袭17世纪风格的只有一家,那就是皇家代尔夫特蓝陶工厂。

荷兰皇家彩陶厂的制作标志是17位艺术家名字的首字母和制作年份的字母代码。如果想买正宗的陶器,就要注意这些标志。此外,代尔夫特陶器色彩多样,很多陶器色彩都很明亮,非常吸引人。在这里,还可以看到阿拉伯麦加等地的陶器。

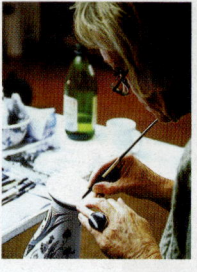

从左依次是姓名首字母、制作年份代码(上图)

Bulbs & Seeds
可放心购买花草种子,但是球根花卉需要检疫标志

荷兰的花卉和植物树苗非常多,而且种类齐全。其中仅郁金香就有2000多个品种,有100多种在花卉种子店销售。在中国也销售进口的球根花卉,但价格是荷兰的两倍。此外,还有很多特色花卉的种子,非常适合作为土特产带回来。

阿姆斯特丹的辛格尔花市中(参照p.57)植物的种苗和球根花卉的种类很丰富。但是,带着泥土的植物是不允许被带回国的,而已完成检疫的多达99种球根是在免税范围内的。水仙即使是已经检疫完毕,还需要为其消毒。

上面写有"KLM(荷兰航空公司)"的花和其他植物的种子,都是不存在检疫问题的

花市上卖的球根(左上图)虽然很便宜,但是大多没有植物检疫证(下图),机场的花市,大多有植物检疫证

荷兰的土特产

选择土特产时，抓住要点就可以了！建议买木靴时要试穿，买奶酪时也要试尝一下！

Diamonds
在有品质保证、值得信赖的名店里选购珠宝

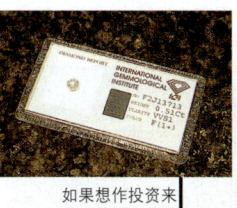

在珠宝研磨中心，可实地参观珠宝研磨工厂（如下图）

如果想作投资来购买的话，就选择有品质保证的Microchip

阿姆斯特丹是世界著名的珠宝研磨加工地，与比利时的安特卫普并驾齐驱，有着400多年的珠宝研磨加工历史。这里有很多的珠宝研磨店和专营店，很多店内都有会几种外语的员工（参照p.68）。

决定珠宝品质的四个关键要素包括Carat（克拉）、Color（色彩）、Clarity（透明度）、Cut（式样），即四个C。选择珠宝店时，既介绍重量还说明透明度的店比较让人放心。虽说是昂贵的东西，但是比起在国内的售价，这里还是便宜很多。这里的珠宝种类多样，设计精致又贴近生活，吸引力十足哦。

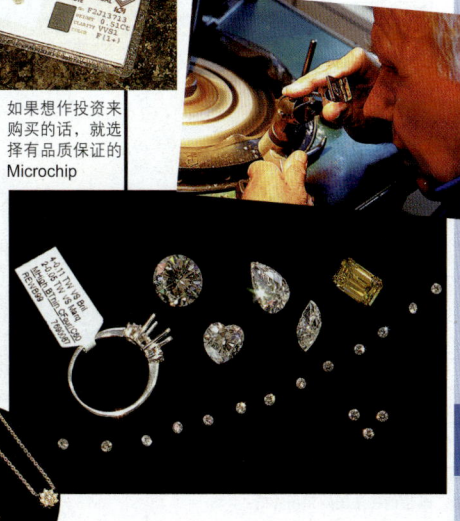

从吊坠（如左图）到华丽璀璨的裸钻，选择很丰富

Antique
想买古董可逛逛露天市场，想买高价商品就去专卖店

观赏古董是一件赏心悦目的事情，在阿姆斯特丹国立美术馆北面的新史皮格购物街（Spiegelgracht~New.Spiegelstraat●剪切地图-15/MAP p.46-D）的沿路，有很多古董专卖店，滑铁卢广场等地还设有卖古董的露天市场（参见p.66）。德洛拉中心更是小古董店的集散地（参见p.68），去那里逛逛也十分有趣。海牙也有露天的古董街和集市，但是鱼目混杂，要注意哦！可在这里尽情地享受发现珍品和交换古董的乐趣。

20世纪40~60年代的古董也很引人注目（图上、下）

专营银制品、玻璃制品、陶器的专卖店

约旦地区北市场的露天集市（左图）和德洛拉中心的店内

精心选择荷兰的土特产

荷兰主题之旅

荷兰作为艺术大国当之无愧。尤其说到荷兰美术，凡·高是一位绝对要说的艺术家。凡·高对宗教有很大的热情，屡屡受挫后，将对生活的所有感悟投入到绘画当中，然而他的艺术之火却只燃烧了十年。现今凡·高的作品主要收藏在凡·高美术馆（参见p.62）和库勒－米勒美术馆（参见p.112），大约有750件作品，包括前期凡·高的写生画作。

凡·高
Vincent van Gogh
1853~1890

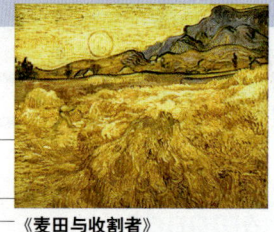
《麦田与收割者》
（1889年6~9月/库勒－米勒美术馆）

艺术篇
小小国家
伟大

《朗卢桥》
（1888年3月/库勒－米勒美术馆）

凡·高十分欣赏哈尔斯"暗"的画风，在他去巴黎期间，画风开始艳丽明亮起来，开始追求"光"。这幅画是他在法国阿尔所作的。

15世纪，艺术家们采用油力的写实派；17世纪，随着荷发展的黄金时期；之后从绘画的新纪元，荷兰的画家们

在因贸易而繁荣发展的黄金时代，支撑画家生活的不是宫廷皇室和教会，而是富裕的市民阶层。伦勃朗因画作《杜尔博士的解剖学课》而名声大噪，这是一幅

伦勃朗
Rembrandt van Rijn
1606~1669

集体肖像画，使用"光暗"的绘画风格，描绘了一个生动的故事。他最杰出的代表作《夜巡》，现装饰在国立美术馆（参见p.60）最显眼的位置。此外，在伦勃朗的住宅（参见p.58）还有很多反映人性本质的蚀刻版画。

《杜尔博士的解剖学课》
（1632年/莫瑞泰斯皇家美术馆）

这幅画创作于伦勃朗从莱顿搬到阿姆斯特丹的第二年。他在阿姆斯特丹生活的两年间，共画了50幅肖像画。

《圣乔治射击手连军官们的宴会》
（1627年左右/弗兰斯·哈尔斯美术馆）

哈尔斯
Frans Hals
1582/83~1666

哈尔斯的肖像画一般都是捕捉最生动的一瞬间，将人物的内心世界生动清晰地呈现出来，因此被称为是最早的近代画家。他的作品并不为国人所熟知，其画作大多收藏于弗兰斯·哈尔斯美术馆（参见p.86）。

弗美尔
Johannes Vermeer
1632~1675

弗美尔一生都在荷兰度过,其所作画作数量也不多。2000年,在日本大阪的弗美尔画展上展出了其30幅作品中的5幅画,引起了巨大轰动。弗美尔的画作大多创作于荷兰黄金时代的鼎盛期,主要描绘的是熟悉的街道和日常生活中的女性。他所描绘的小世界能让人感受到永恒。国立美术馆(参见p.60)和海牙的莫瑞泰斯皇家博物馆(参见p.123)都收藏有其珍贵的画作。

《代尔夫特风景》
(1660年左右/库勒-米勒美术馆)

小小国家的伟大艺术家

彩画法,创造出了这一时期独具影响兰国家实力的提升,艺术也迎来了其凡·高登场到蒙德里安开拓了20世纪为人类留下了丰富的文化艺术遗产。

雷斯达尔生于哈勒姆一个小有名气的画家家庭。艺术上受其叔父萨洛蒙的影响,并以其独特的画风,成为风景画的顶尖人物,对后来英国的康思特布尔等人的绘画风格产生了深远的影响。去荷兰旅行时能够感受到的深邃宽广的天空,在雷斯达尔的作品中都有体现。他的作品主要收藏在弗兰斯·哈尔斯美术馆(参见p.86)和博艾曼斯·范·伯宁恩美术馆(参见p.136)。

雷斯达尔
Jacob van Ruisdael
1628/29~1682

《倒牛奶的女人》
(1655~1661年/国立美术馆)
在厨房的角落里倒牛奶的女人。这是日常生活中十分普通的场景,艺术家却将那种宁静描绘得淋漓尽致

从蒙德里安到埃舍尔都可看到现代美术的影子

蒙德里安于20世纪初在荷兰发起新艺术运动——"风格派",其影响不单单在绘画界,还扩展到文学以及以里特维德为代表的工艺建筑领域。第二次世界大战后,出生于阿姆斯特丹的阿裴尔(Karel Appel)和德康斯坦同北欧的一些艺术家组成了"COBRA"联盟。如同麦比马斯这样描绘非凡世界的画家一样,埃舍尔也是如此,他的作品大多收藏在埃舍尔博物馆(参见p.122)。

《哈勒姆近郊的沙丘》
(1648年左右/弗兰斯·哈尔斯美术馆)

埃舍尔居住过的巴伦(参见MAP p.83)市政厅走廊
©1999 Cordon Art-Baarn-Holland.All rights reserved

荷兰主题之旅 鲜花篇

汇聚了世界各种花卉的
鲜花王国

17世纪，克鲁修斯将郁金香的种子带到了荷兰，之后西博尔德将绣球花带回荷兰。现在这些鲜花已经向世界各地出口。就让我们一起看看这"鲜花王国"不可不去的景点！

探访巡游风格各异的古城庭园

荷兰的巴洛克式庭园诞生于17世纪，其建筑风格是园中小径旁都有茂密的草丛。现在，就来观赏这些古城庭园吧！

休憩在满是自然的花园中
[米达赫顿城堡]
Kasteel Middachten

● 乘车路线：在阿纳姆车站或者Dieren站乘坐43路Middachten Oprijlaan下车，步行9分钟就可到达
✉ Landgoed Middachten3, Desteeg ☎ 026-4954998 开 庭园/5月中旬~9月中旬（周日~周四10:30~16:30）城堡/7月（周日13:00~16:00）圣诞节展销期（12/13~18）11:00~19:00
€ 城和庭园€12（MAP p.113-A）
HP http://www.middachten.com

米达赫顿城堡的历史可以追溯到1190年，庭园于18世纪后半期开始建造，整个庭园采用的是英国建筑样式和最新的巴洛克式建筑风格，这也充分说明了庭园的悠久历史。杜鹃花树荫下还有座椅供休息，去往游船停靠的路上还有灌木篱笆的秘密基地。

花坛内斗篷草等香草竞相开放。Riese家的庭园中，还有很多祖先收集的热带植物

端庄秀丽的花园
[洛宫]
Paleis Het Loo

● 乘车路线：在阿伯尔多伦站乘坐102路，在宫殿入口处下车，大约10分便可到达（每隔一小时会有一趟车）✉ Koninklijk Park1, Apeldoorn ☎ 055-5772400 开 10:00~17:00 休 除节日以外，每周的周一、1/1 € €12.50（MAP p.113-A）

这是威廉三世于17世纪末建造的狩猎用别墅。很长一段时间这里都是王室的住宅，直到1984年才作为博物馆向公众开放，庭园又恢复了其本来的样貌。宫殿里有巨大的几何学形状的法式庭园，十分壮观。东西两面分别是国王和女王的庭园，都是十分宽敞的休闲场所。

被修剪的低矮的黄杨，造型上独特优美，很有几何学上的立体模样

花园式的公园
[阿森城堡花园]
Kasteeltuinen Arcen

这座古城建于17世纪中叶，于1988年被再次修复，是欧洲最大的庭园。不过，与其说是古城中的庭园，不如说是由各种风格庭园组成的游乐园。在园中有各种花卉，可尽兴观赏。巨大的温室花园、浮在水面上的集装箱式花园、树木形状的花篮等，也都非常有趣。

● 乘车路线：阿姆斯特丹中央站出发在芬洛站下车，大约需要2小时45分钟。乘坐83路大约20分钟在Arcen/Maarsstraat下车，步行5分钟可到达
✉ Lingsforterweg 26 ☎ 077-4736020
开 9:30~18:00（10~4月10:00~17:00）
€ €17（MAP p.119）

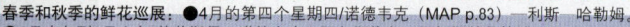

春季和秋季的鲜花巡展。●4月的第四个星期四/诺德韦克（MAP p.83）—利斯—哈勒姆。
●8月中旬到9月上旬/莱茵斯堡—诺德韦克、阿尔斯梅尔—阿姆斯特丹等地。
详询：各地的VVV（诺德韦克VVV ☎ 071-3619321）和荷兰旅游局（参见p.300）

每年春季，溪流潺潺而过，郁郁葱葱的园中满是郁金香、风信子等鲜花，这里球根花卉有2万个！

探访世界最大的球根花卉公园

[库肯霍夫公园]

Keukenhof

●乘车路线：在阿姆斯特丹乘旅游巴士可以到达（参见p.52）。在莱顿的中央站有直达巴士，每隔15分钟就有一趟（行程要25分钟）
✉ Stationweg 166a, Lisse　☎ 0252-465555
HP http://www.keukenhof.com　开 3/22～5/20的8:00～19:30（入园~18:00）　€ €14.50（MAP p.83）

位于北海沿岸的库肯霍夫的大球根栽培基地，是以球根植物为主的公园，其规模在世界上位居第一。园中种植面积广阔，秋季来自全荷兰的栽培农业者和栽培专家，纷纷带来自己最骄傲的球根种在园中。春天来到的时候，郁金香、水仙、风信子等4000多种600多万株鲜花在园中竞相绽放。该公园每年的开放时间只有两个月，以供游客观赏花的海洋。

走向世界的鲜花市场

[阿尔斯梅尔鲜花市场]

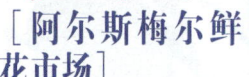

Verengde Bloemenveiling Aalsmeer

从低温储藏室运出来的鲜花

●乘车路线：在阿姆斯特丹乘坐到史基浦机场的直达大巴，大约要40分钟　✉ Legmeerdijk 313, Aalsmeer　☎ 0297-393939
HP http://www.floraholland.com
开 7:00～11:00（周四～9:00）
休 周六、周日、节假日
€ €5（MAP p.35）

阿尔斯梅尔位于阿姆斯特丹史基浦机场附近，这里有世界上最大的鲜花市场，场地十分辽阔，大概有125个足球场那么大。一眼望去，都是剪下的花枝和园艺植物，仿佛一个花的海洋。其中8层的鲜花都用于出口，可以说阿尔斯梅尔花市的鲜花装点着巴黎和伦敦的商店和大街。这里的鲜花主要是提供给业界人士的，因此不向游客零售。也可以拜访附近的花农，观赏他们的庭园。

汇聚了世界植物的植物园！

16世纪，将船只驶向世界各地的荷兰，通过其漫长的航海之旅，在各地收集到了大量珍贵植物，特别是一些珍贵物种。当年在莱顿大学植物园中（参见p.117），由西博尔德收集来郁金香，现在郁金香的栽培已经成为荷兰的主要产业。其栽培技术现在在欧洲各国也得到了普及。

阿姆斯特丹植物园（参见p.58）中的VOC（荷兰联合东印度公司）香草园（左）以及莱顿大学植物园的温室（右）

荷兰主题之旅

风车篇
在几乎每个角落都可以见到风车哦！

邂逅童话般的风车王国

风车迎着北海的狂风，不停地转动着风翼。有的风车用来抽取低洼处的水，有的用来磨小麦，有的用来制作材料，还有的担当发电机的职能，它们可都是辛勤的"工作者"。在荷兰旅行，你又会邂逅这1000多台风车中的多少呢？

"小孩堤防"在每年的4~10月向公众开放，供游客参观。风车的最快转速达每圈2秒钟。这位是操纵风车的福克先生（下图）

小孩堤防——埃尔斯豪特的风车群
Mill Network at Kinderdijk-Elshout

世界遗产 World Heritage

在4层楼高的风车中，居住空间大致相当于4室1厅，可供一个13人的大家庭居住

● 乘车路线：在鹿特丹中央站乘坐地铁在北广场站下车，然后乘坐90路公交车，在Molenkode下车。每年的4~9月在鹿特丹（p.133）可乘坐游览航船观赏风车群 ☎ 065-2083486 🅗🅟 http://www.kinderdijk.nl 开 4~10月／9:30~17:30　11~3月／周六、日11:00~16:00　休 1/1、12/25　€ €6（MAP p.119）

荷兰在产业革命以前有将近1万台风车，但现在减少了很多，只剩下原来的十分之一。"小孩堤防"位于鹿特丹东南部，距离鹿特丹有20公里，在那里的19台风车已被联合国教科文组织列入世界遗产名录（参见p.18）。

Kinderdijk即为"小孩堤防"的意思。这里是一片圩田，旁边的运河里满是水，景色十分壮观。19台风车都建于1740年，主要用来排水。每当风车旋转的时候，放置在运河中的装置就开始作业，抽取来自上游的水。

在大型风车风翼的另一侧，一般都有木棒支撑，起到使风翼回转的作用。在这里看守风车的是杨·福克先生，他的曾祖父也是看守风车的人。福克先生现在还住在风车中，用长达29米的风翼准确地捕捉风的方向。每年7、8月的周六午后和5月份第二个周六都是"风车节"。这时，19台风车一同旋转，在青青的草地上以及运河水面的倒影中都可以看到它们舞动的风翼。

赞瑟斯汉斯
Zaanse Schans

●乘车路线：从阿姆斯特丹中央站乘火车在赞代克（Koog Zaandijk）下车，大约要20分钟。之后再步步行15分钟即可到达
观光服务处 http://www.zaanseschans.nl
开 9:00~17:00（不同的季节时间也不相同）
€7.50（MAP p.35）

赞瑟斯汉斯位于阿姆斯特丹北部15公里处，这里有4台风车和1个聚集了赞瑟斯汉斯传统建筑的部落——室外博物馆村。赞瑟河沿岸的风车除了用来磨芥子或者磨油之外，还可利用风翼来回旋转的上下运动来制作材料。16世纪末，被称为"Paltrock"的制材用风车开发研制成功，它在造船业极为兴盛的赞瑟斯汉斯得到了广泛的应用。有关风车的历史，可以去赞瑟河前面的风车博物馆参观了解。

从那里再过一个桥，还可以看到17世纪建造的时钟博物馆、面包房、奶酪工厂、木靴工厂等。漫步于这个小村庄，巡游那些绿板上装饰着白色饰物的家庭住宅，真是惬意无比。可以一直悠闲散步到小村庄深处的旅游观光服务处。

有风车的典型农家庭院

从阿姆斯特丹出发，在高速路A4出口南下，就可以看到牧草地另一边"自由"的风车了，这些都是农家自用的风车。正在磨小麦的主人将庭院中盛开的水仙赠送给来访的游客，这也是风车之旅中一个非常有趣的场景。

莱顿的风车博物馆

在莱顿的街上，有一个巨大的名叫"De Valk"的风车。实际上它是一个博物馆（参见p.116），建于18世纪，最初是用来磨玉米和一些颜料，是一个制粉用的风车。1天可以磨1吨以上的小麦粉。

发电用的现代版风车

发电用的风车多见于荷兰北部。风车样式十分现代、时尚。比起排水和磨粉用的、有4个风翼的风车，这些发电用的风车为加快旋转速度，一般都只有2~3个小的风翼。这些发电用的风车可是荷兰这个提倡环保国家的新面孔。

库肯霍夫公园的风车

位于利斯的库肯霍夫公园（参见p.31）深处有配备甲板的超大型风车。由于风太大，改变风翼方向的风翼另一侧的木棒上带有甲板。当强风袭来的时候，操作有一定的危险性。

荷兰·主题之旅 邂逅童话般的风车王国

美食篇

荷兰主题之旅

如果问到什么是荷兰的特色美食，答案是炖菜。在荷兰独立纪念日那天要吃蔬菜土豆泥Hutpot，以及满是肉和蔬菜的炖菜。

第一位 炖菜 Hachee

不可错过的超级美食

荷兰美食前5名

与比利时相比，信奉新教的荷兰人饮食上比较清淡。而且，荷兰菜大多是家常菜，很有家的温暖贴心感。荷兰美食中鱼贝种类十分丰富，奶制品的价格也便宜，食材来自世界各地，品种非常齐全。价格方面，如果是去中等餐厅，人均花费一般在€35左右。一份意大利面的价格是€9.50左右，去咖啡馆要一杯咖啡和三明治，花费在€6~8.5。

第二位 生鲱鱼 Haring

Haring是将新鲜的鲱鱼用盐水腌渍而成。在流动摊位上就可以买到，作为餐厅的前菜，也很受人们的喜爱。腌制的鱼上面一般要放些切碎的洋葱。

第三位 煎饼 Pannekoek

荷兰的这种烤薄饼里面含有鲜猪肉和苹果等多种材料。如果喜欢吃甜食，还可以加些糖浆，然后将薄饼卷起来，一大口咬下去，哇！好香！

大受欢迎的印度尼西亚美食

在荷兰还可以吃到美味的印度尼西亚美食哦。其中比较受欢迎的有烤肉串、炒饭、烤乌冬面。因为荷兰有很多印度尼西亚移民，因此这里也有很多正宗的印度尼西亚餐厅。

第四位 可罗卷 Kroket

这些金黄色的油炸小点心香脆可口，在点心店里也有销售。夹在面包里吃真是脆香爽口。

大人和孩子都喜欢的甜品

在大街上，你会看到很多卖茶点的小摊位，比如Speculaas等小甜品（左上图）。这里还有黑色的Droppe，这种甘草糖在印度尼西亚也随处可见。此外，白色的薄荷点心也很受欢迎。

十分好喝的啤酒：Brouwerij't IJ

在荷兰，独具当地风味的啤酒厂家有40家，共250个品牌。在阿姆斯特丹比较受欢迎的啤酒是Zatte（左图）、喜力公司的cheers和Amstel。此外，40度以下的蒸馏酒金酒（又名杜松子酒）和北部的葡萄酒Apostelhoeve也大受人们的追捧。

第五位 豌豆汤 Erwtensoep

冬天最美味的要数喝浓浓的豌豆汤了。里面也有很多的蔬菜和香肠，再吃上一片黑面包，哇！大饱口福。

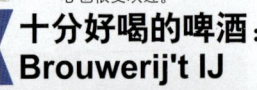

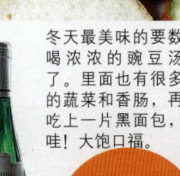

Amsterdam
阿姆斯特丹

运河沿岸的人字形房屋
包容自由、丰富多彩的文化

城市风貌

城市的标志性建筑铸币塔和运河屋（下）

荷兰首都阿姆斯特丹有70多万人。与伦敦、巴黎等欧洲其他国家的首都相比，阿姆斯特丹显得很小巧，但是这里却云集了世界各地的大型企业，汇聚了来自五湖四海的游客，当然不仅仅是因为这里有世界一流的阿姆斯特丹国际机场、完备发达的铁路网。漫步其中，能感受到这里环境的舒适和当地人的热情。16世纪西班牙人撤离阿姆斯特丹后，灵活宽容的文化为这里带来了大量移民，从而也造就了这里繁荣的经济和文化。同时这里的人们也好像都成为了"英语达人"，即使第一次来阿姆斯特丹，也会感受到这个城市的亲切。就请来放松身心，尽情领略这个城市的魅力吧！

运河及沿岸的人字形屋顶构成的壮美景观

艾瑟尔湖过去曾是一个大海湾，多条河流都聚集于此，阿姆斯特丹就位于这些河流的交汇处。阿姆斯特丹起源于800多年前，一些渔民来到阿姆斯特丹河的河口处，填海造陆在此定居。随着定居者的增多，人们开始挖掘环形运河，从而使圩田的面积更加广阔，街道也扩大成半圆形。站在运河旁边，可以看到大桥和水边的景色，十分美丽。

长久以来与水做斗争的阿姆斯特丹人有着超凡的造船技术，著名的VOC（荷兰联合东印度公司）的总部曾建于此，也因之使得整个城市迅速繁荣起来。现在已成为阿姆斯特丹一道独特、亮丽景观的人字形房屋，大多建于荷兰发展的黄金时

景点 ★★★★★	购物 ★★★★★
美食 ★★★★★	散步 ★★★★★
有轨电车 ★★★★★	巴士 ★★★
水上交通 ★★★★	地铁 ★★

漫步要点

阿姆斯特丹扇形地区是以中央站为中心，半径为2公里的地区，主要景点都集中在此。在达姆广场周边有5条运河，这些环状运河以达姆广场为中心呈弧形分布。宽大的广场到处都是。在熟悉了这样的地形后，很容易辨别方向，不会迷失。徒步观光是可以的，但乘坐有轨电车会让旅途更加便利。如果想欣赏风景，水上交通是比较好的选择，如果想去近郊或郊外城市看看的话，就要选择巴士、地铁和快轨了。

路线及导游

● 铁路：从阿姆斯特丹国际机场出发大约15～25分钟便可到达（一小时内有5趟火车可乘坐）
● 驾车：从阿姆斯特丹国际机场出发，上A4，行20公里
● 旅游服务中心VVV：阿姆斯特丹国际机场、中央站2b线站台、站前广场、莱兹广场等地都有（参见p.321）
☎ 020-2018800
HP http://www.iamsterdam.com

错落有致分布的16、17世纪运河沿岸建于16、17世纪的运河屋

玛赫丽吊桥升起，船只通行。极具魅力的运河夜景

代——16、17世纪，是当时富裕起来的市民阶层留下的宝贵遗产。当时制定房产税的依据是房屋正门口的宽度，因此各家房屋的正面都很狭窄。人们在檐口（Cornice）的地方装饰了很多东西，有的还装饰阶梯形或者钟形的博风板，其中不乏攀比的意味，但同时也保持了建筑整体上的和谐。在游览的时候，融入了很多细节的运河屋（运河沿岸的住宅建筑）绝对是不可错过的好景致。

亦传统亦超前的独特文化

在阿姆斯特丹，几乎看不见需要仰视的高大建筑，也看不到高耸的纪念碑。原因大概是考虑到雨天的地基不是十分稳固，也像是在表明领导整个城市的不是王室、教会这些权力者，而是市民阶层。荷兰由于自古以来就进行国际贸易，因此在大力提倡本国文化的同时，还积极地吸收外来文化的精华，形成其独特的文化。

如果想捕捉荷兰柔和多彩的文化，美术馆和博物馆便是很好的去处。阿姆斯特丹的美术馆、博物馆多达60家。那里边有伦勃朗、凡·高、弗美尔等让荷兰人无比骄傲的艺术大师的作品，还有船屋这样传统独特的文化，也有关于大麻、性这样的亚文化。虽然有些让人不可思议，但是也诠释出了这里开放包容的文化。因此，在阿姆斯特丹，可根据自己的兴趣点，欣赏这个城市的不同文化韵味和都市表情。

咖啡、鲜花，洋溢着自由氛围的美妙城市

阿姆斯特丹街上的咖啡店数不胜数，其中有几家店很有人气。可根据自己的心情选择喜欢的咖啡店。想要放松心情的时候，可以选择装饰古典给人温馨氛围的店；如果想在时尚的氛围中享受和朋友畅聊得快乐，可以选择高档或者设计新颖的咖啡店；如果逛街感到疲惫，那么就去精简咖啡店小憩一下吧！夏季，在运河上搭建的露天阳台上边喝咖啡边观赏街景，也是一件十分惬意的事情。咖啡已经成了这个城市的一种文化了。

在城市的街角有卖鲜花的售货摊点，还有很多花店。漫步于阿姆斯特丹的大街，可看见很多住宅的室内窗台上都装饰着各种各样的鲜花。这些也成为"开放的荷兰"的一个象征。自古以来，很多受宗教迫害和纳粹迫害的人移居到这里，20世纪60年代很多嬉皮士也来到阿姆斯特丹。这个城市容纳了各种各样的文化和移民，但也由于住宅不足而引起了很多问题。但是，恐怕世界上再也没有哪个城市比阿姆斯特丹更热爱并且尊重自由了！

阿姆斯特丹的辛格尔花市（右）和达姆广场上的众多露天咖啡店（下）

漫步导览

城市街道的指示牌简单易懂

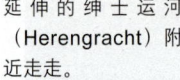

有轨电车和自行车来来往往的交叉路口

在阿姆斯特丹轻松漫步要注意以下三个要点。首先，车辆和有轨电车都是右侧通行，为保证安全要分清左右。在机动车专用道和步行路之间有自行车专用道，在散步的时候需要注意。其次，街道都是从中央站向四周呈放射状分散开来，尽量在同心圆上移动，这样不会错过主要景点。最后，要注意街道上的粪便。

运河旁街道旁快乐漫步

阿姆斯特丹共有五条环状运河，其中最内侧的是辛格尔（Singel），最外侧的是辛格尔运河（Singelgracht）（注意这两个名字不同哦！）。绕着这五条运河散步，风光宜人。2010年，辛格尔运河内侧的区域，都被列入世界遗产名录。

在阿姆斯特丹，有着人字形屋顶、正面十分美丽的运河屋随处可见。如果想在运河沿岸散步的话，推荐沿着皇帝运河（Keizersgracht）的周围和呈放射状延伸的绅士运河（Herengracht）附近走走。

漫步于西教堂前的王子运河（Prinsengracht），可以欣赏到雄伟壮丽的运河桥。从这里到西北地区的约旦地区（Jordaan），曾是17世纪劳动阶层居住的地方。这里的房屋都比较小，但其中有很多个性的时尚小店。

约旦地区每周都会有集市

满是商业街的城市

阿姆斯特丹市内，到处都是独具特色的商业街。可根据自己的品位游览不同的商业街。如果想逛逛高级服装精品店，就要去P.C.霍夫特大道。如果喜欢买些杂货，就去Howden大街。如果想买古董，就要去Newbelgium大街。如果想去百货商店逛，达姆广场的周边是绝好的选择。此外，街道上还有很多花市和跳蚤市场，在那里可能会淘到意想不到的宝贝（购物的基本信息请参见p.26~27，p.66~67）。一般来说在周日和节日，这些商场可能会停业，所以想购物的话，要事先安排好行程（参见p.320）。详情也可参考VVV发行的小手册Shopping in Amsterdam。

满是绿意、风景如画的王子运河

达姆广场对面的De Bijenkorf百货商店内有简易式的餐厅

在运河沿岸或者咖啡店能看到阿姆斯特丹穿着个性时尚的女性

荷兰国立芭蕾剧团等艺术团体的大本营——音乐剧院(Music Theatre)

博物馆和美术馆里徜徉

阿姆斯特丹的博物馆和美术馆很多,加上历史建筑共有7000多个,所以要事先制订好"博物馆巡游计划"。如果将阿姆斯特丹市内的博物馆按区域分类,可以分成两大区域。第一个区域是达姆广场周边地区(参见p.55),那里聚集了王宫、阿姆斯特丹历史博物馆、安妮·弗兰克之家、杜莎夫人蜡像馆等著名的景点。另一个区域是市内博物馆广场(参见p.59)周边地区,这一地区有国立美术馆、凡·高美术馆、市立近代美术馆等。如果在阿姆斯特丹有3天旅游时间的话,可以在前两天去上述地区,第三天去稍远的地方,比如荷兰海洋博物馆和新都市科技中心(●剪切地图-5、11 MAP p.45-D、H)。参观上述地方,除了使用博物馆通卡(参见p.62)外,还可以使用All Amsterdam Transport Pass和I amsterdam Card(参见p.48~49),这样在买门票的时候可以打折或者享受免费优惠。

乐会到音乐剧场、音乐厅之间的路程要花费一定的时间,所以也要事先做好时间上的安排(参见p.64)。

既然来到了荷兰这个"鲜花王国",一年四季都花香四溢的辛格尔花市(参见p.57)是绝对不能错过的景点。在这里向您推荐6月份Canal House即将举行的Open Garden Day。如果您是荷兰园艺协会会员,可以登录该协会的网站,会有机会参观私家园林。可通过VVV和民间的旅行代理店申请会员。

插花、盆栽、球根等在辛格尔花市都有销售(右)
运河旁的人字形屋顶住宅中隐藏着的秘密花园(下)

国立美术馆里必看的名作是伦勃朗的《夜巡》(一部分)

走进艺术与鲜花的世界

在阿姆斯特丹,音乐和舞蹈都是内容丰富多彩的娱乐项目。从古典乐到爵士乐,以及大众音乐,传统与时尚相结合,魅力交错,令人赏心悦目。白天听音乐的话,从音

●荷兰园艺协会 Nederlandse Tuinenstichting　◆Nieuwezijds Voorburgwal 75-Sous RE Amsterdam
HP http://www.tuinenstichting.nl(荷兰语)　☎020-6235058　✉info@tuinenstichting.nl　€45(年会费)

经典旅游线路

随心乐游阿姆斯特丹

美丽的古都阿姆斯特丹有着源远流长的历史，不妨在这里尽情游玩吧。旅行时选择适合的线路，自由自在地旅行，绝对必要。或许在不知不觉中您已经爱上这座美丽的城市了。

达姆广场周边

便捷的交通中心
阿姆斯特丹中央站
NS Station Amsterdam Centraal
p.53　　参观时间15分钟
●剪切地图-4　MAP p.47-B

这是一座磅礴大气的新文艺复兴样式建筑，威严而又庄重。

这里是市内交通中心，有地铁、有轨电车和巴士等交通工具可以搭乘，所以很适合作为观光的起点。在2号站台上还有旅游服务中心VVV。

步行6分钟 →

"荷兰的圣诞老人"
圣尼古拉斯教堂
St.Nicolaaskerk
p.53　　参观时间30分钟
●剪切地图-4　MAP p.47-B

圣尼古拉斯教堂是中央站前巍然耸立的大型建筑，建于1887年，游客一般都会被其壮丽的构造所叹服。

这座教堂中供奉的是圣尼古拉斯，就如同供奉圣诞老人一样。圣尼古拉斯是航海人的海上守护神，因此在海上贸易强国荷兰，深受人们的爱戴和敬仰。

步行10分钟 →

阿姆斯特丹市的中心
达姆广场
Dam
p.55　　参观时间1小时30分
●剪切地图-9　MAP p.47-C

达姆广场曾是拦截阿姆斯特丹河的地方，也是整个城市的中心。广场周围聚集了众多著名景点，也是美食和购物的天堂。因此，这里往往聚集了大量的游客，熙熙攘攘。

这里交通便捷，是游客的必经之地，也绝对是您休闲的最好去处。

新市场周边

珠宝研磨直销专营店
迦山钻石
Gassan Diamonds
p.68　　参观时间1小时
●剪切地图-10　MAP p.47-F

从达姆广场步行到这里仅需10分钟。说到阿姆斯特丹，不得不提珠宝了。这里的珠宝闻名世界，在珠宝加工方面甚至可以直接称为"阿姆斯特丹石切工"。更加令人振奋的是，来到这里可以直销的折扣价格买到世界著名珠宝。

步行7分钟 →

揭晓海运强国的秘密
荷兰海洋博物馆
Het Nederlands Scheepvaartmuseum
p.58　　参观时间1小时
●剪切地图-11　MAP p.45-H

荷兰曾被誉为"海上马车夫"。该博物馆向人们展示了关于荷兰航海的历史和一些船只的详情。馆内还展示了500多只船的模型，十分具有观赏价值。

在这里可以领略荷兰那段曾征服世界航海的光辉历史。这里体现出的独特的荷兰特色是在其他任何国家感受不到的。

步行8分钟 →

体验高科技
新都市科技中心
NEMO
p.58　　参观时间1小时30分
●剪切地图-5　MAP p.45-D

这是一个巨大的船型科技馆，雄伟的外观让人叹为观止。该馆的设计者是意大利设计师伦佐·皮亚诺（Renzo Piano）。在馆内，可以使用计算机体验最尖端的科学技术。在实际操作模型的时候，还有讲解员边演示边解说，因此十分容易掌握。还可以从中心屋顶俯瞰阿姆斯特丹城市和港口全景，不要错过哦。

莱兹广场周边

夜晚，这里是欢乐的海洋
莱兹广场
Leidseplein

p.59	参观时间1小时30分
●剪切地图-14	MAP p.46-C

莱兹大道上，从王子运河向辛格尔运河前行，途中就会看见莱兹广场。这里聚集的游客数量仅次于达姆广场，也是十分受游客喜爱的景点。这里现场演出、迪斯科、市内剧场、电影院、旅馆、咖啡店等各种娱乐设施应有尽有。到了深夜，这里就成了年轻人欢乐的天堂。

步行15分钟 →

品尝世界最知名的啤酒
喜力体验馆
Heineken Experience

p.63	参观时间1小时30分钟
●剪切地图-21	MAP p.46-F

提到荷兰的啤酒，那不得不说闻名世界的喜力啤酒！这种啤酒在国内也非常受欢迎。2001年，随着其古老酿造厂的改装，换成全新的包装。在欢乐畅游之后，再品上一杯啤酒，畅快无比！在原产地喝上一杯喜力啤酒，自然是别有韵味。

感受"鲜花王国"的魅力
辛格尔花市
Bloemenmarkt

p.57、p.66	参观时间1小时
●剪切地图-15	MAP p.47-E

从达姆广场到这里步行要10分钟。在这里，您能亲身感受到荷兰人对鲜花的喜爱。漫步于运河沿岸的花市，置身于满是鲜花的世界，温馨惬意。如果喜欢的话，还可以买些球根和花种带回来。

步行9分钟 ↓

试着乘坐有轨电车旅行！

以阿姆斯特丹中央站为中心，地铁、有轨电车、巴士等交通工具四通八达。在这里要向您推荐的是有轨电车（也叫路面电车），理由只有一个，那就是在行进的过程中，可以尽情观赏阿姆斯特丹的沿街风景：宽广的运河、人字形屋顶的住宅群、运河沿岸的运河屋。这些景色在有轨电车上都能看得到，绝对让您目不暇接。

美术馆地区

荷兰最大的美术馆
国立美术馆
Rijksmuseum

p.60	参观时间2小时
●剪切地图-20	MAP p.46-C

从莱兹广场步行8分钟就可以到达这里。国立美术馆于1885年开馆，是荷兰最大的美术馆。其设计者便是设计了阿姆斯特丹中央站的建筑师奎珀斯（Kuipers）。这座美术馆本身自不用说，其壮丽宏伟的外观就极具观赏价值。这也是欧洲第一个以展示美术作品为目的而造的建筑。

该馆拥有世界上最完整的荷兰绘画收藏。在菲利普之翼（Philips Wing）处，可看到很多著名画家如伦勃朗、凡·高和弗美尔等人的杰作。

荷兰最有名的画家
凡·高美术馆
Van Gogh Museum

p.62	参观时间1小时
●剪切地图-20	MAP p.46-C

步行3分钟 ↓

凡·高美术馆于1973年开馆，由日本建筑师黑川纪章设计的新馆也于1999年开馆。该馆虽然是阿姆斯特丹比较新的美术馆，但是里面各个角落都展示了凡·高的画作，奢华而又高雅。美术馆的本部是常设馆，随时都可参观，但是新馆一般用作特别展示。

步行6分钟 →

皇家管弦乐队的大本营
皇家音乐厅
Het Concertgebouw

p.64	参观时间10分钟
●剪切地图-20	MAP p.46-E

阿姆斯特丹皇家音乐厅是驰名世界的音乐厅。该音乐厅的建筑外观精致雄伟，其厅内的音响设备也是达到世界一流水准。

6~10月，在音乐厅前都会举行免费的音乐会。因此，在参观国立美术馆的时候，不要忘记来这里驻足聆听。

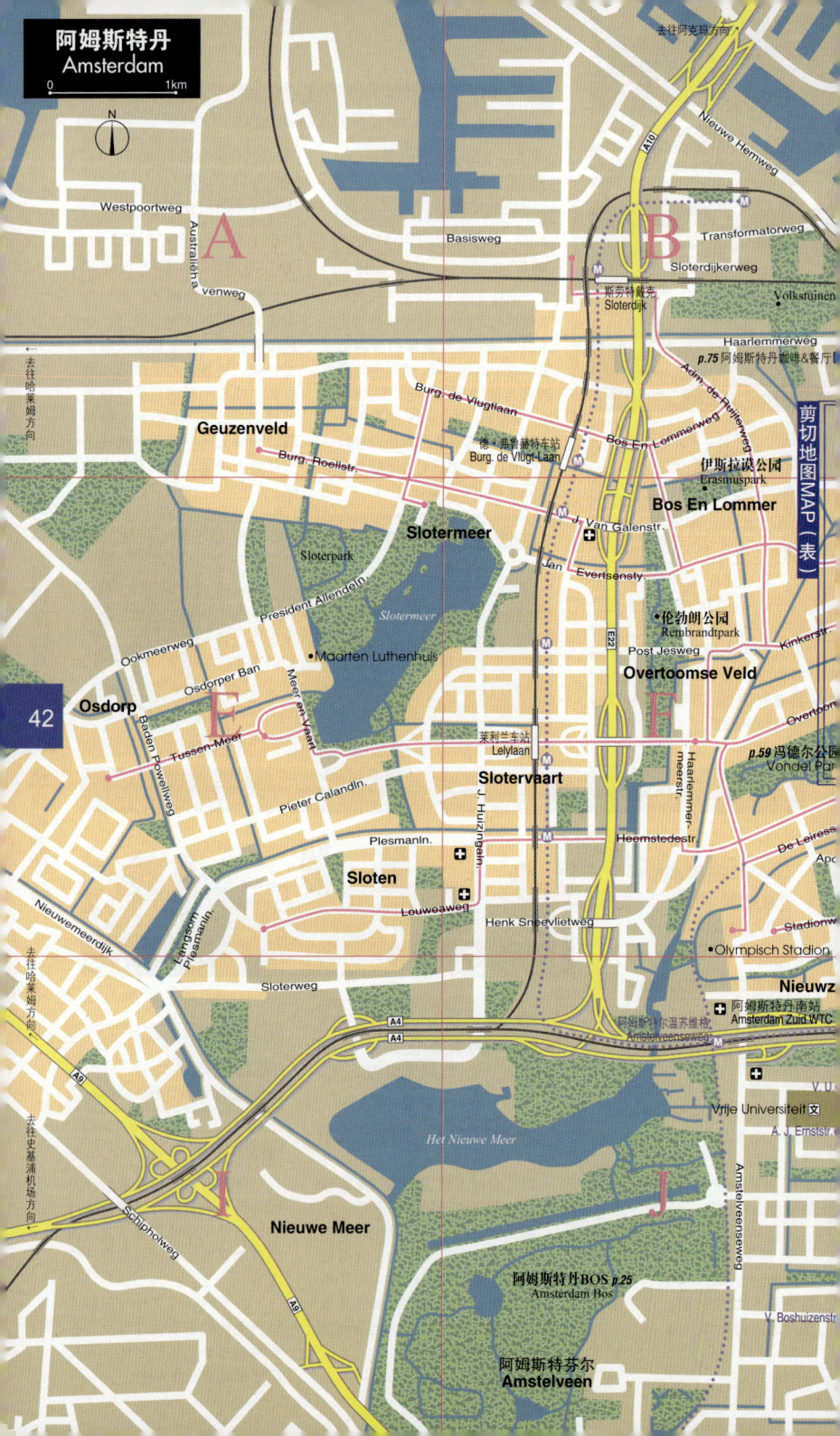

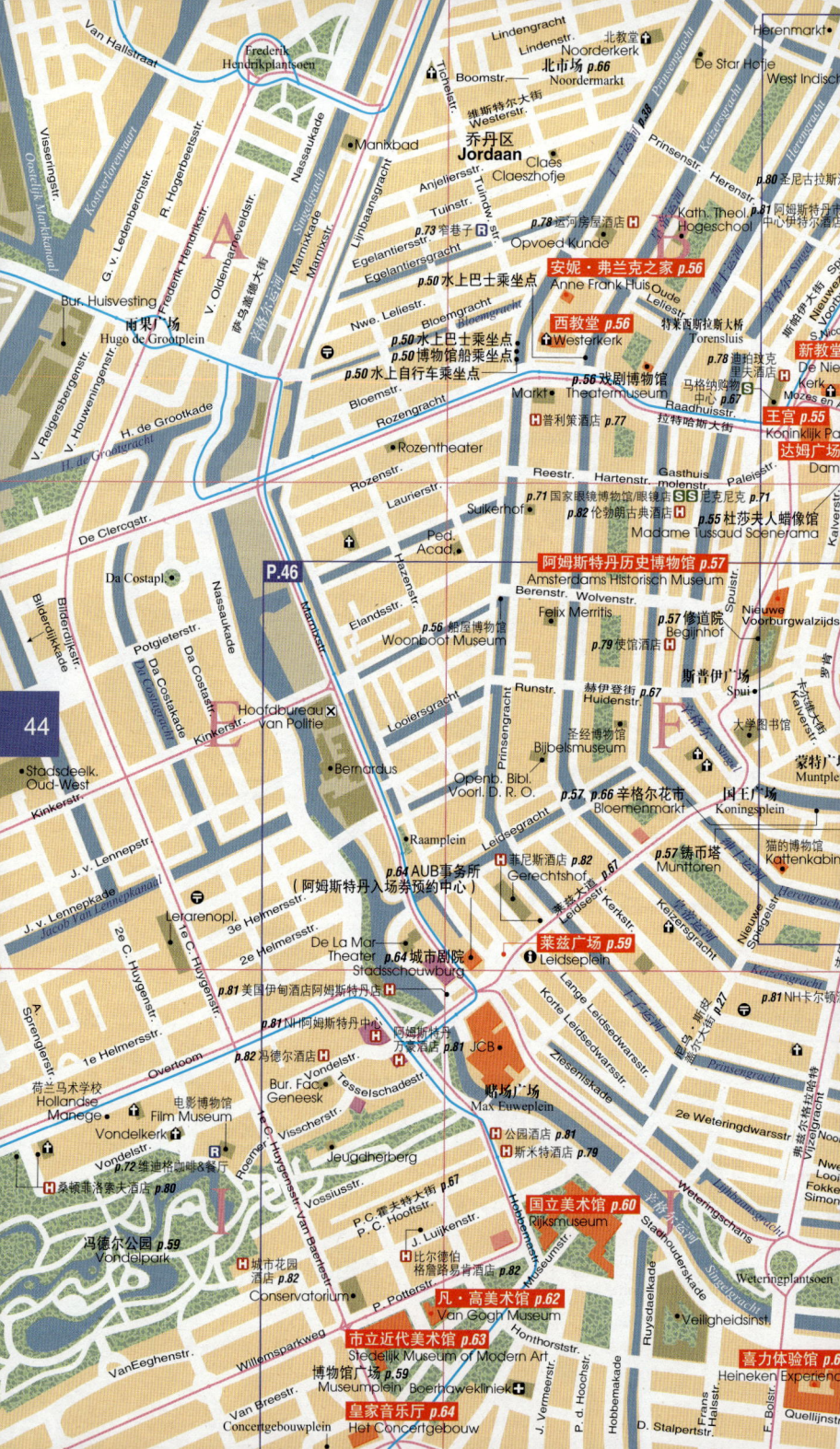

市内交通

市交通局GVB
交通信息☎0900-9292（€0.70/分）
🌐http://www.gvb.nl（荷・英）

市交通局服务所
● 剪切地图-4 MAP p.47-B
开 周一~周五7:00~21:00 周六、日10:00~18:00
入口处就是GVB服务所 中央站站前的VVV和地铁站的

荷兰通用巴士卡OV-chipkaart

GVB24、48、72、96小时卡
24小时€7、48小时€11.50、72小时€15.50、96小时€19.50。可在VVV等地购买。

阿姆斯特丹交通通票
All Amsterdam Transport Pass
持有该卡，可在1天内任意乘坐有轨电车、巴士、地铁、水上巴士。另外，凭该卡去凡・高美术馆和杜莎夫人蜡像馆等地可享受优惠，价格是€28。可在GVB等地购买。

运河之城的市内交通体系
阿姆斯特丹的公共交通包括轨电车（市电）、巴士、地铁。如果在市内游览观光，可选择有轨电车，如果想去郊外，坐巴士是比较好的选择，如果想去南部游玩的话，坐地铁比较方便。市交通局GVB位于中央站站前广场上，提供关于线路和购买车票方面的信息。如果有零钱，也可在车内购买有轨电车和巴士车票。在地铁站也设有自动售票机。

OV Chipkaart在荷兰已经投入使用，取代了原来可以多次使用的Strippenkaart。在买卡时可同时充值，上下车时都需要刷卡，会自动扣除乘坐区间需要的车费。OV Chipkaart分为几种，有个人记名卡、匿名卡、一次性卡等多种。建议游客购买预先充好金额的匿名卡，有了它，全荷兰包括有轨电车、巴士在内的公共交通系统都可以乘坐。

短期旅游或停留多日可以购买匿名卡，随买随用，还可多人非同时通用，想了解OV Chipkaart的详情，请登录网站www.ov-chipkaat.nl（英文网页）查询。这种卡不仅可以用来乘坐陆上交通工具，还可以在乘坐水上交通工具以及出租车时使用（参见p.51"阿姆斯特丹市内交通图"）。

灵活乘坐有轨电车，旅途分外轻松！
有轨电车于20世纪20年代在荷兰正式投入使用，现在可是阿姆斯特丹很具人气的交通工具。其线路覆盖了整个阿姆斯特丹，透过车窗看这些景点别有一番情趣。另外，还可以一睹阿姆斯特丹人的生活场景，感受那里的风土人情。主要线路有以中央站为中心向南北呈放射线状延伸的路线（1、2、4、5号线等）和东西方向的回转线路（3、7、12号线等）。有轨电车的运行时间是6:00~24:00，大约每隔5分钟就有一辆电车发出。

小偷比较喜欢钻游客的空子，达姆广场和王宫等地因为都是十分有名的观光胜地，这附近的有轨电车上经常有小偷出没，因此一定要提高警惕。重要物品一定要保管在安全的地方，外出游玩时尽量少带现金。

有轨电车从中央站前有序发车

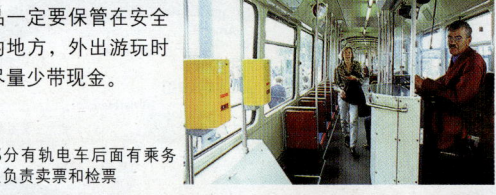
部分有轨电车后面有乘务员负责卖票和检票

巴士车站顶棚上标有在此停车的线路和终点站，三位数表示巴士线路

有轨电车的乘坐方法：

❶在有轨电车（Tranhalte）车站，看清楚各条线路和其终到站。当车到来时，可以向司机招手示意。

❷按下下车门旁边的按钮，司机就会停车，同时车门开启。如果买的是Hourticket，在上车的时候让司机或者乘务员在票上盖一个印章，之后在乘车的时候将定期车票给司机看一下就可以了。如果没有卡，上车的时候要将自己目的地告诉乘务员，然后买票。新增车辆上一般都会报站，车上也都配有电子屏幕。

乘坐巴士游遍周边城市

大型巴士相当大

如果想去荷兰海洋博物馆，在市内的各个景点都有通往那里的巴士。如果去阿尔斯梅尔和埃丹等近郊游玩，坐巴士也是方便快捷的选择。在市内游玩的话，巴士都是在阿姆斯特丹中央站出来，然后向左侧行驶，而去往近郊的巴士都是从中央站前的运河对面发车。此外，莱兹广场附近的Marnixstraat大道巴士车站，有通往机场的巴士。此外，当巴士和有轨电车停运时，还有夜间巴士。

巴士的乘坐方法：

❶在巴士（Bushalte）车站，一般情况下有轨电车也会经过这里。乘坐方法和有轨电车差不多。上车后从乘务员那里买票或者上车出示Hourticket车票，然后让乘务员盖上印章。

❷注意收听车上的广播，到站点时，按下下车按钮。

乘地铁、有轨电车向南部郊区出发

阿姆斯特丹的地铁连接着市中心与南部郊区的新兴住宅区，以中央火车站为起点，共有3条地铁或快速有轨电车（Sneltram）线路驶出，阿姆斯特尔站之前为地铁线路，之后为地上有轨电车。地铁2号线、53号线去往哈斯珀普拉斯，54号线去往海恩，乘坐50和51号线可以到达阿姆斯特芬，这两条线路的区别是，到了南区时，一趟开往Isolatorweg，一趟开往Westwijk。它们的运行时间为6:00~24:00，每隔十分钟会有一趟。

进站时，站台会有一个黄色的检票机，将车票插入检票机内，然后车票上面会盖上印章。上下车的时候，只要按下自动门的按钮，车门会自动开启或关闭。比起巴士和有轨电车，地铁上的小偷更多，所以一定要注意安全哦。

阿姆斯特丹中央站旁通往地铁站的入口

莱兹广场的公交站。荷兰有轨电车和巴士都是右侧通行，要注意方向

**给游客提供
优惠便利的卡**

如果是短时间观光，推荐使用"I amsterdam Card"。有了这张卡，乘坐公共交通工具、游览运河风光、参观美术馆等都可以享受免费或者打折的优惠。这种卡有3种类型，即1天、2天、3天卡。可在阿姆斯特丹市内的VVV购买。

**夜间巴士
Night Bus**

快速巴士停运的0:00~7:30，有夜间巴士供乘客使用。从市中心发车，每隔一小时运行一辆。共有7条线路，即71~79路。车费比白天的车费略贵一些。如果使用GVB发行的卡，还可能要追加费用，但也有些线路不需要。

乘坐地铁的要点！

乘地铁54号线在Strandvliet站下车，便可到达阿姆斯特丹竞技场。想去国际贸易中心和国际展览会场RAI，需要乘坐快速有轨电车51号线。乘坐地铁时，还允许带上自行车。因此，还可以享受骑自行车郊外旅行的乐趣。

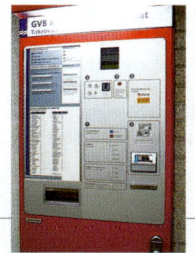

地铁内部的自助售票机，也可以购买多次使用票，但是需要备好零钱

荷兰·阿姆斯特丹 市内交通

乘坐出租车一般不需要付小费。但是如果携带很多大件行李，最好给司机€1左右的小费

乘出租车时说英语就OK！

在旅途上有时候遇不到巴士，多少有些不便。不过，在车站和大型广场周边以及酒店前有很多"Taxi Standplaat"出租车乘坐点。可以在以上地方乘坐出租车，或者拨打24小时出租车客服电话020-6777777，等十分钟左右就会有车来。费用是用计价器计算的，而且司机大多会说英语，可安心乘坐。为避免语言沟通上出现的麻烦，最好将地名事先写在纸上，递给司机看就可以了。

充分利用水上交通工具

博物馆船乘坐点位于中央站前的VVV旁

阿姆斯特丹的运河至今还在发挥着重要作用。除了运河巡游船（p.23）和博物馆船之外，还有各种各样的水上交通工具。从运河望向阿姆斯特丹街，会发现这个城市不一样的魅力。

艾河渡轮

艾河的渡轮是从阿姆斯特丹中央站北侧的码头出发，通往市街北部和艾河内的岛屿。

水上巴士

水上巴士从中央站前出发，共有3条路线，每隔30分钟发一辆。购买1日乘船票的话，一天内可以多次自由乘坐。绿色线路是向市区西部出发的，红色线路除了会到市中心外，还会经过市政厅、国立美术馆、安妮·弗兰克之家等旅游景点。最具观光意义的要算是能够巡游热带博物馆和海洋博物馆的蓝色线路了，游览一圈需要60~85分钟。

博物馆船

乘坐博物馆船便可游览几乎所有主要的博物馆，并且船上有导游全程解说。游览一周大约要1个半小时左右。每隔30~45分钟就有一班。购买1日乘船票，一天内可以多次自由乘坐，并且去博物馆买门票时还有优惠。

除此之外，莱兹广场等4个地方都有水上自行车，在中央站前还有水上出租车供游玩使用。

自行车旅行，自由自在！

荷兰人十分喜欢自行车，这一点可谓众所皆知。荷兰地势平坦，骑自行车十分方便。并且这里有完善的自行车专用道并提供专用地图。阿姆斯特丹市内的自行车出租点从小孩子到大人的，应有尽有。自行车有手刹闸和脚蹬闸两种类型。小型摩托车也可在自行车专用道上行走，有些路段没有自行车专用道，这个时候可以走机动车专用道路，但是不能走人行道。

自行车租赁店设备齐全

艾河渡轮 Ferry
● 剪切地图-4 MAP p.47-B
共有三条路线，每隔7~30分钟会有一艘发出

水上巴士 Canal Bus
● 剪切地图-2、4、14、16、20 MAP p.44-B, p.46-C, D, p.47-B, F
☎ 020-6239886 HP http://www.canal.nl（荷兰语・英语），每天10:00~19:00运行 €1日票€20（有效期到第二天的正午，可享受各种优惠），也可使用All Amsterdam Transport Pass（参见p.48）

博物馆船 Museum Boat
● 剪切地图-2、4、14、16、20 MAP p.44-B, p.46-C, D, p.47-B, F
☎ 020-5305412 HP http://www.lovers.nl（荷兰语），9:00~18:00 €1日票€13

水上自行车 Canal Bike
● 剪切地图-2、9、14、21 MAP p.44-B, p.46-C, D, p.47-E
☎ 020-6239886 HP http://www.canal.nl（荷兰语・英语），10:00~18:00（夏季~22:00），€1~2人票（每人€8）、3~4人票（每人€7）、押金€50

水上出租车 Water Taxi
● 剪切地图-4 MAP p.47-B
☎ 020-5356363 HP http://www.water-taxi.nl €8人以内的小型水上出租车前30分钟费用是€150

租自行车 Bike Rental
Mac Bike公司（市内有3家店）
● 中央站东店：Stationsplein 5 ● 剪切地图-4 MAP p.47-B ☎ 020-6248391
● 莱兹广场店：Weteringschans 2 ● 剪切地图-14 MAP p.46-C ☎ 020-6200985
● 市政厅店：Waterlooplein 199 ● 剪切地图-10 MAP p.47-D ☎ 020-4287005
HP http://www.macbike.nl（英），9:00~17:45 €1日€7~，押金€50

各有特色的观光旅行团

深受旅行团欢迎的约旦地区

申请

在网站或其他地方可以找到旅行团的联系方式,在VVV可以免费预约。如果直接联系旅行社申请加入,不要忘记询问集合场所和接送时间。此外,GVB也有关于各个旅行社的介绍(参见p.321)。

旅行社

● Holland International Destination Management
☎ 020-6253035
HP http://www.thatsholland.nl

● Tours & Tickets
☎ 020-4204000
HP http://www.toursandtickets.com

● Keytours
☎ 020-3055333
HP http://www.keytours.nl

● 林德伯根 Lindbergh
☎ 020-6222766
HP http://www.lindbergh.nl

观光巴士+游艇巡游

阿姆斯特丹 City tour:

参观王宫、铸币塔、辛格尔花市、约旦地区、安妮·弗兰克之家等市内名胜景点。此外还会带领参观钻石研磨加工工厂和风车群。出发时间是周五、周日(3~10月是周五、周一)的14:30,所需时间4小时,费用€35。

阿姆斯特丹 City tour+沃伦丹(Volendam)+马肯(Marken)+赞瑟斯汉斯(Zaanse Schans)

上午,会带领参观风车村Zaanse Schans(参见p.33)、沃伦丹(Volendam)、马肯(Marken)(参见p.88)。下午的行程是阿姆斯特丹市内游览。每天10:00出发(冬季为9:30),所需时间7小时,费用€45~,需要提前48小时预订。

徒步旅行团

阿姆斯特丹之夜 Dark Amsterdam

该旅行团会由精通当地文化的导游带着领略阿姆斯特丹繁华的夜生活。在旅游服务中心有关于当地文化的解说。也可以用英语自由提问,旅行团只接待成人。该旅行团每周三、五、六的20:00出发,所需时间2小时,费用€22。
林德伯根 Lindbergh ☎ 020-6222766 HP http://www.lindbergh.nl

游遍阿姆斯特丹之夜 Walking through dark Amsterdam

红灯区(Red Light District)的建筑都是阿姆斯特丹市内最古老的建筑。该旅行团会带去悠久古老的咖啡店等地方游玩。旅行团每周三、五、六的20:00出发,所需时间2小时,费用€21。

去往阿姆斯特丹周边地区的旅行团

代尔夫特+海牙+席凡宁根
Delft、The Hague and Scheveningen

在参观代尔夫特(参见p.130)的陶器工坊后,接着会去参观海牙(参见p.120)的街道风光、小人国马德罗丹(Madurodam)、海滩休闲胜地席凡宁根(参见p.128)。这一线路只在每年的3~10月,每天14:30出发,所需时间5个半小时,费用€37。

大荷兰游
Grand Holland Tour

这一旅行团会带领乘坐大巴游遍世界最大的鲜花市场阿尔斯梅尔(参见p.31/周日会去木靴工厂等地),之后还要环游代尔夫特、鹿特丹、海牙、席凡宁根等地。周日、一、三、五(11~3月的周一、三、五、六)9:30出发,所需时间8小时,费用€46。

穆登城堡半日游
Muiderslot Castle

从阿姆斯特丹出发,大约15分钟就可以到达风景如画的穆登村。该旅行团会用半天的时间游遍这座建于13世纪的古城堡。每周五发团,早上9:30出发(冬季的发团时间待定),所需时间4小时,所用语言为英语,费用€34。

阿克玛市和风车王国赞瑟斯汉斯
Alkmaar & Zaanse Schans

会带领参观阿克玛市(参见p.92)和赞瑟斯汉斯领(参见p.33)。4~9月的周五9:30出发,所需时间4个半小时,费用€34。

库肯霍夫公园花团锦族。因其位于郊外,推荐跟团旅行

阿姆斯特丹中央站周边
主要景点

从中央站到蒙特广场周边的建筑大多古色古香，有浓厚的历史韵味。这些独具风情的历史建筑，又给崇尚自由的阿姆斯特丹增添了一份无秩序的美。就让我们一起游览这热闹非凡、魅力四射的城市吧！

阿姆斯特丹中央站
NS Station Amsterdam Centraal

●剪切地图-4 MAP p.47-B

夜幕降临，华灯初上，中央站夜景更加迷人

阿姆斯特丹中央站于1889年建成，是一座宏伟的红砖建筑。它是由建筑设计师佩特鲁斯·奎珀斯（Petrus Cuypers）和范根特（Van Gent）共同设计的新文艺复兴式建筑。中央站建在3座人工岛的8657座桩基上，历时5年时间建成。其正面的雕刻和内部的新艺术装潢得到了全世界的赞叹。此外，中央站也成了日本东京站的建设模板。中央站两侧是两个对立的高塔，右侧是时钟，左侧是风向仪。中央站是取代了港口的新型交通据点，注意风向的变化可以预知天气哦，这可是一件十分奇妙的事情呢。当阿姆斯特丹刮起西风的时候，天气就会发生变化，所以要注意一下中央站旁的风向仪。连接欧洲各地的国际列车都在2号线出发。在2号线月台上还有vvv。

艾河
Het IJ

●从中央站出发步行1分钟

●剪切地图4 MAP p.47-B

艾河是位于中央站北侧的港湾，该港于1876年建成，并与北海运河相连接。最初，连接北海运河的是已变为淡水湖的艾瑟尔湖，现在艾瑟尔湖的作用完全被艾河

承载着货物和渡船的艾河

所取代。如今，从北海运出的货物都要经过该河港，年通过量可达1400万吨。

每五年，在凉爽的夏季，这里就会举行大型帆船赛事"阿姆斯特丹帆船节（Sail Amsterdam）"。届时，这里便会汇聚来自全世界的帆船，场景十分壮观。在以下的地方还有免费的渡轮，例如：中州的KNSM岛，那里有很多新开的时尚店。还有艾河隧道，可通往正在开发的艾河北侧。

圣尼古拉斯教堂
St.Nicolaaskerk

●从中央站出发步行6分钟

●剪切地图-4 MAP p.47-B

这是建于1887年的罗马天主教教堂。建筑外观采用新文艺复兴样式，庄严雄伟的造型让游客叹为观止。圣尼古拉斯是荷兰出海船只的守护神，在荷兰深受人们的敬仰，也深得小朋友的喜爱，被称作是"荷兰的圣诞老人"。12月5日是圣尼古拉斯之夜，11月中旬就会举办圣人上陆的庆祝活动，这时候荷兰举国都沉浸在热烈欢乐的节日气氛中。

从东港远望圣尼古拉斯教堂

开 11:00~16:00（周一、周六12:00~15:00）

泪之塔
Schreierstoren

●从中央站出发步行4分钟

●剪切地图-4 MAP p.47-B

这是建于1480年的交通要塞。由于这里曾经是女孩送出外出航海的男子离别的地方，而通常离别时女孩们都泪湿衣衫，"泪之塔"因此而得名。1609年，曾在此旅行的亨利·哈德逊（Henry Hudson）发现了纽约。为纪念他的这一重要发现，这里的墙上刻有他的浮雕，纽约有一条河便是以他的名字命名的。

HP http://www.schreierstoren.nl

阿姆斯格林博物馆
Museum ons' Lieve Heer op Solder

●从中央站出发步行7分钟　●剪切地图-4　MAP p.47-B

阿姆斯格林博物馆的迷人之处在于它是座隐藏的天主教堂。在运河沿岸的运河屋后边，旧教堂的旁边有2栋规模较小的建筑，与它们相连的建筑最深处，爬上二楼，就是阿姆斯格林博物馆了。它也被称作"屋檐下的教堂"，是一座隐藏的天主教教堂。当初，因西班牙阻止新教宗教改革，荷兰的独立战争爆发了。1578年，阿姆斯特丹进行了"宗教改革"，流放了天主教神职人员，但是信仰天主教的信徒们在市内的很多据点有秘密的教会。

在博物馆内可参观3层礼拜堂和楼梯内部隐藏的牧师们的卧室，还可参观当时天主教徒使用的圣具。1层是17世纪黄金时代富商们居住的豪宅，现已被修复。1887年，建成的圣尼古拉斯教堂成为天主教的正式教堂。1888年，这里正式成为博物馆。

HP http://www.opsolder.nl
开 10:00～17:00（周日、节假日13:00～）休 1/1、4/30　€8

旧教堂
De Oude Kerk

●从中央站出发步行8分钟　●剪切地图-4　MAP p.47-C

旧教堂于13世纪建成，是与阿姆斯特丹市同时诞生、有着悠久历史的木造教堂。供奉圣尼古拉斯的大教堂，在16世纪的宗教改革中遭到破坏，之后被修建成有彩绘玻璃的中世纪样式的教堂。进入教堂中，立刻会感受到这里安寂庄严的氛围。18世纪这里还举办过隆重的管风琴音乐会。

HP http://www.oudekerk.nl　开 11:00～17:00（周日13:00～）休 1/1、4/30、12/25
☎ 020-6258284（参加去往塔的旅行团需要预约）€5

 世界最大的要塞环

阿姆斯特丹防线
Defence Line of Amsterdam

这是一条守护阿姆斯特丹、阻止外敌入侵的防御战线，周长135公里。1883年开始建设，1920年完工。起用水力工程技术，在坝上建了45座堡垒，还设有渠和水闸系统可控制周边3～5公里范围内的水，是世界上利用水建造成的最大的防御战线。具有代表性的观光景点是位于埃丹和沃伦丹之间的堡垒、位于韦斯普Ossenmarket的塔、位于哈勒默梅尔（Haarlemmer）的多座堡垒和堤防。

防线服务所
✉ Cultuucompagnie Noord-Holland Postbus 3043 1801 GA Alkmaar　☎ 072-8502800
HP http://www.cultuurcompagnie.nl

达姆拉克大街旁吸引人眼球的旧证券交易所

旧证券交易所
Beurs van Berlage

●从中央站出发步行6分钟　●剪切地图-3　MAP p.47-A

阿姆斯特丹旧证券交易所建于1903年，是"近代建筑之父"亨里克·彼图斯·贝尔拉格（Henrik Petrus Berlage）的代表作。以它为代表的阿姆斯特丹特色建筑，在当时受到了全世界的瞩目。现在，这里已成为荷兰爱乐管弦乐团的大本营。平日，内部只有咖啡店向游客开放。

贝尔拉格的雕像

HP http://www.beursvanberlage.nl

埃丹附近的堡垒遗迹

达姆广场
Dam

●从中央站出发步行10分钟，在有轨电车达姆站下车　　剪切地图-9 MAP p.47-C

自从1270年拦截了流经达姆拉克（Damrak）的阿姆斯特河，这里便成为阿姆斯特丹市的中心地带，逐渐发展繁荣起来。广场周围遍布王宫、新教堂、百货商店和酒店，是游客的必来之地，经常人山人海。在广场东侧有一座高耸的白色方尖塔——民族纪念碑，建于1956年，是为纪念在第二次世界大战中牺牲的战士而建立的。20世纪60~70年代，这里还经常聚集着来自世界的嬉皮士。现在，这里成了背包旅行者们的信息交换场所。

夜晚，坐在民族纪念碑前听音乐会的人们

新教堂
De Nieuwe Kerk

●从中央站出发步行10分钟，在有轨电车达姆站下车　　剪切地图-9 MAP p.47-C

这里因建于旧教堂之后而得名。新教堂建于15世纪，曾多次遭受火灾，历经重建。17世纪建造的管风琴和木雕布教台，设计华丽。1841年以后，荷兰历代国王的加冕礼都在这里举行，贝娅特丽克丝女王也是在这里加冕即位的。

HP http://www.nieuwekerk.nl
开 10:00~17:00
休 无　€8

在王宫前的达姆广场上新建的移动游乐园（上），圣诞节前后这里装饰的圣诞树（右）

王宫
Koninklijk Paleis

●从中央站出发步行10分钟，在有轨电车的达姆站下车　　剪切地图-9 MAP p.47-C

荷兰王宫建于1648年，这一年，西班牙承认荷兰作为联邦共和国成为一个独立的国家。王宫是由J. 凡·坎彭设计的古典庄严的建筑，也是荷兰黄金时代的一个象征。最初，这里曾经是市政厅，在被法国占领时期，拿破仑的弟弟将这里当作王宫来使用。这里最大的看点是"市民空间"和王宫内部精美豪华的装饰。

☎ 020-6204060
开 12:00~17:00（7・8月11:00~）休 9~5月的周一、王室的重大典礼日　€7.50

杜莎夫人蜡像馆
Madame Tussauds' Amsterdam

●从中央站出发步行10分钟，在有轨电车的达姆站下车　　剪切地图-9 MAP p.47-C

举世闻名的伦敦杜莎夫人蜡像馆，在荷兰P&C百货商店也可以看到它。荷兰最显著的特征就要属黄金时代的阿姆斯特丹了。现在蜡像馆中再现了伦勃朗和博斯的房屋，向游客再现了他们当时的生活情景。此外，这里还展示了贝娅特丽克丝女王、欧洲的国家首脑和著名运动员的蜡像。

HP http://www.madametussauds.nl
开 10:00~17:30（12/24・25・31=16:30、1/1 12:00~）
休 4/30　€21

主要景点／阿姆斯特丹中央站周边

戏剧博物馆
Theatermuseum

●有轨电车Hate Alexander站下车，步行5分钟

●剪切地图-3 MAP p.44-B

戏剧博物馆位于绅士运河沿岸，是两栋建于17世纪的运河沿岸建筑，内部展示的是戏剧和舞台艺术的相关资料。比如，服装、小道具、18世纪的戏剧设备及音响设备，这些都十分有趣。此外，在博物馆入口处的白色房间内，有精致的螺旋楼梯、漂亮的天棚画，还有大资产家Bortolott宅邸的正面画，这些都是不可错过的景观。

HP http://www.theaterinstituut.nl 开 11:00~17:00（周末及节假日13:00~，季节不同时间不同） 休 1/1、4/30、12/25 €4.50

原汁原味的 **文化**

安妮·弗兰克之家
Anne Frank Huis

●从达姆广场出发步行10分钟，在有轨电车站下车

●剪切地图-2 MAP p.44-B

每年大约有50万人来这里参观

在第二次世界大战中，纳粹党追杀迫害犹太人，安妮·弗兰克也是这个时期被迫害致死的犹太人。起初，安妮一家在父亲经营的公司秘密居住了两年，但最后还是被盖世太保发现，被强制送往纳粹集中营。"二战"后出版的《安妮日记》被翻译成数十种语言。而安妮之家也作为揭露战争罪恶的博物馆向游客开放。安妮之家中，有很多书架，书架的背后是回转式的楼梯。安妮当年在这里住的时候只有十三四岁，她的房间陈设大多保持原样，房间的墙壁上还挂着安妮的照片。这些真实再现了安妮当时的生活场景，让人印象深刻。因为安妮之家有入场限制，因此参观该景点可能要排上长长的蛇形队伍。

HP http://www.annefrank.org 开 9:00~19:00（4~8月~21:00、1/1 12:00~21:00、12/25 12:00~17:00） 休 10/8 €8.50

在运河船屋上生活

在全长75公里的阿姆斯特丹运河上，有很多船屋。自从运河取代道路，在经贸领域发挥重要作用以来，一些用不到的搬运船逐渐被当作船屋开放。20世纪60年代，阿姆斯特丹运河上船屋的数量达到了最高峰。现在，阿姆斯特丹近郊用于生活居住的船屋仍然有2400多家。

停留在王子运河上的"Hendrika Maria"号是建造于1914年的沙石搬运船。船长一家居住的船舱，现在已经被当作船屋博物馆向游客开放。船舱十分时尚（上图），里面中央空调和浴室等十分完备。如果得到运河停留许可证，船屋中便可通电和自来水，甚至还可以邮寄和收发包裹。但是，船屋非法的停靠，也给住宅不足的阿姆斯特丹带来了一些其他的问题。

●船屋博物馆　Woonboot Museum
✉ Prinsengracht 296对面　●剪切地图-8 MAP p.46-A　开 11:00~17:00　休 周一、11~2月的周二　€3.50

西教堂
Westerkerk

●从达姆广场出发步行要10分钟，在有轨电车站下车

●剪切地图-2 MAP p.44-B

西教堂是17世纪荷兰黄金时期具有代表性的建筑物，也是荷兰国内规模最大的耶稣教堂。当教堂的50个钟琴一起奏响、开始报时的时候，那种悦耳古朴的声音在安妮之家中也可以清晰听到。西教堂前还有安妮的铜像，经常有人在铜像前献花。1966年，贝娅特丽克丝女王的婚礼在这里举行，从此西教堂更加声名远扬。另外，伦勃朗的墓地也在此处。每周日这里会举行礼拜活动。

安妮像前的花篮

HP http://www.westerkerk.nl 开 11:00~15:00 休 周六、日、10~3月 塔€10

花市有很多花店，大多经营多肉植物和热带珍贵植物

阿姆斯特丹历史博物馆
Amsterdams Historisch Museum

●从达姆广场出发步行5分钟，有轨电车Spui站下车

●剪切地图-9 MAP p.47-C

通往阿姆斯特丹历史博物馆有3条大街，该博物馆起初是被当作孤儿院使用的。在1975年市700周年纪念时，这里才成为博物馆。从Kalverstr.大街走来，还没入馆就可以看到16世纪阿姆斯特丹市民的群像。馆内按时间顺序，详细介绍了阿姆斯特丹的历史。此外，馆内还有很多关于17世纪荷兰黄金时代的各种介绍和展览。

HP http://www.ahm.nl 开10:00~17:00（周六、周日、节假日11:00~、5/4~14:00、12/5・24・31~16:00) 休1/1、4/30、12/25 €10

修道院
Begijnhof

●从达姆广场出发步行5分钟，有轨电车Spui站下车

●剪切地图-9 MAP p.44-F

虽然位于市内最繁华的中心地段，但这里却是一个清静幽雅的天堂。修道院里有很多古典而又特别的住宅，其中还有市内最古老的木造建筑。宾羅夫，是加入了天主教女子修道会半俗的女性们居住的地方。现在，这些没有亲友的信教女性在这里过着宁静平和的生活。

HP http://www.begijnhofamsterdam.nl
开9:00~18:30（周一13:00~、周六、日~18:00) 休无

铸币塔
Munttoren

●从达姆广场出发步行10分钟，有轨电车Muntplein站下车

●剪切地图-15 MAP p.47-E

铸币塔因1672年法国侵占阿姆斯特丹时在此造币而得名。塔位于辛格尔运河与阿姆斯特丹河交汇处，周边有7条大道，是一座标志性的建筑。中世纪该塔曾是阿姆斯特丹城门的一部分，17世纪被一场大火烧毁，之后进行重建。和王宫一样，塔上也设有钟琴，每隔15分钟，钟琴都会准时敲响。

HP http://www.bmz.amsterdam.nl/adam/nl/groot/munt.html

在花市中远眺铸币塔。这里的郁金香价格便宜得定会让你大吃一惊

辛格尔花市
Bloemenmarkt

●从达姆广场出发步行10分钟，有轨电车Muntplein站下车

●剪切地图-15 MAP p.47-E

过去荷兰的花农都是用船将花运到陆地，然后进行交易，但现如今，辛格尔水上花市出现了。这也是荷兰唯一的水上花市，花农们在船上设立了常驻花店。从插花到草花苗、观叶植物到盆栽，各种花草品类齐全。如果想带些土特产回来，那么花草种和球根都是大受欢迎的（参见p.66）。

开9:00~17:30（周日11:00~）

伦勃朗广场
Rembrandtplein

●从蒙特广场出发步行5分钟，有轨电车Rembrandtplein站下车

●剪切地图-15 MAP p.47-E

1876年，头戴贝雷帽、身披斗篷大衣的伦勃朗像被高高矗立在伦勃朗广场上。在这之后，广场上各种高级俱乐部和咖啡馆如雨后春笋般涌现。不过最热闹的还要数这里的饮食街。周末的晚上到黎明，这里人流不断，游客熙熙攘攘，是一个名副其实的不夜城。

从咖啡店The clone眺望伦勃朗广场

伦勃朗住宅
Het Rembrandthuis

●从蒙特广场出发步行9分钟,有轨电车、地铁在Rembrandtplein站下车步行3分钟

●剪切地图-10 MAP p.47-F

这栋住宅是伦勃朗于1639年购置的,当时33岁的伦勃朗正处在事业的高峰期。但是1658年,伦勃朗进入了人生低谷,变得一贫如洗,他不得不卖掉了这栋住宅。当时伦勃朗生活起居都是在一层,二层是他的画室,在这里他指导学生作画。至今在国立美术馆收藏的名作《夜巡》,就是伦勃朗在该住宅中创作的,在《夜巡》创作的同年,伦勃朗的妻子Saskia去世。现在,伦勃朗的住宅展示了他的200余件作品,大多是蚀刻画和素描。此外,还可以看到伦勃朗青年时期的自画像。

HP http://www.rembrandthuis.nl
开 10:00~17:00　休 1/1　€10

阿姆斯特丹植物园
Hortus Botanicus Amsterdam

●从滑铁卢广场出发步行5分钟,有轨电车Mr.Visserplein站下车

●剪切地图-17 MAP p.45-H

植物园建于1638年,最初是作为一个小型草药园。1682年,移建到此,并与将目光瞄准世界市场的VOC(荷兰联合东印度公司)一道,收集稀有的热带植物。园中收集了各种香草,还有300多年的铁树等植物,进入园中,就会深刻地感受到植物强大的生命力。植物园附近的地区被称作Plantage地区,周边有动物园Artis和海洋馆Aquarium等景点。

入口左侧是旅游服务中心

HP http://www.hortus-botanicus.nl
开 9:00~17:00(周六、周日、节假日10:00~、7·8月7:00~、12·1月~16:00)
休 1/1、9/12、12/25　€7.50

Palm house中有生长了300多年的铁树

从呈台阶状的屋顶上向远处眺望,景色宜人

新都市科技中心
NEMO

●从中央站出发步行19分钟,巴士Kadijksplein站下车步行6分钟

●剪切地图-5 MAP p.45-D

NEMO(New Metropolis)是位于艾河隧道上十分巨大的船状建筑,也是一座科学技术中心,其设计者是著名建筑师伦佐·皮亚诺。该科技馆最大的特点是,从身边的科学到高端的技术,通过亲手操作模型来理解其中的运作原理。通过操作游轮,可以了解海港的运作模式;通过玩电脑游戏,可以学习货币和流通领域的知识。

HP http://www.e-NEMO.nl
开 10:00~17:00
休 周一、节假日、6~8月、1/1、4/30、12/25　€12.50

荷兰海洋博物馆
Het Nederlands Scheepvaartmuseum

●从中央站出发步行17分钟,乘公交在Kattenburgerstraat站下车步行3分钟

●剪切地图-11 MAP p.45-H

荷兰海洋博物馆于17世纪建成,是一个规模巨大的建筑。1973年之前,一直都是荷兰的海军设施。该博物馆内有丰富的海运资料,详细介绍了大航海时代荷兰征服世界的过程。另外,还有关于荷兰海运史和航海技术进步的介绍。馆内还展示了500多只船的模型、专门为威廉一世建造的黄金屋形船、航海用的雷达等,展示项目丰富,十分有趣。VOC成立前,远渡印度的"阿姆斯特丹"号帆船的复原模型在这里也有展示。

HP http://www.scheepvaartmuseum.nl(荷兰语)
开 9:00~17:00
休 1/1、4/30、12/25　€15

莱兹广场周边
主要景点

从莱兹广场出发，经过宽广的辛格尔运河，就可以到供市民休憩娱乐的冯德尔公园和高级时装店林立的商业街去转转了。这周边是音乐厅和美术馆聚集的美术馆地区，可来这里享受难得的宁静与雅致。

莱兹广场
Leidseplein

● 从中央站出发步行30分钟，有轨电车Leidseplein站下车
● 剪切地图-14 MAP p.46-C

和达姆广场一样，莱兹广场周边有很多交通线路乘车点，还有VVV和AUB（阿姆斯特丹入场券预约中心），这里非常适合作观光根据地。可以在咖啡店的露天阳台上休息，还可去城市剧院前观看表演，实在是惬意无比。在莱兹广场和伦勃朗广场间有一条商业小吃街，那里有很多美味在等您。夜晚时分，可以去城市剧院或美克威等地尽情享受娱乐节目。

范隆博物馆
Museum van Loon

● 从莱兹广场出发步行12分钟，有轨电车Keizersgracht站下车步行3分钟
● 剪切地图-15 MAP p.46-D

这里紧邻皇帝运河，是荷兰黄金时代的重量级商人范隆的家。博物馆向人们传递着当年这位富商过着怎样的富足生活。博物馆的入口有些狭窄，大厅的天棚直通三楼，房间内装饰的满是精美的陶器等。博物馆的中庭是文艺复兴时期的建筑样式，里面有很多盛开的玫瑰花。整个建筑美观豪华，让人赏心悦目。此外，该博物馆的附近还有与皇帝运河正相对的弗德博物馆（●剪切地图-15 MAP p.46-D）、绅士运河沿岸的威力·霍ള森博物馆（●剪切地图-16 MAP p.47-F）等景点，这些景点生动地反映了当时市民阶层丰富多彩的生活。

开 11:00～17:00　休 周二、1/1、4/30、12/25　€ €8

冯德尔公园属英式自然庭园

冯德尔公园
Vondelpark

● 从莱兹广场出发步行8分钟，有轨电车Hobbemastraat下车
● 剪切地图-19 MAP p.46-C

19世纪后半期，当地实施都市开发计划，建成了向西南延伸2公里的细长形公园，并以荷兰诗人冯德尔的名字来命名。公园中绿水青山浑然一体，一副宁静自然的气息。此外，公园中还配置了野外剧场和有露天座席的咖啡店。来此散步、滑冰的人络绎不绝。公园内还有电影博物馆和Coffe Vertigo（参见p.72），这两处景点也很受游客欢迎。7、8月份，野外剧场还会举办舞蹈、戏剧、音乐会等。

博物馆广场
Museumplein

● 从莱兹广场出发步行11分钟，有轨电车Museumplein站下车

凡·高美术馆新馆与吸引人眼球的广场

博物馆广场是近些年来新建的景点。周围有国立美术馆、凡·高美术馆、市立近代美术馆和皇家音乐厅等建筑。参观美术馆感觉疲惫时，还可以去博物馆商店或者咖啡店小憩一下。广场下还有停车场和超市Albert Heijn。另外可以从青草覆盖的超市门口爬到屋顶，非常有趣。

在博物馆的门口按下按钮进入室内后，一定会被室内豪华的装潢所吸引。院子尽头就是中庭

从博物馆广场眺望到的美术馆风光

国立美术馆
Rijksmuseum

●从莱兹广场出发步行8分钟，有轨电车Hobbemastraat下车步行2分钟

剪切地图-20
MAP p.46-C

荷兰国立美术馆是荷兰人为之自豪的美术馆，于1885年开馆，荷兰人亲切地称之为"Rijks"。曾设计了阿姆斯特丹中央站的设计师奎珀斯，也为国立美术馆设计了一个巨大的正门，正门有两个塔。在当时，这种美术馆专用建筑即使在欧洲也是很少见的。馆内有70多个展厅，十分宽敞，收藏展示了世界各地的艺术作品。在国立美术馆逛一天估计都转不完。

主馆刚经过改建，内部焕然一新

宏伟壮丽的主馆刚经历了大规模的改建，从入口处进入，过了售票处、寄存处，在信息服务处不妨租个导游讲解器（英语€5），可以更方便浏览参观。

被叫作"Philips Wing（菲利普之翼）"的附馆1层主要展示来自代尔夫特的精美陶器和世界各地的精美工艺品。在这里，可以大体了解一下荷兰的历史。2层展示的则是荷兰有名的绘画。绘画展厅按艺术家作品分开陈列，所以很容易就能找到自己所喜爱画家的作品。虽然这里展厅的规模要比主馆小很多，但是认真鉴赏的话，也还是要花上1~2个小时。最后当然要看伦勃朗的名画《夜巡》了，在这幅画当中，可以看到画家所描绘出的纤细的光与影的鲜明对照。

修复后重新开放的美术馆，内部装潢焕然一新。此外，按照年代顺序放置画作，方便参观者清晰地了解荷兰繁荣历史的发展了。并且，馆内庞大的画作量依旧保

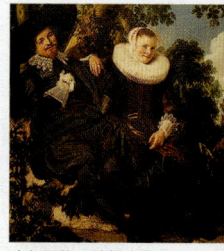

哈尔斯的《结婚肖像画》

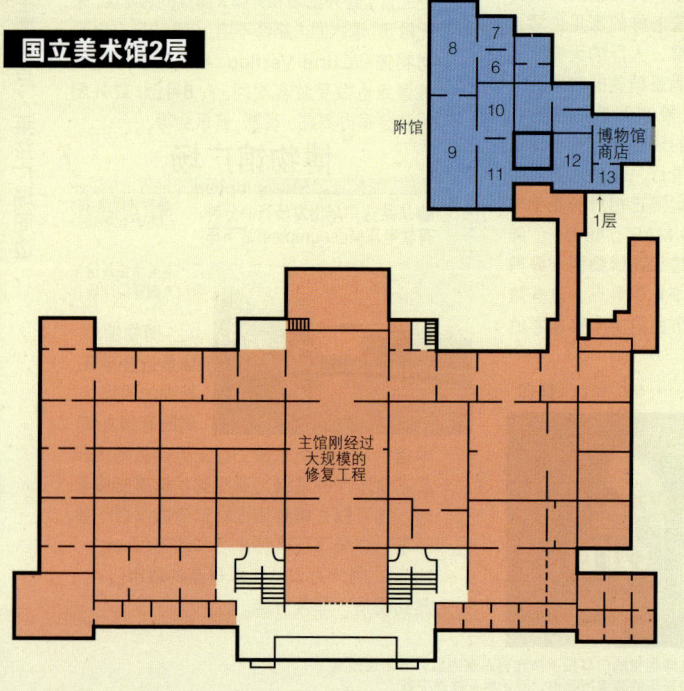

国立美术馆2层

▼伦勃朗8~9
《22岁的自画像》（1628年）
《扮成圣保罗的伦勃朗》（1661年）、
《犹太新娘》（1660年）、
《浪子回头》（1662年）、
《夜巡》（1642年）–12

▼弗美尔–10
《倒牛奶的女人》
（1655~1661年）、《情书》
（1669~1670年）、《小街》
（1657~1658年）、《窗前读信的少女》（1662~1663年）

▼哈尔斯–7
《结婚肖像画》（1622年）、
《快活的醉鬼》（1628~1630年）

▼斯泰恩–11
《快乐家族》（1668年）

在伦勃朗代表作品《夜巡》前,观赏的人络绎不绝

持不变。能有机会欣赏这些稀有、珍贵的画作可千万别错过了。

辉煌璀璨、独具个性的17世纪荷兰绘画

伦勃朗是17世纪荷兰具有代表性的绘画巨匠。当时的画家,不再依靠王室和教会的支持来维持生计,而是依附于市场的消费者,靠画市民阶层的集体肖像画谋生。但是,伦勃朗在他的肖像画中表现了其自身的性格和整个画作的故事性,因不受当时市民阶层的欢迎而落寞了一段时间。伦勃朗的代表作《夜巡》是描绘阿姆斯特丹射手连队的一幅群像,该作品也因为其故事性和个性被埋没了很长时间。

弗美尔作为荷兰最伟大的画家之一,却被人遗忘了长达两个世纪才重新被发现。在中国弗美尔也有较高的人气,但他却是一个极度少产的作家,只留下了30多件作品。在国立美术馆中,可以观赏到其中最珍贵的4幅作品。弗美尔总是关注日常生活题材,让人看到一个永恒的、静谧

的市民生活。与弗美尔的风格相反,哈尔斯喜欢在集体肖像画中捕捉最生动的瞬间生命力。如果没去哈勒姆的弗兰斯·哈尔斯美术馆,那么绝对不要错过《快活的醉鬼》这样闪耀着灿烂生命力的画作。

亨利克·阿维坎普的《溜冰者的冬日》

此外,在风俗画中融入很多象征意义的画家斯泰恩,比如《圣尼古拉斯的忌日》和《衣着整齐的少女》这些画作在美术馆中都有展出。还有讴歌美丽大自然的画家雅各布·凡·罗伊斯达的风景画。2层绘画部展出的均是17世纪的绘画杰作,几乎17世纪的名画都汇集于此。在阿姆斯特丹国际机场的展馆中,可以免费欣赏到世界十大知名画作。

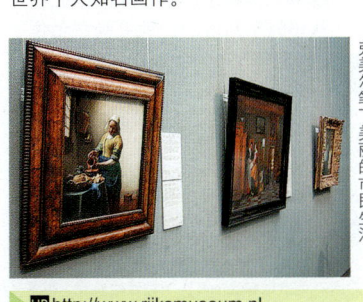

弗美尔笔下美丽的市民生活

HP http://www.rijksmuseum.nl
开 9:00~18:00　休 1/1　€12.50

荷兰·阿姆斯特丹　主要景点／莱兹广场周边　61

凡·高美术馆
Van Gogh Museum

●从国立美术馆出发步行3分钟，有轨电车P.Potterstraat站下车

●剪切地图20 MAP p.46-C

新馆和本馆处的音乐广场深的左侧旁

一幅描绘穿着民族服装的女性的作品

凡·高美术馆有本馆和新馆之分，本馆叫作"里特维德馆"，由荷兰"风格派"运动建筑师里特维德设计的常设展馆，建于1973年。新馆建成于1999年，由日本建筑师黑川纪章设计，并在建成当年举行了特别展。

追溯凡·高燃烧的十年

凡·高的弟弟提奥是一名画商，他支撑了凡·高（1853~1890年）的整个创作生涯。凡·高的大部分作品都被提奥收藏。凡·高和提奥两人辞世后，凡·高的作品就被弟弟的妻子和儿子管理，之后公开展示在凡·高美术馆中。这里收集了凡·高油画200多幅，素描500多件，书信700多件，还收藏有凡·高和提奥收藏的日本浮世绘和其他一些画家的作品。

凡·高决定成为一名画家是在1880年，在之后的仅仅十年时间里，他创作了800多件油画、水彩画和素描在内的1000多件画作。虽然凡·高曾在美术学院学习画画，但他大多是自学，在十年间凡·高受了各种各样的刺激，作画风格变化惊人。在本馆的二层，可以按时间顺序欣赏凡·高的作品。

从1881年开始，凡·高在荷兰创作了

《盛开的杏树花》，为庆祝弟弟提奥的儿子出生而作

《吃马铃薯的人们》。1886年春，在巴黎画出名作《自画像》。1888年2月，在法国阿尔，创作了《黄色的家》和《向日葵》。1889年4月，在圣雷米时期创作了《麦田》。1890年5月，在奥弗时期又创作了名作《麦田里的乌鸦》等。

还可欣赏与凡·高同时代的艺术家的作品

因为素描和书信有变色的可能，所以不能将这些作品放到常设展馆内。但是也不要感到遗憾，在三层有版画和素描等展览。四层展出的是与凡·高私交甚好的画家高更的作品，其中包括他所绘的《凡·高像》。凡·高美术馆一层展出的是劳特雷克和修拉等欧洲印象派画家的作品。新馆举行的特别展，也会介绍与作品相关的时代背景和关联艺术。还有英语的语音导游讲解（€4）。

HP http://www3.vangoghmuseum.nl
开 10:00~18:00（周五~22:00） 休 1/1 € €10

重要信息

方便实用的博物馆通卡

在荷兰，如果对参观博物馆和美术馆感兴趣推荐使用博物馆通卡（Museumkarrt）。有了这张卡，在荷兰的400多个博物馆或美术馆参观时，可享受免费或打折优惠。（费用：未满18岁€19.95，18岁以上成人€39.95。）18岁以上的成人，在阿姆斯特丹市内的国立美术馆和凡·高美术馆等地参观，可享受优惠。通卡的有效期是1年，十分适合学生和喜欢参观博物馆的人群。但如果只在阿姆斯特丹逗留，建议购买I amsterdam Card（参见p.49）。该卡可以买一些主要美术馆的入场券，或在乘坐交通工具观光时使用，也可在一些餐厅使用。

购买博物馆通卡，可去大型博物馆的售票处和VVV，也可登录官网购买。
HP http://www.museumjaarkaart.nl（荷兰语）

市立近代美术馆
Stedelijk Museum of Modern Art

●从国立美术馆出发步行2分钟，有轨电车P.Potterstraat站下车

剪切地图-20 MAP p.46-E

美术馆内满是马列维奇（中央左侧）和蒙德里安的作品

在荷兰随处可见让人耳熟能详、包含了音乐和舞蹈的现代艺术。提到荷兰美术，那么就不得不提市立近代美术馆了。这里收藏了大量19世纪以后的艺术作品，因此闻名世界。1895年，有艺术品鉴赏家在此举办了其个人收藏展，与此同时美术馆也正式对外开放。20世纪，大艺术家蒙德里安等人发起了艺术运动"风格派"。"二战"结束后，阿佩尔和贡斯当组成了"眼镜蛇组合（Cobra group）"。在市立美术馆中观赏优秀画作的同时，可以亲身感受到这个引领世界现代美术的文化之国的艺术风采。

对迷恋阿姆斯特丹的游客来说，如果想了解"眼镜蛇"的艺术风格，那么阿姆斯特丹的眼镜蛇博物馆，就一定不要错过了。这里有追求几何造型美的蒙德里安绘画，还收藏着阿佩尔和贡斯当的优秀作品。此外还可以看到夏加尔、毕加索、康定斯基、马蒂斯、凡·高、莫奈以及沃霍斯等闻名世界的大艺术家的流行艺术和写真画。

刚经过改造的市立美术馆更值得前去。

HP http://www.stedelijkindestad.nl
开 10:00~17:00（周四~22:00）
休 周一　€10

改建后的美术馆外观图

热带博物馆
Tropenmuseum

●有轨巴士电车Mauritskade下车，有轨电车Linnaeusstraat下车

剪切地图-18 MAP p.43-H

热带博物馆位于Plantage地区南部的东公园东北部。这里是一个十分有趣的世界，展出有来自非洲、南美、亚洲、中东以及大洋洲独具各地风情的艺术品。宽敞明亮的馆内，在独具特色的阿拉伯和印度的专属小巷中，叫卖声不绝于耳。并且这里再现了饲养家畜的印度尼西亚住宅样式。印度尼西亚曾经是荷兰的殖民地，因此该馆内关于印度尼西亚的展出内容非常多。同时，这里还设有剧院，可以在此欣赏精彩的节目。

开 10:00~17:00（节假日，12/24·31~15:00）
休 1/1、4/30、5/5、12/25　€9

充满异国风情的博物馆

喜力体验馆
Heineken Experience

●从国立美术馆出发步行7分钟，有轨电车Heinekenplein下车步行2分钟

剪切地图-21 MAP p.46-F

荷兰喜力啤酒不仅在荷兰，在中国也是很知名的品牌。喜力体验馆是由古老的啤酒酿造厂改装而成的博物馆，在这里可以看到丰富多彩的娱乐节目，在"BOTTLE RIDE"这个参观性节目中，可以近距离观看荷兰啤酒的装瓶生产线流程，亲临体验啤酒的入瓶过程。在博物馆中，还可以细细品尝啤酒和咖啡，也可以坐在餐厅中充分享用美食。

HP http://www.heinekenexperience.com
开 11:00~19:00（入场~17:30）
休 周一、1/1、4/30、12/25·26　€16

文艺娱乐 Entertainment

阿姆斯特丹到处散发着文化娱乐的气息。在这里,丰富的娱乐活动会让心情彻底放松。公园和广场中聚集着游客,而俱乐部和画廊等地则都可以看到娱乐表演。从古典音乐到现代音乐,从爵士艺术到芭蕾舞蹈,节目可谓丰富多彩。

为防止地基下沉,皇家音乐厅建在靠近音乐广场的一侧。上图为音乐厅的正门。售票处在左侧深处

在莱兹广场的城市剧院旁,就是AUB的办公室(右图)了。在这里可以得到免费的信息月刊(上图)

荷兰皇家音乐厅正对着博物馆广场,该音乐厅拥有欧洲最高端的音响设备,因此闻名世界。音乐厅建于1888年,是世界三大管弦乐团之一,也是皇家管弦乐团的大本营。此外,阿姆斯特丹巴罗克等管弦乐团也会在此定期举行音乐会(7、8月休息)。一些国际知名的演奏家也经常在这里举行音乐会。著名的荷兰爱乐管弦乐团,其大本营是旧证券交易所(参见p.54)。

想看戏剧演出的话,推荐去音乐剧场,也就是现在的市政厅。那里是荷兰国家芭蕾舞团的大本营。虽说如此,但国家芭蕾舞团和NDT(Netherlands Dance Theatre)也经常在城市剧院举办公演。在荷兰国立加莱剧场还会上演音乐剧和英语话剧。

在其余的50多家剧场里,也可以看到内容丰富多彩的现场娱乐表演,比如被誉为摇滚天堂而被人们熟知的"帕拉迪索Paradiso"和细腻敏感的"美克威Melkweg"(参见p.65)。6月的荷兰音乐节、8月下旬的文化季Uitmarkt,均是规模宏大的大型音乐盛事。有关荷兰文化娱乐的信息,可以通过VVV发行的 *What's on in Amsterdam* 和英语月刊 *Time out Amsterdam* 进行了解。各剧场的票可在VVV和各剧场及下面的AUB(阿姆斯特丹入场券预约中心)购买。

● 剪切地图-14 　 Leidseplein 26
MAP p.46-A 　 020-7959950
webredactie@aub.nl
http://www.amsterdamsuitburo.nl(荷兰语)
10:00~19:30(周六~18:00、周日12:00~18:00)

荷兰的新年等节日,街头上有很多特设的音乐会场,场面十分热闹

【音乐厅和剧场】

皇家剧场 Koninklijk Theater Carré
Amstel 115-125　0900-2525255　●剪切地图-16
http://www.theatercarre.nl　MAP p.45-K

皇家音乐厅 Het Concertgebouw
Concertgebouwplein 2-6　020-6718345　●剪切地图-20
http://www.concertgebouw.nl　MAP p.46-E

城市剧院 Stadsschouwburg
Leidseplein 26　020-6242311　●剪切地图-14
http://www.stadsschouwburgamsterdam.nl　MAP p.46-C

音乐剧场 Het Muziektheater
Amstel 3　020-6255455　●剪切地图-10
http://www.muziektheater.nl　MAP p.47-F

重要信息

冬宫博物馆阿姆斯特丹分馆

●剪切地图-16 MAP p.47-F

俄罗斯圣彼得堡的冬宫博物馆(音译埃尔米塔日博物馆),于2004年在向游客开放了阿姆斯特丹分馆。2009年6月20日,该美术馆移至Amstelhof旧养老院,改建后再次隆重向游客开放。这个17世纪的建筑Amstelhof外观壮丽精美,拥有十分宽阔的展示空间。由于圣彼得堡主馆拥有丰富的藏品,并且均是精品,因此这里常年都举行各种各样盛大的主题展。此外,博物馆内还设有咖啡厅和博物馆商店等。

Amstel 51, Amsterdam　020-5307488
http://www.hermitage.nl　10:00~17:00(周三~20:00)　休 1/1、4/30、12/25　€15　旅行团€90(包括入场券)。　rondleidingen@hermitage.nl (提前两周通过电话或者邮件预约)
※ 在滑铁卢广场下车

夜晚时光 Nightlife

夜晚时分，如果想充分享受快乐的夜生活，荷兰娱乐场附近的莱兹广场以及克朗咖啡（参见p.72）附近的伦勃朗广场都是绝好的选择。那里十分热闹，欢乐气氛一直会持续到凌晨。不过要提醒的是一定要注意安全哦！

拥有餐厅和酒吧的综合娱乐中心

荷兰娱乐场
Holland Casino

●剪切地图-14
MAP p.46-C

虽说荷兰的其他地方也有赌场，但是荷兰娱乐场却是唯一合法的连锁经营店。豪华时尚的店里面有餐厅以及500多台自动赌博机。未满18岁的未成年人禁止入内，并且穿拖鞋或者衣着不整都不可以入内。入场时需要带上护照，入场后可购买赌博用的硬币。

✉ Max Euweplein 62
☎ 020-5211111
HP http://www.hollandcasino.nl (荷兰语)
营 12:00~3:00 (入场~2:00)
€ €5

从电影、现场表演到舞蹈，可根据自己喜好选择

美克威
Melkweg

●剪切地图-14
MAP p.46-C

这是一个即兴表演的空间。位于FLOWER POWER内，于1970年对游客开放。美克威内有电影院和画廊，周末这里还有隆重的现场表演节目，场面十分热闹。特别值得一提的是这里有很多全球流行歌曲表演。

✉ Lijnbaansgracht 234A
☎ 020-5318181
HP http://www.melkweg.nl
营 咖啡/12:00~21:00 娱乐表演/21:00~（表演不同时间会有变动） 售票窗口/周五、周六16:30~3:00，周日~周四表演不同，时间不同
休 咖啡/周一、周二

当地乐团让整个夜晚活跃起来！一家安全的酒吧

波本街
Bourbon Street

●剪切地图-14
MAP p.46-C

在这里可以欣赏到当地乐团表演的爵士、摇滚、布鲁斯等音乐，酒吧内的客人基本上都是常客。酒吧舞台前设有长桌，上面是各种饮料，跟着酒吧里欢快的节奏，会情不自禁地跟着舞起来。这里不分国籍，也不问男女老少，可以尽情享乐。更值得期待的是偶尔会有明星突然造访，来此表演。此外，这里还卖当地特色的T恤和无檐帽。

✉ Leidsekruisstraat 6-8
☎ 020-6233440
HP http://www.bourbonstreet.nl
营 22:00~4:00（周末~5:00）

如今最潮的俱乐部，以前居然是教堂！

帕拉迪索
Paradiso

●剪切地图-14
MAP p.46-C

现场演唱者和DJ联合演奏，有多种多样的音乐形式，比如迷幻舞曲、高科技舞曲、电子舞曲、Hip Hop、House、迪斯科等。这家有着悠久历史的俱乐部深受年轻人的欢迎，谁能想到以前居然是教堂！因为这里人气十足，常常爆满，所以要提前购买预售票，可以在其官网上订购。

✉ Weteringschans 6-8
☎ 020-6264521
HP http://www.paradiso.nl
营 20:00~（表演不同时间有变动）

阿姆斯特丹之夜——窥视其高端文化之所

剧场
Odeon

●剪切地图-15
MAP p.46-B

这里可是演员、模特、时尚、媒体工作者等对流行趋势敏感的人经常光顾的俱乐部。室内装潢采用最高端的荷兰设计样式。在此，可以尽情感受高级时尚俱乐部带来的震撼和冲击。

✉ Singel 460
☎ 020-5218555
营 23:00~5:00
休 周日~周四

集市 Market

阿姆斯特丹的集市，一派生机勃勃、欣欣向荣的景象。从市政厅到滑铁卢广场，除了周日和节假日之外，这里每天都有集市。从便宜的小件商品到服装，品种丰富，花样繁多。尤其是4月30日女王的生日这天，整个街道都变成了自由贸易市场。

百姓厨房里的新鲜食材
艾伯特市场
Albert Cuypmarkt

连接平民地区的艾伯特大道上，每天从早上开始，整条街上的露天商铺一家挨着一家，排得满满的。这里主要销售的是食品、衣服以及一些杂货等日常生活用品。此外，还有一些形状古怪的时钟和稀罕的民间工艺品等，想买些礼物带回来的话，到这里淘一淘，或许会有意外的发现。

在这里还有可以品尝美味的奶酪店，可以买到新鲜香蕉的蔬菜水果店，满是新鲜鱼类的海鲜店，在街上逛，还能嗅到从春卷屋飘来的阵阵香气。高级食材比如白芦笋等，在这里价格非常低。从一些女士认真挑选鲜花的场景，可以体验到这里浓厚的生活气息。

● 剪切地图-21
MAP p.46-F

✉ Albert Cuypstraat 营 9:00~18:00（冬季和下雨天时会提前结束） 休 周日、节假日

计量所前多彩的古玩
新市场
Nieuwmarkt

屋顶上有塔的计量所建于15世纪末，原是圣安东尼门，是阿姆斯特丹的大门之一。在该街的入口处建立了一座广场，平时看起来是做普通的石头堆砌的广场，但每到5~10月的周日，这里就变成了各式各样古玩的集市。

说起阿姆斯特丹的古玩店，比较有名的就是新市场上鳞次栉比的80多家商店和被称为古董市场的Looier（参见p.68）了。这里大多卖的是二手书和旧时的唱片，在计量所广场前的这些古董摊位，给人一种集市的感觉，事实上，这些古董的价钱要稍稍高一些。

● 剪切地图-10
MAP p.47-D

✉ Nieuwmarkt
营 5月上旬到10月下旬的周日9:00~17:00

约旦名物、杂货和农产品市场
北市场
Noordermarkt

17世纪的都市计划，将位于西教堂西北部的约旦地区，规划成劳动者的居住区。后来很多移民也移居至此，这里独特的自然氛围，吸引了大批游客来此观光。此外，还有许多时尚的咖啡店和个性商店绝对让您流连忘返。

1627年这里以北教堂为中心的市场正式成立。现在，每到周一，卖杂货和日常用品的露天店（左下图），就会从西街延伸到教堂一带。周日除了有卖日常杂货的，还有有机栽培的农作物直销店。有集市的日子，咖啡店会早早营业，市场中也会有更多的值班警察（右下）。

● 剪切地图-3
MAP p.44-B

✉ Westerstraat~Noordermarkt
营 周一9:00~14:00，周六9:00~17:00

漂浮在运河上的鲜花市场
辛格尔花市
Bloemenmarkt

莱兹大道到蒙特广场的辛格尔运河上，有很多常设的船舶商店，且大多是鲜花店。这里是阿姆斯特丹唯一的水上花市，缤纷的色彩、馥郁的花香，凸显了荷兰这个"鲜花王国"的魅力。

这些店铺有插花、草花苗、观赏植物等专门店，还有一些店铺专营食虫植物和多肉植物等稀罕的盆栽，十分有趣。最适合作为土特产带回来的草种和球根，这里也可找到。盆栽和成套印度大麻这里也有，但是要注意，这些是不可以带回国的。

● 剪切地图-15
MAP p.47-E

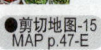
✉ Singel
营 9:00~17:30（周日11:00~）

商店 Shop

> 从高级时装精品店、购物中心到Howden大街上的个性小店，这里可带给您各种快乐的购物体验。尤其是这里精湛的钻石切割技术和代尔夫特的陶器，以及耳环等各种精美时尚的小物件，定会让您目不暇接，流连忘返。

游逛各大百货商店，感受荷兰"购物天堂"的氛围！

位于达姆广场一角的女王高档百货商店De Bijenkorf（●剪切地图-9 MAP p.47-C）。内有站立式简易餐厅，去那里用餐十分便利。旁边的王宫建筑深处便是马格纳购物中心，它的前身是邮电局。橱窗豪华，里面都是高级时尚店和宝石店，地下的楼层里还有CD店。商业大街卡尔弗街里面有比较平民的商场Vroom & Dreesmann（●剪切地图-15 MAP p.46-B）。从对面的喀尔塔购物中心可以眺望整个城市的风景。铸币塔前面以价格便宜而具竞争力的Hema（●剪切地图-15 MAP p.47-E）也很受游客的欢迎。

马格纳购物中心
Magna Plaza
✉ Nieuwezijds Voorburgwal 182
HP http://www.magnaplaza.nl
⌚ 10:00~19:00（周一11:00~、周日12:00~、周四~21:00）
●剪切地图-9 MAP p.47-C

喀尔塔购物中心
Kalvertoren
✉ Kalverstraat 212~220 HP http://www.kalvertoren.nl ⌚ 10:00~18:30（周一11:00~、周四~21:00、周日12:00~）
休 1/1、4/30、12/25、26
●剪切地图-15 MAP p.46-B

高级精品店鳞次栉比
P.C. 霍夫特大街 P.C.Hooftstraat

位于美术馆地区的P.C.霍夫特大街上几乎聚集了所有的欧洲时尚品牌，不仅有MEXX和Azzurro这样的自选商店，还有很多像卑尔根这样的高级时装专卖店，有摩登系列鞋子专卖店梅杰斯。

卑尔根 Berghen ☎ 020-3640061 ⌚ 10:00~17:00（周一13:00~）休 周日、节假日

梅杰斯 Meijer's ☎ 020-6643355 ⌚ 10:00~18:00（周四~21:00、周六~17:30、周日13:30~17:00）

●剪切地图-20 MAP p.46-C

最潮流、最时尚
莱兹大街 Leidsestraat

通往莱兹广场的莱兹大街上，有许多潮流时尚的小型百货店以及像Metz&Co这样的时装店。这里要推荐源于北欧、因使用便利并且设计上独具匠心而备受好评的伊塔拉。收藏了大量17世纪绘画作品的艺术无限画廊一定不能错过。

艺术无限 Art Unlimited
☎ 020-6244225
⌚ 10:00~18:00
（周四~周六~20:00）

伊塔拉 iittala ☎ 020-6265473 ⌚ 10:00~18:00（周日与周一12:00~、周四~21:00）

●剪切地图-15 MAP p.46-B

体验最真实的阿姆斯特丹
乌特勒支大街 Utrechtsestraat

连接伦勃朗广场和弗雷德里克广场的乌特勒支大街，并不是面向旅游者的购物街。但是，在宽阔的大道两侧有很多时尚个性的店铺，如莫比利亚等。并且还有很多自选商店和堪萨特等，这些店里商品分类规整，服务人员素质也极高，深受阿姆斯特丹人的喜爱。这里还有很多氛围优雅浪漫的咖啡店和餐厅，可谓独具荷兰风情。

堪赛特 Concerto ☎ 020-6235228 ⌚ 10:00~18:00（周日12:00~、周四~21:00）

莫比利亚 Mobilia Woonstudio
☎ 020-6229075 ⌚ 10:00~17:30（周四10:00~17:30、19:00~21:00、周六~18:00）休 周日、周一、节假日

●剪切地图-16 MAP p.45-K

满是个性有趣的小店
赫伊登街 Huidenstraat

处在绅士运河和皇帝运河之间的三条大街Huiden、Wolfen、Halden上有很多像斯皮盖尔贝德这样的高级服装店，还有很多经销酒的专营店。此外，还有很多时尚个性的小店，比如，像彼得兹这样古色古香的手工饰品专卖店，玻璃珠帘装饰的店面十分漂亮。

斯皮盖尔贝德 Spiegel-beeld ☎ 020-6385364 ⌚ 11:00~18:00（周日13:00~17:30）休 周一、节假日

彼得兹 Beadies ☎ 020-4285161 ⌚ 10:30~18:00（周一11:00~、周日~21:00）休 周日

●剪切地图-8 MAP p.46-B

因精湛的切割技术而驰名世界的珠宝老店
考斯特钻石
Coster Diamonds

●剪切地图-20
MAP p.46-C

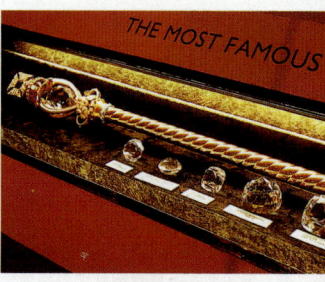

店铺是一座历史悠久的古建筑,共有4个切割中心。可以现场观赏钻石切割的全过程。该珠宝老店始创于1840年,曾研磨过英国国王的皇冠玉石。在店内,听过服务人员关于裸钻的详细介绍后,便可以选择钻石并决定自己想要的设计。在付款的这个时间里,钻石就会研磨好。一般是不需要收加工费的,但戒指等要额外付加工费,在€40左右。

✉ Paulus Potter-straat 2-8 ☎ 020-3055555
FAX 020-3055556
営 9:00～17:00 休 12/25

深受欧洲名人青睐的陶器店
金色阿姆斯特丹
Blond Amsterdam

●剪切地图-21
MAP p.46-F

这是一家经营茶壶和茶杯等物品的陶器店,其店内陶器均是由出生于阿姆斯特丹的两位女设计师Famke和Janeke设计,在当地很有人气。向店员说明自己的喜好后,就可买喜欢的商品了。罗宾威廉姆斯和杰米·奥利佛等世界知名人士也曾用过这里的杯子。可以在这里买些商品,送给时尚的友人们。

✉ Gerard Doustraat69 ☎ 020-4284929
HP http://www.blond-amsterdam.nl/ 営 10:00～18:00(周一12:00～、周六-17:00)休 周日

喜欢时尚品牌的一定不可错过
"漂染"时装
Laundry Industry

●剪切地图-9
MAP p.46-B

该店品牌在欧洲各国享有很高的赞誉。不管是男装还是女装,该品牌都有着华丽的色调、细致精湛的做工和独具匠心的设计。店内的衣服都是针对喜爱时尚的成人设计,有展现迷人身体曲线的夹克衫,也有时尚的裤子和裙子等。

✉ Spuistraat 1
☎ 020-4202554
営 11:00～18:00(周日与周一12:00～)

收藏了各个年代宝物的古董店
德洛拉中心
Kunst & Antiekcentrum De Looier

●剪切地图-8
MAP p.46-A

这个美术品、古董中心共有90多家店,每周三和周六还有跳蚤集市的加盟,可说是荷兰国内最大的室内古董中心。这里的每家店铺都独具特色,从银制品等传统商品再到白铁皮玩具,商品种类多样。还有一个汇聚了20世纪20～70年代的胶木制品的小店(右图),十分有特色。

✉ Elandsgracht 109
☎ 020-6249038
HP http://www.looier.nl
営 11:00～17:00 休 周五

服务和质量都绝佳的钻石研磨直销店
迦山钻石
Gassan Diamonds

●剪切地图-10
MAP p.47-F

这里由蒸汽工厂改建而成,厚重的建筑里面便是钻石研磨场兼展览馆了。在接受了一段15分钟关于钻石研磨和品质的讲解后,便可在工厂通过直销价格采购裸钻了。工场会十分迅速地加工戒指、项链、耳环等首饰。

✉ Nieuwe Uilenburer-straat 173-175
HP http://gassandiamonds.nl
営 9:00～17:00(1/1营业时间11:00～)

光鲜璀璨的荷兰时尚店

人民的迷宫
The People Of The Labyrinths

●剪切地图-20
MAP p.46-E

除了比利时的时尚服饰外，荷兰时尚服饰也备受瞩目。从高档奢华的纺织品到手工制作的品牌，该店都一应俱全。服装设计上大胆融合了纤细时尚和干练风格，从青年女性到老龄妇女都大力追捧。

✉ Van Baerlestraat 42-44
☎ 020-6640779
HP http://www.labyrinths.nl
营 10:00~18:00（周六~17:30、周一13:00~、周日12:00~17:00）

设计新潮、颇有人气的儿童商品店

房中小窝
KEET IN HUIS

MAP p.43-D

这是一家儿童商品概念店，位于现代建筑和各种概念店林立的KNSM岛。其经营者曾担任日本著名株式会社Oilily的设计师，颇具时尚眼光，因此店内汇集了世界各地五彩缤纷的衣服、亚麻制品、家具、玩具、首饰等。光是在这里逛一逛便可以大开眼界了。

✉ KNSM Laan297
☎ 020-4195958
HP http://www.keetinhuis.nl
营 10:00~18:00（周日12:00~17:00）休 周一

自然休闲的母婴服装店

出生店
De Geboortewinkel

●剪切地图-14
MAP p.46-A

这是一家专供孕妇和婴儿的服装专卖店。室内装潢都采用木质原料，温馨舒适又十分有情调。店内有很多为处在育儿期和妊娠期女性准备的衣服。在选择衣服上，热情的店员还会提供很多意见。衣服的质地很好，选用的都是环保材料，比如纯棉和羊毛等。

✉ Bosboom Toussaint straat 22-24
☎ 020-4484189
HP http://www.geboortewinkel.nl/index.php
营 10:00~18:00（周一13:00~）休 周日

儿童用品大世界

小叮当
Tinkerbell

●剪切地图-15
MAP p.46-D

该店主要经营的是从婴儿期到中学生这一年龄段人群的商品。店内的玩具大多是木制的，不仅结实而且设计上独具匠心。独一无二的成套玩具和迷宫拼图以及绘画等都会极大地激起孩子们的好奇心，培养他们丰富的想象力。店内很多角落还设有可供娱乐玩耍的设施，一定不要忘了带上孩子去那里玩。

✉ Spiegelgracht 10
☎ 020-6258830
HP http://www.tinkerbelltoys.nl
营 10:00~18:00（周一13:00~、周日12:00~17:00）

逼真的动物造型让大人都兴奋不已

动物乐园
De Beestenwinkel

●剪切地图-10
MAP p.47-E

这家店是由一对年轻的夫妇共同经营的，名字叫作"动物乐园"。店内有很多格林童话插图中的动物头像（左图）模型，还有蛇和青蛙等各种各样的动物造型。这绝对是一家让大人也欢快无比的好去处。在这里可以听到很多大人的尖叫，他们比孩子们还兴奋呢。

✉ Staalstraat 26
☎ 020-6231805
营 10:00~18:00（周日、周一12:00~）

荷兰・阿姆斯特丹　商店

最美味的甜品店

蓬巴杜
Pompadour

●剪切地图-8
MAP p.46-B

这家美味个性的甜品店位于赫伊登街上，专门面向年轻的朋友。很多中年夫妇经此都会忍不住从橱窗向内张望。来到这家甜品店看见喜欢的甜品，可千万不要客气，因为如果下手晚的话，一会儿的功夫可就卖光了。喜欢甜品的阿姆斯特丹人给这家店贴上了"最美味的甜品店"这一标签。这里要强烈推荐pukkeni巧克力。可以在店内的角落里坐下来细细品尝哦。

✉ Huidenstraat 12
☎ 020-6239554
⌚ 10:00~18:00（周四9:00~17:00）
休 周日

汇聚了荷兰珍贵名酒的酒屋

古酒阿姆斯特丹
Oud Amsterdam

●剪切地图-3
MAP p.47-A

这家酒屋里有很多珍贵的名酒，比如荷兰蒸馏酒的起源酒类GIN、杜松子酒（Jenever）、古酒阿姆斯特丹精装酒等。还有很多小瓶装的酒种，比如，19世纪后半期被欧洲的作家和画家称为"绿色妖精"的各种艾酒（蒸馏酒的一种），洋酒爱好者在这里一定会发现让自己怦然心动的美酒。

✉ Nieuwendijk 75
☎ 020-6244581
HP http://www.oudamsterdam.nl
⌚ 10:00~18:00（周日12:00~）
休 节假日

五彩斑斓、呵护肌肤的手工肥皂

萨伏内里
La Savonnerie

●剪切地图-8
MAP p.46-A

这是一家位于王子运河沿岸的肥皂工坊。在这里您会发现，很快一块肥皂就制作出来。肥皂的形状各式各样，有快乐可爱的动物形象和水果造型，还有彩绘系列和罗马字母系列等，创意十足，十分漂亮。店内还有放置毛巾和肥皂盒的工具，这些物品放在浴室里，非常合适。

✉ Prinsengracht 294
☎ 020-4281139
HP http://www.savonnerie.nl
⌚ 10:00~18:00
休 周日

可供精挑细选的化妆品店

护肤精品店
Skin Cosmetics

●剪切地图-8
MAP p.46-A

这里主要经营源自欧洲的名牌化妆品，比如REN等纯天然的化妆品牌。可以在众多的国际品牌中选择适合自己肤质的化妆品。除了化妆品外，该店还经营香水、精油等，这里的专业人员还会为客人讲解面部护肤和身体护肤的相关知识。

✉ Runstraat 11
☎ 020-5286922
HP http://www.skins.nl
⌚ 11:00~19:00（周一13:00~、周四~20:00、周六10:00~18:00、周日12:00~17:00）

经营欧洲传统装饰物的精品店

科克霍夫
Kerkhof

●剪切地图-8
Map p.46-A

这是一家经营各式装饰品的老店。流苏状的饰物（系在窗帘上的房间装饰品）、装饰用的彩带、珍珠帘、带穗状边缘的台布等欧洲传统房间装饰品，这里应有尽有。还有丝带既设计精美又不拘于传统色调，这些可以系在门把手上，还可以用作衣服上的装饰物，也可以做成钥匙链上的装饰品。

✉ Elardsgracht 43
☎ 020-6234666
⌚ 10:00~17:00（夏季11:00~）
休 周一

高级雪茄专卖店

P.G.C.雪茄店
P.G.C. Hajenius

●剪切地图-9
MAP p.46-B

这家雪茄专营店拥有80多年的历史，创业时间可以追溯到19世纪，1915年才移到这里。店内采用大理石的装潢，古色古香，尽显高档奢华。并且一直秉承着"为消费者提供最顶级商品"的信条，受到消费者的信赖。每到周五傍晚，这里都会举办酒会，届时可以品尝到优质的雪茄和各年代珍藏的威士忌。

✉ Rokin 96
☎ 020-6237494
FAX 020-6387221
HP http://www.hajenius.com
营 9:30~18:00（周日12:00~17:00、周一12:00~）

物美价廉的杂货商品最适合当礼物

笨笨
Dom

●剪切地图-9
MAP p.46-B

在这家店里，可以发现好多造型可爱价钱又合理的日常生活用品，比如台布和简单的小家具等。在柏林、巴黎以及纽约都设有分店。可以说这里是汇聚了各地大受欢迎的商品。当然最让消费者喜爱的莫过于其合理的价位。商店还会为客人购买的商品精心包装，因此在这里选购礼品是最适合不过的了。该店一般都很晚才关店，所以可以好好去逛一逛。

✉ Spuistraat 281a-c
☎ 020-4285544
HP http://dom-shop.com
营 11:00~20:00（周日13:00~）

有着悠久历史的眼镜店

国家眼镜博物馆/眼镜店
Nationale Brilmuseum/Brillenwinkel

●剪切地图-9
MAP p.44-F

这家店几乎收藏了100年多间设计的所有眼镜框，有很多是来自欧洲各地，设计精致时尚。经营这家店的女主人已经是第四代掌门了，她亲手设计的店内装潢也让人感到别致的情调。第三代经营者曾经耗费35年时间搜集世界上的各式眼镜，并建立了博物馆公开展览，很值得一看。

✉ Gasthuismolensteeg 7
☎ 020-4212414 HP http://www.brilmuseumamsterdam.nl
营 11:30~17:30（周六~17:00）
休 周日~周二、节假日
€ €4.50（博物馆）

要排队才能得到的有机巧克力

普切尼波米尼糖果店
Puccini Bomboni

●剪切地图-10
MAP p.47-E

在当地这家巧克力的人气超高，店内所有的巧克力可都是手工一个一个做出来的，十分精致美味。巧克力的原料十分讲究，都是选取纯天然物质，巧克力中添加了纯天然的香料和各种水果，独具个性。还没品尝，光是看着巧克力精美的样子，就足够让人垂涎欲滴了。

✉ Staalstraat 17
☎ 020-6265474
FAX 020-4229709
HP http://www.puccinibomboni.com 营 9:00~18:00（周日与周一12:00~）

满是怀旧氛围的小店

尼克尼克
Nic Nic

●剪切地图-9
MAP p.44-F

小店橱窗上摆满了独具意味、十分精巧的中国迷你人偶，走入店内，您就会被其中各种各样的小商品深深吸引。年轻的店长是这样说的，"光是拥有20世纪40~80年代的东西并不能称为概念店"，在这里您能看到年代古老的贝壳制品、燃烧用的木材、精巧的墙上饰物、古老的煤油灯和各种可爱的餐具等。在这里您可以将怀旧情绪进行到底。

✉ Gasthuismolenstee 5
☎ 020-6228523
HP http://www.nicnicdesign.com 营 12:00~18:00（周六11:00~17:00）
休 周日、节假日

餐厅 & 咖啡店 Restaurant & Café

在达姆广场和莱兹广场周边有很多餐饮店。不仅有法国美食，还有很多印度尼西亚餐厅。如果想去时尚奢华的地方用餐，可以考虑去伦勃朗广场，想品尝顶级美食可以去酒店，想吃中国菜的话首选中国城。如果还想好好品尝一下咖啡，那就去咖啡屋吧。

在历史悠久的酒店中优雅地享用咖啡

美国人咖啡馆
Café American

●剪切地图-14
MAP p.46-C

优雅的美国伊甸酒店开业至今已经有100多年的历史。一层的咖啡馆在开业之时，据说最初只提供布朗咖啡。酒店天棚顶端有巨大的装饰吊灯，玻璃上镶嵌有花纹，墙壁上还有浮雕等，优美的内部装饰采用文艺复兴时期的艺术风格（如左图）。咖啡馆内共有70多张桌子，适合在此阅读报纸或其他读物（如右图）。在点咖啡的时候，服务生还会送来内部盛满矿物质水的小盆。在感受窗外莱兹广场的热闹喧哗之余，可以在这里度过十分惬意休闲的时光。

✉ Leidsekade 97
☎ 020-5563000（酒店）
FAX 020-5563001（同）
HP http://www.amsterdamamerican.com
🕐 11:00~23:00（周六、日19:00~、22:00停止点餐）

深受年轻人喜爱的咖啡厅

加伦咖啡
Café de Jaren

●剪切地图-15
MAP p.47-E

从天棚的玻璃窗透进来的光线让整个店内都洋溢着温馨的气氛。该咖啡店的露天阳台面向阿姆斯特丹河，在这里喝咖啡也十分惬意。该店从1990年开业以来，广受年轻朋友的好评和追捧。咖啡厅里有各种各样的报纸，也可以把这里当成获取信息的基地。可以去二楼尽情享用那里的美味沙拉。午餐，这里还准备了面包和各种美味的汤品。每逢春季，露天阳台上的含羞草便会争相斗艳。

✉ Nieuwe Doelenstraat 20-22 ☎ 020-6255771 HP http://www.dinigcity.com/ams/dejaren/index.htm
🕐 9:30~13:30、17:30~22:30（周五与周六9:30~12:00、17:30~22:30）

在这里欣赏伦勃朗广场的美景

克朗咖啡
Café de Kroon

●剪切地图-15
MAP p.47-E

第二次世界大战前，这里曾经是人气火爆的俱乐部，在大战中被德国人接管，直到十多年前，这里才变成现在的咖啡店。来这里的人们都喜欢坐在面向伦勃朗广场的位子上，在那里远眺景致极佳。店内的装潢独具特色，让人们能感受到其厚重悠久的历史。该咖啡店不单是氛围好，还有很多好吃的，比如：汤、煎蛋卷、可罗卷（参见p.34）、烤肉串等。周末晚上，很多人会来到咖啡店边品咖啡边聊天。

✉ Rembrandtplein 17
☎ 020-6252011
HP http://www.dekroon.nl
🕐 12:00~23:00

最美体验！边品啤酒边眺望冯德尔公园的美景

维迪格咖啡&餐厅
Cafe & Restaurant Vertigo

●剪切地图-19
MAP p.44-I

该咖啡店在冯德尔公园内（参见p.59），紧邻公园内著名的无声电影博物馆。咖啡店建筑建于19世纪，坐在2层的露天阳台上向下望去，满眼的绿色。合着清爽的微风、荷兰的啤酒，定会让您精神一振，旅途中的疲劳也会一扫而光。这里午餐有三明治和煎蛋卷，晚餐为您准备了和肉有关的美食。季节不同，菜单也不一样。平日里，公园里有很多前来散步的情侣和下班后享受休闲时光的上班族，周边环境十分热闹。

✉ Vondelpark 3
☎ 020-6123021
HP http://www.vertigo.nl
🕐 10:00~1:00（周末11:00~）

远眺魅力中庭，享受美味午餐

帕尼尼
Café-Restaurant Panini

●剪切地图-15
MAP p.46-D

该咖啡馆位于通往蒙特广场的大道旁，在王子运河沿岸。店内的装修风格十分可爱。从二楼向下看，可以看见中庭里漂亮的遮阳公园（右图）。夏季，可以在风景如画的中庭内品茶。从中午12点开始，这里有蔬菜、奶酪、鱼等各种美食供应。晚餐从18点开始，可以吃到正宗的意大利面还有各种主菜和点心，并且价格也都不贵。晚上22点停止供餐，但还是可以在这里要上一杯咖啡。

✉ Vijzelgracht 3-5
☎ 020-6264939
HP http://www.restaurantpanini.nl
⌚ 9:30～23:00（周日11:30～）

正宗的约旦地区咖啡

泰森咖啡馆
Café Thijssen

●剪切地图-3外
MAP p.43-C

从北教堂沿着王子运河一路北上，就可以看见这家特色咖啡馆了。这里有独具约旦特色的布朗咖啡。周四早上，集市开业很早，所以这家咖啡馆也会很早就开始营业。这里要推荐名为"Pistoletto"的长面包、意大利风味的三明治"牛油果"和Tosti等。每到下午茶的时候很多附近的常客就会来此，您也可以在宽敞的咖啡馆内体验安静惬意的氛围。

✉ Brouwersgracht 107
☎ 020-6238994
⌚ 8:00～1:00（周五～3:00、周四7:30～3:00、周日9:00～）

在露天阳台上啜饮咖啡

窄巷子
Café 't Smalle

●剪切地图-2
MAP p.44-B

紫色的店内装饰为咖啡馆增添了一丝浪漫情调，登上狭窄且陡峭的台阶，就来到了二层。这是一家十分正宗的咖啡店，店内还备有很多美食，如面包、夹着煎鸡蛋和火腿的三明治，还有夹着奶酪的三明治"Uitsmijter"（如右图），深受当地人的喜爱。每日更新的汤品味道可口，分量十足。咖啡店周围设有一些桌椅，客人可坐在那里尽享悠闲时光，面朝运河的阳台座位经常是满员的。

✉ Egelantiersgracht 12
☎ 020-6239617
⌚ 11:00～12:30、15:00～1:00（周五、周六10:00～2:00）

店门上一定会有"Coffee Shop"这样的词

为您导航

标有"Coffee Shop"的店铺可不是咖啡屋！

漫步在阿姆斯特丹的大街上，在很多地方都能看到写着"Coffee Shop"的店铺，如果您按照字面意思去理解为咖啡屋的话，那可就大错特错了。在荷兰"Coffee Shop"实际上是软性毒品销售店。

在荷兰，持有不超过5克的软性毒品，如印度大麻、普通大麻等大麻制品，是不违法的。所以，在荷兰，经常可以看到街角吸食大麻的人。为什么对于大麻制品没有法律上的限制呢？实际上，这也只是在推崇个人自由和责任的荷兰才有的状况。软性毒品的中毒性比酒精和香烟要低一些，容许软性毒品的出现，还有一个目的，那就是防止硬性毒品（海洛因、可卡因、LSD等）的蔓延。但是，荷兰是毒品犯罪多发的国家，有很多旅行者也被卷入其中，染上毒品可是一件非常危险的事情，所以一定要小心行事。

位于阿姆斯特丹欢乐街上的"Coffee Shop"，窗户都涂成了黑色，店内的光线也十分昏暗，很容易就能观察出这并不是一家咖啡店，但要是它处于一个十分安静的大街上，不小心的话还是会当成咖啡屋进去。实际上如果不介意的话，这里也提供咖啡，很多旅客也会在此安静地坐一会。软性毒品店的招牌上一般都清晰地写着"Coffee Shop"这几个词的。此外，如果对荷兰的软性毒品文化感兴趣还可以到大麻博物馆去看一看（Oudezijds Achterburgwal 148 ●剪切地图-10 MAP p.47-D）

传承了日本美食文化的日式料理店

山里
Yamazato Restaurant

MAP p.43-G

30多年前，日本大巷酒店在这里正式营业。与此同时，其直营的日式料理店也同步开业。餐厅内的员工大多是日本人，这在欧洲的酒店中是十分少见的。值得一提的是，该日本料理店成功地将一些荷兰的食材融入其中。鳗鱼以及有着很强节日感的日本料理在这里一一呈现。这家店不但得到了在驻日本人的追捧，近来年也受到了当地荷兰人的好评。店内最有名的就要数铁板烧"山茶花"了。白天到松花堂（如右图），可以单点一些吃的，晚上还可以品尝到宴会用日本料理。

✉ Ferdinand Bolstraat 333　☎020-6788351
FAX 020-6787788
HP http://www.okura.nl
营 7:30~9:30，12:00~14:00，18:00~21:30（停止点餐）周末需要预约

聆听小提琴，享用一顿情调大餐

拉图里斯德拉维他
La Storia Della Vita

●剪切地图-21
MAP p.46-D

这是一家以地中海风味美食为特色的餐厅。店内环境优雅，可倒上一杯红酒，边品味边与好友畅谈，情调十足。可以先吃一些用小碟子装的前菜，之后就可以吃主菜了。这里的食材都是应季的，所以菜单也是经常变化的。服务员一般会先问客人有什么忌口，然后推荐一些蔬菜。店内还有小提琴演奏，高雅而又富有情调。总体而言，这里的用餐价格比较合理。不过周末来这里吃饭的话，需要预约。

✉ Weteringschans 171　☎020-6234251　营 11:30~15:00，18:00~23:00

装潢一流，菜品绝佳

贝尔哈梅尔餐厅
Restaurant De Belhamel

●剪切地图-3
MAP p.47-A

最近，在阿姆斯特丹也开始流行这种融合了世界各地的食材和制作方法的融合菜式（Fusion food）了。店内年轻的厨师们在制作比目鱼的时候，会加上大虾和雪利酒等（右图），这种风味独特的美食广受顾客的好评。店内的装潢也让人有居家一般的感觉。

✉ Brouwersgracht 60
☎020-6221095
FAX 020-6238840
HP http://www.debelhamel.nl
营 12:00~22:00（周五、周六~22:30）

重要信息

大受欢迎的有机百货超市——MARKT

●剪切地图-14
MAP p.46-C

最近，在荷兰掀起了一股购买有机商品的热潮。其中，最受人们欢迎的就是这家叫作"MARKT"的有机百货超市。

这家百货超市距离莱兹广场只有8分钟的步行距离。经常有迷你卡车停在店门口，所以找起来十分方便。店门前就像蔬菜市场那样，各种新鲜的蔬菜整齐地摆放在那里，店内除了有蔬菜外，还有鱼类、贝类、面包、甜品、等等，品种丰富。当然，这里所有的商品都是高品质的有机食品，吃起来比较放心，并且价格也十分合理。

"MARKT"，在荷兰语里就是市场的意思。从这个词命名的这家店最大的特点便是，可以直接从生产者手中采购新鲜的食材。虽然其经营模式和普通的百货商店差不多，但是要注意的是，这里买东西却需要用银行卡支付。

阿姆斯特丹店 ✉Overtoom 21，Amsterdam ☎020-4226311　哈勒姆店 ✉Gedempte Oude Gracht 66，Haarlem ☎023-5428444 HP http://www.marqt.nl

王宫后面，尽享荷兰风味的菜肴

普尔特大厅
Brasserie de Poort

●剪切地图-3
MAP p.47-C

位于王宫后面的迪珀玫克里夫大酒店（De Poort Van Cleve）的餐厅Brasserie de Poort是十分有名气的。很多客人都是因为想吃最上等的荷兰风味菜肴才慕名而来。这里还有家庭味道十足的浇汁烤肉饭（右图）。可口的菜肴，让人赞不绝口。菜的种类虽然不是很多，却是一家值得光顾的好店。

✉ Nieuwezijds Voorburgwal 176-180
☎ 020-7142930
FAX 020-6220240
HP http://www.dieportvancleve.com
営 12:00~17:00, 18:00~22:30

意大利美食店，还可打包

三色意面意大利美食城
Pasta Tricolore

●剪切地图-20
MAP p.46-C

从沙拉、意大利面到提拉米苏等，种类丰富的意大利美食都在橱窗中陈列着。可以选择喜欢的让服务员盛好，而且这些美食可以打包带回。店内有一间优雅的咖啡厅，在这里可以随意选择咖啡种类以尽情享受意大利美食带来的乐趣。

✉ P.C.Hooftstraat 52　☎ 020-6648314　FAX 020-6764739
営 9:00~19:00（周日12:00~）

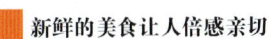

新鲜的美食让人倍感亲切

阿姆斯特丹咖啡&餐厅
Café Restaurant Amsterdam

MAP p.42-B

这里原是一家净水厂，现如今店内的装潢巧妙地将原有的水管变为了装饰。自1966年开业以来，大受年轻朋友的喜爱。店内的料理更是完美地融合了法国和比利时的菜系风格，晚上的时候还可以在这里喝上一杯红酒。不过这家店距离市中心稍稍有些远，可乘坐有轨电车10号线在Van Hallstraat下车后，步行很快就能到。

✉ Watertorenplein 6
☎ 020-6822666
FAX 020-6822665
HP http://www.cradam.nl
営 10:30~24:00（周五与周六~1:00，用餐时间11:30~22:30，周五与周六~23:30）

健康又美味的印度尼西亚佳肴

斯里坎迪
Srikandi

●剪切地图-20
MAP p.46-C

阿姆斯特丹当地还有很多印度尼西亚风味的餐馆。这家店就是其中比较有人气的店之一。有椰子奶和花生味的蔬菜料理，还有在竹筒中调制的美味牛肉"Daging ala Srikandi"等，这些菜品比较符合中国人的口味。在"餐桌"（Rijstafel）上，可以挨个地品尝10多种菜肴。如果您是素食主义者，那么也不要担心，这里有专门的素餐。

✉ Stadhouderskade 31
☎ 020-6640408
HP http://www.srikandi.nl
営 17:00~22:00

体验分量十足的南美烤肉

埃尔兰乔
El Rancho

●剪切地图-14
MAP p.46-C

在莱兹广场附近，有一家以美味著称的阿根廷烤肉连锁店。这家店在当地十分有人气。在点牛排的时候，可以选择肩胛、里脊等部位的肉，选择180克、275克、400克等不同的分量。在吃的时候蘸上Chimihurri和有着香料的汤汁，绝对回味无穷。前菜建议选择馅饼。

✉ Korte Leidsedwarsstraat 73
☎ 020-6274754
営 11:00~23:00

酒店 Hotel

> 如果是在复活节和夏天休假的时候来这里旅行,建议提前将酒店订好。可通过VVV来预订。(参见p.321)。如果想要入住经济型中等档次的酒店,可以预订莱兹广场、伦勃朗广场、博物馆广场周边的酒店。如果想入住高级酒店,ZOID地区和史浦基地区这样的酒店比较多。

酒店像倒映在水面上的璀璨明珠

欧洲酒店
Hotel De L'Europe

●剪切地图-15
MAP p.47-E

这是阿姆斯特丹具有代表性的高档酒店,其前身是15世纪守护整个城市的要塞建筑。这座面向阿姆斯特丹河的红砖建筑,虽然在市内中心场所,但现在仍可以看作是守护河畔的要塞。夜晚,华灯初上,酒店的外观璀璨夺目。乘船可直达酒店门口。

酒店客房共有111间,并且每间风格都不尽相同。每年酒店会翻新20间客房。从配置了红木家具的豪华客房到色彩鲜艳但装饰简单可爱的普通客房,都会让人有家的感觉。

酒店顶层还设有新婚套房。此外,酒店的餐厅

河畔旁的这家酒店还是夜航旅游路线的绝佳景点哦

"EXCELSIOR"和啤酒屋藏有450多种近3万瓶红酒,也十分受欢迎。酒店附近还有音乐剧场,可以去那里观看音乐剧。

在EXCELSIOR(上图)和典雅温馨的客室,享受愉快惬意的时光

✉ Nieuwe Doelenstraat 2-14
☎ 020-5311777
FAX 020-5311778
邮 hotel@leurope.nl
HP http://www.leurope.nl
室 111
€ S/€339~398 T/€382~2649(含早餐)

皇家级豪华酒店

阿姆斯特丹洲际度假酒店
InterContinental Hotels Amstel Amsterdam

●剪切地图-22
MAP p.45-K

全部由玻璃窗构成的餐厅和休息室

刚踏入酒店,19世纪豪华宫殿的气息便扑面而来。这是一家创业于1867年,有着悠久历史的酒店。室内装修采用英国维多利亚式高贵典雅的设计,电梯内设有天鹅绒座椅,客房内的浴室里设有豪华淋浴。

这里给客人带来的并不仅仅是古典氛围,客房内设有CD机和录像机以及商务用的设备等。早上8点,电视会播报天气预报,结算的时 候可使用室内的监控器和出纳机来完成,十分便捷。利用这些条件来安排进行旅游和观看喜剧的行程,非常方便。

贝娅特丽克丝女王的婚宴就是在这里举行的,因之这里更加闻名遐迩。如今酒店不仅提供优良的环境和设施,提供的服务更是世界一流的。

皇家婚礼(下图)和圣诞节时这里的装饰(左)

✉ Professor Tulpplein 1
☎ 020-6226060
FAX 020-6225808
邮 amstel@ihg.com
HP http://amsterdam.intercontinental.com
室 79
€ S・T/€400~3750

步行至机场仅需3分钟的现代化酒店

阿姆斯特丹国际机场
喜来登酒店
Sheraton Amsterdam Airport

MAP p.35

位于机场旁的喜来登酒店是一家五星级高级酒店。从刷行李卡到办理入住只需要3分钟。酒店设施齐全、设备一流，客房环境也十分安静。在客房中，您可以一边眺望钢制高塔，一边按下咖啡机的按钮享受飘香美味，惬意之至。

✉ Schiphol Boulevard 101
☎/FAX 020-3164300
HP http://www.starwood.com/sheraton/index.html（提前预约可享受打折优惠）
室 406
€ S・T/€166~460

享受香草花园露天阳台上的美景

普利策酒店
Hotel Pulitzer

●剪切地图-8
MAP p.44-B

从王子运河的船只专用停靠点，进入到狭小的运河住宅入口，里面有25栋建于17~18世纪的建筑。这些建筑的走廊相互连接，宛若迷宫。在建筑的中心有一座香草公园，空气中满是薰衣草的香味。坐在酒店露天阳台上静静地品一杯茶，心旷神怡。酒店中的运河住宅独具特色，室内装潢高贵典雅，景点优美别致。此外酒店中还设有异域风情的酒吧和咖啡馆。

✉ Prinsengracht 315-331
☎ 020-5235235
FAX 020-6276753
邮 jacco.vanluberk@starwoodhotels.com
室 230
€ S・T/€309~844
（不含早餐）

服务好、令人放心的日式酒店

大仓酒店
Hotel Okura Amsterdam

MAP p.43-G

尽管酒店内的装潢十分质朴，但客房内设备齐全，温馨舒适。这里离市中心虽说远了点，但酒店附近有有轨电车站，观光十分便利。酒店的顶层是一间酒吧，在那里可以俯瞰美丽的城市夜景。酒店内有家日本料理店"山里"（参见p.74），里面的铁板烧"山茶花"味美可口，深受当地荷兰人的青睐。

✉ Ferdinand Bolstraat 333
☎ 020-6787111
FAX 020-6712344
邮 sales@okura.nl
HP http://www.okura.nl
室 301
€ S・T/€250~2100

大厅里的玻璃楼梯井非常漂亮

雷迪森布鲁酒店
Radisson Blu Hotel Amsterdam
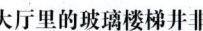

●剪切地图-9
MAP p.47-C

沿着细长的通道进入酒店，您一定会为所见大吃一惊！美丽的阳光正倾注在这宽敞时尚的酒店内！该酒店选择将四个建筑的中心作为中庭，设计上独具一格，非常新颖。酒店的客房有四种风格，分别是：荷兰传统风格、德国式风格、东方风格和北欧风格。在办理入住手续的时候您可要好好选择。

✉ Rusland 17
☎ 020-6231231
FAX 020-5208200
HP http://www.radissonblu.com
室 248
€ S・T/€199~399

高雅、奢华的五星级酒店

阿姆拉斯大酒店
Grand Hotel Amrath

●剪切地图-4
MAP p.47-D

该酒店位于中央站附近，于2007年开业。2009年，该酒店被授予最优秀酒店特别奖。实际上该酒店建筑建于1913年，酒店内部装修采用德国式风格，配上客房内古色古香的家具，尽显优雅风范。酒店有10间甜美型客房和14间小套房，在这里可尽享五星级酒店的奢华高档。

✉ Prins Hendrikkade 108
☎ 020-5520000
FAX 020-5520900
HP http://www.amrathamsterdam.com
室 165
€ S・T/€230~275

超凡的16世纪建筑

迪珀玟克里夫酒店
Die Port van Cleve

●剪切地图-3
MAP p.47-C

酒店位于王宫后面的马格纳购物中心（参见p.67），建筑雄伟壮观。在办理完入住手续后，晚餐前不妨先去领略一下阿姆斯特丹市中心的时尚氛围。这家酒店原是16世纪一家啤酒酿造厂。建筑物正面刻有酒店名称，从外观上不难看出该建筑悠久的历史。

登上连接酒店两个建筑的台阶，透过玻璃可以看到房屋成排连接的样子，十分壮观，这也是阿姆斯特丹较独特的地方。酒店内的客房一般都是跃层样式。

在这里，还可以到荷兰菜餐厅Brasserie de Poort（参见p.75）享用美食。精致可口的正宗荷兰菜品，定会让您赞不绝口。虽然是酒店内的餐厅，价格却十分合理。饱餐一顿之后，您还可以去内部用代尔夫特瓷砖装潢出可爱风格的酒吧里度过一段愉快的时光。

面向街道的客房内部装潢典雅

✉ Nieuwezijds Voorburgwal 176~180
☎ 020-7189013　020-6226429（预约）
FAX 020-6220240
HP http://www.dieportvancleve.com
室 121　€ S・T/€109~300（早餐€19）

在繁华地带独享轻松一刻

弗雷德里克斯广场酒店
Hotel V Frederiksplein

●剪切地图-22
MAP p.45-K

这是一家于2008年3月开始正式营业的商业酒店，位于乌特勒支大街附近的繁华一角。酒店是由19世纪的公寓改造而成的，内部装饰一新，各个角落均使用木质材料。宽敞的客房具有浓厚的家庭气氛，不妨在这繁华地带独享轻松的旅行时光。

✉ Weteringschans 136
☎ 020-6623233
FAX 020-6766398
HP http://www.hotelv.nl
室 48
€ S・T/€68~189

由天主教的孤儿院改建而成的酒店

阿瑞娜酒店
Hotel Arena

●剪切地图-23
MAP p.45-L

该酒店由热带博物馆和动物园附近的天主教孤儿院改建而成，集酒吧、餐厅、咖啡休闲室和俱乐部于一体，可在此充分享受轻松的度假时光。客房的大小、形状以及特征等都不尽相同，设计者将各客房的家具摆设和地板颜色安排得恰到好处，每一间都独具特色。

✉ 's-Gravesandestraat 51
☎ 020-8502400
HP http://www.hotelarena.nl
室 116
€ S・T/€129~229（不含早餐）

在古色古香的餐厅中吃一顿美味早餐

运河房屋酒店
Canal House Hotel

●剪切地图-2
MAP p.44-B

这家名为"运河房屋"的酒店，是位于皇帝运河对面的一家豪华酒店。在酒店的顶层还保留着过去用来搬运行李的滑轮车。因为酒店曾经是黄金时代富商们的宅邸，天棚上装饰着豪华吊灯，在东屋中庭的美景一览无余。穿着民族服装的服务员随时准备为您送上丰富的早餐。

✉ Keizersgracht 148
☎ 020-6225182
✉ info@canalhouse.nl
HP http://www.canalhouse.nl　室 23
€ S・T/€220~700（包含早餐）

在摩登酒店里美美睡一觉

阿姆斯特丹城市M市民酒店
citizenM Amsterdam City

MAP p.43-G

这是一家于2009年开业的新锐酒店，从世界贸易中心出发步行5分钟便可到达。

酒店大厅的装饰雍容华贵，大厅内有查尔斯与蕾伊默斯设计的休闲椅、荷兰本地设计师设计的沙发、法国著名的兄弟设计师Ronan & Erwan Bouroullec亲手设计的室内装潢。此外，客房中也都应用了高科技，使用飞利浦公司的触屏moonbat，可以随意遥控电视、控制室内温度、设置闹钟以及控制电灯等。如果您喜欢现代时尚的元素，那么这里的客房定会让您留恋不舍。酒店客房由Cocrete公司统一设计，室内的床宽大舒适，床单使用Frett公司生产的亚麻布料。在舒适豪华并宽敞的房间中住上一晚，旅途的疲劳定会一扫而光。此外，客房中还有免费的无线网络供使用。

酒店中还设有名叫"canteenM"24小时营业的便利商店。店内除了三明治、寿司等，还有咖啡和啤酒，选择多多。如果在异国还没适应时差的话，肚子饿的时候就可以到这里来。

值得一提的是，该酒店是阿姆斯特丹国际机场的合作酒店，如果刚下飞机或者要赶早班机回国，建议不妨入住该酒店。

边吃早饭边眺望冯德尔公园的绿色景致

✉ Prinses Irenestraat 30 ☎ 020-8117055
🖥 http://www.citizenmamsterdamcity.com 室 215 € S・T/€69~149

典型的运河沿岸房屋建筑

使馆酒店
Hotel Ambassade

●剪切地图-9
MAP p.46-B

该酒店是由夹在辛格尔和绅士运河间的11栋建筑物改建而成的。从正门踏上红色的地毯，走过迷宫一样的路程后，就可以到达客房了。酒店内设有两个娱乐休息室，并且还有早餐厅。从这些地方都可眺望到绅士运河，欣赏室外美景。除客房外，还提供公寓式住宅（费用€305）。

✉ Herengracht 341
☎ 020-5550222
📠 020-5550277
🖥 http://www.ambassade-hotel.nl 室 58
€ S/€165~195 T/€195~245 早餐€17.50

独具运河沿岸街道风格的酒店

阿姆斯特尔博特尔酒店
Amstel Botel

●剪切地图-4
MAP p.47-B

该酒店位于距离中央站非常近的东码头Oosterdak，建于1979年。这是一艘巨大的客船，是运河街道极具特色的酒店，因此人气很高。虽说客房设置比较简单，但是淋浴和卫生间等设施都十分完备，客房内还有电话和电视。不仅如此还有酒吧和游泳场，可以说是面向年轻人的时尚酒店。

✉ Oosterdokskade 2-4 ☎ 020-6264247
📠 020-6391952
🖥 http://www.amstelbotel.com
室 175
€ S・T/€80~99
早餐€10

长期旅行者的最爱

斯米特酒店
Hotel Smit

●剪切地图-20
MAP p.46-C

该酒店位于高级精品店林立的商业街中，是一家经济型酒店。因位于美术馆地区，临近莱兹广场，极具地理上的优越性，所以对于长期旅行的人来说是绝好的选择。酒店一层是咖啡厅，也提供其他饮料。酒店设施齐全，服务周到，并且比较实惠，因而非常受欢迎。酒店内还有早餐厅和酒吧，门前停有开往阿姆斯特丹国际机场的大巴。

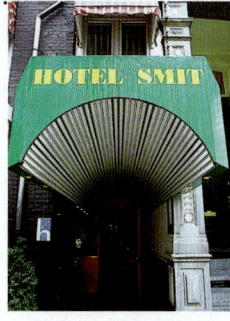

✉ P.C.Hooftstraat 24-28
☎ 020-6714785
📠 020-6629161
🖥 http://www.hotelsmit.com
室 51
€ S/€69~99 T/€89~124

独具一格的室内装潢

桑顿菲洛索夫酒店
Sandton Hotel De Filosoof

●剪切地图-19
MAP p.44-l

酒店位于冯德尔公园附近，一条单行道的两侧。在有广告招牌的一侧，有前台、酒吧、提供早餐的餐厅。在单行道上漫步，会有服务员亲切地询问"要喝杯咖啡吗？"

据说该酒店的主人是两姐妹，她们分别是哲学家和旅行家。酒店每一间客房的装潢都有所不同，独一无二。有充满佛教禅意的客房，也有描绘曼陀罗的房间，还有的房间中装饰着满是天使飞翔的图案。整个酒店的装潢全部用手工制作，入住其中，仿佛有探访老朋友家的亲切感。由于是古建筑，所以入口处的门有些重，乘电梯的时候还要上台阶。房间一侧可以看见小庭院，在顶层还可以眺望到附近的马场。

让您眼前一亮的房间（上图）和前台旁边宽敞明亮的酒吧

✉ Anna Vondelstraat 6
☎ 020-6833013
FAX 020-6853750
HP http://www.sandton.eu/en/amsterdam
🛏38　S・T/€110~139

阳光洒满整个餐厅

日日更新的配茶早餐

七拱桥
Seven Bridges

●剪切地图-15
MAP p.45-K

这是位于皇帝运河沿岸的小酒店。酒店中有个小休闲娱乐室，不过没有餐厅，所以需在房间内享用早餐。在这里，入住客人会得到最热情周到的服务，还可看到由明星设计的室内装饰。

✉ Reguliersgracht 31
☎ 020-6231329
HP http://www.sevenbridgeshotel.nl
🛏8
S/€110~195 T/€125~240（不含早餐）

让人完全放松的家庭氛围式酒店

圣尼古拉斯酒店
Hotel Sint Nicolaas

●剪切地图-3
MAP p.47-A

该酒店位于大道分岔路的中间位置，虽然环境不是很安静，但是离中央站很近，大约只有6分钟左右的路程。酒店小巧舒适，很有家庭氛围，会给人宾至如归的感觉。酒店的客房简单整洁，在大厅附近，设有酒吧，可以在那里小憩一刻。

✉ Spuistraat 1a
☎ 020-6261384
FAX 020-6230979
HP http://www.hotelnicolaas.nl　🛏27
S/€166~176 T/€170~190

重要信息

舒适的公寓式房间

正如刚刚介绍的使馆酒店那样，酒店所提供的公寓式房间，就是我们所说的公共式房间，即将一栋楼的内部隔开，提供给多家住户。这样的房间价格大约是酒店的一半。但是入住时间要在一周以上，内有各种家具。虽然客房的摆设简单，但是冰箱、电磁炉等设备一应俱全（如右图），能做饭，因此比较适合长期停留的旅行者。房间种类也是多样的，有双人床带餐厅带浴室的房间（如左图），还有共用厨房和浴室的房间。此外，早饭大多都会去酒店吃，这时会有服务员来清理房间。

HP http://www.jtb-europe.nl

其他酒店一览表

酒店名/网址	地图/地区	联系方式
阿姆斯特丹万豪酒店 Amsterdam Marriott Hotel HP http://www.marriott.com.cn（中文）	●剪切地图-14 MAP p.46-C 莱兹广场～美术馆地区	✉ Stadhouderskade 12 ☎ 020-6075555 FAX 020-6075511 室 395
阿姆斯特丹皇冠假日酒店 Crowne Plaza Amsterdam City Centre HP http://www.crowneplaza.com	●剪切地图-3 MAP p.47-A 阿姆斯特丹中央站附近	✉ Niewezijds Voorburgwal 5 ☎ 020-6200500 FAX 020-6201173 室 270
美国伊甸酒店阿姆斯特丹店 Eden Amsterdam American Hotel HP http://www.edenamsterdamamericanhotel.com	●剪切地图-14 MAP p.46-C 莱兹广场	✉ Leidsekade 97 ☎ 020-5563000 FAX 020-5563001 室 175
NH阿姆斯特丹中心 NH Amsterdam Centre HP http://www.nh-hotels.com	●剪切地图-14 MAP p.46-C 莱兹广场～美术馆地区	✉ Stadhouderskade 7 ☎ 020-6851351 FAX 020-6851611 室 232
NH巴比松宫酒店 NH Barbizon Palace HP http://www.nh-hotels.com	●剪切地图-4 MAP p.47-B 阿姆斯特丹中央站附近	✉ Prins Hendrikkade 59-72 ☎ 020-5564564 FAX 020-6243353 室 274
阿姆斯特丹假日时尚酒店 Holiday Inn Amsterdam HP http://www.holidayinn.com	MAP p.43-K NS线RAI站南	✉ De Boelelaan 2 ☎ 020-6462300 FAX 020-5172764 室 258
阿姆斯特丹高云酒店 The Covent Hotel Amsterdam HP http://www.accorhotels.com	●剪切地图-3 MAP p.47-A 阿姆斯特丹中央站附近～达姆广场	✉ Nieuwezijds Voorburgwal 67 ☎ 020-6275900 FAX 020-6238932 室 148
阿姆斯特丹维多利亚酒店 Victoria Hotel Amsterdam HP http://www.parkplaza.com	●剪切地图-4 MAP p.47-A 阿姆斯特丹中央站附近	✉ Damrak 1-5 ☎ 020-6234255 FAX 020-6252997 室 305
阿姆斯特丹万丽酒店 Renaissance Amsterdam Hotel HP http://www.marriott.com.cn（中文）	●剪切地图-3 MAP p.47-A 阿姆斯特丹中央站附近	✉ Kattengat 1 ☎ 020-6212223 FAX 020-6275245 室 396
阿姆斯特丹市中心伊特尔酒店 Hotel Inntel Amsterdam Centre HP http://www.intelhotels.nl	●剪切地图-3 MAP p.47-A 阿姆斯特丹中央站附近～达姆广场	✉ Nieuwezijdskolk 19 ☎ 020-5301818 FAX 020-4221919 室 239
NH卡尔顿酒店 NH Carlton HP http://www.nh-hotels.com	●剪切地图-15 MAP p.47-E 蒙特广场	✉ Vijzelstraat 4 ☎ 020-6222266 FAX 020-5216815 室 230
阿姆斯特丹市中心诺富特酒店 Hotel Novotel Amsterdam City HP http://www.novotel.com	MAP p.43-K NS线RAI站南	✉ Europaboulevard 10 ☎ 020-7219179 FAX 020-6462823 室 610
公园酒店 The Park Hotel HP http://www.parkhotel.nl	●剪切地图20 MAP p.46-C 美术馆地区	✉ Stadhouderskade 25 ☎ 020-6711222 FAX 020-6649455 室 189
孟菲斯EMB酒店 EMB Memphis Hotel HP http://www.embhotels.nl	MAP p.43-G 美术馆地区东南	✉ De Lairessestraat 87 ☎ 020-6765851 FAX 020-6737312 室 74
阿姆斯特丹伊甸酒店 Eden Hotel Amsterdam HP http://www.edenhotelgroup.com	●剪切地图-16 MAP p.47-F 伦勃朗广场	✉ Amstel 144 ☎ 020-5307878 FAX 020-6233267 室 218

酒店名/网址	地图/地区	联系方式
菲尼斯酒店 Dikker en Thijs Fenice Hotel HP http://www.dtfh.nl	●剪切地图-14 MAP p.46-A 莱兹广场	✉ Prinsengracht 444 ☎ 020-6201212 FAX 020-6258986 室 42
四季酒店 Hotel Seasons HP http://www.hotelseasons.nl	●剪切地图-22 MAP p.45-K 弗雷德里克广场	✉ Stadhouderskade 135 ☎ 0031-20-6750553 FAX 0031-20-6754656 室 44
阿姆斯特丹公园广场酒店 Park Plaza Victoria Amsterdam HP http://www.parkplaza.com	●剪切地图-4 MAP p.47-A 阿姆斯特丹中央站附近	✉ Damrak 1-5 ☎ 020-6234255 FAX 020-6252997 室 306
阿姆斯特丹斯维索特酒店 Swissôtel Amsterdam HP http://www.swissotel.com/amsterdam	●剪切地图-3 MAP p.47-C 达姆广场	✉ Damrak 96 ☎ 020-5223000 邮 amsterdam@swissotel 室 109
伊甸伦勃朗广场酒店 Eden Rembrandt Square Hotel HP http://www.edenhotelgroup.com	●剪切地图-16 MAP p.47-E 伦勃朗广场	✉ Amstelstraat 17 ☎ 020-8904747 FAX 020-8904740 室 166
伦勃朗古典酒店 Rembrandt Classic Hotel HP http://www.rembrandtclassic.com	●剪切地图-9 MAP p.44-F 达姆广场	✉ Herengracht 255 ☎ 020-6221727 FAX 020-6250630 室 111
郁金香时尚酒店阿姆斯特丹中心 Tulip Inn Amsterdam Centre HP http://www.tulipinnamsterdamcentre.com	●剪切地图-3 MAP p.47-A 阿姆斯特丹中央站附近	✉ Nieuwezijdskolk 11-19 ☎ 020-6220535 室 110
火车酒店 A Train Hotel HP http://www.atrainhotel.com	●剪切地图-3 MAP p.47-A 阿姆斯特丹中央站附近	✉ Prins Hendrikkade 23 ☎ 020-6241942 室 34
内斯酒店 Hotel Nes HP http://www.hotelnes.nl	●剪切地图-15 MAP p.47-E 伦勃朗广场	✉ Kloveniersburgwal 137 ☎ 020-6244773 FAX 020-6209842 室 39
伊甸兰卡斯特酒店 Eden Lancaster Hotel HP http://www.edenhotelgroup.com	●剪切地图-17 MAP p.45-H 动物园	✉ Plantage Middenlaan 48 ☎ 020-5356888 FAX 020-5356889 室 91
城市花园酒店 Hotel City Garden HP http://www.hotelcitygarden.nl	●剪切地图-19 MAP p.44-I 冯德尔公园	✉ P.C. Hooftstraat 162 ☎ 020-6727919 FAX 020-6708739 室 70
冯德尔酒店 Hotel Vondel HP http://www.vondelhotels.com	●剪切地图-14 MAP p.46-C 莱兹广场～冯德尔公园	✉ Vondelstraat 26 ☎ 020-5150453 FAX 020-5150451 室 86
阿姆斯特丹路德里酒店 Hotel Amsterdam De Roode Leeuw HP http://www.hotelamsterdam.nl	●剪切地图-3 MAP p.47-C 达姆广场	✉ Damrak 93-94 ☎ 020-5550666 邮 info@hotelamsterdam.nl 室 79
比尔德伯格詹路易肯酒店 Bilderberg Hotel Jan Luyken HP http://www.bilderberg.nl	●剪切地图-20 MAP p.46-C 凡·高美术馆	✉ Jan Luykenstraat 58 ☎ 020-5730730 FAX 020-6763841 室 62
NH多伦酒店 NH Doelen HP http://www.nh-hotels.com	●剪切地图-9 MAP p.47-E 伦勃朗广场	✉ Nieuwe Doelenstraat 26 ☎ 020-5540600 室 85

荷兰北部
NEDERLAND Nood

在运河环绕的圩田上，
过做奶酪、饰庭院的闲适生活

Nederland Noor

哈勒姆

Haarlem

球根花卉之都
散发着黄金时代风情的古城

MAP p.8-E、p.83

倒映着街景的斯帕纳河畔整齐地排列着民居

观景 ★★★★
购物 ★★★★
美食 ★★★
步行 ★★★★★

出行指南

从车站步行到格罗特广场大约需要10分钟。其周围5分钟路程范围内都是迷人的景致。虽然距弗兰斯·哈尔斯美术馆稍远，却也可以一边散步一边欣赏沿途街景。推荐到库肯霍夫公园和斯帕纳水坝参观，有时间的话还可以到泰勒斯博物馆对岸处乘观光船游览一番。

街区概观

位于斯帕纳河畔的哈勒姆历史可追溯到1245年，比阿姆斯特丹的历史还悠久。虽然在独立战争前期的哈勒姆保卫战中败给了西班牙军队，但独立后的荷兰凭借纺织业和造酒业迅速崛起，迎来了17世纪的黄金时代。这里孕育出了以弗兰斯·哈尔斯为代表的哈勒姆画派、推行荷兰文艺复兴式街道的城市建筑师列文·德·凯。

如今，哈勒姆是北荷兰省的省会，是印刷、制药、球根栽培等行业的中心，一踏入禁止车行的老市区，17世纪的繁华老街立刻映入眼帘。在这里可以领略到弗兰斯·哈尔斯美术馆和圣巴弗教堂的风琴声等，处处散发着浓郁的艺术气息。勤奋的中世纪市民们想托付未来告诉我们什么呢？或许，我们可以在这里找出答案。纽约的哈勒姆区也是由从这里踏上旅程的移民们命名的。另外，还可以前往莱顿的球根栽培观赏区一游。

有时还能遇见在市政厅前举行婚礼仪式的新人

路线及导游
- 铁路：从阿姆斯特丹中央车站乘车大约20分钟即到（1小时6~8趟）
- 驾车：阿姆斯特丹出发大约27公里，从外环路换A10或A9高速至A200高速。
- 旅游服务中心：Verwulft 11
- 0900-6161600（收费）
- http://www.haarlem.nl（荷兰语、英语）

主要景点

科里藤博姆博物馆
Corrie Ten Boom Museum

●从哈勒姆车站出发步行10分钟

MAP p.85

荷兰第二次世界大战中于1940年被德国占领，当时纳粹对犹太人进行了疯狂的屠杀。为此，各地的普通民众自发地开展了保护犹太人的运动。哈勒姆的一位钟表商藤博姆因为犹太人提供了藏身之所，于1944年2月全家30人被纳粹拘捕。在收容所痛失父亲和姐姐的科里在战争结束后，将战争的种种痛苦与不幸记录下来。在这家1988年开放的博物馆里通过导游生动的讲解，可以感受到与安妮·弗兰克之家不同的氛围。

开 10:00~15:30（11~3月11:00~14:30）
休 周六日、节假日
€ 免费开放（接受捐赠）

从极具新艺术气息的哈勒姆车站出发

漫步导览

荷兰最早开通的铁路就是阿姆斯特丹至哈勒姆间的路线。现在看到的车站建筑是20世纪初改造过的，站台内的咖啡厅由建于1842年的候车室演变而来，很值得一去。站前广场设有旅游服务中心VVV，通往库肯霍夫公园的巴士也从这里始发。前往老市区，可以从Jansstr街出发，但如果从Kruisstr街走，可途经科里藤博姆博物馆。格罗特广场上每周一和周六都举办露天集市。周围有许多富有情调的咖啡厅，坐在那里看着集市的热闹繁华与圣巴弗教堂的威仪肃穆，片刻的小憩会令人心旷神怡。

泰勒斯博物馆前方是架在斯帕纳河上的吊桥与观光船码头。由列文·德·凯设计建造的老肉铺市场原是弗兰斯·哈尔斯美术馆的分馆，从此处的石板路步行8分钟左右便能进入主馆。

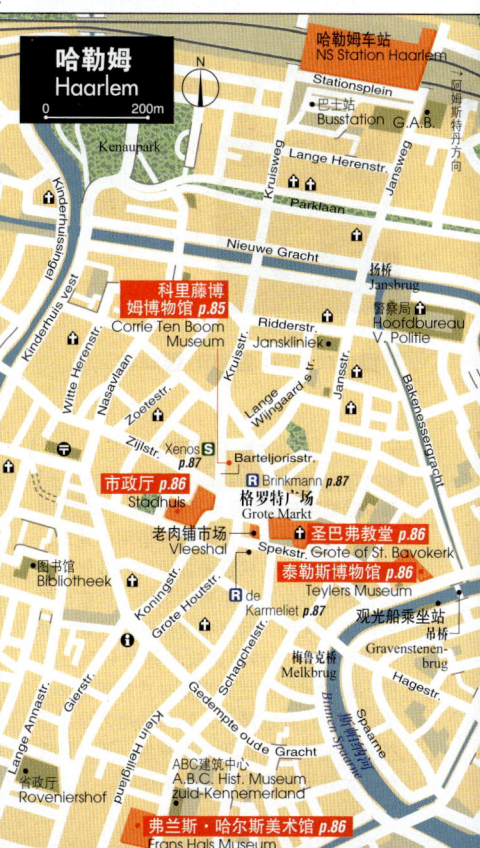

圣巴弗教堂
Grote of St. Bavokerk
● 从哈勒姆车站出发步行11分钟　MAP p.85

17世纪哈勒姆画派描绘的教堂雄姿

　　这座矗立于格罗特广场的圣巴弗教堂是哈勒姆市的重要地标。它是一座建于1400~1500年的哥特式建筑，在其南面连接着17世纪建造的小店铺。堂内有一架制于1735年的风琴，因贝多芬与莫扎特弹奏过而闻名于世。每隔一年的7月都会在此举行国际风琴比赛。此外，在春秋两季还会举办为期一周的风琴比赛。著名画家哈尔斯也长眠于此。

风琴的声管多达5000个

开 10:00~16:00　休 周日　€2.50

市政厅
Stadhuis
● 从哈勒姆车站出发步行10分钟　MAP p.85

　　这里曾是供荷兰伯爵狩猎用的建筑，市政厅内至今还保留着古拉姆·芬恩萨尔与15世纪多位荷兰伯爵的画像。这座建筑曾遭遇过火灾，后经多次扩建、改建，原有的14世纪哥特式建筑与建筑师列文·德·凯增建的荷兰文艺复兴式外观浑然一体。市政厅外观最引人注目的地方是右手持剑、左手拿秤的正义女神像。不过现在是不允许进入市政厅内部参观的。

泰勒斯博物馆
Teylers Museum
● 从格罗特广场出发步行5分钟　MAP p.85

　　泰勒斯博物馆是1778年在布商彼得·泰勒·范·德·胡斯特的故居上开设的，是荷兰历史最悠久的博物馆。为了展现科学与艺术的成就，馆内不仅展示了矿石、科学仪器等展品，还收藏有伦勃朗、米开朗琪罗等名家的画作。在柔和的自然光线照射下，椭圆形的展厅内还有黄铜制的静电发生装置和各个时代的医疗器械等，可以说展品无比珍贵。

开 10:00~17:00（周日、节假日12:00~）
休 周一、1/1、12/25　€9

通过自然采光来展示物品的荷兰最古老的博物馆

弗兰斯·哈尔斯美术馆
Frans Hals Museum
● 从格罗特广场出发步行8分钟　MAP p.85

　　美术馆正门入口处一尊拄拐老人的雕像，标示出这里曾是养老院。其下方的另两尊雕像分别是该馆的设计者列文·德·凯与弗兰斯·哈尔斯。17世纪的荷兰修建了众多济贫院，1608年开始的200年间这里曾经是养老院，之后作为孤儿院使用，1913年

附加济贫设施的庭院格外引人注目

被改造成为美术馆。出生于安特卫普的哈尔斯,为逃脱16世纪西班牙人的统治来到哈勒姆,并在此研修画技。馆内收藏了以《11点》为代表的哈尔斯创作的集体肖像画和风俗画,还收藏有同时代的其他哈勒姆画派的作品以及19~20世纪初的荷兰印象派和现代美术作品。

开 11:00~17:00(周日、节假日12:00~)
休 周一、1/1、12/25 €10

春天里的球根花卉为静穆的美术馆增添了一抹生机

商店 Shop

连接车站与格罗特广场的Kruisstr街上,林立着日用百货HEMA(荷兰国际零售组织)和众多荷兰名店。古玩店等分布在广场周边。

物美价廉的日用百货代表

陌生人百货店
Xenos

MAP p.85

虽然哈勒姆有许多像圣巴弗教堂南面小店那样有趣的店铺,但它们在这家货品齐全、价格低廉的百货商店面前还是略逊一筹。Xenos是荷兰以低价而闻名的百货连锁店,简洁时尚的店内装修、陈列着的百货日常用品和特产等无不令人印象深刻。在此还可自取收银台旁边的盒子进行包装。

✉ Barteljorisstraat 18 ☎ 023-5325141
营 9:30~18:00(周一11:00~、周四~21:00、周六9:00~17:00)
休 周日

餐厅 & 咖啡店 Restaurant & Café

和布鲁塞尔汇聚当地200种啤酒的Lange Wijngaardstr街一样,这里别具一格的咖啡厅也很多,不过荷兰美食店的数量却不多。

边欣赏格罗特广场美景,边品尝荷兰美食

布里克曼餐厅
Brinkmann

MAP p.85

面对格罗特广场的Brinkmann坐落在与其同名的购物中心一层。店内提供少量薯条。适合午餐吃的有煎饼、嫩煎贻贝(右图)等。若是冬天,不妨尝一下豆汤。17点以后这里开始使用晚餐菜单。

✉ Brinkmannpassage 41
☎ 023-5323111
营 9:00~24:00(周日~22:00)

在年轻妈妈们中颇具人气的时尚咖啡厅

卡美里特咖啡厅
de Karmeliet

MAP p.85

平时截至11:30(周日13:30)提供贴心的早茶套餐,18点后使用的晚餐菜单中有每周更换的特别推荐和可口的西班牙风味小碟料理。奶咖啡以大壶供应,红茶中可添加蜂蜜,十分周到。到了午后会调小BGM的音量,处处显示了小店细致入微的服务。

✉ Spekstraat 6
☎ 023-5314426
营 11:00~22:00(周三10:00~23:00) 休 周一

荷兰北部

哈勒姆

Nederland Noord

沃伦丹 & 马肯
Volendam & Marken

探寻渔村风貌
欣赏民族服装

MAP p.8-B／E、p.83

> **路线及导游**
> - 巴士：从阿姆斯特丹中央站乘坐开往埃丹的110、116、118路，大约30分钟即到（1小时2趟左右）
> - 驾车：距阿姆斯特丹大约23公里，从N247高速转入干线道路
> - 旅游服务中心：Zeest-raat 37 ☎0299-363747 HP http://www.vvvvolendam.nl（荷兰语）
> - 马肯快线：☎0299-363331间隔30～45分钟（耗时30分钟）3～11月／10:30～17:30出航 HP http://www.markenexpress.nl 休12～2月

停泊着多艘游艇的沃伦丹港

〔沃伦丹漫步导览〕

沃伦丹是个渔港，濒临艾瑟尔湖，艾瑟尔湖被阿夫鲁戴克拦海大坝由原来的须德海截为了内陆湖。这里完好保留了渔村的风貌，与阿姆斯特丹相距不远，距离埃丹也不过10分钟车程，因而成了颇具人气的旅游胜地。

在往返阿姆斯特丹与埃丹之间的巴士站点旁，坐落着沃伦丹博物馆，红白相间的百叶门甚是可爱。附近还设有旅游服务中心VVV。巴士通过的路线称为海上之路Zeestr，沿坡道前行5分钟左右就能看到已不再是汪洋的艾瑟尔湖。沿着湖畔的道路名叫Haven，沿途都是特产屋、咖啡厅和兼营餐馆的小酒店，热闹非凡。

沿路引人注目的还有穿民族服装拍照的特色照相馆。据说荷兰的民族服装多达数十种，其中女性佩戴蕾丝边牛仔帽，身着黑色衬衫花布裙再配双木鞋最具代表性。在特产屋门口也会看到这种装束的人，想拍纪念照的话，可别忘了付小费。

接下来，可以去鱼市的港口好好享受一番海鲜盛宴了。淡水化后的艾瑟尔湖特产烤鳗鱼鲜嫩可口，虽然夹在面包里吃有点怪，但绝对值得品尝。从市场到马肯岛可以乘坐观光船马肯快线。在船上一边欣

经过湖畔的Haven道直达泊船站

沃伦丹博物馆（上图）与对面的De Gastheer Van餐馆（右图）

低于海平面3米的地区
贝姆斯特圩田
Beemster Polder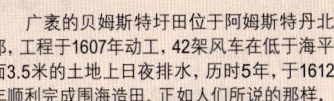

广袤的贝姆斯特圩田位于阿姆斯特丹北部，工程于1607年动工，42架风车在低于海平面3.5米的土地上日夜排水，历时5年，于1612年顺利完成围海造田。正如人们所说的那样，"世界是上帝创造的，荷兰是荷兰人民创造的"。荷兰长年的围海造田和治水成就显著，贝姆斯特圩田便是其中的杰作（参见p.18）。
●从阿姆斯特丹租用汽车走A7高速公路可以到达，大约33公里。
贝姆斯特旅游局　✉ Middenweg 185, 1462 HJ Middenbeemster　☎ 0299-621826
🌐 http://www.beemsterinfo.nl

赏海景，一边尝着美味海鲜，在夏季里尤受欢迎。

沃伦丹博物馆　Volendams Museum

博物馆通过家具、画作、民族服装等陈列介绍了沃伦丹的历史与文化，还展示了渔村时代当地人曾使用过的渔具和船只等。（开 10:00~17:00　休 10月下旬~3月中旬　€ €3）

〔马肯漫步导览〕

马肯原是漂浮在艾瑟尔湖上的孤岛，1957年建成的堤坝将它变成了半岛。这儿保留着与沃伦丹不尽相同的传统文化和乡土气息浓郁的渔村风情。

从沃伦丹乘船前往马肯的途中，会看到一排排翠绿的木建筑，明净的玻璃窗与白色的蕾丝窗帘，小村庄可爱的模样让人情不自禁端起相机。这个仿佛被时光遗忘的小岛，如今随着前来探寻古荷兰风情的游客而热闹起来。尽管如此，泊船站附近的咖啡厅依然稀少，不像沃伦丹那样喧嚣和商业化十足。这里是禁止车辆进入的。博物馆、教堂和村子本身都是值得一去的景点。

湖面上水鸟成群翔集，牧草区羊群悠然吃草，景色十分美丽。去往阿姆斯特丹的巴士站旁，还有贩卖木鞋的小铺。

马肯博物馆　Marken Museum

该博物馆通过从前捕鱼、烤制鱼干的工具、古色古香的家具、生活用具以及民族服装等多个方面的陈列展示了这里的传统文化。

（开 4~9月／周一~周六10:00~17:00　周日12:00~16:00　10月／11:00~16:00　休 11/1~3/31　€ €2.50）

路线及导游
● 巴士：从阿姆斯特丹中央站乘坐开往马肯的111路大约40分钟即到（1小时3趟左右）
● 驾车：距阿姆斯特丹大约30公里，N247~N518，不能开进马肯
● 马肯快线：☎ 0299-363331　3~11月／11:00~18:00出航　休 12~2月

据说当地人除了观光之用外，节日里也穿着民族服装

埃丹 & 阿克玛

Nederland Noord

在小街上逛奶酪市场

Edam & Alkmaar

MAP p.8-B、p.83

路线及导游

- 巴士：从阿姆斯特丹中央站乘坐开往霍伦的114路大约30分钟即到（1小时2趟左右）。也可以乘坐开往埃丹的110路，途经沃伦丹
- 驾车：距阿姆斯特丹大约22公里，至N247口出
- 旅游服务中心：Damplein 1　☎0299-315125　http://www.vvv-edam.nl

诉说着17世纪繁华的埃丹茶馆

〔埃丹漫步导览〕

作为荷兰著名的奶酪生产地，埃丹极具特色。名为埃德姆的埃丹奶酪形状像苹果一样浑圆可爱，夏季举办的奶酪市场更是吸引了大量人流，热闹无比。埃丹运河畔风景秀丽、宁静舒适，犹如庭院盆景一般的街道令人流连忘返。

从餐馆和小旅馆簇拥的巴士站出发进入运河畔的街道，可以望见对岸的茶馆。虽然是条小街道，从前作为造船和运输奶酪的据点十分繁荣，如今从延伸至运河的亭榭中依然能看出它的优雅。经过吊桥，来到响彻钟乐的斯佩尔塔。从三岔路口朝北走，能到达开办奶酪市场和位于奶酪过磅房前的广场，继续往前是小镇的中心地带水坝广场。

每逢7、8月份的星期三，伴随着上午9点的钟声，奶酪市场如期开市。身着民族服装的人们搬运着奶酪，小贩的吆喝声此起彼伏，曾经充满活力的市场再次繁荣起来。每年8月这里还会举办一次夜市。在广场旁边坐落着雄伟的圣格罗特教堂，它那17世纪精美稀有的彩绘玻璃，似乎在默默讲述着小镇昔日的繁华。

从埃丹博物馆俯瞰水坝广场，左边是设有旅游服务中心VVV的市政厅

坐落在宁静运河之畔的美丽庭院

斯巴街上的奶酪店

市场一景：孩子们也用船形台子搬运着奶酪

埃丹博物馆　Edam Museum　MAP p.91

这座位于水坝广场正面的哥特式建筑始建于1530年，是小镇上历史最为悠久的建筑。馆内保存了当时的厨房和卧室，参观者可以从中了解过去人们的生活。最奇妙的是漂浮在地下水面的储藏室，它就像一条船漂在水面上一样。楼上展示了各种造船的工具，仿佛在讲述这个以造船业闻名的小镇过去的辉煌。

（开 10:00~16:30　周日13:30~　休 周一、11~3月　€4）

奶酪过磅房　Kaaswaag　MAP p.91

建筑外观以跨时代的画作装饰，十分引人注目。如今这里主要用于销售奶酪和特产，搬运奶酪用的船形台子和计量器也

添加香草或羊奶的奶制品

放置其中。埃丹奶酪比豪达奶酪更干，带有酸味。由于它十分脆，所以在有些地方多被加工成奶酪粉。为了与使用黄蜡包装的豪达奶酪相区分，埃丹奶酪曾使用红色的包装，如今只有出口的做成红球状。

（开 10:00~17:00　休 12~3月）

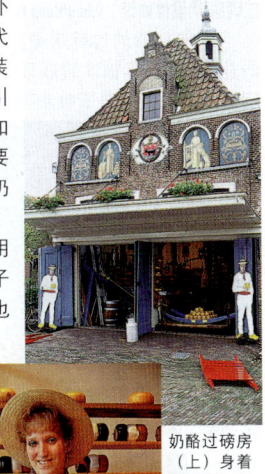

奶酪过磅房（上）身着奶酪搬运工制服的销售员（左）

〔阿克玛漫步导览〕

荷兰独立战争高潮的1573年，因西班牙军无法占领阿克玛这座被运河包围的小镇，战局从而得以扭转。这个拥有荣耀历史的小镇上，保留着许多14、15世纪的古建筑。从站前大道Stationstr沿着运河走，经过Bergerbrug吊桥，大概10分钟的工夫就到达圣劳伦斯教堂了。往前走8分钟左右可以看到开办奶酪市场的过磅房广场。旅游服务中心VVV就位于过磅房一层。

阿克玛的奶酪市场于4月中旬至9月中旬的每周五10:00~12:00开放。露天的铺子整齐排列，搬运工人的号子幽默滑稽，营造出热闹喧嚣

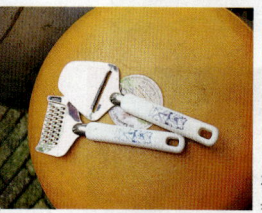

将硬奶酪切成薄片的工具，特产店有售

比埃丹规模更大的奶酪市场

的气氛。附近有个啤酒博物馆，在这里的酒吧可以品尝到全荷兰的各种啤酒。

圣劳伦斯教堂 Grote of St. Laurenskerk MAP p.92

这座布拉班特·哥特式教堂建于1470~1519年，1520年荷兰伯爵弗洛里斯五世的遗骸安放于此。教堂内藏有1511年制的荷兰最古老的风琴和阿姆斯特丹王宫的设计者凡·坎彭设计的制于1645年的风琴，集市上还举办风琴比赛。

（开 开放奶酪市场的周五10:00~17:00 €2.50）

过磅房/奶酪博物馆 Waag/Kaas Museum MAP p.92

雄伟壮丽的过磅房原是建于14世纪的礼堂，1582年被改造成现在的模样。这座仿造阿姆斯特丹旧教堂建造的高塔，在夏季里常常演奏钟乐。如今，作为奶酪博物馆，向人们展示着传统奶酪、黄油的制作工艺以及现代奶酪产业的发展。

（开 10:00~16:00 周五9:00~ 休周日、节假日、11~3月 €3）

路线及导游

- 铁路：从阿姆斯特丹中央站乘车大约40分钟即到（1小时4趟左右）
- 驾车：从阿姆斯特丹走A8~N203~A9 大约42公里
- 旅游服务中心：Waagplein 2 ☎072-5114284 http://www.vvvalkmaar.nl
- 运河观光船：4~10月除周日外11:00~16:00每小时一趟（每逢奶酪市场开市时10:00、每20分钟一趟），耗时45分钟 €5.70 ☎072-5117750

从吊桥一侧望去，过磅房非常雄伟

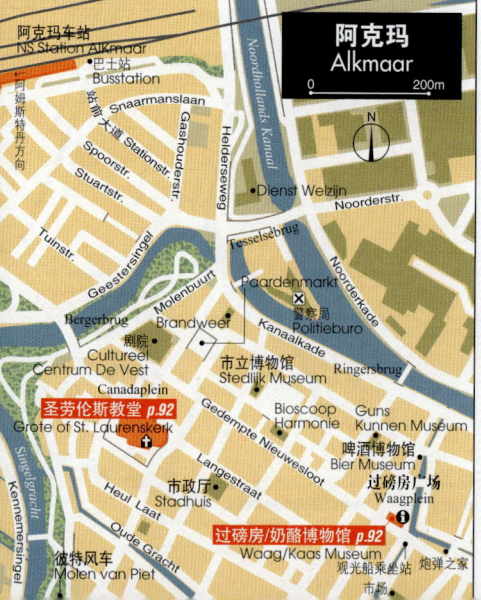

Nederland Noord

霍伦 & 恩科豪森

Hoorn & Enkhuizen

乘坐SL或观光船欣赏湖畔小镇

MAP p.8-B、p.83

寂静的霍伦港。从车站步行到港口大约10分钟

路线及导游

- 铁路：从阿姆斯特丹中央站乘车大约40分钟即到（1小时2趟左右）
- 驾车：从阿姆斯特丹出发，经A8~A7~干线道路大约40公里
- 旅游服务中心：Veemarkt 44 ☎0229-218343 http://www.vvvhoorn.nl
- 蒸汽小火车SL：4~6月与9~10月/除周一外每天往返1~2趟，7~8月/每天往返2~3趟（单程耗时1小时10分钟）☎0229-214862 http://www.museumstoomtram.nl
- € 到梅登布利克往返€19.70。梅登布利克至恩科豪森的观光船的套票价格与此相同

〔霍伦漫步导览〕

霍伦和恩科豪森是荷兰17世纪黄金时代的繁华港口。与阿姆斯特丹、鹿特丹共同出资组建世界第一个发行股票的公司——荷兰联合东印度公司（简称VOC），作为其北方的据点十分繁荣。小城各处古建筑见证了其昔日的繁华。这里还有可供周边游览的蒸汽小火车SL或观光船，吸引了不少游客。

蒸汽小火车SL从霍伦站出发，穿越广阔的牧草地带和球根植物田一路北上，到达拥有荷兰蒸汽动力博物馆的梅登布利克。然后从那儿乘坐观光船经艾瑟尔湖向南抵达恩科豪森（恩科豪森至阿姆斯特丹有普通列车运行）。倚靠SL中的木制座椅，眺望窗外美丽的郁金香，听着隆隆的汽笛声，不知不觉一丝惬意会涌上心头。

霍伦站前的街道两旁绿树成荫，环境优美。经过繁华街区，就来到了旧市区中心——红石

有情调的港口咖啡厅

荷兰·荷兰北部

（上）往返于霍伦和梅登布利克的蒸汽小火车SL
（左）挂着VOC和霍伦的首字母的西弗里斯博物馆

广场。这里有1609年亨德里克设计建造的过磅房，现在已成为一家餐馆。除了富丽堂皇的西弗里斯博物馆之外，收藏了许多古玩和玩具的德克多斯博物馆也十分有趣。

西弗里斯博物馆　Westfries Museum　MAP p.93

这座巴洛克风格建筑建于1632年，房檐被7处带着徽章的石狮包围。这里有VOC从世界各地网罗的令人眼花缭乱的工艺品和生活用品。此外，发现爪哇岛的VOC总督J.P.科恩的资料也很有意思。

（开 11:00~17:00　周六日14:00~
休 1/1、4/30、12/25　€ €5）

〔恩科豪森漫步导览〕

从霍伦乘SL到梅登布利克换乘观光船，或从阿姆斯特丹直接乘火车，都能抵达港口Buyshaven。从站前旅游服务中心VVV向港口前行，来到16世纪的要塞Drommedaris，再沿运河往北来到旧市区的市政厅，继续往东走就能看见吊桥畔的须德海博物馆室内博物馆了。若是夏天还可参观宽阔的室外博物馆，从站前的观光船码头搭乘专用船就可以达到。

这座兴起于13世纪的港口城镇，作为渔港保持了长久的繁荣，直到1932年须德海被阿夫鲁戴克拦海大坝隔断后经济逐渐衰退。须德海博物馆包括室内和室外两部分，展现了原须德海地区丰富的历史和文化，吸引了大量游客前来参观，大大推动了当地经济的复苏。

须德海博物馆　Zuiderzee Museum

这个由VOC的仓库改造而成的室内博物馆，展示了须德海海运与捕鲸的历史。

路线及导游

- 铁路：从阿姆斯特丹中央站乘车大约1小时5分钟即到（1小时2趟左右），从霍伦出发25分钟即到
- 驾车：从阿姆斯特丹经E22、A8~A7高速换干线道路到N302大约50公里
- 旅游服务中心：Tussen Twee Havens 1
  ☎ 0228-313164
  HP http://www.vvvenkhuizen.nl
- 去往梅登布利克的观光船：4~6月与9~10月/除周一外每天往返1~2趟，7~8月/每天往返2~3趟（单程耗时1小时15分钟）票价参考p.93
- 去往须德海室外博物馆观光船：咨询Rederij NACO　☎ 020-6262466
  HP http://www.connexxion.nl

而露天博物馆由130栋在海边烤制鱼干的老旧房屋移建而来，真实再现了100多年前当地人的传统生活。

（开 10:00~17:00　休 1/1、12/25
€ €14）

如今洛姆大力斯塔变成了一家赏景极佳的餐厅

吕伐登

Nederland Noord

Leeuwarden

坚守自己语言和文化的弗里斯兰省首府

MAP p.8-C、p.83

观景 ★★★★
购物 ★★★
美食 ★★★
步行 ★★★★★

出行指南

出了车站从旅游服务中心VVV右侧前行，穿过南广场横跨运河，来到过磅房。沿着另一条运河向西可到达斜塔附近，或到河对岸后继续前行到达市政厅所在的霍弗广场，步行到此会耗时12分钟左右。吕伐登主要的景点都集中在这附近步行10多分钟的范围内。

路线及导游

● 铁路：从阿姆斯特丹中央站经由阿姆斯福尔特、兹沃勒大约2小时25分钟即到（1小时2趟左右）
● 驾车：从阿姆斯特丹经A8高速~A7高速，通过大坝到N31高速~A31高速，大约139公里
● 旅游服务中心：Sophialaan 4
☎ 0900-2024060（收费）
🌐 http://www.vvvleeuwarden.nl

馆可以领略这片土地的文化魅力与弗里西安人的骄傲。

此外，出了车站沿着运河会看到许多露天集市，宁静的街道上有许多情调十足的小店，随处走走逛逛，也很有趣。作为第一次世界大战时的双重间谍玛塔·哈里的故乡，她的传奇经历又为吕伐登增添了一抹神秘的色彩。

运河旁的教堂静静伫立着

漫步导览

从阿姆斯特丹跨过阿夫鲁戴克拦海大坝，道路标志会变为荷兰语与弗里斯兰语的双语标记。在弗里斯兰省，居住着许多拥有自己语言和文化的弗里西安人。省会吕伐登是个被运河环绕的星形城市，在这儿随处可见悬挂着的镶着红莲的蓝白条纹旗，旅游服务中心VVV内也发行通行证。

作为弗里西安奶牛的原产地，吕伐登是荷兰最著名的乳畜业区，其环境得天独厚。在弗里斯博物馆与公主庭院陶瓷博物

颇具人气的玛塔·哈里

主要景点

奥尔德霍弗斜塔
Oldehove Toren

● 从吕伐登车站步行17分钟，从霍弗广场步行7分钟

MAP p.96-A

这座敦实的哥特式塔楼巍然耸立在北方大地上。1529年，这里开始动工建造教堂，可是刚建不久就出现倾斜，1595年终被教会遗弃拆毁，但塔却被完好保留着。站在40米高的斜塔上，可以俯瞰吕伐登全景。弗里斯兰省地势较低，部分地区甚至是公元前1000多年围海造陆形成的。

倾斜却也十分雄伟的斜塔

开 13:00~17:00
休 周一、10~4月
€ €2

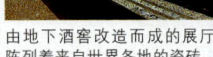

由地下酒窖改造而成的展厅陈列着来自世界各地的瓷砖

公主庭院陶瓷博物馆
Museum Het Princessehof

● 从霍弗广场步行5分钟

MAP p.96-A

这座别致的博物馆原是州长的府邸，面积不大却被称作是世界三大陶瓷研究基地之一。博物馆展品以马库姆和哈林根等近郊地区的特产瓷器为主，收集了各种美轮美奂的代尔夫特陶器和瓷砖等，此外还有许多由VOC带到荷兰的中国明代青花瓷等对荷兰陶艺带来巨大影响的亚洲瓷器。明亮的咖啡厅里提供美味的午餐，入口处的米菲造型十分可爱。

开 11:00~17:00　休 周一、1/1、4/30、12/24
€ €8

吕伐登 Leeuwarden

玛塔·哈里故居
Mata Hari's Huis

●从霍弗广场步行1分钟　MAP p.96-A

由影星葛丽泰·嘉宝主演的影片《玛塔·哈里》已成经典，出生于1876年的玛塔·哈里在少女时代生活于此，后在印尼爪哇岛结婚。哈里作为演绎东方舞的舞者一举成名，后因间谍罪被执行枪决。她辗转于战乱的半生，留下了许多谜团至今未能解开。弗里斯博物馆也收藏了哈里的资料，不妨一并参观。

弗里斯博物馆
Fries Museum

●从霍弗广场步行5分钟　MAP p.96-B

这是一座承载着荷兰最古老的民族——弗里西安人文化与历史的博物馆。主馆设于18世纪的宅邸中，新馆则是座崭新的现代建筑。展厅分九个部分，设计独特，一目了然。主馆再现了19世纪的民居，展现出弗里西安人生活中的温情，新馆收藏了伦勃朗的《萨斯基亚的肖像》等绘画作品。博物馆

在光导纤维照射下闪闪发光的银器

原汁原味的文化

传统的"运河跳"

弗里斯兰冬季寒冷，运河已完全结冰。每年定期举办贯穿省内11个城市的200公里溜冰马拉松大赛。另外，为了享受短暂的夏季，他们还发明了一项奇特的竞技运动，叫作运河跳（Fierjeppen）。首先跳上立在运河里的竹竿，向上攀爬，尽量跃得远一些着陆，失败者则掉进运河。这来源于从前当地人为了渡过围垦地的沟渠，带着木棒出门的习惯，1957年这项活动发展成为竞技比赛。每年5~7月在省内各地进行预赛，8月在温瑟姆进行决赛。

象征着弗里斯兰的狮子和徽章（左）工作人员上下班的样子（下）

还设置了以第二次世界大战为主题的展览，呈现出一副拷问战争意义的姿态。

开 11:00～17:00
休 周一、1/1、4/30、12/25　€6

酒店 Hotel

这儿有许多口碑不错且带有餐厅的酒店，如De Berkhof、Oranje等。霍弗广场周边有很多小型酒店，郊外也有现代化的欧洲酒店。

在女王陛下的别墅里尽享优雅之夜

霍夫皇家别墅酒店
Hotel Paleis Het Stadhouderlijk Hof

MAP p.96-A

这座面朝霍弗广场的16世纪建筑曾是皇室的别墅，直到前女王茱莉安娜将它出售，1996年被改造成酒店经营。除天窗外都被还原成了18世纪的样式，左下图是主餐厅的照片，从弗里斯博物馆租借的画作装饰着墙面，采用预约制方便顾客更好地享受盛宴或派对。客房里预备了带华盖的床铺，套房（右图）中设有气泡浴缸，不妨在此享受优雅之夜。带厨房的公寓式酒店也很宽敞。酒店周围分布着很多观光景点。

✉ Hofplein 29
☎ 0347-750424
HP http://www.hotelstadhouderlijkhof.nl
室 28
€ S・T/€44~304
税€2 早餐€15

Nederland Noord

马克姆 & 欣德洛彭

Makkum & Hindeloopen

探访瓷器与手绘家具的工艺小镇

MAP p.8-B、p.83

盛行海上运动的马克姆海港

路线及导游
- 铁路：从吕伐登站乘车大约25分钟（1小时2趟左右）至斯内克站下车，换乘巴士至马克姆大约30分钟
- 驾车：距阿姆斯特丹大约110公里。从A7高速横跨大坝至干线道路，朝马克姆方向前行5公里
- 旅游服务中心：Havenweg 14
- HP http://www.friesekust.nl 开 4~10月

著名的两大陶瓷生产地。20公里外的郊区所产的陶土被叫作"饼干"，其特征就是烧制后带淡黄色。虽然不像代尔夫特陶器那样有光洁的质地，却十分温润，红黄等色彩引人注目。从广场沿着运河向东走，来到比代尔夫特陶瓷拥有更悠久历史的窑户，那就是皇家蒂士拉陶瓷工坊。广场上还有去往以手绘家具闻名的欣德洛彭的巴士，想造访工艺小镇的朋友们，可别错过这条路线哦。

皇家蒂士拉陶瓷工坊　Koninklijke Tichelaar

1594创立的窑场颇具家庭作坊的味道。可参观陶瓷从成型到绘制的全过程，缤纷的瓷砖也陈列在工坊中。（☎0515-231341　开 导游时段：周一~周四11:00~、13:30~、15:00~；周五11:00~、13:30~　€4.50　商店：周一~周五9:00~17:30、周六10:00~17:00）

〔马克姆漫步导览〕

从阿夫鲁戴克大坝朝艾瑟尔湖东岸南下，就可来到港口城镇马克姆。从吕伐登乘火车或巴士大概需要1小时。从巴士站经教堂大道往南前进200米可以看到一个不大的马鲁科特广场。屋顶尖尖的精巧建筑原是过磅房，如今已成为旅游服务中心VVV，楼上是弗里斯陶瓷博物馆。

马克姆瓷器与代尔夫特瓷器齐名，它们是荷兰

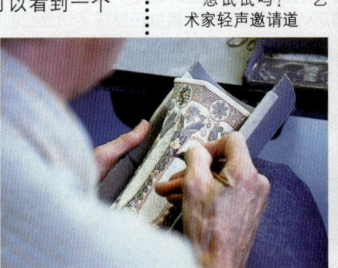

皇家蒂士拉陶瓷工坊中的郁金香花瓶模型（右下）参观用牛耳毫绘制上彩（中下）的过程，"想试试吗？"艺术家轻声邀请道

橙色屋顶的民居在运河畔一字排开，欣德洛彭镇好似一幅美丽的油画

弗里斯陶瓷博物馆的屋顶内嵌有一块描绘马克姆陶瓷鼎盛时期情形的瓷砖

弗里斯陶瓷博物馆
Fries Aardewerkmuseum

博物馆展品以从南欧流传而来的马略卡陶瓷为主，在博物馆中还能看到受中国影响的彩釉陶器以及制于公元4世纪的弗里西安陶瓷等。
（开 11:00~17:00，有季节变动　休 1/1、12/25　€ €6）

〔欣德洛彭漫步导览〕

欣德洛彭站是个无人工作站，直接到小镇需要乘坐2个小时的巴士，因此推荐选乘马克姆发出的巴士。由于巴士在港口附近停靠，往回走一段路跨过东塔运河就可到达旅游服务中心VVV。第二条运河旁则坐落着弗里斯滑冰博物馆，从面前的小路往北走，来到展示着18、19世纪小镇生活风貌的希特·奈兰财团博物馆。

徜徉在坝堤大道、艾瑟尔湖畔的小镇风光尽收眼底。欣德洛彭在17、18世纪与北欧斯堪的纳维亚各国都有木材生意往来，十分繁华。这里独特的手绘家具以精美鲜艳的图案闻名，至今仍作为特产大受欢迎。

希特·奈兰财团博物馆
Hidde Nijlandmuseum

这里在17世纪末曾被作为市政厅使用。如今，欣德洛彭汇集了各色精美的古董家具和民族服装。（开 4月~11/1的11:00~17:00　周末、节假日13:30~　€ €3）

欣德洛彭滑冰博物馆
Schaatsmuseum Hindeloopen

在这里，可以观赏到各种各样的滑冰鞋，并了解滑冰技术发展的历史。（☎ 0514-521683　开 10:00~18:00　周日13:00~17:00　€ €2.50）

如果在弗里斯滑冰博物馆中的工坊预约，还可以看到绘制家具图案的现场表演

路线及导游
- 铁路：从吕伐登站乘车大约40分钟（1小时1趟），之后乘巴士102路或步行20分钟左右
- 驾车：距阿姆斯特丹大约123公里。从A7口横跨大坝，从博尔斯瓦德进N359至干线道，往欣德洛彭方向行驶16公里
- 旅游服务中心：Nieuwstad 26　咨询与马克姆相同　开 4~10月
- 出租车公司：☎ 0514-521436
- 马克姆—欣德洛彭的巴士：45分钟车程（1天6趟，周日停运）

沃达蒸汽泵站
D.F. Wouda Steam Pumping Station MAP p.83

沃达蒸汽泵站建于1920年，是当时欧洲最大的蒸汽泵站。荷兰国土的四分之一都处于低于海平面的位置，所以必须进行排水。这里设置了4个蒸汽引擎，可以排空4000平方米的水量。这个装置体现了人类运用水蒸汽控制自然水的力量，是长年与水患斗争的荷兰人技术的集大成，目前已被列入世界遗产名录。如今，除了必要场合沃达蒸汽泵已经不再工作。游客中心会以3D电影的形式呈现泵站工作原理（参见p.18）。

每年冬季里会有一周时间开启泵站，并对外开放供游客参观

● 乘火车至莱默站，换乘47路巴士斯内till克线大约7分钟后在莱姆斯特兰站下车，步行18分钟即到。
沃达蒸汽泵站
✉ Harlingerstraatweg 113, 8914 AZ Leeuwarden
☎ 0513-416030   HP http://www.woudagemaal.nl

斯霍克兰及周边地区
Schokland and Surroundings MAP p.83

斯霍克兰原本是个半岛，随着海水的不断侵蚀，15世纪这里便与大陆隔开，成为独立的岛屿。20世纪30年代人们开始了大堤坝和围垦地的建设。由于斯霍克兰保留了教堂、灯塔、堤坝和渔港等，被人们视为荷兰受水患威胁和与之斗争的历史遗迹而被收录于世界遗产名录中。1948年开放的斯霍克兰博物馆展示了斯霍克兰及周边东北圩田地区人民的生活风貌以及这一带的历史变迁（参见p.18）。

● 驾驶租用车从阿姆斯特丹A1~A6高速前行大约84.9公里，从N352高速交叉口至第一出口。
斯霍克兰博物馆
✉ Middelbuurt 3, 8319 AB Schokland
☎ 052-7251396   HP http://www.schokland.nl

瓦登海和海豹康复研究中心
The Wadden Sea and the Seal Rehabilitation and Research Center MAP p.8-C

绵延至荷兰、德国、丹麦三个国家，长达500公里的瓦登海海岸线，被周边沙洲、藻类繁殖地、碱性湿地、沙丘等多样化的自然环境包围。各种鸟类与海豚、海豹等海洋哺乳动物在此栖息。20世纪80年代因海洋污染与大量捕杀等原因，海豹的总数减少至300头，为了拯救它们成立了海豹康复与研究中心。该中心目前是世界野生海豹保护与研究领域中规模最大的机构，在其努力下，如今瓦登海的海豹数量已上升到3000头（参见p.18）。

● 驾驶租用车从阿姆斯特丹出发沿瓦登海岸至苏黎世镇大约109公里。
The Common Wadden Sea Secretariat（德国）
☎ +49 (0) 4421-91080   FAX +49 (0) 4421-910830
HP http://www.waddensea-worldheritage.org

正在吃鲱鱼的海豹们不久将回到大海

Nederland Noord

羊角村

Giethoorn

用茅草修葺的屋顶
弥漫着童话气息的可爱水乡

MAP p.8-C、p.83

夏末，为庆祝节日，游船用灯饰装扮起来

路线及导游

●铁路：从阿姆斯特丹中央站乘阿姆斯福尔特线大约1小时10分钟（1小时1~2趟），在兹沃勒站下车，换乘巴士70路大约70分钟到达。或乘到斯滕韦克的火车大约1小时42分钟（1小时1趟），后再乘上述巴士10分钟后到达
●驾车：距阿姆斯特丹大约114公里。从A1~A6高速到埃默洛尔德方向，从N331~N333高速换到干线道行驶5公里
●旅游服务中心：Eendrachtsplein 1
☎0900-5674637（收费）
HP http://hetwaterreijk.nl
●观光船：间隔15分钟~1小时，耗时45分钟 € €5

荷兰・荷兰北部

101 羊角村

漫步导览

羊角村是个全长仅7公里的小村落。它的起源可以追溯到地中海沿岸移民搬迁到此的13世纪。这里主要有70路巴士，到兹沃勒站下车后搭乘70分钟巴士到达Dokerswoning停靠站再步行1分钟就来到这里了。

直到19世纪前半期，这一带都是泥煤的主产地。开采泥煤的坑渠久而久之成了湖泊，为了运输泥煤，周边开凿了不少运河，羊角村便成了运河湖泊交织的水乡地带。秀美的自然风光与可爱的茅草屋顶都得到了很好的保护，村落里弥漫着童话世界般的气息。以巴士通过地带为界，村里不准机动车辆进入，至今小船与自行车仍是村民们最主要的交通工具。

巴士停靠站旁出租小船和自行车，观光船也穿梭于此。游客们可以欣赏到这个宁静的小村庄水陆间的风光。除了不可越过的湖区，徒步便可把村子转悠个遍。家家户户门前没有车库，却都有自己的码头，没有大门，却架着木桥直通屋里。好一个美妙景色，不愧被称作"荷兰的威尼斯"。湖边的露营地停着房车，兼售特产的咖啡厅为游客们提供了休憩之地。

徜徉在闲适的时光里，不妨参观一下收集了世界各地矿石的老地球博物馆和重现昔日农家风貌的奥尔德・马特・于斯农场博物馆。这里不仅作为旅游胜地为人所知，湖的北面如今已成为高级住宅区。但对旅行者来说，它还是个默默无闻的小村子。

十分可爱的茅草屋顶人家

泰瑟尔 & 阿默兰

Nederland Noord

Texel & Ameland

洋溢着野外情趣的北方小岛

MAP p.8-B/C、p.83

路线及导游

● 铁路：从阿姆斯特丹中央站乘火车大约1小时20分钟（1小时2趟）至登海尔德站下车，换乘巴士33路到泰瑟尔渡轮处。乘登霍伦线的渡轮大约20分钟（1小时1趟）。
● 渡轮-teso ☎0222-369600
HP http://www.teso.nl
€ 往返€2.50
● 旅游服务中心：Emmalaan 66, Den Burg ☎0222-314741
HP http://www.texel.net（荷兰语·英语）
● 岛内交通：从港口乘巴士或租用自行车，十分方便。
出租车：☎0222-312000

岛屿北部的泰瑟尔灯塔守护着北海的航行者

〔泰瑟尔漫步导览〕

大陆北面的西弗里西亚群岛中，泰瑟尔是最大的岛屿。岛屿南北长23公里，东西宽9公里。牧羊、渔业、花卉栽培等行业是其支柱产业，最近作为旅游胜地为人们所熟知。对荷兰人来说"小岛度假"似乎别有滋味。曾因VOC的水上导航而繁荣起来的南部小镇登霍伦，如今其中心地位已被距港口7公里的登堡取代。西部聚集了所有休闲设施的德科赫的埃科马勒自然博物馆为瓦登海的海豹保护工作贡献了很大的力量。另外，东部的奥德斯希尔德有座专门收集海洋漂流物的博物馆——

门上挂着岛形的门牌

跳伞 Paracentrum Texel：
✉ Postweg 128, De Cocksdorp ☎0222-311464 HP http://www.paracentrumtexel.nl

航海和海滩拾荒者博物馆（Maritiem en Jutters Museum）。虽然夏季很难在岛上找到住宿地，但有可能的话请停留一晚，骑着自行车环游小岛，尝尝这里新鲜的海鲜。

岛上流行以自行车代步，出租自行车的小店随处可见

〔阿默兰漫步导览〕

西弗里西亚群岛中,靠近弗里斯兰省方向有个人气很高的小岛——阿默兰岛。在这东西方向长达24公里的细长形岛屿中,有渡轮到达的内斯和作为VOC的集散港繁荣起来的霍勒姆等四个村庄。小岛面朝北海的北半部分都是沙丘,在这片原生态景观中可亲密地感受大自然的魅力。位于内斯的阿默兰自然博物馆(Kennis en Innovatie centrum Ameland)是岛上不可不去的景点之一。

另外,岛上还有一种极具当地特色的马。相传很久以前,这个被平浅滩包围的小岛发生海难时,这些马为救援工作做出了巨大贡献。霍勒姆的阿默兰海事博物馆(Maritlem Centrum Ameland)中,再现了它们的英姿,值得一看。如今,岛上仍有观光用的马匹,游客们可以享受骑马的乐趣。

在霍勒姆,那些诉说着昔日繁华的博物馆和餐馆也很有意思。索赫德拉赫文化史博物馆(Culture-Historisch Museum Sorgdrager)设于一座18世纪的建筑中,巧妙地再现了当时人们的生活风貌,而当时这个小岛人民生活富足,让人感到惊奇。现在成了餐馆的Herberg De Zwaan原为建于1772年的高级酒店。

骑着自行车穿过沙丘,欣赏可爱的别墅

奢华的Herberg De Zwaan餐厅

现在住宿以分散在岛上的租赁别墅为主,还有山间小屋或酒店,等等。可以通过旅游服务中心VVV的主页进行预约。骑着自行车环游小岛,欣赏各种风格的别墅也十分有趣。

自然博物馆里独具特色的展览:✉Stranweg 38, Nes ☎0519-542737
🕐春~夏/10:00~17:00(周末11:00~,随季节变动)

●路线:从吕伐登乘66路巴士到瓦登海沿岸的霍尔沃德,换乘前往内斯的渡轮大约30分钟(1小时2趟)。
☎0900-9292(收费)
●渡轮Wagenborg:咨询☎0900-4554455(收费)🌐http://www.wpd.nl 预约☎0519-546111
●旅游服务中心:内斯/Bureweg 2 ☎0519-546546
🌐http://www.ameland.nl
●岛内交通:出租车Cosi-Tax ☎0519-543200 🌐http://www.cosi-tax.nl 其他租用车等

特别介绍 沃德洛彭徒步走海之旅

西弗里西亚群岛与大陆间的瓦登海有着独特的生态系统,阿默兰等岛屿上的旅游服务中心VVV常常组织各种旅游活动。其中最为盛行的是被称作沃德洛彭的徒步走海之旅。虽然海水很浅,却也湍急,有时还会漫过胸口,时而也有偶遇珍奇海洋植物、海鸟与海豹等的宝贵体验,专业的导游会带游客畅游这片野生的乐园。沃德洛彭被规定只能在5~10月间的好天气里进行,而且12岁以下的孩子不能参加。一些公司会制定不同的路线,最困难的还属阿默兰路线。

●旅游公司
Stichting Wadloopcentrum Pieterburen:✉Hoofdstraat 68, Pieterburen
☎0595-528300
🌐http://www.wadlopen.com

乌得勒支

Utrecht

一座中世纪的宗教城
一座历史悠久的大学城

MAP p.8-E、p.83

露天咖啡厅设在了比道路还低的古运河码头上

街区概观

渡过马斯特里赫特马斯河的古罗马人,于公元47年在莱茵河畔修筑了要塞,当时称为Ur traiectum(莱茵渡口),这便是古老小镇乌得勒支的源头。公元8世纪初基督教传播于此,此后很长的一段时间这里被当作主教管辖区,渐渐成了中世纪宗教的中心地带,曾繁华一时。从雄伟的多姆大教堂和凯瑟琳修道院博物馆的收藏品中不难看出当年这里是多么权威,漫步旧市区依然能感受到中世纪的气息。

乌得勒支大教堂南面的乌得勒支大学开办于17世纪前叶,拥有悠久而骄傲的历史。与音乐钟博物馆等富有个性的博物馆一样,这里充满了学术氛围。古运河的河面要比街区低出一大截,夜幕降临时彩灯闪起,十分美丽。在热闹的夏末,露天咖啡厅里举办的古典音乐节是小镇著名的一景。以中央站附近的购物中心为主,小镇充满魅力的时尚街也是不容错过的。

观景 ★★★★
购物 ★★★★
美食 ★★★★
步行 ★★★★
观光船 ★★★★
巴士 ★★

出行指南

从乌得勒支中央站到古运河需要步行10分钟,如到多姆广场还要再走10分钟左右,基本上所有景点都可步行到达。但从多姆广场途经凯瑟琳修道院博物馆后再到乌得勒支中央博物馆,算上从车站出来的路程要走20分钟以上。建议回程时在中央博物馆前搭乘通往车站的巴士。去往荷兰铁路博物馆也可搭乘巴士。

古运河与Vredenburg Viestr街的交叉口附近有观光船乘坐站。Rederij Schuttevaer
☎030-2720111 HP http://www.schuttevaer.com ⌚11:00~17:00(耗时1小时)。市内巴士乘车点位于中央站东口左侧,去往哈泽伊伦斯方向则在右侧乘车。☎0900-9292(收费)

音乐钟博物馆里精致的装置令人惊叹,古典的旋律与小镇的气氛相得益彰

路线及导游

● 铁路:从阿姆斯特丹中央站出发需大约25分钟(1小时8趟),从鹿特丹出发需大约38分钟,从海牙出发途经鹿特丹,需要大约1小时10分钟
● 驾车:从阿姆斯特丹出发经A2高速大约40公里
● 旅游服务中心:Domplein 9
 ☎030-23600-10
 HP http://www.UtrechtYourway.com

漫步导览

横跨站前广场的天桥,将乌得勒支中央站与购物中心连接起来,这里还有可以兑换外币的银行。从车站北面的 Vredenburg Viestr街向东前进,可以到达古运河观光船乘坐站,旅游服务中心VVV就在运河东岸第一条街道上。一边享受着购物中心东侧商业区里的繁华,一边感受着运河的古韵,是件多么惬意的事阿!虽然走进购物中心很容易迷失方向,但出了大门看到的主教塔可算作是极好的路标。

来到古运河畔会瞬时感受到这里的宁静氛围。运河两畔是成排的咖啡厅,市政厅到主教塔间的哥特式建筑群十分显眼,在这一带最适合散步闲逛。主要的景区都在主教塔周边及向南延伸的

路标主教塔(左)

长新街上,不妨按顺序参观。

如果要步行去位置较为偏远的铁路博物馆,可从多姆教堂背面拐边前去,也可以从凯瑟琳修道院博物馆门口向东而行。另外,从乌得勒支中央博物馆经Catharijnesingel街回中央站需要步行20分钟左右,街道上车来车往,需要多加注意。沿街还有一些富有情调的咖啡厅,不妨坐下来休憩片刻。

主要景点

古运河
Oudegracht

●从乌得勒支中央站步行5分钟　MAP p.105-B

缓缓流淌并且贯穿旧市区的运河比路面低出数米，这在荷兰是很少见的。从前在建设运河与民居间的道路时，为了能直接把船上的货物运回家很多人家挖了地下通道，并在运河畔修建了地势很低的卸货场。如今这里摆上了桌子，开起了露天咖啡厅，成为当地夏季著名的景观。事实上，这条运河上不仅穿梭着观光船，还作为代步船、垃圾船行驶的通道，为市民们的生活提供了极大的方便。

道路旁的民居地下室直接通往运河

多姆大教堂
Domkerk

●从乌得勒支中央站步行10分钟　MAP p.105-B

该教堂面朝多姆广场而建，是荷兰历史最为悠久的哥特式教堂。它始建于1254年，1517年成为主教管辖区的圣堂。这座雄伟的建筑经过了近百年的修复，近年刚刚完工。南北的翼廊和礼拜室都保留了当时的风貌，美轮美奂的彩绘玻璃和1831年修复的风琴簧片很值得一看。广场上竖立着乌得勒支同盟的创始人扬·凡·拿骚的铜像。

开 5~9月/10:00~17:00（周六11:00~15:30，周日14:00~16:00）10~4月/11:00~16:00（周六~15:30，周日14:00~）
€ 免费

主教塔
Domtoren

●从乌得勒支中央站步行10分钟　MAP p.105-B

俯瞰街区的主教塔上50个排钟在回响

与广场和大教堂相对的钟塔始建于1321年，修建工作花费了60年之久。这座哥特式建筑高112米，是荷兰最高的教堂塔。在旧市区中任何地方都能望见它，其响彻着的钟乐声还成了该地的象征。只有在每隔1小时导游带领参观的情况下，才可以登上塔顶。虽然登上465级台阶十分辛苦，但可以俯瞰被运河环绕的星形市貌。

开 导游时段／11:00~16:00（周末12:00~）
€ €8　☎ 030-236-0010

乌得勒支大学
Universiteit Utrecht

●从乌得勒支中央站步行12分钟　MAP p.105-B

大学老本部坐落于多姆广场南部。15世纪这里曾是大教堂培养牧师用的参事会议室，1636年在此基础上创办大学。1579年缔结乌得勒支同盟时用的参事会议室至今仍作为讲课的教室。这里不容错过的景点有大学博物馆（参见p.108）与郊外主校区里的植物园Fort Hoofddijk。植物园中有荷兰最大的假山庭院等景观。

✉ Budapestlaan 17　巴士11路或12路至植物园站步行5分钟　☎ 030-2531826
开 10:00~16:30　休 1~2月　€ 植物园€6.30

音乐钟博物馆
Nationaal Museum van Speelklok tot Pierement

● 从乌得勒支中央站步行9分钟，或从多姆广场步行3分钟

MAP p.105-A

　　博物馆全名为"音乐钟及街头风琴国家博物馆"。这里收集了18世纪以来的各种自动乐器——八音盒，并且保持所有音符都能准确发音。为了听到真切的乐声，等待每隔1小时导游带领下的参观之旅也是非常值得的。

　　参观行程的前半部分主要欣赏做工精美的音乐钟、自动演奏的钢琴和世界最古老的八音盒等。有时根据导游的选曲，旅游团的成员们还会即兴来个大合唱。博物馆后半部分陈列了由3弦小提琴与钢琴构成的自助乐器"胡普费尔德小提琴"让人惊叹不已，还可以参观到各种各样与荷兰古典小镇风格契合的街头风琴、发音装置等。而装饰华美的舞厅风琴则给游客带来一场视听盛宴。其中的音乐艺术商店里有录制演奏曲目的CD。

装饰华美的舞厅风琴（上图）的宏大音量与美妙音色令人惊叹不已

开 10:00~17:00
休 周一、1/1、4/30、12/25
€ €9

荷兰铁路博物馆
Het Nederlands Spoorwegmuseum

● 从乌得勒支中央站步行25分钟，乘3路巴士至玛莉路下车

MAP p.105-B

　　荷兰国内唯一的铁路博物馆坐落在荷兰国家铁路公司NS总部所在的乌得勒支。博物馆设在了玛莉路车站的旧址上，站台上展出了一直活跃到20世纪初的60多台蒸汽机车（SL）。在追溯马车铁道历史时代的同时，观赏着设备先进的特快列车高科技模拟秀，会感觉十分有趣。

开 10:00~17:00
休 周一、1/1、4/30　€ €13.50

世界遗产 World Heritage

建筑界巨匠里特费尔德设计之作

施罗德住宅
Rietveld Schröder House

　　这是1924年荷兰著名建筑师吉瑞特·里特费尔德为施罗德夫人建造的宅邸。建筑中采用了除去栏杆重视开放视野的大玻璃窗户和楼梯井等当时理念新颖的设计，在这里可以感受到当时最前卫的里特费尔德的技术理念。该建筑现在属于收藏里特费尔德作品集的中央博物馆的一部分，只有在导游带领下才能参观（参见p.18）。

● 从乌得勒支中央站乘4路巴士到De Hooghstraat下车。
中央博物馆
Prins Hendriklaan 50, Utrecht　☎030-2362310　HP http://www.centraalmuseum.nl

凯瑟琳修道院博物馆
Museum Catharijneconvent

●从多姆广场步行7分钟,从乌得勒支中央站步行15分钟

MAP p.105-B

该博物馆原是建于1562年的修道院,收集了各种宗教艺术作品。环游这座幽深高大的建筑,可以领略到荷兰宗教的历史发展。从长新大街方向进入,映入眼帘的是被中庭围绕的双层建筑中的中世纪圣像、十字架和雕塑等,重现了教堂内部的风貌。这里还收集了荷兰规模最大的宗教改革以前的天主教美术作品。连接新运河的地下通道里可以看到12~15世纪的教服和圣杯等,运河对面外观华丽的天主教教堂与朴素的基督教教堂形成了鲜明的对比。

开 10:00~17:00(周末、节假日11:00~)
休 周一、1/1、4/30 €9

从长新大街看到的凯瑟琳修道院博物馆

原汁原味的 文化

在米菲兔故乡与其相遇

MAP p.105-B

photo:CMU/Hans Wilschut

荷兰出生的米菲,在当地还有个爱称"奈菲"(小兔子)。由于作者迪克·布鲁纳是乌得勒支人,在当地中央博物馆中专有一角展示他的作品,2006年又在隔壁单独开设了迪克·布鲁纳博物馆。博物馆向人们展示了20世纪40年代以来米菲的封面设计、海报、明信片以及油印作品等,深受大人和孩子们的喜爱。

HP http://www.dickbrunahuis.nl
开 10:00~17:00
休 周一、1/1、4/30、12/25 €8

乌得勒支大学博物馆
Universiteitsmuseum Utrecht

●从多姆广场步行12分钟

MAP p.105-B

该博物馆于1996年移至被玻璃包围的现代建筑中。常年展示乌得勒支大学的历史和乌得勒支18世纪的教育水平,还有介绍大学研究课题的专题展示。另外还有一些以9~13岁儿童为研究对象的实验室。因为从前是植物园,所以这里的庭院非常漂亮。

开 11:00~17:00
休 1/1、4/30、12/25 €7

乌得勒支中央博物馆
Centraal Museum Utrecht

●从多姆广场步行15分钟,从中央站乘2路巴士至Agnietenstr下车

MAP p.105-B

该博物馆于1838年开设在一座中世纪的修道院中,是荷兰历史最为悠久的市立丰富的展品被收藏在这个古老的建筑里

博物馆，1999年为便于观赏对展厅进行了改造。博物馆以乌得勒支的历史资料为主，还收藏了荷兰最早的团体肖像画画家J.范·斯科雷尔和凡·高的部分作品。另外，还展示了复原后的海盗船和人偶之家，很受游客欢迎。其新近推出的介绍荷兰时尚的特别展览和日本设计师渡边淳弥的作品展，也吸引了不少游客。商店里可以买到里特费尔德等荷兰风格派艺术家的画册等。

开 11:00~17:00
休 周一、1/1、4/30、12/25　€9

商店 Shop

乌得勒支中央站天桥对面，南部是著名的霍赫凯瑟琳购物中心，北侧是名为Gildenkwatier的购物中心，有170多个商铺入驻其中。延伸至古运河的拱廊是时尚中心地带，大店小铺热闹无比。

店主自己打磨的银器闪闪发光

威廉·克莱扬
Willem Kleinjan
MAP p.105-A

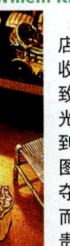

这是坐落在主教塔周边的一家小店，以色彩绚烂的遮帘为标志。这里收集了很多与"老爷眼镜"匹敌的精致工艺品，有银器、玻璃、台灯等，光是银器就能看到小型家具（左图）、相框等巧夺天工的作品，而且价格也不贵。

✉ Vismarkt 16-17
☎ 030-2310069
HP http://www.willemkleinjan.nl
营 12:00~17:00（周六11:00~）
休 周日、一

餐厅&咖啡店 Restaurant & Café

购物中心里有许多快餐店，但要说乌得勒支的特色，当属古运河畔的露天咖啡厅，夜晚在灯光的照耀下，更显浪漫。

在14世纪的公馆中品尝当地啤酒

欧迪恩城
Stadskasteel Oudaen
MAP p.105-A

这座14世纪初建造的贵族公馆，因18世纪前来签署《乌得勒支条约》的法国大使曾下榻于此而名声大噪。如今被改造成华丽的法式餐厅，颇具人气。地下室是酿造啤酒的酒窖，不妨在一层的咖啡厅（如图）轻松享用当地的啤酒和美食。

✉ Oudegracht 99　☎ 030-2311864
营 10:00~2:00（就餐17:30~22:00）
休 餐厅/周日

眺望古运河畔的热闹景象

威尔兹咖啡厅
Will's eetcafé
MAP p.105-A

在这家咖啡餐厅里可以品尝到价格适宜的乌得勒支汤，这是一种配着面包的洋葱汤和菜肉蛋卷等。虽然没有值得特别推荐的特色菜品，但餐厅的位置极好，可以欣赏古运河至主教塔的风景。不时响起甜蜜的音乐，也很令人陶醉。

✉ Oudegracht 148
☎ 030-2302111
营 10:00~23:00（周四、周五~1:00，周六~24:00，周日12:00~22:00）

Nederland Noord

梅登&哈泽伊伦斯
Muiden & Haarzuilens

跨越时空，寻访中世纪的城堡

MAP p.8-E、p.83

路线及导游

- 巴士：从阿姆斯特丹市内的NS/地铁阿姆斯特尔站乘152路，大约15分钟（每小时1趟）
- 驾车：从阿姆斯特丹出发经A1高速约17公里
- 梅登城堡Rijksmuseum Muiderslot：
  ✉ Herengracht 1, Mui-den
  ☎ 0294-256262
  HP http://www.muiderslot.nl
  开 11~3月/周末12:00~17:00 4~10月/10:00~（周末12:00~18:00）
  休 随季节变动，需要提前咨询 € 12

曾上演暗杀事件和举办文化沙龙的梅登城堡

〔梅登漫步导览〕

著名的**梅登城堡**坐落于阿姆斯特丹近郊一个叫梅登的小镇上。这座城堡是1280年荷兰弗洛里斯伯爵五世在费赫特河口修建的要塞，但1296年他被暗杀在城堡里。1370年城堡进行了重建，后由此基础上设立博物馆。

坚固的城门连接着吊桥

这里曾经还被作为法院和监狱使用。历代城主中还有个著名诗人P.C.霍夫特，直至1647年逝世，他在城堡里生活了38年。在人们热情讴歌的17世纪黄金时代，这里举办的沙龙吸引了许多学者和艺术家们前来参加。

现在看到的一切生活用品都是当时留下来的，铺着代尔夫特瓷砖的厨房与餐厅倍显雅致。在这个充满梦幻

陈列中世纪武器的博物馆

用于会议和仲裁的大厅，正面的画饰引人注目

再现梅登城堡的早餐

的城堡里,夏季还能看到带鹰狩猎的精彩表演。虽然博物馆有时也做商务会议使用,但地下的咖啡厅里仍弥漫着中世纪的氛围。城堡门前的香草园也非常漂亮。(导游时段／4～11月 13:00～需要预约)。

被各式各样的庭院包围着的德哈尔城堡

〔哈泽伊伦斯漫步导览〕

庭院前的长椅也经漆艺加工

走进乌得勒支近郊的哈泽伊伦斯,涂成红白相间的百叶门和茅草屋顶的民居映入眼帘。这可爱得如同童话世界一般的地方,叫作"红村"。德哈尔城堡便坐落在这个只有一家咖啡店的小村庄里。13世纪以来哈泽伊伦斯家族修建的所有城堡都在17世纪与法国发生的战争中遭到破坏变为废墟。19世纪担任家族代表的纳埃菲尔特男爵,获得其夫人海伦娜·罗斯彻尔德的资金支持,经过了近20年的重建,古老的城堡才重新焕发出荣光。重建工程的指挥者就是阿姆斯特丹国立美术馆和中央火车站的著名建筑设计师奎珀斯。

举办文娱活动时停车场上的马车

每年9月该家族的成员都会入住城堡中,但在没有文娱活动的日子里可以在导游的带领下参观城堡。这里收集了许多来自世界各地的艺术品。另外,被称作"小凡尔赛"的庭院也是不容错过的。来自省内各地的树木汇集于此,高超的修剪技术和盛开的玫瑰让这片树林更显斑斓。

参观城堡后欣赏一下周边可爱的民居吧

路线及导游

- ●巴士:从乌得勒支中央站出发乘坐127路大约30分钟(平时1小时1趟、周末2小时1趟)
- ●驾车:从阿姆斯特丹经A2高速大约32公里
- ●德哈尔城堡Kasteel de Haar:
  ✉ Kas-teellaan 1, Haarzuilens
  ☎ 030-6778515
  HP http://www.kasteeldehaar.nl
  开 城内导游时段/日程每年都有变动
  庭／9:00～17:00
  休 1/1、12/25
  € 庭€3(庭院和城内导游共€9.50)

荷兰・荷兰北部

梅登＆哈泽伊伦斯

阿纳姆及周边

Nederland Noord

Arnhem and surroundings

广漠的国家公园中
点缀着美术馆与绿色的宫殿

MAP p.8-F、p.83

坐落在凡·高森林里的美术馆

路线及导游

● 至阿纳姆的交通：从阿姆斯特丹中央站乘火车大约1小时10分钟（每小时2~3趟）。驾车经A1~A30、N30~N224高速大约97公里

● 阿纳姆旅游服务中心：Stationsplein 13 ☎0900-1904022 HP http://www.vvv arnhemnijmegen.nl（荷兰语·英语）

● 至阿伯尔多伦的交通：从阿姆斯特丹中央站乘火车大约1小时（每小时1趟）。驾车从A2~A14~N224高速大约99公里

● 阿伯尔多伦旅游服务中心：Deventerstraat 18 ☎055-5260202 HP http://www.vvvapeldoorn.nl

主要景点

荷兰国家森林公园
Het Nationaal Park De Hoge Veluwe

● 从阿伯尔多伦站乘108路巴士至Hoenderloo门大约20分钟。后换乘106路巴士Otterlo线至游客中心大约5分钟

MAP p.113-A

占地5500公顷的荷兰国家森林公园是荷兰境内最大的自然公园。公园里生活着数百只赤鹿、獐鹿、野猪以及无数只小动物。在公园入口处可自由取用免费的白色自行车，在满是红叶的森林、小沙丘、漫山的原野中骑行让人身心畅快。

☎0900-4643835 HP http://www.hoge veluwe.nl 开4月／8:00~20:00 5·8月／~21:00 6·7月／~22:00 9月／9:00~20:00 10月／9:00~19:00 11~3月／9:00~18:00 €€8 和库勒-米勒美术馆一起的套票€16

即便在公园中遇见了小动物，也不可向它们喂食

库勒-米勒美术馆
Kröller-Müller Museum

● 从阿伯尔多伦站乘108路巴士至Hoenderloo门大约20分钟。后换乘106路巴士Otterlo线至游客中心大约5分钟

MAP p.113-A

由于美术馆坐落在国家森林公园中央地带，公园也因此被称作"凡·高森林"。美术馆由库勒-米勒夫人创办于1938年，主要收藏了《桥》、《夕阳下的播种者》等凡·高的稀世名作，此外还收藏有塞拉、毕加索、蒙德里安等19~20世纪著名画家的画作。美术馆门前的雕塑公园

凡·高《凋零的向日葵》

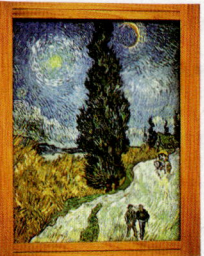

凡·高《伴有柏树与星光的道路》

被认为是世界室外雕塑展览的先驱,一些罗丹和穆尔的珍贵作品也静立其中。

☎ 0318-591241　HP http://www.kmm.nl
开 10:00~17:00（雕塑公园~16:30）
休 节假日、周一、1/1
€ 和国家公园一起的套票€16

荷兰户外博物馆
Nederlands Openluchtmuseum

● 从阿纳姆站乘坐3路巴士大约18分钟　MAP p.113-B

再现传统的生活

这是一个以展示荷兰人日常生活及文化为重点的主题博物馆，传统的荷兰民居、风车、工坊以及香草园散落在宽阔的公园里。从打磨得闪闪发光的厨房、立着身体而眠的橱柜床中可以真切地感受到古老的农家风情。制奶酪、抄纸浆的操作真人秀和立体剧院有很高的人气。带上薄煎饼，痛痛快快地玩上一天吧。

☎ 026-3576111　HP http://www.openluchtmuseum.nl　开 10:00~17:00　休 10月末~3月末（每年有变动）　€ €14.50

洛宫
Paleis Het Loo

● 从阿伯尔多伦站乘102路巴士大约10分钟　MAP p.113-A

1692年，后来成为英国国王的威廉三世建了这座宫殿作狩猎之用。19世纪初法国占领时期，拿破仑的弟弟路易·波拿巴一度成为该宫殿的主人，除此之外这里一直作为奥兰治拿骚家族的府邸使用。现在这里已经成为博物馆，公开展示了现女王的祖母威廉明娜女王幼年时生活的房间等。虽然外表看起来朴素，内部却极尽奢华，宽阔的巴洛克庭院气势逼人。

☎ 055-5772400　HP http://www.paleishetloo.nl
开 10:00~17:00　休 节假日、周一、1/1　€ €12.50

大规模修复后展示出的华丽装饰令人惊叹

特别介绍
奈梅亨4日徒步行

阿纳姆南边的奈梅亨是徒步大会的发源地，这里每年都会举办"4日徒步行"活动。每年7月的第三个星期四来自全球40多个国家的4万多名选手汇集于此，参加连续4天的徒步行走。在大会最后一天，终点处的观众们会拿着鲜花热烈欢迎选手。

● 交通：从阿纳姆乘火车大约15分钟（MAP p.113-B）
HP http://www.4daagse.nl

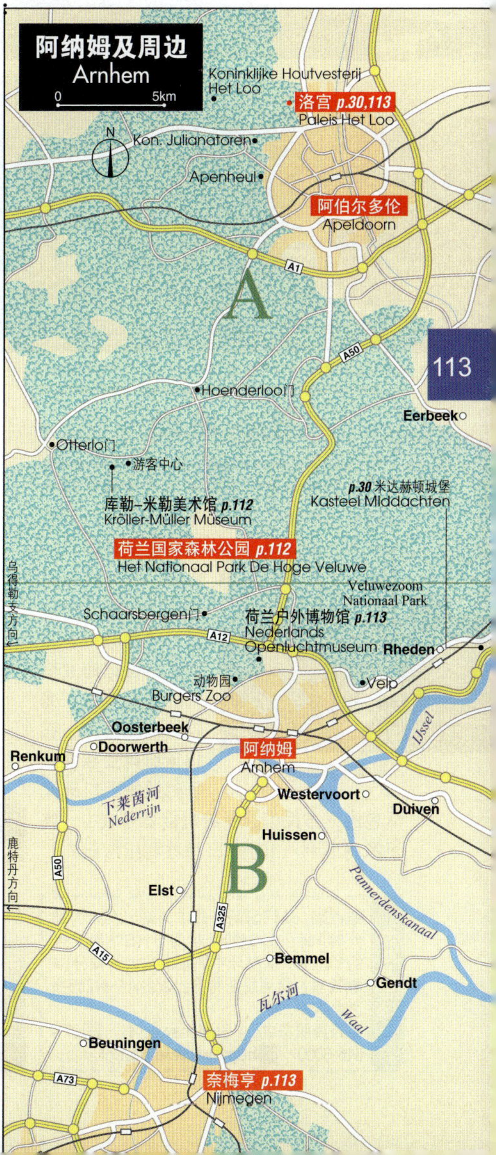

阿纳姆及周边 Arnhem

莱顿
Leiden

充满活力的大学城

MAP p.8-E、p.83

从哈勒姆驶来的列车中欣赏郊外一望无垠的郁金香花田

观景 ★★★★★
购物 ★★★
美食 ★★★★
步行 ★★★
巴士 ★★

出行指南

囊括了大多数景点的旧市区地处莱顿中央站的东南部。在这附近步行5分钟的范围内坐落着国立民族学博物馆和德法尔克市立风车博物馆等。下一个重点要去的是市政厅所在的中心区，从车站大约需要步行15分钟。也可以从站前巴士站搭乘40、41路到市政厅。环形运河东外侧的出岛大道和西博尔德大道不过徒有虚名，比起这些，更推荐车站西侧的国立自然史博物馆。午后在4家公立博物馆间有区间大巴往返载客，在站前巴士站还可乘坐巴士去往近郊的库肯霍夫公园（p.31）。

街区概观

与拥有崭新的车站和现代化的高楼大厦的城市截然不同，莱顿是个历史可以追溯到古罗马时代的古城。当时这里是莱茵河支流沿岸修筑的要塞城市。它曾是中世纪商业往来的重要地区，尤以纺织业著称。在16世纪荷兰独立战争时期被西班牙军队包围，市民们忍受着饥饿坚守城中，终于取得胜利（10月3日为胜利纪念日）。

从城堡中眺望到的街景

对于威廉王子的赏赐，莱顿人选择了建立大学，而非免税，于是荷兰最古老的大学诞生了。这个充满学术氛围的小城还有许多有趣的博物馆和画廊。

大学生们喜爱的水上运动十分盛行

莱茵河河畔成排的房屋宁静整齐地林立着，置身于大学城轻松活泼的气氛中，身心甚是愉悦。

由于莱顿大学原本的办学宗旨在于培养精英和基督教牧师，所以这里曾聚集了许多来自英国的清教徒亡命

路线及导游

● 铁路：从阿姆斯特丹中央站出发大约35分钟（每小时6趟），从海牙HS站出发大约10分钟，从海牙中央站出发大约12分钟
● 驾车：从阿姆斯特丹出发经A4~N206高速大约46公里
● 旅游服务中心：Stationsweg 41　071-516-6000　HP http://www.leiden.nl

伦勃朗曾经学艺的地方现仍作为画室使用

者,甚至成为清教徒移民的集结地。作为荷兰著名画家伦勃朗的出生地,这里吸引了不少游客前来。在伦勃朗父亲经营的风车坊旁可乘坐运河观光船欣赏两岸风景。

大街。在这有两条路线可供选择,一是在大街上行走7~8分钟后前往城堡,二是从广场沿着运河参观普特风车、伦勃朗公园和莱顿大学。这里我们推荐城堡方向。因为城堡附近有许多有趣的小店和时尚的咖啡厅,而且新莱茵运河畔的大街风景极美。从市政厅去往圣彼得教堂,接着从大学附近乘巴士返回火车站,这样的行程虽说很紧凑但可以欣赏到不少名胜古建,收获会不小。这里还有往返于国立自然史博物馆等地的巴士。

可进入内部参观的普特风车和伦勃朗桥

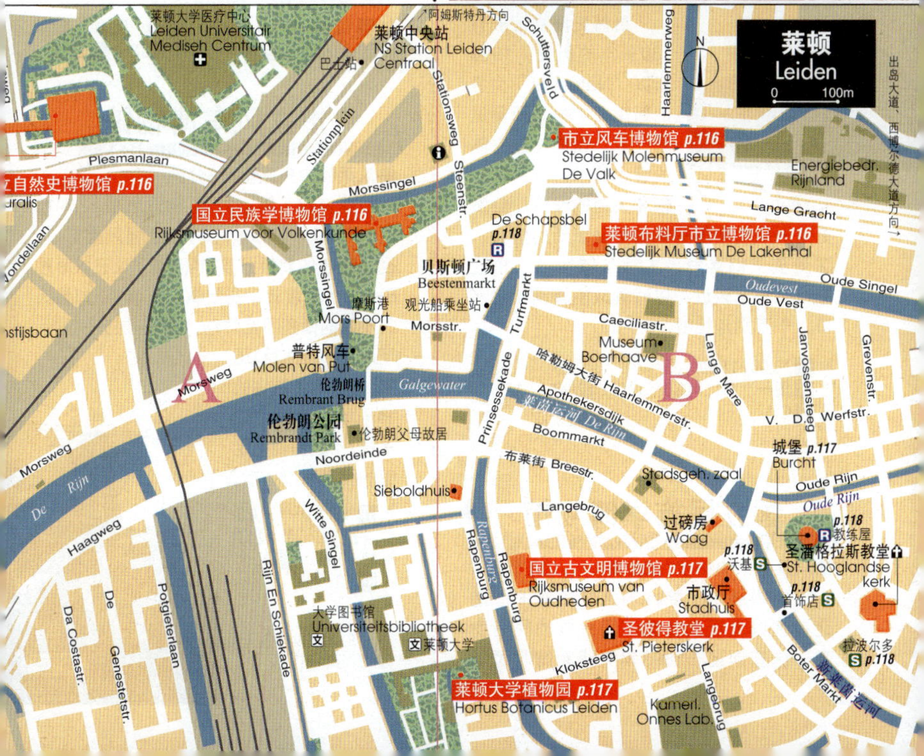

漫步导览

从莱顿中央站东侧的巴士站出发经Stationsweg街南下可以找到旅游服务中心VVV。跨过运河右边是国立民族学博物馆,向左走则可看到德法尔克市立风车博物馆,前行2~3分钟可到达贝斯顿广场,这儿有许多咖啡厅,十分热闹。大概是学生街的缘故,还有许多快餐店在此营业。

从广场以东的Oude Singel街可前往布料厅市立博物馆。跨过观光船乘坐站附近的桥就来到了著名的商业街哈勒姆

展示各国民俗文化的国立民族学博物馆

国立自然史博物馆的古生物骨骼标本（左上图）生动地展示了生物进化过程

在世界上也是罕见的，而且馆藏品享誉世界，其中有关曾是荷兰殖民地的印度尼西亚的收藏品尤为丰富。

[开] 10:00~17:00
[休] 周一、1/1、4/30、12/25　€5.50

莱顿布料厅市立博物馆
Stedelijk Museum De Lakenhal

●从莱顿中央站步行8分钟　MAP p.115-B

17世纪，作为当地最兴旺的产业之一，纺织业行会建造了布料厅这一豪华的建筑。除了保留了当时的工作场所外，博物馆还展示了16世纪宗教纷争中幸免于难的祭坛画、在独立战争中败退的西班牙军队遗留下来的铁锅、当地画家的作品等反映当地历史的文物。

[开] 10:00~17:00（10/3~12/00，周末、节假日12:00~）　[休] 周一、1/1、12/25　€4.50

主要景点

国立自然史博物馆
Naturalis

●从莱顿中央站步行7分钟，午后每小时有4趟区间巴士运行　MAP p.115-A

入口设于运河围绕的古建筑内

自然史博物馆拥有180多年的历史，1998年以"Naturalis"为名的新馆在中央站西侧重新开放。馆内先进立体的展示技术、宏大的规模和大胆的设计让自然史这一从前枯燥的领域呈现出新的魅力，深受孩子们喜爱。主馆与辅馆以小桥连接，离车站较近，以砖砌成的辅馆处是入口，千万别走错啦。

[开] 10:00~17:00
[休] 周一、1/1、4/30、10/3、12/25
€11

国立民族学博物馆
Rijksmuseum voor Volkenkunde

●从莱顿中央站步行5分钟　MAP p.115-A

馆内展示了除欧洲之外的非洲、南北美洲以及亚洲各国不同民族的民俗物品。这座创设于1893年的博物馆收藏量

市立风车博物馆
Stedelijk Molenmuseum De Valk

●从莱顿中央站步行6分钟　MAP p.115-B

这座用于碾磨的7层构造风车，名叫德法尔克，建于1743年。由于荷兰强风盛行，直径达27米的翼板已被损坏，为了让它以每秒6~8米的速度转动需要做收帆调整，如果天气不好的话还不能转动。馆内各层分别展示了风车的结构和历史，还可攀上狭窄的梯子欣赏莱顿城的美景，不过需要有足够的胆量哦。

[开] 10:00~17:00（周日、节假日13:00~）　[休] 周一
€3

这样的大型风车每天至少可以磨1吨粉

国立古文明博物馆
Rijksmuseum van Oudheden

●从莱顿中央站步行12分钟　MAP p.115-B

一进入口看到的是高耸的古代塔法神殿，令人震撼不已，这是1978年从埃及运来重新搭建的。这座建于1818年的博物馆还收藏了许多埃及的雕刻作品，甚至还藏有木乃伊，吸引了不少游客。2楼展示的是厄立特里亚、叙利亚等地的出土文物。3楼则展示了史前荷兰和古罗马的相关文物。

开 10:00~17:00
休 周一、1/1、4/30、10/3、12/25　€9

莱顿大学植物园
Hortus Botanicus Leiden

●从莱顿中央站步行16分钟　MAP p.115-B

莱顿大学植物园始建于1587年，在西欧地区历史最为悠久。那时正是草药学的全盛时期，1593年植物学家卡罗鲁斯·克鲁修斯来到莱顿大学并致力于外国植物的栽培与研究。他把第一株郁金香从土耳其引进到植物园，从此郁金香热席卷荷兰全国，甚至还意外地引起过投机骚动。如今，在园内可以参观到克鲁修斯种植的郁金香以及猪笼草等大量热带、亚热带的植物，还有一些濒危的珍贵物种。

开 10:00~18:00（11~3月~16:00）
休 11~3月的周一、1/1、10/3、12/25
€5

站在城堡上远望，教堂显得格外威严

圣彼得教堂
St.Pieterskerk

●从莱顿中央站步行15分钟　MAP p.115-B

这座雄伟的晚期哥特式教堂始建于12世纪，后经多次修葺扩建，现在所看到的是15世纪修缮后的模样。教堂中殿的地下埋葬着画家扬·斯特恩和清教徒领袖牧师J.罗宾逊等杰出人士。如今活动大厅常常用于举办音乐会或古董市场等。

☎071-5124319　HP http://www.pieterskerk.com
开 10:00~16:00（周末13:30~）
休 活动日

城堡
Burcht

●从莱顿中央站步行15分钟　MAP p.115-B

这座建于12世纪的城堡矗立于新旧运河交汇处，如今只剩下外城墙，但对于莱顿人来说这是个十分特别的场所。1574年市民们就是在这里与西班牙军队展开殊死搏斗的。直至今日人们还用西班牙军队遗留下的铁锅做一道国菜Hutspot（由萝卜、土豆和洋葱混合而成的菜）以庆祝10月3日胜利日。

改装后入口大门上的徽章熠熠生辉

克鲁修斯所建的球根植物园

商店 Shop

除了哈勒姆大街和通往市政厅的布莱街等繁华的商业街，城堡附近的小巷子、运河畔的小道上也分布着许多小巧新颖的店铺。

专为步行设计、色彩绚烂的休闲鞋

沃基 Wolky

MAP p.115-B

店内陈列着各种品质和脚感俱佳的休闲鞋。从凉鞋到登山鞋，以简洁的设计和绚烂的色彩变化吸引了人们的目光。在荷兰其他城市还开设有5家分店。

Nieuwe Rijn 15
071-5665867
9:30~18:00（周四19:00~21:00，周六9:00~17:00）休周日、一

囊括了荷兰最北端的干白在内的多种酒

拉波尔多 La Bordelaise

MAP p.115-B

荷兰酒有3年以上的老酒和2年以下的新酿之分，虽然店主说"光喝一口尝不出"，但他的知识和品位令人称奇。在这里可以买到稀有的马斯特里赫特产的葡萄酒和修士酒。

Nieuwe Rijn 36
071-5120209
9:30~18:00（周四~21:00，周六9:00~）休周日、一

可淘一些20世纪50、60年代的二手珠宝

首饰店 Sieraden

MAP p.115-B

这是一家开在城堡附近小巷子里的首饰店。这里销售的许多二手珠宝是店主阿内克小姐从英国和法国等地淘回来的，还有一些手工打造的首饰。在这里欣赏CHEAP & CHIC上的休闲服，让人不由怀念起玩具般的宝石游戏。

Burgsteeg 108 071-5128554
10:00~18:00（周四~21:00，周六~17:00）休周日、一、二

餐厅 & 咖啡店 Restaurant & Cafe

贝斯特广场周边有许多气氛轻松的咖啡厅，新旧运河交汇处的水上咖啡店和餐厅都很有人气，不妨前去体验一下。

夏天在露台、冬天在暖炉前眺望城堡风景

教练屋 Het Koetshuis

MAP p.115-B

沸腾小虾前菜

在游览城堡周边的途中，可看到有家啤酒店屋顶上挂着马车驭手的招牌。这里的荷兰虾、熏兔肉等前菜十分可口。虽说这是一座传统宽敞的古典建筑，但由于店主精心设计了儿童菜单等，气氛轻松温馨。

Burgsteeg 13
071-5121688
12:00~21:30

融入了苹果和肉桂的煎饼

美味煎饼屋 De Schaapsbel

MAP p.115-B

苹果培根风味

当地喜欢煎饼的孩子们都推荐这家广场上的Oudt Leydens，店里正宗的菜品十分美味。这里的煎饼一般加苹果和培根，特别推荐加了巧克力的特制煎饼。

Beestenmarkt 7
071-5124650
11:00~21:00（周末12:00~）

NEDERLAND Zuid
荷兰南部

越往南行拉丁风情越浓厚
可领略充满个性的魅力城镇

海牙

Nederland Zuid

Den Haag

女王所居住的国际色彩浓厚的政治中心

MAP p.8-E、p.119

观景★★★★★
购物★★★★
美食★★★
步行★★
有轨电车★★★
巴士★★

出行指南

海牙中央站距离北海最大的疗养胜地席凡宁根大约5公里，而国会大厦等中心建筑集中在直径1公里范围内。1天内可以到古街与和平宫附近游览。推荐当天返回阿姆斯特丹，或是在席凡宁根留宿。

解决国际纷争的舞台——和平宫

街区概观

比起首都阿姆斯特丹，荷兰王宫、议会和政府所在地海牙才是政治中心。16世纪荷兰联邦共和国成立以来，联邦议会一直设于此。这里蕴藏着历史古韵的景点不胜枚举，美术馆等地展现了它的文化魅力，和平宫（国际法庭）、大使馆等外交机构凸显了它的国际影响力。

作为荷兰第三大城市，海牙有不少大公园，漫步城中可以欣赏郁郁葱葱的植物和静谧安详的街景。这里有骑着自行车去买东西的亲民女王所住的宫殿——豪斯登堡，坐落于海牙森林公园里的宫殿。近郊的Wassenaar街是高级住宅区，弥漫着浓浓的等级感。面朝北海处是旅游胜地席凡宁根（参见p.128），夏日里这儿总是被热烈的气氛包围着。

值得一提的是，海牙是中文译名，荷兰语它被叫作"登海堡（Den Haag）"，而其正式的全称是"斯赫拉芬哈赫（s Gravenhage）"，意为"伯爵的树篱"，英文名为The Hague。

路线及导游

●铁路：从阿姆斯特丹中央站到海牙中央站大约50分钟（1小时1~2趟），到海牙HS站的时间也一样（1小时6趟）
●驾车：从阿姆斯特丹出发，由A4~A44~N44高速大约59公里
●旅游服务中心：Spu 1682511 BT
☎0900-3403505（收费）
✉info@denhaag.com
HP http://www.denhaag.com

天竺葵装饰着古街的窗边

绿树成荫、倍感亲切的兰格福尔豪特街

漫步导览

从阿姆斯特丹驶来的列车多数都到达海牙HS站,不过旅游服务中心位于海牙中央站附近的购物中心里,好在两个车站间搭有轨电车只需要10分钟。从中央站前走600米到达Bezuidenhoutseweg街,然后向左拐向莫瑞泰斯皇家博物馆的路口Plein,继续直行通往国会大厦入口和有轨电车穿梭的Spui区。这一带是老市区中心,有轨电车在Hofweg拐弯后通往Passage玻璃天顶购物步行街和监狱博物馆。继续前行500米绕过兰格福尔豪特广场就来到古街了,继续向北还可以到达梅斯达全景画博物馆。

重要信息

海牙最具人气的尊贵之旅

旅游旺季时,海牙最具人气的路线是环游与皇室颇有渊源的历史建筑和公园的尊贵之旅。一路从兰格福尔豪特里的皇家美术馆到女王办公的努儿登堡和居住的豪斯登堡,再到席凡宁根的库尔豪斯豪华酒店等。乘旅游大巴3小时车程轻松便捷,这也是吸引人气的原因之一。路线开通:4~9月的周三到周六,10~12月的周六11:00~14:00 出发:VVV海牙从13:00开始,VVV席凡宁根(参见p.128)从13:20开始
€27.50~   咨询与预约VVV 070-3385800/3385816

主要景点

埃舍尔博物馆
Escher In Het Paleis

● 从海牙中央站乘有轨电车16、17路到Korte Voorhout街下车步行2分钟

MAP p.123-B

这座博物馆于2002年开放,收集了凭借错位空间画闻名于世的荷兰图形艺术家M.C埃舍尔(1898~1972)的作品。博物馆设置在1764年建造的兰格福尔豪特宫内,1、2楼展示了他的代表作《凸与凹》、《昼与夜》等深受大人和孩子们喜爱的石版画、木版画。3楼则专门让游客戴上3D眼镜欣赏埃舍尔画作,体验虚拟世界的美妙。

开 11:30~17:00 休 周一、1/1、8/10~28、9/15、12/25 € €7.50

国会大厦
Binnenhof

● 从海牙中央站步行10分钟

MAP p.123-A

这里曾是13世纪荷兰伯爵的宫殿,环绕这里的护城河只保留了胡夫法佛湖的部分。如今议会、总理府、外务部都搬迁于此,这里成为荷兰名副其实的政治中心地带。国会大厦内院的骑士楼历史最为悠久,是荷兰伯爵弗洛里斯五世于13世纪时建造的。这座左右两边高耸着尖塔的砖砌哥特式建筑,依然让人感到庄重威仪。每年9月第三个星期二的国会开幕日,仪仗队整齐排列在馆前广场上,迎接乘坐着金色四轮马车而来的贝娅特丽克丝女王的检阅。

HP http://www.binnenhofbezoek.nl
开 游客中心10:00~17:00 休 周末、节假日
☎ 导游预约070-3646144

莫瑞泰斯皇家博物馆
Mauritshuis Museum

●从海牙中央站步行10分钟

MAP p.123-A

在水鸟嬉戏的胡夫法佛湖旁，坐落着一个造型优美的博物馆。虽然规模不大，却聚集了荷兰皇室奥兰治家族代代珍藏的珠宝和美术作品，丝毫不逊色于阿姆斯特丹的国立美术馆。

该建筑是荷兰伯爵莫瑞泰斯·拿骚于17世纪建造的私宅，是文艺复兴风格的古典建筑，与阿姆斯特丹王宫同为著名建筑师凡·坎彭的设计。莫瑞泰斯逝世后，这里曾被当做省政府的迎宾厅使用，直到1822年被改造成博物馆对外开放。

展品中的荷兰佛兰德画派的作品最为出众。这里还珍藏了许多伦勃朗和维米尔的名作，对于画迷来说这是一家不容错过的博物馆。维美尔的代表作

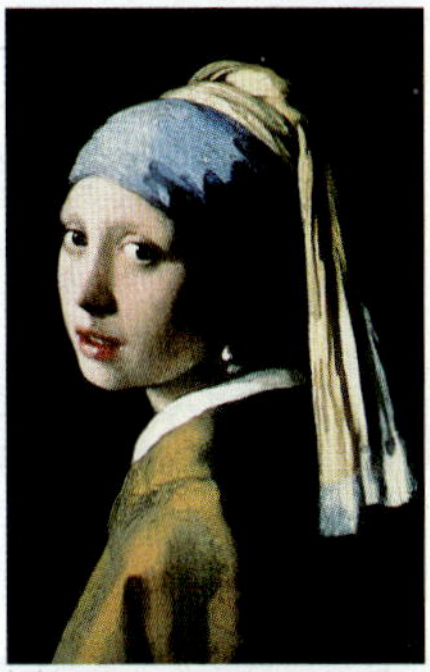

维米尔的《代尔夫特的风景》（上）与印象派《戴着蓝色头巾的少女》（右）

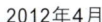

《戴珍珠耳环的少女》、伦勃朗的成名作《杜尔博士的解剖学课》和《自画像》等堪称绝世之作。

2012年4月24日至2014年博物馆由于装修扩建而关闭，100幅左右的作品被移至海牙市立博物馆展出，不妨移步前去参观。

杰作与传世画作相得益彰

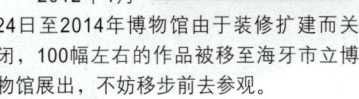

开 10:00〜17:00（周日、节假日11:00〜）
休 9/2〜3/31的周一、1/1、12/25　€ €12

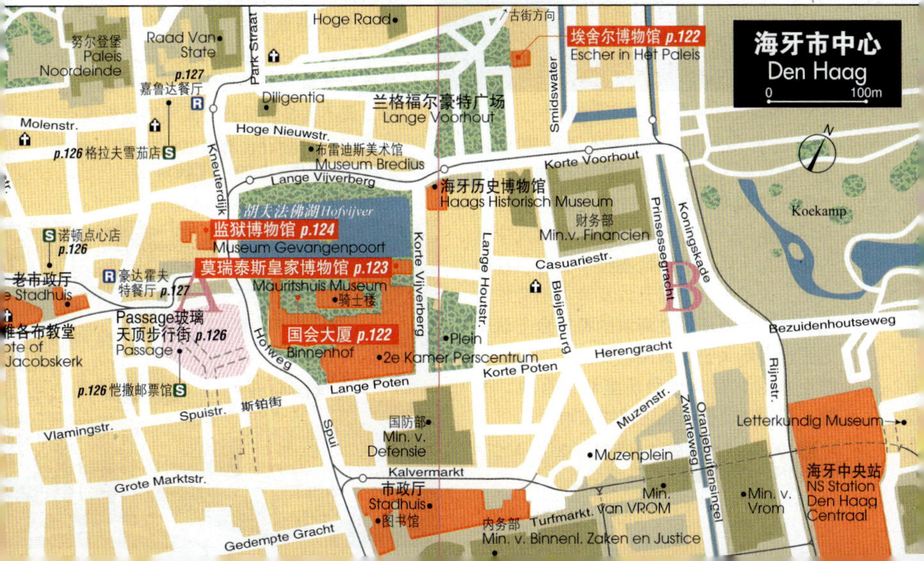

荷兰・荷兰南部

123

海牙

海牙市中心 Den Haag

- 埃舍尔博物馆 p.122 Escher in Het Paleis
- 努尔登佩 Paleis Noordeinde
- Raad Van State
- 嘉鲁达餐厅
- p.126 格拉夫雪茄店
- 诺顿点心店 p.126
- 老市政厅 Stadhuis
- 监狱博物馆 p.124 Museum Gevangenpoort
- 豪达番夫特餐厅 p.127
- 莫瑞泰斯皇家博物馆 p.123 Mauritshuis Museum
- Passage玻璃天顶步行街 p.126 Passage
- 国会大厦 p.122 Binnenhof
- p.126 恺撒邮票馆
- 雅各布教堂 ote of Jacobskerk
- Diligentia
- 兰格福尔豪特广场 Lange Voorhout
- 布雷迪斯美术馆 Museum Bredius
- 胡夫法佛湖 Hofvijver
- 骑士楼
- 海牙历史博物馆 Haags Historisch Museum
- 财务部 Min. v. Financiën
- 国防部 Min. v. Defensie
- 市政厅 Stadhuis 图书馆
- 内务部 Min. v. Binnenl. Zaken en Justice
- Letterkundig Museum
- Muzenplein
- 海牙中央站 NS Station Den Haag Centraal
- Koekamp

监狱博物馆
Museum Gevangenpoort

●从国会大厦步行5分钟　MAP p.123-A

这座坚固无比的建筑似乎要伸向马路，据说它原是作为国会大厦的第一道城门而建造的。从15世纪初开始的400多年间里这里一直作为监狱使用，如今博物馆仍然保留着当时的原貌。这里不仅展示了撕裂台等各式各样的刑具，还介绍了监狱和犯人相关的历史。在导游的带领下每小时最多只能35人组团参观，监狱内部像迷宫一样。一般是用荷兰语解说，应游客的要求也可以用英语解说。

开 10:00~17:00每小时解说1次（周末、节假日12:00~）
休 周一、1/1、12/15、25　€7.50

梅斯达全景画博物馆
Panorama Mesdag

●从国会大厦步行15分钟，或乘有轨电车7、8路至Mauritskade下车步行4分钟　MAP p.121-C

画作中间的瞭望台周围模拟成沙滩的模样

这里展示了一幅海牙派画家亨垂克·维拉姆·梅斯达的画作。该博物馆是为展示这幅高15米，宽120米的巨制杰作而特意建造的。画作以1880年代席凡宁根的渔村为主题，生动地描绘了当时小村的风光、人们生活的情景以及渔夫们劳作时充满活力的身姿。在海滨的瞭望台上眺望这幅世界最大的全景画仿佛是一次难忘的时空体验，让人感到既虚幻又有趣。另外，和平宫就在梅斯达博物馆附近。

开 10:00~17:00（周日、节假日12:00~）
休 1/1、12/25　€6.50

和平宫（国际法庭）
Vredespaleis

●从国会大厦步行25分钟，或乘有轨电车1、10路至Vredespaleis下车步行3分钟　MAP p.121-C

这座拥有高耸的钟楼和美丽庭院的建筑就是和平宫。该建筑于1913年由美国企业界巨头安德鲁·卡内基捐建而成。现在属于联合国管辖，作为国际法庭和联合国机构使用。各国重要人物常常聚集在这里解决各种国际纠纷。和平宫的地基由荷兰政府提供，而馆内的装饰品等则来自世界各国的捐赠。只有在导游的带领下才可以参观这座设立了法学院和图书馆的砖砌建筑。

开 10:00、11:00、14:00、15:00（5~9月有时16:00~）　休 周末、节假日、召开会议时
€5　预约070-3024242

马德罗丹小人国
Madurodam

●乘有轨电车9路至马德罗丹站下车步行2分钟　MAP p.121-C

这是一个占地约2万平方米，以实物的1/25大小展示荷兰各地名胜的迷你世界。在这里可以看迷你的阿姆斯特丹广场、王宫、安妮·弗兰克之家、阿姆斯特丹国际机场、鹿特丹港等著名景点。而且这些建筑设施几乎和实物一样运作着。无论轮船、火车，还是自行车、有轨电车来回穿梭，就连风车都在转动着。女王的金色马车莅临国会大厦时的国会开幕仪式、港口发生的船舶火灾等突发事故在不停地上演着，无论大人还是孩子都乐在其中，真不愧是海牙最有人气的观光景点。

070-4162400　开 9:00~20:00（夏季~22:00、冬季~18:00）　€14.50

推荐在华灯初上后进行夜间参观

海牙市立博物馆
Gemeentemuseum Den Haag

●乘坐巴士24路或有轨电车17路至Stadhouderslaan站下车步行2分钟

MAP p.121-C

该馆坐落在席凡宁根森林公园西部，虽然离市中心较远，但离荷兰国际会议中心很近，推荐游客前去参观。

让人期待的博物馆

该馆设计出自曾因设计阿姆斯特丹证券交易所等闻名于世的建筑师贝尔拉格之手。1998年重新整修后，增加了跨过水池边的入口，在中庭地下设置了展示世界稀有服装的时尚长廊。博物馆主要收藏了以欧

(左) 蒙德里安早期作品《Windmill in Sunlight》
©BREELDRECHT, Amsterdam & APG-Japan/JAA, 2001
(下) 17世纪的代尔夫特陶瓷

洲近代美术作品为主的1000多件作品。其中，现代艺术大师蒙德里安作品的收藏量居世界第一。在这里可以看到诸如莫奈、毕加索、凡·高、席勒、布莱克等名家的绘画和罗丹、德加的雕塑作品。另外还有许多玻璃和陶瓷工艺品。蒙德里安作品屋的下面是世界各地珍贵乐器和乐谱的展厅。在此推荐一并参观邻近的体验型博物馆——海牙自然博物馆。

特别介绍
音乐与艺术的盛典
海牙文化节

从2005年开始，每年6月都会举办海牙最盛大的活动——海牙文化节。活动期间，街头小巷都有与艺术和音乐相关的活动。最引人注目的是那些街头的巨型雕塑和一些流行、爵士、古典露天音乐会。HP http://www.thehaguefestivals.com

开 11:00~17:00
休 周一、1/1、12/25　€10

蔷薇园
Rosarium

●乘有轨电车9路至Nieuwe Duinweg下车步行3分钟

MAP p.121-A

20世纪20年代时，P.维斯特布鲁克设计建造了这座占地20公顷的西布鲁克公园。公园里的蔷薇园里种植了300多个品种近2万株的蔷薇。草坪像是一块绿油油的天鹅绒毯子，踏足于绿茵草坪上，徜徉在各种花坛间会是个无比美妙的时刻。这里还有经改良品种的名花，如赫本、美智子公主等。在火红的蔷薇与洁白的墙面互为呼应的茶室里还可享受一下轻松下午茶。

▶ 蔷薇适宜观赏期为6~9月

海牙街市的别样天地

商店 Shop

海牙主要的商业街有Passage玻璃天顶步行街和Spuistraat商业街,女王喜爱的高级百货Maison De Bonneterie也在这一带。而Noordeinde购物街则汇集了高档品牌商店。

海牙不愧是一个购物天堂,这里的高级商店不胜枚举,最赏心悦目的有Passage玻璃天顶步行街(右图/MAP p.123-A)和古街(左图/ MAP p.121-D)。模仿米兰大拱廊街建造的Passage是位于三条街道交会处的多层建筑,2楼咖啡厅里可以眺望街景。还可以购买一本VVV发行的古街手册,去畅游优美的街景,在那里有几家时尚咖啡厅。

像博物馆似的古董店

阿德维尔克
Aardewerk

MAP p.121-D

这是一家古董银器专卖店,收集了许多荷兰16世纪以后的银器制品。古董店创立于1970年,或许是"年轻"的缘故,店内装修得很是时尚。看着数量众多的中世纪食器、摆设和高级珠宝,仿佛置身于博物馆。不妨一边欣赏美轮美奂的银器古董,一边学习学习历史。

✉ Jan van Nassaustraat 76
☎ 070-3240987
🌐 www.aardewerk.com
🕙 10:00~17:00

©A. Aardewerk Antiquair Juwellers

收藏荷兰老邮票和硬币的百年老店

恺撒邮票馆
G. Keiser & Zoon

MAP p.123-A

"海牙不是只有Passage街的,在荷兰我们可是最老的古邮票铺子。"第5代店主自豪地说。动物、汽车、地域等不同主题的邮票起价€1.5。看着这些精美的邮票,让人不由得想把它们收藏起来当做自己独特的旅行记忆。

✉ Passage 25-27
☎ 070-3462339
🕙 10:00~17:00
休 周末

高级雪茄搭配极品巧克力

格拉夫雪茄店
G. de Graaff & Zonen

MAP p.123-A

这是一家创立于1859年的老牌雪茄专卖店。店内有一间屋子湿度常年保持在80%,用以保存哈瓦那的高级雪茄。这里还销售荷兰皇家御用的雪茄。另外无添加蔗糖、可可含量占80%的巧克力也是大受追捧。可以尽情享受这些分量十足的板形巧克力。

✉ Heulstraat 27
☎ 070-3633000
🕙 10:00~18:00(周四~21:00)
休 周日

值得带回来的荷兰平民小点心

诺顿点心店
De Notenkoning

MAP p.123-A

在这里可以买到hopjes糖和各种当地小点心。玻璃橱柜中摆放着坚果、干果、巧克力等各种深受当地孩子们喜爱的简易食品。罐头、香料曲奇饼等可以作为礼物带回国赠送亲友,坚果食品则适宜当零食充饥。

✉ Grotehalstraat 16
☎ 070-3463617
🕙 10:00~18:00(周一11:00~、周四~21:00、周六~17:30、周日13:00~17:30)

餐厅 & 咖啡店 Restaurant & Café

海牙作为外交机构聚集地，其浓厚的国际色彩也充分体现在饮食上。老市区有许多高级餐厅，火车站附近汇集了各国小吃，能品尝到北海海鲜的餐馆也不在少数。

古老的客栈中令人身心畅快的小餐厅

豪达霍夫特餐厅
Gouda Hooft
MAP p.123-A

这家餐厅再现了17世纪的建筑特色，窗外的装饰非常可爱，内堂里还珍藏了当时的壁画，整个气氛宁静优雅。或许您以为这里主营荷兰式重口味料理呢，不过等看到菜单就会被北海海鲜吸引住了。菜单上的主餐是菠菜胡椒青花鱼沙拉。晚餐除了鳕鱼木司和香草煎三文鱼外，还推出了每日更新的海鱼特别菜肴。无论是意大利风味的前菜拼盘还是方饺，都非常美味。

店内细致周到的服务令人身心畅快，在这古老的格局中营造出如此轻松的氛围，真有点料想不到。这家餐厅就坐落在Passage街附近的五岔路口旁，而且还带着露台，很好找。

重要信息

海牙的特产——甜食

"海牙的特产是什么？"，听到的回答一定都是甜食。在荷兰，人们常吃咖啡曲奇饼，到了海牙必点的有咖啡味的糖果和Hopjes糖。在街头的甜品店和特产点都可以买到。罐装和散称均可，方便作为特产礼品送人。另外在推着自行车的小摊子上，可以买到果脯和Haagsche Kakker（上图）。烘干的樱桃有很长的保质期。
- Hans en Frans Hessing
- Reinken-straat 50
- 070-3462446

- Dagenlijkse Groenmarkt 13　070-3469713
- 营 8:00～1:00（周日10:00～24:00）

气氛超好的印度尼西亚高级餐厅

嘉鲁达餐厅
Garoeda
MAP p.123-A

1949年，这家香料店脱胎换骨成了海牙市内资格最老的印度尼西亚餐厅。1～3楼都是就餐区，4楼是可以欣赏兰格福尔豪特广场风景的派对大厅。正宗经典的味道和良好的环境氛围让这家餐厅大受欢迎。

- Kneuterdijk 18a
- 070-3465319
- FAX 070-3647512
- 营 11:00～23:00（周日16:00～）

午餐和小憩都合适

路德维克
Lodewieck
MAP p.121-D

这是一家位于古街的时尚咖啡厅，阳光洒在店内的大餐桌上，墙上挂着店主精心挑选的现代绘画，氛围十分悦人。在这小憩一会儿，打包带走一份猪油火腿蛋糕或奶油蛋糕，或是中午在店里享用一份三明治卷和每天更新的汤品，都是非常惬意的选择。

- Denneweg 5
- 070-3468819
- 营 9:00～16:00
- 休 周日、节假日

近郊推荐景点

刺激的海滨度假胜地

席凡宁根 Scheveningen

MAP p.121-A

●交通：从海牙中央站乘坐有轨电车1、9、11、22路大约15分钟
●旅游服务中心：✉Gevers Deynootweg 1134 (Palace Promenade shopping centre), Scheveningen ☎0900-3403505（收费）HP http://www.scheveningen.nl

席凡宁根本是紧临北海的一个小渔村，19世纪被改造成为海滨度假区，开始吸引大量游客前来。1885年，豪华酒店库尔豪斯建成后，因成为北海第一疗养胜地而名声大噪。虽然现在这里的豪华程度大不如前，但还是吸引了从德国等地纷至沓来的游客，海滩上不时会出现赤身裸体的游客。因为"席凡宁根"用荷兰语说比较拗口，一般使用英语发音。

北海的水温极低，不适合游泳，所以人们来这里主要是为了享受日光浴。浸在海水里的水族馆海洋生命中心也拥有很高的人气。晚上，可以到荷兰赌场逛逛，或是看上一场舞台剧，或去综合购物中心Place Promenade享受购物和品尝美食的快乐。穿过森林公园的电车大道风景同样不容错过，推荐选择这里作为海牙之旅的住宿地。

酒店 Hotel

海岸线上排列着一幢幢大小不等的酒店和针对长期居住者的公寓，而绿植公园附近的一些安静酒店也是很不错的选择。

传承百年繁华的海滨宫殿

库尔豪斯大酒店
Steigenberger Kurhaus Den Haag

MAP p.121-A

这里本是梅斯达全景画中描绘的一家木板房疗养所，后改为政府经营的浴场。1885年被改建成拥有150间客房的大酒店。直至20世纪60年代，高耸着巨大圆顶的中央大厅一直被作为国际音乐厅使用，如今被改造成高档咖啡厅（左图），吸引了许多游客。在这里可以充分领略到19世纪高级酒店的尊贵气质。酒店还针对商务人士配备了现代化的设施。在这优美奢华的海滨尽情放松一下吧。

✉ Gevers Deynootplein 30, 2508 GR
☎070-4162636 FAX 070-4162646
HP http://www.kurhaus.nl
室253
€ S／€165 T／€185套间／€700～ 早餐€25

凡·高生命中的两个地方
曾德特 & 纽南
Zundert & Nuenen

纪念凡·高诞辰100周年的浮雕

最早进行花车游行的小镇——凡·高故乡曾德特

1853年，文森特·威廉·凡·高在荷兰北布拉班特省的曾德特降生。沿着巴士大道找到凡·高出生地Markt 26号，这里高悬着凡·高父母故居的牌匾。新教牧师的父亲所供职的教堂就在附近不远处，教堂前的凡·高广场上立着一尊凡·高与弟弟提奥紧紧相依的塑像。

少年时代的凡·高和弟弟成长于这片土地，对这里产生了深厚的感情。他曾在给弟弟的信中写道："噢，曾德特！曾德特！再也没有比它更让人幸福的地方了！"曾德特是一个与比利时接壤的小村庄，每年9月举办的花车游行活动有着悠久的历史，吸引不少游客前来观看，非常热闹。

村子里的凡·高文化中心保存着文森特13岁时的照片和当时创作的素描，还有一些记述时代背景的资料。就在这里好好了解一下这位远离故土在法国瓦兹河畔结束一生的大画家的生命起点吧。

《两位耕作的农妇》（1885年8月/库勒-米勒美术馆），据说纽南时期的凡·高憧憬着哈尔斯描绘的黑暗，向往成为米勒那样的农民画家

凡·高与弟弟提奥紧紧相依的雕像

画家的起点，描绘农民生活的地方——纽南

11岁时，凡·高离开了养育它的曾德特，进入泽芬伯根的一家寄宿学校，度过了他5年的学习时光。凡·高的第一份工作是在海牙的画廊打工。青年时期在伦敦工作的凡·高经历了失恋的痛苦，开始热衷于宗教，在巴黎失业后便立志成为一名传教士。可是在比利时博里纳日矿区的传教经历让他的这个梦想彻底破灭了，这时的文森特开始把目光投向绘画事业。1883年12月，凡·高回到纽南，与在牧师馆工作的父亲同住，此后的2年间，他开始以农民为绘画对象，完成了196幅作品。阿姆斯特丹凡·高美术馆（参见p.62）内珍藏的《吃土豆的人》就是在这里创作的。

在纽南的大街小巷、广场、购物中心内，凡·高的名字随处可见。如今仍然能看到一些他曾描绘过的牧师馆、教堂、水车小屋等。在VVV发行的地图中可以找到相关的场所。凡·高记录中心内展示了他在纽南时期的相关资料（Papenvoort 15 ☎040-2639615 HP http://www.vangogh150jaarnuenen.nl）。

●至曾德特：从布雷达（参见p.152）乘坐巴士115路大约30分钟。（MAP p.119）
●至纽南：从阿姆斯特丹中央站乘坐火车大约1小时23分钟，或从海牙出发乘坐火车大约1小时40分钟，至安多芬下车换乘巴士121路大约20分钟。（MAP p.119）

重现100年前凡·高抱着素描本前行的样子

已变成民居的纽南牧师馆

荷兰南部　海牙

Nederland Zuid

代尔夫特

Delft

弗美尔笔下的荷兰陶瓷之乡

MAP p.8-E、p.119

弗美尔代表作《代尔夫特风景》中的东门

看到的建筑大都是17世纪后半叶修建的。但16世纪领导荷兰人民取得独立的威廉姆一世的亲王庭院，还完整地保留着当年的风貌，成为现在荷兰孩子们远足必去的地方。

另外，让小镇闻名遐迩的还有白釉蓝花的精美陶器。被称为代尔夫特蓝的色泽令人陶醉，到瓷砖博物馆、古董店或是窑场逛逛也让人大开眼界。看着这些精美的陶器，仿佛看到了那个正走向世界的荷兰黄金时代的繁华。

街区概观

从海牙向鹿特丹方向前行10公里，会看到一个美丽的小镇，这是一个被涓涓的运河和郁郁葱葱的树林环绕着的小镇。老市区里处处都是哥特式和文艺复兴式的民居，在街角上可以找出好多名画中出现过的景色。

这个小镇因画家弗美尔在此度过一生而闻名，海牙的莫瑞泰斯博物馆珍藏的《代尔夫特风景》（1668年）描绘的就是莱茵斯基运河东门一带的景色。

1654年镇上的火药库发生爆炸引起火灾，一部分建筑被夷为平地，所以现在街上

满是陶器的市场广场附近的一家古董店

- 观景 ★★★★
- 购物 ★★
- 美食 ★★
- 步行 ★★★★

出行指南

从车站出发，大约步行10分钟就能到达老市区的市场广场了。只要半天时间就能参观完瓷砖博物馆、市立亲王庭院博物馆等景点，还可以在广场周边宁静的街道上悠闲漫步。旅游服务中心VVV也设于广场中。如果想到弗美尔代表作《代尔夫特风景》中描绘的东门去看看，一日的行程也足够了。若省去游东门的安排，还可以考虑从车站往老市区相反的方向前行1公里，参观代尔夫特陶器窑场和皇家蓝陶工厂，也是一个不错的选择。

路线及导游

● 铁路：从阿姆斯特丹中央站出发大约50分钟（直达车1小时2趟），从海牙HS站或鹿特丹站出发大约15分钟。从海牙中央站乘有轨电车1路大约35分钟。

● 驾车：从阿姆斯特丹出发经A4~A13高速大约61公里

● 旅游服务中心：Hippolytusbuurt 4
☎ 0900-5151555（€0.40/分）
HP http://www.delft.nl/webEN

市政厅和新教堂间的市场广场上有许多咖啡店

主要景点

市政厅
Stadhuis

●从代尔夫特站步行10分钟，至市场广场前

MAP p.131-A

市政厅位于老市区的中心地段——市场广场西侧。该建筑的红色百叶门十分显眼，遭遇17世纪那场火灾后，著名的雕塑家亨德里克·凯泽在原址上进行翻新改建，成了如今看到的文艺复兴与巴洛克风格混合的样式，唯有后方的高塔保留着13世纪时的风貌。市政厅前立着国际法之父——出生于代尔夫特的法学家格劳修斯的铜像。

开 8:30~17:00　休 周末　€ 免费（内部参观需要预约）　☎ 023-5113000

新教堂
Nieuwekerk

●从代尔夫特站步行10分钟，至市场广场前

MAP p.131-B

大画家弗美尔就是在这座面朝市政厅而建的新教堂里接受洗礼的。高耸的钟楼与哥特式建筑显得庄严肃穆。新教堂始建于1381年，后经多次修缮扩建，直至15世纪才完全竣工。这里安葬着历代奥兰治家族的成员。

代尔夫特城中的房屋紧挨着运河

开国之父奥兰治威廉一世的石雕还是雕塑家亨德里克·凯泽的代表作之一。国际法之父格劳修斯也长眠于此，教堂北侧画着他画像的彩绘玻璃是游客必看的风景。钟楼高108.75米，钟楼的钟声响彻云霄。沿着379级台阶登上高耸的钟楼，不仅可以将整个代尔夫特城尽收眼底，天气好时还可以望到海牙和鹿特丹。

开 4~10月/9:00~18:00　11~3月/11:00~16:00　休 周日　€ 与旧教堂使用通票€3.50

荷兰·荷兰南部

市立亲王庭院博物馆旁的庭院风光

市立亲王庭院博物馆
Stedelijk Museum Het Prinsenhof
●从市场广场步行6分钟　MAP p.131-A

这里曾是15世纪修建的女子修道院，1572年后作为威廉一世的私宅，1584年就在荷兰独立前夕威廉被暗杀于此，弹痕至今还残留在中央楼梯的扶壁上，向人们讲述着这场悲剧。如今这里被改造成为博物馆，收藏着代尔夫特陶瓷和奥兰治家族的肖像画等珍品，再现了代尔夫特鼎盛时期的繁华。

开 11:00～17:00
休 周一、1/1、4/8 30、12/25　€ €7.50

旧教堂
Oudekerk
●从市场广场步行6分钟　MAP p.131-A

旧教堂建于13～15世纪，是名副其实的老教堂，高耸倾斜的塔身格外引人注目，站在旧代尔夫特运河岸上遥望旧教堂，仿佛一幅代尔夫特最美的风景画。看着美轮美奂的彩绘玻璃让人不禁想进入参观。17世纪的墓群，其中朴素的维米尔墓标就在教堂北侧小路的尽头。

开 9:00～18:00（11～3月周一至周五11:00～16:00、周六10:00～17:00）　休 周日　€ 与新教堂使用通票€3.50

弗美尔中心
Vermeercentrum
●从市场广场步行7分钟　MAP p.131-B

这里本是在代尔夫特土生土长的弗美尔长年担任会长的圣路加商会遗址，后来被改造成了弗美尔中心并对外开放。在这里可以欣赏一幅幅弗美尔的画作，了解与作品相关人物的介绍等。

HP http://www.vermeerdelft.nl
开 10:00～17:00　休 1/1、12/25
€ €7（15人以上可购团体票€4）

郊外推荐景点

墨色的颜料经烧制后变成精美的代尔夫特蓝陶

皇家代尔夫特蓝陶工厂
Koninklijke Porceleyne Fles　MAP p.131-A外
●交 从代尔夫特站步行15～20分钟　Rotterdamseweg 196　015-2512030　开 9:00～17:00
休 11～3月周日、节假日、1/1、12/25・26　€ €8

参观代尔夫特陶器窑场，领略精致的上彩工艺

1585年，荷兰从西班牙军队手中夺取了政权，南欧出身的陶工们纷纷从安特卫普迁至代尔夫特，他们带来了花纹大气的马略卡陶器。

在17世纪早期，荷兰联合东印度公司（VOC）开始进口中国的青花瓷，受之影响，白地蓝彩的代尔夫特蓝陶就此诞生了。如今只有2家工坊还保留着当年的工艺。这些陶器工厂提供导游参观服务，可以在现场观看师们给陶器上彩作画的工作情形。

Nederland Zuid

鹿特丹

Rotterdam

拥有令人瞩目的
世界级崭新建筑群的港湾城市

MAP p.8-E、p.119

背景是充满活力和个性的立方体房屋

观景★★★★
购物★★★★
美食★★★★
步行★★　公交★
地铁★★★　有轨电车★★

出行指南

中央站到海洋博物馆大约1公里，很适合闲逛。距离德夫哈芬及伊拉斯谟桥有2公里远，如果想有效率地游玩，建议乘坐地铁。如果去费耶诺德体育场、德奎普体育场，可以乘坐开往方向的157路公交或者23路有轨电车，在下车再步行3分钟。还可以乘坐地铁去小孩堤防（参见p. 32）。

荷兰・荷兰南部

鹿特丹

街区概观

作为荷兰第二大城市，鹿特丹的街道与众不同。市中心几乎看不到砖房，崭新样式的大厦与现代化公寓、巨型吊桥引人注目。

鹿特丹位于莱茵河的最大支流与新旧马斯河交汇处的三角洲地区。这里曾一度发展为世界最大的贸易港口，但在第二次世界大战中鹿特丹遭到严重破坏，市中心和港口完全被毁。战后作为荷兰经济支柱的鹿特丹在复兴之际，选择了一条不同于其他城市的城镇规划之路。

在历史博物馆，在欧洲塔视野内的鹿特丹港，都能切身体会到这座城市的活力。如果想深入追寻这座港口城市的历史，请到海洋博物馆或乘游船去唯一保留了古街的德夫哈芬。如果探访了博艾曼斯・范・伯宁恩美术馆，还会发现素以理性著称的鹿特丹人也有创造性的另一面。

路线及导游

● 铁路：从阿姆斯特丹中央站到鹿特丹中央站大约1小时（1小时内5~6趟），从海牙中央站出发大约25分钟，从海牙HS站出发大约20分钟
● 驾车：距阿姆斯特丹大约75公里。从A4~A13~A20公路行驶，途经代尔夫特，此外在A2途经乌得勒支，再行驶A12~A20公路
● 旅游服务中心：Coolsingel 195-197
☎ 0900-4034065（收费）FAX 010-2710128
HP http://www.rotterdam.info

纪念1940年空袭的雕塑《失去心脏的人》

市内交通

中央站出发的地铁、站台前广场出发的公交与有轨电车都有交通指引牌协助乘车。使用方法同阿姆斯特丹，联票也相同。也有乘公交与游博物馆的定期套票。虽然公交与有轨电车比较方便，但对于旅游者来说，地铁是最便捷的。从中央站驶向南面的地铁蓝线与东西走向的红线在丘吉尔广场站交叉。

伊拉斯谟桥附近的港内游船码头（MAP p.137）
☎ 010-2759988　HP http://www.spido.nl
€ €9.75

从欧洲塔眺望伊拉斯谟桥

漫步导览

顺着站台前的大路走，在戴杜伦音乐厅一拐，就进入了莱班购物中心。满是咖啡厅的道路尽头，可以看到市政厅大楼。库尔大街的右手边有VVV。一路南下，有百货商场、交易所广场的地下商业街以及圣劳伦斯教堂。立方体房屋在NS和地铁布莱克站方向。交易所广场与丘吉尔广场中间是历史博物馆，丘吉尔广场的对面是海洋博物馆。沿着西布拉克街经过建筑博物馆就来到欧洲塔与德夫哈芬了。

让人联想到麦当劳的地铁站标志

鹿特丹 Rotterdam

主要景点

戴杜伦音乐厅
De Doelen

●从鹿特丹中央站出发步行5分钟　MAP p.137

这座现代化的音乐厅，位于中央站南面300米远的地方。拥有大小10个厅，其中最大的可以容纳2000人，最小的厅仅有30个座位。音乐厅于1966年建成，是鹿特丹爱乐乐团的大本营。在游客服务中心VVV可以购票。有艺术雕塑的广场对面是百代电影院，它是著名的娱乐中心，每年1月底这里会举办鹿特丹电影节。

音乐厅与电影院之间的广场

圣劳伦斯教堂
Grote of St. Laurenskerk

●从NS、地铁、有轨电车布莱克站出发步行5分钟　MAP p.137

该教堂建于1449年，1525年才竣工，是一座晚期哥特式建筑。因在第二次世界大战中遭遇空袭被毁，后又得到修复。现在被用作音乐会场和特卖会场。内部华丽的装修与三台风琴值得一看。其中的一台是1973年制作的当时欧洲最大的风琴（名字叫劳伦斯）。这里从春季起持续到秋季，每周一次于午时举办风琴音乐会，不妨亲身聆听一下庄严的音乐。还可以登上钟楼欣赏一下周围的美景。

☎010-4131494
邮 laurenskerk@planet.nl
开 11:00～17:00　休 周一　€5

鹿特丹海事博物馆
Maritiem Museum Rotterdam

●从地铁、有轨电车Beurs站出发步行2分钟　MAP p.137

在这里，可以了解到黄金时代的荷兰与鹿特丹的航海历史。博物馆真实再现移民船内部的模型等展示很受参观者的喜爱。参观完海洋博物馆，别忘了到停泊在博物馆后勒弗港上的巴佛舰（Buffel）参观。进入这艘19世纪代表着荷兰海军的军舰内部，可一睹内部船舱的设计。在博物馆东边的广场上，矗立着一尊被称为"失去心脏的人"的雕塑，它象征着1940年5月"二战"期间毁于纳粹轰炸的鹿特丹城和市民。

开 10:00～17:00（周日、节假日11:00～，随季节变动）　休 周一、1/1、4/30、12/25　€7.50

立方体房屋
Kijk-Kubus

●位于NS、地铁、有轨电车布莱克站前　MAP p.134-B

在拥有很多个性建筑的鹿特丹旧港一带，犹如倾斜的魔方般鳞次栉比的这栋建筑群最引人注目。在当地它们被叫作"Kijk-Kubus"，是1956年由Piet Blom设计的了不起的公寓。其内部究竟是怎样的呢？不如去样品屋看看，楼梯与荷兰老式建筑一样令人吃惊的窄而陡。内部装修让人想象不到这是半世纪前的设计。外面临近河畔的是咖啡馆，多少有些陈旧和保守。

开 11:00～17:00
休 1/1、12/25　€2.50

立方体房屋的旁边现代大厦高耸入云

第二次世界大战时实际使用的白旗

斯希兰住宅
Schielandshuis

●从地铁或有轨电车Beurs出发，步行5分钟

MAP p.137

"二战"空袭后的旧港沦为了废墟，只有斯希兰住宅幸免于难。如今这里汇聚了那些诉说荷兰历史的物品。还有那惊叹于17世纪黄金时代的金银工艺品，失神于2万5千户房屋燃后的残骸。这里还立体生动地展示了在这个如同不死鸟般苏醒的都市里的年轻人风俗，展出了强烈讽刺社会文化的哲学家伊拉斯谟以及勤劳市民阶层在荷兰产业发展过程中的生活状态等。在素以身高著称的荷兰人中，有一位高于常人的男性向大家幽默地介绍着展览。

被高楼大厦所包围的斯希兰住宅

开 11:00~17:00
休 周一、1/1、4/30、12/25　€5

荷兰建筑协会（NAI）
Nederlands Architectuur Instituut

●从地铁或有轨电车出发，步行5分钟

MAP p.137

或许有些人不怎么了解20世纪初期的荷兰建筑对世界的影响有多大。荷兰一度涌现出了曾设计阿姆斯特丹旧证券交易所等著名建筑的贝尔拉格、蒙德里安以及一同发起风格派（De stijl）艺术运动的画家兼建筑家杜斯伯格、里特维尔德等。这里还拥有世界上最多的建筑资料收藏，展出了荷兰著名建筑的建筑图纸及模型。来此参观，或许能提高对街上那些新式建筑的

兴趣。特别展览每年举行25次，馆内也有VVV。

开 10:00~17:00（周日、节假日11:00~）
休 周一、1/1、4/30、12/25　€8

博艾曼斯·范·伯宁恩美术馆
Museum Boijmans Van Beuningen

●从地铁或有轨电车出发，步行5分钟

MAP p.137

这家美术馆可与阿姆斯特丹的国立美术馆齐名，是荷兰国内藏品最丰富的美术馆之一。其尖尖的塔顶给人留下深刻印象。2003年经过大修整后，焕然一新。该馆的核心收藏为1847年遗赠的古典美术与范·伯宁恩所赠的近代美术作品。有勃鲁盖尔（Brueghel）的杰作《巴别塔》，扬·梵·艾克（Jan van Eyck）的《石棺旁的三个玛利亚》等。此外还有伦勃朗、弗兰斯·哈尔斯（Frans Hals）、蒙德里安等杰出画家的代表作品。此外，作为产业城市的标志性美术馆，其家具、家电制品等工业设计展览也非常值得一看。

收藏有罗伊斯达尔等画家风景画（上、左图）的美术馆，对面是美丽的庭园和博物馆广场

开 11:00~17:00　休 周一、1/1、4/30、12/25
€10（周三免费）

德夫哈芬地区 Delfshaven

●从地铁德夫哈芬站出发步行8分钟 MAP p.134-A

这里是鹿特丹唯一一处没有列入战后革新都市计划的地区。绵延的街道依然残留着17世纪的影子。这里原本没有外港，后来代尔夫特的人们开凿了一条12公里长的运河直达新马斯河，从而形成了港街。运河沿岸有充满风情的房屋、迎风转动的风车、白色的吊桥、与清教徒有关的教堂，这些都让来访者激动不已。也有古董店和画廊，可以悠闲漫步。被叫作“双棕榈树”（Museum de Dubbelde Palmboom）的历史博物馆也别有风味。

德夫哈芬砖房之间的幽静小路

欧洲塔 Euromast

●从有轨电车欧洲塔出发步行1分钟 MAP p.134-A

欧洲塔建造于1960年，最初塔高100米，1970年又在原基础上加筑了85米高的太空塔，成为荷兰当时最高的建筑。瞭望台可乘高速旋转的电梯到达，那儿还有餐厅。这个被称为“太空冒险”的玻璃电梯，绕塔旋转扶摇直上，如同宇宙飞船发射一般，十分有趣。越往上风越大，非常刺激。

绵延35公里的欧洲港集装箱基地，在塔上一览无余

开 9:30~23:00（10~3月10:00~）
€ €8.90

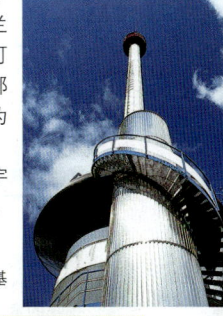

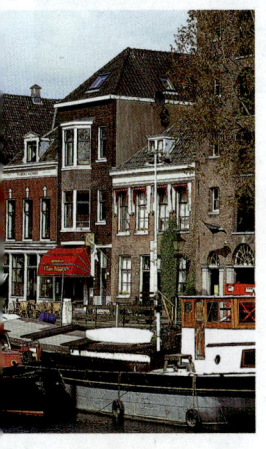

为您导航

引爆鹿特丹夏日激情的“北海爵士音乐节”

每年7月中旬举办的为期三天的“北海爵士音乐节”是自1976年开始的世界最大规模爵士音乐节之一。2006年以来，举办地从海牙（Haag）移到了鹿特丹。基斯·加雷特（Keith Jarrett）与赫比·汉考（Herbie Hancock）等大艺术家都曾参加过。届时鹿特丹市内有10多个舞台进行演出，2万多名游客拿着宣传册悠然漫步在街头的景象很壮观。

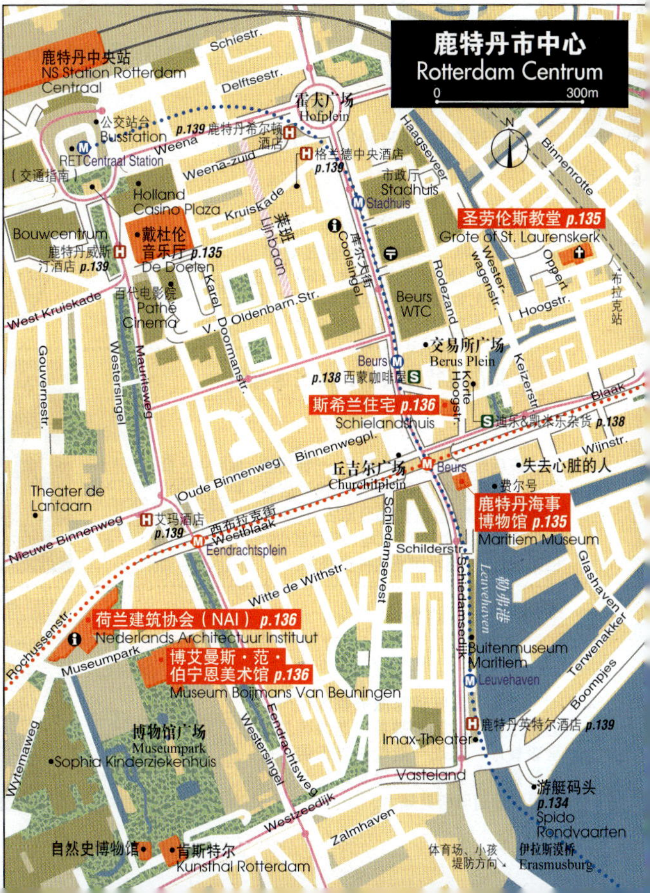

鹿特丹市中心
Rotterdam Centrum
0
300m
鹿特丹中央站
NS Station Rotterdam Centraal
Schiestr.
Delftsestr.
霍夫广场
Hofplein
公交站台
Busstation
RET Centraal Station
(交通指南)
p.139 鹿特丹希尔顿酒店
Weena
Weena-zuid
格兰德中央酒店 p.139
Holland Casino Plaza
Kruiskade
Lijnbaan
Coolsingel
市政厅 Stadhuis
Stadhuis
Haagseveer
Binnenrotte
圣劳伦斯教堂 p.135
Grote of St. Laurenskerk
Bouwcentrum
鹿特丹威斯汀酒店 p.139
戴杜伦音乐厅 p.135
De Doelen
百代电影院 Pathe Cinema
Karel Doormanstr.
V. Oldenbarn.Str.
West Kruiskade
Rodezand
Beurs WTC
Westewagenstr.
Oppert
Hoogstr.
布拉克站
交易所广场 Berus Plein
Beurs
p.138 西蒙咖啡屋
Gouvernestr.
Westersingel
Mauritsweg
斯希兰住宅 p.136
Schielandshuis
Korte Hoogstr.
Keizerstr.
Blaak
迪乐&凯米乐杂货 p.138
Wijnstr.
失去心脏的人
费尔号
Binnenwegpl.
丘吉尔广场 Churchillplein
Beurs
Oude Binnenweg
Theater de Lantaarn
艾玛酒店 p.139
西布拉克街 Westblaak
Eendrachtsplein
Nieuwe Binnenweg
鹿特丹海事博物馆 p.135
Maritiem Museum
Schiedamsevest
Schilderstr.
Schiedamsedijk
Leuvehaven
勒弗港
Glashaven
Witte de Withstr.
荷兰建筑协会（NAI）p.136
Nederlands Architectuur Instituut
Rochussenstr.
Museumpark
博艾曼斯·范·伯宁恩美术馆 p.136
Museum Boijmans Van Beuningen
Buitenmuseum Maritiem
Leuvehaven
Terwenakker
Boompjes
鹿特丹英特尔酒店 p.139
Westersingel
Eendrachtsweg
博物馆广场 Museumpark
Sophia Kinderziekenhuis
Imax-Theater
Vasteland
Wytemaweg
游艇码头 p.134 Spido Rondvaarten
Westzeedijk
Zalmhaven
自然史博物馆
肯斯特尔 Kunsthal Rotterdam
体育场、小孩堤防方向
伊拉斯漠桥 Erasmusburg

商店 Shop

世界最早的步行街——莱班商业街和现在的交易所广场附近的新式店铺吸引着众多游人。并且有众多百货商店。

让生活多姿多彩的高品位日用商品
迪乐&凯米乐杂货
Dille & Kamille

MAP p.137

该店铺位于历史博物馆斯希兰住宅旁边。从餐具到蜡烛、香皂、香草的香包等有品位的小物件,应有尽有,正是土特产的上好选择。哈勒姆也有连锁店。

✉ Korte Hoogstraat 22
☎ 010-4113338
营 9:00~18:00(周日、一12:00~)

混合了咖啡与世界茶
西蒙咖啡屋
Simon Le'velt

MAP p.137

该专卖店原味混合咖啡有36种、来自世界各地的茶叶有170种。既有散发杏仁香味的意大利咖啡,又有庆祝孩子生日的大茴香茶叶。店铺位于交易所广场的地下商场。

✉ Beurstraverse 19
☎ 010-2827558
营 9:30~18:00(周日12:00~17:00、周一12:00~、周五~21:00、周六~17:30)

餐厅 & 咖啡店 Restaurant & Cafe

市政厅广场上,咖啡厅鳞次栉比。站台前的西侧有大量的中餐厅,几乎可以称作华人街了。莱班商业街上有很多快餐店。

飘浮在港口的船餐厅和宾馆
海洋乐园
Ocean Paradise

MAP p.134-B

这是家飘在港口的船餐厅,外观呈经典的中式风格,非常醒目。一楼是餐厅,二楼是三星级宾馆,构造很有趣。荷兰的中餐厅大多偏印度尼西亚风味,但是这里却很地道,并且价格也很合适。

✉ Parkhaven 21
☎ 010-4361702
营 17:00~2:00am

混在鹿特丹人中,喝当地啤酒
坎布林斯啤酒馆
Cambrinus

MAP p.134-B

该店位于布拉克站附近,一到傍晚挤满了下班而来的鹿特丹人。这种店也被叫作棕色咖啡馆,内部装修古朴,中间有供客人站着饮酒的空地,座位虽少,但是很舒适。当地啤酒的种类繁多。

✉ Blaak 4 ☎ 010-4146702
营 11:00~13:00、16:00~1:00am(周五11:00~14:00、16:00~2:00,周六11:00~14:00、16:00~2:30,周日11:00~13:00、15:00~1:00)

公园里的餐厅
公园餐厅
Parkheuvel

MAP p.134-B

这是一家味道与服务都堪称一流的餐厅。于2005年被首次选为荷兰三星级餐厅。料理一般使用当天购买的新鲜食材,并同时更换菜单,与料理相配的葡萄酒极具魅力。

✉ Heuvellaan 21 ☎ 010-4360530
HP www.parkheuvel.nl 营 12:00~14:30、18:30~22:00(周六18:30~22:00)休 周日

酒店 Hotel

中央站周边以高级酒店为主，站台前的大道西侧也有经济型酒店，不过面向商务人士的商务酒店仍是主流。

■ 离火车站和购物区近且方便

鹿特丹希尔顿酒店
Hilton Rotterdam

MAP p.137

酒店位于距火车站5分钟路程的霍头广场拐角处，离繁华的莱班商业街也非常近。在这里还能享受高级酒店的服务与舒适感。酒店同时配备了丰富的多功能现代化设施。

✉ Weena 10 ☎ 010-7108000
FAX 010-7108080 HP http://www.hilton.com/en_US/hi/hotel/RTMHITW-Hilton-Rotterdam-hotel/index.do 室 254
€ S・T/€159～ 早餐€25

■ 街上的一家五星级酒店

鹿特丹威斯汀酒店
Manhattan Hotel Rotterdam

MAP p.137

这是鹿特丹的一家五星级宾馆。现代风格的外观与空间较大的客房令人惬意。前台的服务人员很热心，各种服务也到位。健身房、宾馆会员专用的俱乐部、会议室、SPA等设施很齐全。班车接送以及汽车租赁均免费提供。

✉ Weena 686
☎ 010-4302000
HP http://www.manhattanhotel-rotterdam.com
室 231 € S・T/€169～369

■ 可在酒吧或游泳池中俯瞰港口

鹿特丹英特尔酒店
Intel Hotels Rotterdam

MAP p.137

临近伊拉斯谟桥的现代酒店，客房装饰明亮而新潮。在最高层突出部分有酒吧和游泳池，从那儿可以鸟瞰港口，此外还能欣赏美丽的夜景。酒店内的法式餐厅享有盛名，在此能好好地享受一下度假时光。

✉ Leuvehaven 80 ☎ 010-4134139 FAX 010-4133222 HP http://www.intelhotelsrotterdam centre.nl 室 263
€ S・T/€90～220
早餐€23.50

■ 地理位置便利的经济型酒店

格兰德中央酒店
Grand Hotel Central

MAP p.137

位于希尔顿酒店与莱班商业街之间，缺点是有些难找，不过却是很经济实惠的酒店。这家1916年开张的老字号酒店，尽管内部设施有些陈旧，但是有早中晚都能用餐的餐厅，非常方便。服务也很周到，是一家令人满意的酒店。

✉ Kruiskade 12
☎ 010-4140744
FAX 010-4125325
HP http://www.grandhotelcentral.nl 室 64
€ S/€60～ T/€105～
（含早餐）

■ 有居家氛围的三星级宾馆

艾玛酒店
Hotel Emma

MAP p.137

顺着站台前的大街南下，在与新宾嫩街交叉的角落里，有一座三层高的宾馆，这就是艾玛酒店。虽然酒店规模不大，但是楼顶有阳台，可以远眺街景。传真、上网等服务也一应俱全。休息室有早餐用的餐桌和阅读书桌，可以体验到家庭式的服务。

✉ Nieuwe Binnenweg 6
☎ 010-4365533 FAX 010-4367658 HP http://www.hotelemma.nl 室 24
€ S/€65～95 T/€85～204
（含早餐）

豪达

Gouda

遐迩闻名的
奶酪与蜡烛产地

MAP p.8-E、p.119

观景 ★★★
购物 ★★★★
美食 ★★★
步行 ★★★★★

出行指南

豪达站距离运河环绕的旧街市南端大约5公里。从阿姆斯特丹出发，漫步游玩这个奶酪小镇一周只需花费一天。从广场经过圣扬教堂向南走，会遇到很多景点。一路上餐厅不多，但是家常菜馆与快餐店很多。

耸立着众多小尖塔的市政厅是豪达的象征

弗罗里斯五世授予都市特权。作为啤酒酿造与奶酪交易中心逐渐繁荣起来。此外，这里也以蜡烛、烟斗闻名，尤其是圣诞时节装饰用的蜡烛灯非常有名。挑选奶酪与Kaars蜡烛作为纪念品也是很有意义的。此外，还可以透过圣扬教堂的彩色玻璃看看大街的历史。

街区概观

提到豪达，一定会联想到著名的豪达奶酪。的确，这里就是闻名世界的奶酪产地。这里被环状运河所包围的旧街市房屋非常有特色。可以一边品尝名特产蜂蜜松饼，一边跨过几条狭窄的运河漫步。6月中旬到8月的每周四上午，在集市广场上举行的奶酪交易集会也非常有人气。

豪达是荷兰伯爵的领土，于13世纪被

路线及导游

● 铁路：从阿姆斯特丹中央站出发约需1小时15分钟（每小时2~3辆），从海牙中央站、乌得勒支站和鹿特丹中央站出发需要20~25分钟。

● 驾车：从阿姆斯特丹出发，走A4/E19~A2/E30大约有60公里，走A12乌得勒支~E5

● 旅游信息中心：Lange Tiendeweg 29-31
☎ 0182-511300 HP http://www.vvvgouda.nl（荷兰语）

主要景点

奶酪计量所
Kaaswaag

● 位于集市广场，从豪达站出发步行10分钟

MAP p.141

建于17世纪的奶酪计量所，现在已成为奶酪博物馆，向人们展示着奶酪农家的生活与豪达奶酪交易的历史。可以租借中文解说书，以便更深入地了解。当初在奶酪交易日，农庄主人会带着他们的奶酪产品来比称重和品评。这里还有直径达30厘米的铁饼型豪达奶酪，因比较硬，主要用于加工干酪的原料以及比萨制作。

开 13:00~17:00（周四 10:00~、周日~17:30） 休 周一、11~3月 € €3.50

诉说着豪达奶酪的历史

市政厅
Stadhuis

●位于集市广场中央

MAP p.141

于1450年建造的市政厅是荷兰最古老的建筑之一。几个小小的尖塔、用浮雕装饰的荷兰哥特式大门给人留下深刻印象。如果坐在广场VVV侧的咖啡厅里休息，可以看到市政厅墙上的时钟，这个时钟每隔30分钟就会有人偶飞出。市政厅作为豪达标志性的建筑再现了弗罗里斯五世授予豪达都市特权的场景。

开 10:00~12:00、14:00~16:00（周六 11:00~15:00） 休 周日 € €1.50

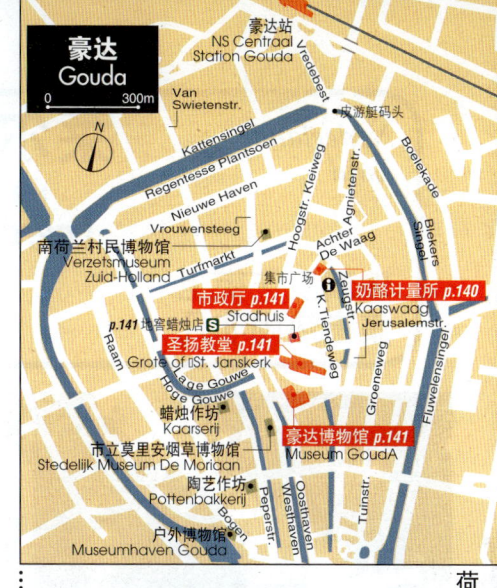

圣扬教堂
Grote of St.Janskerk

●从集市广场出发步行1分钟

MAP p.141

镶彩色玻璃的侧廊非常漂亮

从广场出发向南进入一条小巷，一个巨大的教堂墙面便映入眼帘。这座十字形的新教大教堂是后哥特式建筑，始建于13世纪，后遭遇大火，于16世纪重建。西班牙的腓力二世等捐献的70片彩色玻璃是其最大看点。旧约圣经故事、荷兰建国之父威廉一世的莱顿保卫战、新旧教徒的对立以及同时代发生的事件在这里都可以看到。

开 3~10月/9:00~17:00 11~2月/10:00~16:00
休 周日、1/1、12/25 26 € €3.50

豪达博物馆
Museum GoudA

●从集市广场出发步行4分钟

MAP p.141

于14世纪作为游客栖息地而被建造，15世纪并设小教堂，17世纪成为医院。这座神秘的建筑展示着中世纪之后的市民生活，仿佛邀游历史一般。药品、学校、厨房（右图）、商会会议室，还有剑与铠甲以及刑具等繁多的物令人应接不暇。透过玻璃窥探密室与地下遗迹，也非常有趣。在这里还有现代艺术画廊。

开 11:00~17:00（周六、周日12:00~）
休 周一 € €7

商店 Shop

车站到集市广场排列着不少现代化的商店，靠广场南侧的手工艺街有很多现场制作蜡烛与烟斗的小店。

能看到现场手工制作蜡烛的店铺

地窖蜡烛店
't Keldertje

MAP p.141

这家店铺地处环绕着集市广场和教堂的小巷子里。半地下商店虽然比较狭窄，但墙壁的一面排列的五彩缤纷的蜡烛却很吸引人注目。有一种豪达独特的小教堂形蜡烛，诞生于19世纪，其特色在于它美丽的火焰。这里可以现场展示它是如何制作出来的。

✉ Acheter de Kerk 9H
☎ 0182-523912
营 10:00~17:00
休 周日

莱尔丹

Nederland Zuid

Leerdam

玻璃工艺街上
集市热闹非凡

MAP p.8-E、p.119

观景 ★★★　购物 ★★★
美食 ★★　　步行 ★★★

出行指南

从莱尔丹站出发，穿过Dokter Reilinghplein广场，渡过运河，沿着Fontein~straat大街步行10分钟左右，就来到了集市开办地大街与集市广场的交叉点。大街往左拐是VVV，顺着集市广场向前，尽头就是灵厄河。沿着灵厄河向左走是玻璃中心，往右走就是绵延的玻璃长廊。长廊的尽头是步行道，一直延伸至河堤。河堤上自行车通道的尽头是玻璃博物馆。从车站到博物馆，即便直线行走，也需要20分钟以上，由于没有巴士直达，建议和人拼车前往。

夏天人们乘坐小船与皮艇玩耍，使灵厄河上显得很喧闹

漫步导览

莱尔丹地处美丽森林环抱的田园地带，是一个非常幽静的地方。夏日时节，偶有人在灵厄河上划皮艇喧闹。自1998年水晶玻璃工艺中心开业以来，原本是莱尔丹地方产业的玻璃工艺渐渐成为旅游的焦点。与玻璃特产国家捷克和意大利相比，荷兰的玻璃工艺并不为人知。但是它在现代个性作家的作品中却受到好评。这里盛产家庭用的传统样式玻璃产品。在莱尔丹，可以到玻璃中心领略艺人们的绝活，可以参观国立玻璃博物馆了解它的历史，可以在美术长廊一饱眼福。

此外，这里周四上午会开办集市，有日常用品以及农民自己带来的鲜花与奶酪。周六还有小规模的市场，里面甚至有春卷摊，非常热闹。在荷兰各地的奶酪中，空心奶酪是莱尔丹周边所独有的，并拥有不少忠实的爱好者。

集市上摆放着蔬菜与刚出炉的面包

路线及导游

- 铁路：从阿姆斯特丹中央站出发，途径乌得勒支到莱尔丹站大约1小时20分钟
- 驾车：距阿姆斯特丹大约50公里，从A2沿Everdingen向莱尔丹方向走
- 旅游服务中心：Dr.Reilinghplein 3
  ☎ 0345-613057
  http://www.vvvleedam.nl

主要景点

南城墙
Zuidwal
●从莱尔丹站出发步行7分钟

从车站出发，顺着河流向南走，会看到几百年前的城墙。14~18世纪围着莱尔丹的城墙，至今还有一部分仍然屹立着。现在城墙得以修整，在对面盖了很多民宅。近处被称为"鼠塔"的防御塔，已被改造为民用住房。在莱尔丹还有两座炮台，向人们诉说着守卫这座小镇的先人们的不朽历史。

玻璃中心
De Glasblazerij Leerdam
●从利丹站出发步行20分钟

如同浮在水面的玻璃中心里，与高温玻璃搏斗的年轻艺人，给人留下深刻的印象

在绿荫浓密的灵厄河畔，有一栋木制的建筑。这座于1998年开放的玻璃中心，旨在让玻璃艺人和学习玻璃工艺的学徒进行技术交流。在这里可以零距离观摩作品的制作过程。中心由希望地方产业繁荣的当地志愿者（退职的玻璃艺人）们经营，在这儿可以听到他们对制作工程的讲解。这里还有从加拿大与以色列前来观摩学习的人，由此可见莱尔丹玻璃工艺是闻名世界的。这里也会生产知名设计所订购的商品，在并设的商店里也可以购买到。餐厅与商店可以免费进入。

| 开 10:00~17:00（周日12:00~）
| 休 周一、2月
| € €11

在横跨灵厄河的桥梁旁边，一个箱型风车正在悠然转动

国立玻璃博物馆
Nationaal Glasmuseum
●从利丹站出发步行23分钟

连这些东西也是玻璃的？令人感叹不已

从车站千里迢迢赶到后，才发现这是一个娇小的建筑，或许会很失望，但确实是正宗的国立博物馆。它向人们展示着18世纪以来的历史性玻璃工艺品，介绍了受上层瞩目的现代艺术家的作品。此外，还可以看到以20世纪初开创水晶工厂的皇家利丹为首、地方玻璃产业变迁的相关录像。在博物馆的前面有一块小广场，不仅是休息的好地方，还可以眺望灵厄河。

| 开 10:00~17:00（周日12:00~）
| 休 周一
| € €7.50

◆重要信息◆

漂亮的画廊里欣赏玻璃艺术品

绕着灵厄河的砖石仓库一带，拾阶而上，是一排小小的画廊。从餐具、花瓶到现代艺术作品，每个画廊都展示并出售有个性的玻璃工艺品。单纯地看上一眼，也是不错的享受。还可以到玻璃中心与河畔的步行道漫步，也别有风味。

荷兰・荷兰南部　莱尔丹

马斯特里赫特

Nederland Zuid

Maastricht

荷兰最南端的古都
美食与时尚的天地

MAP p.9-H、p.119

观景 ★★★★
购物 ★★★★★
美食 ★★★★★
步行 ★★★
公交 ★★

出行指南

从车站到旧市区，只需步行10分钟左右。按照VVV小册子走的话，大概一个半小时就可以逛遍旧市区的主要景点。不过，要是想去马斯河对岸、车站南侧的博尼范登博物馆与郊外的圣彼得堡洞窟，需要乘坐公交车或者拼车前行。近郊的街市也非常迷人，值得逗留一晚。

马斯河上的圣塞尔法斯大桥是荷兰最古老的桥之一

街区概观

马斯特里赫特三面与比利时及德国接壤，是荷兰东南端林堡省的首府。与荷兰典型的平坦低洼不同，这里被丘陵（当地人把它叫作"山"）包围，且城中央一条河流——马斯河南北贯穿而过，是一座极具魅力的城市。因为这里有古罗马人于公元前50年兴建的渡口，所以又被称作是"欧洲的十字路"。由于是交通要塞，这里曾先后遭到西班牙、法国的入侵，直到17世纪荷兰独立战争结束后，才成为了荷兰领土。甚至在部分宾馆地下，都可以看到反映这段历史的遗迹。此外，就在这里，1991年还签订了欧盟成立的条约。

正因为与其他国家进行过文化交融，有着中世纪欧洲的阴影与拉丁系的阳光氛围，使得它拥有与荷兰其他地方不同的魅力。譬如说，圣母教堂里华丽的天主教文化、最北端著名的葡萄酒产地的美食等，还有临近法国与比利时的时尚街市。大多数游客来自德国等邻近国家。此外，近郊有不少古堡餐厅与娱乐设施等，可以休息，也可小住几天。

路线及导游

- 铁路：阿姆斯特丹中央站搭乘IC（每30分钟1趟）大约需2小时30分钟。从比利时的列日出发，同样搭乘IC需要30分钟左右
- 驾车：从阿姆斯特丹走A2，大约215公里
- 旅游服务中心：✉ Het Dinghuis, Kleine Staat 1
  ☎ 043-3252121 FAX 043-3213746
  HP http://www.vvvmaastricht.eu

广场上到处都是正在营业的咖啡厅。右图为福莱特霍夫广场

漫步导览

从车站出发,步行8分钟左右就可到达圣塞尔法斯大桥,走到Brugstr大街的三岔路口往右拐,右手边就是VVV。这儿有《城市漫步》小册子,还有配备英语导游的各种旅游团。从VVV继续向前走,就来到市政厅大楼所在的集市广场,靠右手边就是马斯河游船码头。从广场出发,走进Spilstr大道,便是购物街。在街道尽头往右拐便来到了福莱特霍夫广场。顺着Bredestr大道散步,可以到达圣母玛利亚教堂。这附近Stokstr大道周围,是奢侈地带。向南顺着St. Bernardus Str.大道,会走向地狱之门。

圣扬教堂入口处的广场,春季时郁金香争奇斗艳

主要景点

市政厅
Stadhuis

MAP p.145-A

●从马斯特里赫特站出发步行12分钟,位于集市广场前

集市广场上,美丽庄严的建筑鳞次栉比。广场前的市政厅大楼雄伟庄严。与海牙豪斯登堡一样,这里也是由著名建筑师彼得·鲍思特(Pieter Post)设计的。花费了大约6年时间,于1664年建成。由于城市当时由两大对立势力所掌控,所以在市政厅正面有两个楼梯。广场在每周三、周五会开办集市。

塔里有43个钟铃,每周六下午都会演奏

荷兰·荷兰南部

开 仅限于周二的旅游团 € €75

马斯特里赫特
Maastricht
0 200m

广场上并列的圣塞尔法斯教堂（右）与圣扬教堂

圣塞尔法斯教堂
St. Servaasbasiliek

● 从集市广场出发步行5分钟　MAP p.145-A

圣塞尔法斯教堂与福莱特霍夫广场上的圣扬教堂相邻，是座坚固稳重的罗马式建筑，非常引人注目。教堂始建于公元6世纪，是荷兰最古老的教堂之一。马斯特里赫特第一位大主教塞尔法斯于公元384年葬于此处，他被作为城市的守护圣人而受到瞻仰。现存的建筑是10世纪开始建造的，15世纪才完工。拥有美丽祭坛的教堂与珍宝馆由回廊连接在一起。该回廊围绕着被称作"圣约翰的墓地"的院子。珍宝馆里陈列着12世纪以来的古老圣物，其中最引人注目的是圣尔法斯的半身黄金像。

HP www.sintservaas.nl
开 除去做礼拜时间10:00~16:00（周三~12:30）
休 周六、日
€ 珍宝馆€3.70

特别介绍　复活节狂欢会

被普遍认为属于新教徒圈的荷兰，其南部天主教徒众多，每年的2~3月上旬都会举办庆祝复活节的狂欢会。尤其是马斯特里赫特的狂欢节，男女老少化装游行，边唱边跳3天之久，蔚为壮观。到了夜间，依然是白天装扮地出入于咖啡厅与酒吧。近年来宗教色彩渐渐变淡，成为地方性的庆祝活动。在这一天翘首企盼春天来临的人们尽情狂欢，成了观光的焦点。相关日程每年不一，可以咨询VVV或者政府旅游局。

圣扬教堂
St. Janskerk

● 从集市广场出发步行5分钟　MAP p.145-A

在圣赛尔法斯教堂的南边，可以看到顶着红色塔楼的圣扬教堂。它于12世纪时作为圣赛尔法斯的地区教堂被创建。1632年扩建后，成了现在看到的哥特式建筑，此后，一直被用作新教徒的教堂。高70米的塔里，有一段比较长的阶梯。爬上楼梯在瞭望台上可以远眺，甚至能望见马斯河对岸的法尔肯堡周围的丘陵地带。

开 11:00~16:00　休 周日、10月下旬~复活节的前一天　€ 仅塔收费€1.50

圣母玛利亚教堂
Onze Lieve Vrouwebasiliek

● 从集市广场出发步行6分钟　MAP p.145-A

虽然教堂始建于10世纪，但其西侧高耸的两座尖塔据说建于1200年左右。之后教堂时时增建，直到中世纪才成为现在的样子。罗马式的天主教堂呈十字形构造，让人浮想联翩。入口旁的小礼拜堂内，蜡烛的火焰摇曳着，供奉着的15世纪圣玛利亚像在烛火中熠熠生辉，前往参拜的人络绎不绝。此外，珍宝馆里展示着各种教堂美术品。

开 珍宝馆11:00~17:00（周日、11/2~复活节前一天13:00~）
€ 仅珍宝馆收费€3

梦幻般的教堂内部

地狱之门
Helpoort

●从集市广场出发步行10分钟　MAP p.145-A

1229年所建的城墙南边的大门对面,有18世纪流行黑死病时兴建的隔离建筑——黑死病医院。患上黑死病的人,穿过此门,被运到隔离处后,就有去无返。这段令人心痛的历史正是这扇门名字的由来。地狱之门里面的微型博物馆是关于马斯特里赫特要塞的展览。

开 12:30~16:30　休 10月下旬~复活节前一天
€ 建议最好捐些钱

古城墙
Omwalling

●从集市广场出发步行12分钟　MAP p.145-A

作为要塞城市,大街上随处可以看到13~16世纪间建造的城墙残垣,向人们展示着往昔的景象。除了地狱之门,还有被叫作"五个头"的要塞,以及诸如魔女角、厌恶、嫉妒之门的名字,从这些名字不难感受到中世纪的黑暗。但是,穿过地狱之门,出现在眼前的却是美丽的公园,一派祥和的景象。

穿过地狱之门来到公园,四周的城墙掩映在绿荫里

博尼范登博物馆
Bonnefanten Museum

●从马斯特里赫特站出发,乘坐59路公交　MAP p.145-B

从旧市区一侧,眺望迷人的外景

站在地狱之门附近的城堡上看,马斯河对岸矗立的银色半球形建筑显得格外吸引人。这座高29米的塔,是由阿尔多·罗西(Aldo Rossi)设计并于1995年建成的,收藏着从林堡省发掘出来的考古文物等。绘画馆收录有鲁宾斯与布勒哲尔的儿子等16~17世纪画家的作品,还收藏有现代艺术作品。馆内的装修极尽奢华,咖啡厅与博物馆商店也一应俱全。

开 11:00~17:00　休 节日以外的周一、1/1、复活节、12/25　€ €8

郊外推荐景点

虽然只是一小时左右的游览,但即便是夏天,洞里也很冷,最好带上外套

圣彼得堡洞窟
Grotten St. Pietersberg　MAP p.119

●北洞 / € €5.25

※有民间团体和公司团体(有英语团)。乘洞窟周游观光船Maaspromenade出发需要€12.75,可以在VVV申请。

长达200公里的迷宫

旧市的南边、圣彼得堡山脚下,绵延着一个大型的洞窟。该洞窟是罗马时代的居民为了取得Marl岩石作建材,挖掘形成的。全长200公里的洞窟,犹如迷宫一般。它由北洞(Grotten Noord)与南边的宗内山洞(Grotten Zonneberg)两部分构成。可以参团游览。不过,需要注意的是随着出发地、季节的不同,游览时间也不同。还可选择马斯河周游与圣彼得堡山参观旅游套餐路线。洞窟内部温度为9℃~10℃,可以看到采矿人留下的壁画,以及令人无限遐想的景象。在第二次世界大战中这里还被当做避难所,伦勃朗的《夜巡》也曾被藏在这里。

商店 Shop

从VVV周边开始,一直到Spilstraat,满是百货店与购物中心。在Stokstraat附近(右图)有很多奢侈品店。

鞋子、小饰品琳琅满目的精品店

格雷利阿玛娜服饰
Galerie Amarna

MAP p.145-B

该精品店以在荷兰非常受欢迎的菱沼良树品牌为主打,还收罗了其他极具个性的品牌。店里摆满了别具一格的鞋帽。楼下是画廊,展览并出售戒指与家具等艺术品。

✉ Stokstraat 29 ☎ 043-3262429
HP www.amarna.nl
營 11:00~18:00(周一13:00~、周四~21:00、周六~17:00、每月第一个周日12:00~17:00) 休 每月第一个周日以外的周日、一些节日

深受荷兰白领女性的欢迎

科拉克普曼时装
Corakemperman

MAP p.145-A

这是一家开在古色古香的Entre Deux购物中心旁边的女时装店。艺术而又优雅的设计,很受荷兰白领女性的欢迎。因为是大众品牌,尺码很全,价格也很合适。在荷兰国内有9家店铺,在比利时也有分店。

✉ Spilstraat 8 ☎ 043-3500332 營 10:00~18:00(周一~12:00~、周四~21:00、周六~17:30、每月的第一个周日13:00~17:00)
休 每月第一个周日以外的周日、节假日

在咖啡厅品味刚出炉的面包与派

主教面包坊
The Bisschopsmolen

MAP p.145-A

这是一家取材全部来自于本地素材的有机面包房。每天都能看到店铺后面碾小麦的风车。松软的田园风味面包十分诱人。来自林堡的绿草莓派,让人大饱口福。这里还同时出售意大利、小麦粉、咖啡豆等产品。

✉ Stenenbrug 1-3
☎ 043-3270613
營 9:30~18:00(周日11:00~17:00)
休 周一

朴素的店内摆了各式各样的巧克力

马斯特里赫巧克力公司
Chocolate Company Maastricht

MAP p.145-A

这家巧克力店自2004年在德国开业以来,一直深受顾客欢迎。在荷兰、波兰等地也有不少分店。店里除了有形状像冰棒一样的SPOON巧克力外,还有巧克力酱及各种各样的巧克力。这里简直就是巧克力爱好者的天堂。

✉ Onze Lieve Vrouweplein 2
☎ 043-321-8531
營 10:00-18:00(周一13:00~、周日11:30~)

连标签都采用手工制作的果酱与芥末

阿迪里安食品店
Adriaan

MAP p.145-A

信心满满的主人与妻子经营着这家"除了蜂蜜与油,其他均手工制作"的小店。无添加的果酱有14种,芥末有7种,辣酱与色拉调料等塞满了整个铺子。梨酱、制作荷兰风味的肉食时不可或缺的红葱等也能在这里看到,可以试吃后再购买。

✉ St.Pieterstraat 36
☎ 043-3258865
營 10:00~18:00(周六~17:00) 休 周日、一、节日

Restaurant & Café
餐厅 & 咖啡店

名副其实的美食之都,从郊外的古堡餐厅到广场周围的咖啡厅,各式各样的美食令游客流连忘返。早春上市的白芦笋是这里的特产。

在古堡餐厅里品尝最北部的葡萄酒

古堡餐厅
Château Neercanne

MAP p.119

"马斯特里赫特有个Neercanne。"如此出名的古堡餐厅位于旧市区南5公里的丘陵处。建于17世纪,在比荷卢联盟地区Benelux有唯一的露天古堡Terrace Castle。窗外北方的葡萄园绵延至Jaekel小溪。这里春天有白芦笋、夏天有蘑菇。餐厅擅于活用当地食材,来做时令菜肴与乡土美食。这里还有自家酿造的、色调清淡、味道醇美的葡萄酒。

✉ Cannerweg 800
☎ 043-3251359
営 12:00~14:30、18:30~21:30(周六只开放午餐时间) 休 周一

摆放着陈年佳酿的葡萄酒窖

强烈推荐夏日院子里的露天座位

普雷科斯克餐厅
'T PLENKSKE

MAP p.145-A

在拥有众多高级餐厅的圣玛利亚教堂附近,这家同时拥有酒吧与两个餐厅,并在夏日开设露天座位的小店非常有人气。中午一般提供商业午餐。每周一换的午餐3~4盘大约21.50欧元左右。晚饭推荐39.50欧元左右的套餐,当然也可以照菜单点菜。周末有特制咖啡。左图为鸭胸和鸭腿配樱桃酱的风味小吃。烤肉浇上香甜的果酱实在是绝配。

✉ Plankstraat 6 ☎ 043-3218456
営 12:00~14:30、18:00~22:00 休 周日

1730年开业、当地最早的咖啡厅

老迷鸟酒吧
In Den Ouden Vogelstruys

MAP p.145-A

弗莱特霍夫广场对面的建筑映衬着Gable stone,是城市漫步的一个好去处。这里作为市内最早的咖啡厅而闻名。单单啤酒就有11种之多,可以说这里的酒"应有尽有"。既有三明治和汤这样的小吃,也有蛋糕这样的甜点。拥有史上闻名的棕色咖啡厅的包容力和咖啡厅开放式的结构,吸引了大量顾客。

✉ Vrijthof 15
☎ 043-3214888
HP http://www.vogelstruys.nl
営 9:30~2:30am(周六日~1:30am)

分量十足的蛋糕

可以远眺城墙与公园,又能小憩一会

波坊咖啡厅
Bonne Femme Lunch Café

MAP p.145-A

Lunch Café里面包种类非常多,有白面包wit、糙米面包bruin和柔软的broodjes面包可供选择。同时有杜松子酒、咖啡等11种饮品,还可以享用添加有药草的热葡萄酒Glühwein。店铺地理位置优越,可以远观城墙,所以强烈推荐晴天来这里享用午餐。

✉ Graanmarkt 1 ☎ 043-3216861 HP http://www.labonnefemme.nl
営 10:00~22:00

小吃很美味的咖啡厅

酒店 Hotel

现代化的大型酒店多集中在马斯河的车站一侧，旧市区的宾馆则大多小巧玲珑。虽然市区游人相对比较多，但宾馆数量却"不太近人情意"。

在自然保护区里，与圣人有渊源的酒店

圣格拉赫堡
Château St.Gerlach

MAP p.119

从马斯特里赫特出发，坐车只需10分钟。城堡餐厅&酒店与郝尔（Geul）小河之畔的自然保护区相连。冠圣人之名的城堡和与St.Gerlach有渊源的教堂相邻，由三种类型的主餐厅和小餐馆构成。宾馆的主体是由过去马圈样式的房屋建筑与回廊样式的2层田园房屋风格的建筑构成。每个房间的内部装修都不同。还有模仿鸡圈的橱柜，又个性而又可爱。在这个面积不小的酒店内，还散布着SPA等各种娱乐设施，足以保证客人可以在这恬静的乡间，度过一段难忘的旅行时光。

与教堂相邻的城堡餐厅（下右图）里，有图书室休息室及三个餐厅

✉ Joseph Corneli Allée 1, Valkenburg a/d Geul
☎ 043-6088888
FAX 043-6042883
HP www.chateauhotels.nl
🛏 112　€ S/€165~ T/€212~

能望见马斯河与旧市区的五星级酒店

马斯特里赫特皇冠假日酒店
Crowne Plaza Hotel Maastricht

MAP p.145-B

威严耸立在马斯河畔的皇冠假日五星级酒店，入住其中的一个乐趣就是，可以在朝向河的房间看到旧市区。另外，还可以在一楼的露天座位一边吃早餐，一边远眺河上来来往往的游船。酒店里还有日式铁板烧餐厅，设备非常齐全。

✉ Ruiterij 1　☎ 043-3509191
FAX 043-3509192
HP www.crowneplaza.com/h/d/cp/925/en/hd/mst.nl
🛏 144　€ S/€125~229 T/€144~295 早餐€25

地下有遗迹的设计酒店

德隆酒店
Hotel Derlon Maastricht

MAP p.145-A

酒店外观中央的五颗星，是马斯特里赫特市的徽章。在其地下有古罗马遗迹。这些使得它被大众所熟知。酒店内部装修很现代，同时设有奢华的餐厅与酒吧。在周日12:00~16:00，非住宿者可以免费入内参观遗迹。

✉ Onze Lieve Vrouweplein 6
☎ 043-3216770
FAX 043-3251933
HP www.derlon.com
🛏 55　€ S・T/€175~365 早餐€25

在浪漫的露天环境下吃早餐

橘园酒店
Hotel d'Orangerie

MAP p.145-A

因为酒店用的是18世纪的建筑，所以没有电梯，这点有些不便。不过酒店坐落在静静的马斯河畔，内部装修浪漫而温馨。在砖石所砌的院子里吃早餐，或者在很有氛围的餐厅吃饭，都是一件很享受的事。酒店家庭式的服务让人很舒心，因此有很多老顾客。周末一般客人较满，需要提前预约。

✉ Kleine Gracht 4
 043-3261111　 043-3261287
HP www.hotel-orangerie.nl
🛏 22　€ S/€69~99 T/€99~150 早餐€14.95

郊外推荐景点

浪漫的丘陵温泉疗养地
法尔肯堡 Valkenburg

MAP p.119

- 交通：从马斯特里赫特出发，坐火车10分钟，或驾车走A2~A79，东北相距11公里
- 旅游服务中心：Park Dersaborg Geneindestraat 4 Valkenburg
  ☎043-6099292（收费）
  HP http://www.valkenburg.nl
  南林堡旅游服务中心：
  HP http://www.vvvzuidlimburg.nl

站在丘陵上，远眺那翠绿掩映的遗址

马斯特里赫特的东北是广袤的丘陵地带。这里有美丽的自然环境，露营地与各种运动、娱乐设施等散落其间。黄金周聚满了国内外的游客。法尔肯堡从12世纪起作为城堡遗址的城邑不断繁盛，19世纪以来以温泉疗养地而闻名。

从站前出发，可爱的宾馆鳞次栉比。走上10分钟，古老城邑的房屋开始渐渐变多。一条狭窄的运河从VVV所在的Dorrenplein广场一带穿过，两岸挤满了咖啡厅。以小山半山腰的城堡为目标前进，沿途可以看到很小的地方博物馆（Streekmuseum），里面陈列着当地发掘出土的文物、传统的吹奏乐团的服饰，并再现了古老的药店。穿过中世纪的城墙，便是遗址的入口。

天鹅绒洞窟 Velvet Cave & kasteel Ruine

17世纪后变成废墟的城堡，其地下因采掘泥灰岩Marl而成了洞窟。整个旺季都有各种各样的旅游团在此游览30分钟左右。

（开 10:00~17:00，会随季节调整 € 城址€4、洞窟€6、联票€8.50）

从Mooi Belgie 山远眺Ruine城址、美不胜收

在蒸汽缭绕的温泉疗养地山坡上，看落日

从城址出发步行25分钟左右，就可以到达Cauberg山顶。这里有荷兰语称为"bad"的温泉疗养地与荷兰赌场（The Holland Casino）。

温泉2000　Thermae2000

有利用温泉的波浪式浴盆和流动式浴池，同时设置有餐厅等娱乐设施。

（☎043-6092000 开 9:00~23:00 休 节日、1/1、12/25 31 € 逗留一天€29.50　不满10岁的儿童禁止入内）

残留着中世纪影子的城邑（右）与现代化的温泉疗养地（上）

Nederland Zuid

布雷达

Breda

公园的幽绿与
商业街的活力交相辉映

MAP p.8-E、p.119

观景★★★
购物★★★★★
美食★★★★
步行★★★★★

出行指南

过中央站台前的VVV后，向前走200米左右，就是法尔肯堡公园。公园的西边是布雷达城，一直往前走，便能看到圣母教堂的尖塔，继续走就到了格罗特广场（Grote Markt）。广场尽头有公交车总站，右手边是商业街，顺着Keizerstraat往前走就是布雷达博物馆。如果不疯狂购物，半天就可以逛完布雷达。夏日的游船码头位于西班牙门前。可以在车站前搭乘开往凡·高故乡——曾德特（参见p.129）的公交车。

布雷达博物馆正面

漫步导览

在布雷达街上，现在依然能看到13世纪留下来的城堡。此外，还有1267年建造的贝津修道院和与西班牙展开较量时使用的城堡，让人感觉比利时国境就在眼前。这里作为贸易中心而繁盛，在17世纪作为啤酒生产地驰名世界。市政厅所在旧街市的格罗特广场四周，挤满了咖啡厅与餐馆，夏天能喧嚣到深夜。在这儿，不能错过与喜力啤酒（Heineken）齐名的布雷达啤酒，现在归于英国联合多美（Allied Domecq）旗下，是当地最早的传统品牌。此外，广场旁边的Karrestraat附近的商业街上，有不少店铺周日也营业，这实在出人意料。

在这片喧嚣里，中央站与旧街市之间宽广的法尔肯堡公园显得格外幽静。喷泉与雕塑默默地绽放出宁静的美。秋天在这里可以赏红叶，同时也是市民休息的好去处。在这儿可以体会到街市那份厚重的底蕴与氛围。

路线及导游

●铁路：从阿姆斯特丹中央站出发可1小时直达（每小时1趟）。从鹿特丹出发大约30分钟
●驾车：从阿姆斯特丹出发，上A2公路，途径乌得勒支再走A27，到布雷达大约110公里。从鹿特丹出发，上A16，大约30公里
● 旅游服务中心：Willemstraat 17-19
☎ 076-5228924 HP http://www.vvvbreda.nl

法尔肯堡公园里的园林规整有序

主要景点

西班牙门
Het Spanjaardsgat
● 从布雷达中央站出发步行10分钟

从城郭的样式，能依稀感受到西班牙当年的统治

12世纪布雷达城初登历史舞台，16~17世纪时，成了西班牙与法国的战场。在普拉多博物馆（Prado）里，可以看到迭戈·委拉斯开兹（Diego Velázquez）对它当时的描绘。现在这里已作为军事学校，所以无法参观。不过单是看到那16世纪所建造、造型独特的西班牙门，足以令人难以忘怀。

圣母教堂
Grote of Onze Lieve Vrouwekerk
● 从布雷达中央站出发步行10分钟

由高97米的尖塔和49个组钟构成的圣母教堂，是这座城市的象征。这座建于15~16世纪的布拉班特·哥特式建筑坐落在格罗特广场的一角，气势磅礴。一进入教堂里面，就会被那种庄严的气氛所震撼。里面有VVV办事处。

格罗特广场北边的圣母教堂

开 10:00~17:00（周日13:00~）
休 有活动的日子
€ 免费

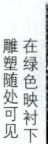

在绿色映衬下的雕塑随处可见

布雷达博物馆
Breda's Museum
● 从布雷达中央站出发步行16分钟

拥有近100年历史的布雷达博物馆，于1998年改装后重新开放。从大街转到它的正面，会看到两个尖塔构成的可爱画面。博物馆主要展示绘画，其中有描绘布雷达城市的画，也有反映宗教为这座城市带来巨大贡献的画。通过这些画，我们可以了解到布雷达的街道与城市的变迁。

馆内近几年得到了重装，白色墙壁装点着古画

开 10:00~17:00
休 周一、1/1・5、4/30、12/24　€ €5

● 重要信息 ●

布雷达丰富的节日活动

与马斯特里赫特相同，布雷达人也特别喜欢节日的那份喧闹。从2月的狂欢节（左下图）开始，这里会陆续举办复活节的古董展览、5月的爵士音乐节、8月的气球节以及军乐队的国际音乐节Nationale Taptoe等节庆活动。每逢节日，整座城市都洋溢着欢乐的气氛，如果能遇上，实在是幸运至极。

Nederland Zuid

托伦 & 米德尔堡

Thorn & Middelburg

探访那充满魅力的南部城镇

MAP p.8-D, p.9-I, p.119

修道院教堂内部也统一为白色

〔米德尔堡漫步导览〕

在荷兰语中，Zee是"海"的意思。泽兰省是荷兰与水抗争，一直以来最为激烈的地方。虽然如此，该省的首府米德尔堡还是灵活运用了这种地形。在VOC（荷兰联合东印度公司）成立之前，这里作为贸易中转站得到了长足的发展。登上大修道院旁边90米，橙色房屋让我们感受到都市的丰富多彩。与斯堪的纳维亚海盗战争、名为"海上乞丐"的荷兰游击队抗击西班牙军队的战斗等历史让人回味。街上古老而豪华的商行与小巧玲珑的文物店非常醒目，悠然自得漫步其中，也是很不错的享受。

路线及导游

● 铁路与公交：从阿姆斯特丹中央站出发需大约2小时40分钟（每小时1趟）。从海牙出发需大约1小时55分钟，从鹿特丹出发需1小时40分钟左右。也可在罗森达尔Roosendaal换乘

● 驾车：从鹿特丹出发，上A15公路，往Hoogvliet方向行驶，再走N218~N57高速公路驶过Brouwersdam到干线道路。从阿姆斯特丹出发大约203公里

● 旅游服务中心：Nieuwe Burg 40
☎ 0118-659900
HP http://www.visitmiddelburg.nl

被运河双层环绕的星形城堡都市米德尔堡

〔托伦漫步导览〕

从有公交站的干线道路出发，顺着Bogenstraat向南步行5分钟，就是修道院所在的广场。教堂与房舍全都涂成了白色，街道两旁偶有红色的天竺葵点缀，分外迷人。本笃会的修道院始建于10世纪末，据说拥有虔诚信仰的人们认为白色象征着修女的纯洁，所以把整个房屋都涂成了白色。该地靠近比利时边境，与荷兰其他街道有很大不同，所以被称作"白村"的托伦深受人们喜欢。即使不在石板路旁的咖啡厅中小憩一会儿，也可轻松逛完整条街。还可以参观VVV并设的历史博物馆与教堂内部。

路线及导游

● 铁路与公交：从阿姆斯特丹中央站出发需1小时50分钟左右（每小时1趟），在Weert站下车。从马斯特里赫特出发需30分钟左右，在Roermond站下车。两站之间，乘坐公交大约需30分钟

● 驾车：从阿姆斯特丹走A2~N273，约172公里

● 旅游服务中心：Wijngaard 8
☎ 047-5561085
HP http://www.vvvthorn.nl（荷兰语、英语）

比利时
BELGIUM

三大文化
融合交汇的
美食王国

比利时
主题之旅

圣色地区餐厅林立,被誉为"布鲁塞尔之胃"(详见p.197)。被称为"肉铺街"的中心街连着多条取名为"黄油街""胡椒街""香草街""鲱鱼街"的小巷。每到夜晚,这里灯火通明,甚是热闹,让来自各国的食客一饱口福。

怎能缺了炸薯条

布鲁塞尔的餐厅一定会给每桌上一份炸薯条,而且还是冒尖的一大盘。你大概会疑惑为何不点自来,不要纳闷,这是当地的习惯。因为店家对这道菜充满自信,即使你没点,最后也一定会将其一扫而光。

炸薯条在比利时被称为"frites"。在这里,土豆既可作为主食,也可作为小吃,街角随处可见炸薯条的小摊。有说法称其脆香美味的秘诀就在于经过两道油炸而成。据说刚开始炸薯条是在无法捕鱼的冬季作为鱼肉的代替品而出现。今非昔比,如今的炸薯条早已不是是当初的替代品,甚至已经转变为比利时的特色美食之一。

春季盼芦笋 冬季品苦苣

在比利时的春季,最值得期盼的季节性食物当属白芦笋。由于埋在泥土之中不直接受阳光照射,所以这种芦笋呈白色且十分柔软,而且比绿芦笋更富含水分。白芦笋最常见的吃法就是煮后配上黄油食用。

而冬季便到了食用苦苣Chicon的季节。苦苣是菊苣属的一种,由于同白芦笋一样避光种植,在发芽之前都以白布覆盖,因此也呈白色。比利时的代表性菜肴"火腿卷苦苣Chicon au Jambon"使用的材料便是这种白芽。微带苦味的苦苣外裹火腿,再配上黄油与芝士的味道,让吃的人都不禁感到幸福至极。

cuisine

美食王国 食材特色

未亲自品尝比利时美食不知其滋味,只要到了这个美食至上的国度,谁都会甘为食客。

「番茄虾仁Tomates aux Crevettes」
海产小灰虾grise做成的冷盘(店/La Rose Blanche 详见p.200)

「绿汁鳗鱼Anguilles au Vert」
香料煮过的鳗鱼中加入由菠菜等10种植物制成的酱汁(店/Kelderke 详见p.200)

「奶油炖蔬菜海鲜Waterzooi à la Gantoise」
Waterzooi是奶油炖菜的意思（店/La Rose Blanche 详见p.200）

「火腿卷苦苣Chicon au Jambon」
煮好的苦苣外卷上火腿，淋上黄油、面粉、牛奶调成的酱汁，再加上一层格吕耶尔干酪放入烤箱烘烤而成（店/ La Rose Blanche 详见p.200）

「蒜香白酒灼青口moules marinière」
一人一大锅，摆在桌上甚是壮观。香草量很足，空的贝壳还可直接当作镊子来夹食贝壳肉（店/Kelderke 详见p.200）

丰富的菜肴

五彩缤纷的蔬果店，还有许多见所未见的野菜品种。
如此丰富的食材成就了比利时餐桌上种类繁多的美食。

海鲜与香草的绝妙组合

比利时濒临海产宝库——北海，其鱼贝类菜肴也十分有名。

其中最具代表性的当属青口（亦称贻贝）。白酒蒸青口加上奶油和啤酒后已算丰盛，而比利时风味的还会加上洋葱、韭葱、芹菜等香料蔬菜，一道菜能吃到如此丰富的蔬菜，实在物超所值。

另一道比利时特色菜是用香草和蔬菜制成的绿色酱料搭配烧烤的鳗鱼，两者确为绝妙组合。此外，小灰虾做成的菜肴也十分有特色，常用于番茄或者肉饼的填充馅，小灰虾的甘甜正好与酸味搭配。

「油炸虾饼Croquettes aux Crevettes」
依旧是肉饼，不同的是以虾做馅（店/Scheltema 详见p.197）

「法柔啤酒烩三文鱼Saumon rôti à la Faro」
添加焦糖及砂糖酿造的啤酒Faro酱汁（店/La Rose Blanche 详见p.200）

金秋食野味

作为狩猎民族，比利时还有许多鹿肉、野猪肉、野兔肉、野雉肉、野鸭肉等罕见的野味。狩猎野味菜肴指的就是用这些肉做成的、分量十足的菜肴。此外还会根据肉各自不同的味道搭配不同的酱料。有的会用加有山莓（木莓）以及含有山莓的啤酒、甜葡萄酒等甜味酱料令味道柔和，有的则会加芥末添其辣味。

到了金秋狩猎的季节，餐厅的菜单也会增加野味菜品以吸引更多的食客。

比利时主题之旅

无论在什么季节，啤酒都最受人们欢迎。无论是吃饭还是小憩，不论是一个人独处还是几个人小聚……啤酒出现在生活的各个角落

成人的味道
修道院啤酒

比利时的啤酒酿造起源于中世纪的修道院，现在这种上层发酵、瓶内再发酵的修道院啤酒已经风靡全球。

"修道院啤酒（Abbaye）"指的是使用修道院名或借用修道院工艺酿造的啤酒，实际上皆产自于各类大众化的酿酒

令天使与魔鬼微笑的
七彩啤酒乐园

Hoegaarden甚至可以用这样的杯子来喝，或者说这种喝法更常见

留住独特味道与香气的传统发酵法

全球饮用量大、为大家熟知的熟啤酒中，比利时熟啤酒就占到了不少份额。啤酒的发酵方法分为两种，一种是发酵后酵母下沉的低温缓慢发酵法，另一种是发酵后酵母上浮的高温发酵法。熟啤酒使用的就是前一种的下层发酵法。

比利时的熟啤酒基本上都是淡色的比尔森啤酒，以口感比较清爽的麦氏啤酒（MAES）最为知名。但就风味来说，后一种上层发酵酿造而成的啤酒更胜一筹。

颇具风味的修道院啤酒、比利时白啤酒等一些比利时特色啤酒大都采用的是这种发酵方法。

此外，上层发酵中几千年传承下来的自发酵法更是独特，它利用空气中飘浮的天然酵母进行发酵，酸味更强。布鲁塞尔近郊酿造的拉比克（Lambic）就是其中一种。在这种拉比克的基础上还能衍生出其他多种啤酒。

混酿（GUEUZE）。将1～2年熟成的拉比克与新酿啤酒混合在瓶中再次发酵酿造而成

老时光牌（VIEUX TEMPS）。典型的比利时啤酒，口感好，易上口

口感清爽的
白啤酒
享誉全球

提到白啤酒（Witbier，Bierre Blanche），人们便会联想到比利时，白啤酒俨然成为了比利时的代名词，尤以豪格登（Hoegaarden）白啤酒闻名遐迩。

有很多人无法忍受啤酒的苦，但白啤酒却不同，它因醇香清爽的口感而受人们喜爱。

厂。例如Leffe啤酒，早先由Leffe修道院酿制，如今一般的酿酒厂在得到了冠名许可之后亦可自由生产。

而修道院自己酿制的啤酒被命名为"特拉比斯特啤酒（Trappistenbier）"。这其中除了人们所熟知的"希迈啤酒（Chimay）"、"奥威啤酒（Orval）"之外，还有韦斯夫莱特伦啤酒（Westvleteren）等。

修道院啤酒的代表Leffe啤酒。浓厚的口感，给人一种品尝成熟的享受

KRIEK。这是一种发酵过程中添加樱桃而制成的比利时名啤。有着红酒般的美丽光泽，宛如鸡尾酒一般……

比利时是名副其实的啤酒王国。不仅有着修道院派生产的名啤，还有背负恶魔之名、受王公贵族深爱的啤酒，各式各样的啤酒展现出独特魅力。

在比利时通常会根据啤酒的种类选择适合的玻璃杯。商店也因有着种类丰富的玻璃杯而经常被游人们误认为食器店

品一品
红艳醇厚
果香洋溢的啤酒

加樱桃、山莓制成的水果拉比克啤酒更能为比利时啤酒添彩。制作工序是将果实浸入拉比克啤酒中，令其再次发酵。果实的红艳色彩与浓郁芳香、略带酸味的甘甜可令人喝出鸡尾酒的感觉，它完全改变了人们对啤酒的固有印象。

甜啤酒在此基础上还会添加蜂蜜及砂糖。例如法柔（Faro）就是在拉比克中加入焦糖及砂糖发酵而成，也常作烹饪时的料酒使用。

比利时有数千种啤酒。街道两旁啤酒专卖店鳞次栉比，有着数百上千的种类。架子上摆放的各式啤酒给游客带来无限遐想

Jan van Gent。口感爽滑，味道清新

由于采用上层发酵，液体中残留着未经过滤的白浊状酵母，因而呈白色。酿制过程中，在麦芽、小麦、燕麦的基础上加入橙汁啤酒、香菜等，融合出辛辣、醇香且口味略酸的独特味道。

虽说上层发酵酿成的啤酒多以常温饮用为宜，但白啤酒冷却后口感更佳。通常还会配上柠檬，更添清爽口感。

口渴时，若觉果汁过甜，矿泉水又寡然无味，白啤酒便是最佳选择。

Hoegaarden白啤酒配上柠檬饮用，口感更酸，更清爽

蓝宝石色的山莓Framboise。用山莓浸渍而成的水果拉比克啤酒比KRIEK更甘甜，亦可作为料酒使用

比利时
主题之旅

（左）那慕尔街头的华夫饼摊。虽然每个摊位都能闻到浓郁的华夫饼香，但属这个摊位最有人气，大概手艺及材料更高人一筹吧
（下）厚实的列日风味华夫饼

如此可爱的老式汽车竟也是华夫饼摊，真是人见人爱

甘甜芳香
诱惑挡不住

比利时最为有名的美食当属华夫饼，waffle是英文叫法，荷兰语为wafel，法语则为gaufre。

比利时华夫饼主要有两种，路边摊上售卖的为列日风味。面粉中加入黄油、牛奶、白糖、酵母搅拌均匀，香草调味后放入格子形模具中烘焙而成。再加入一种叫作"珍珠糖"的糖粒，融化在华夫饼上更添美味。

还有一种布鲁塞尔风味华夫饼。面团中加入了蛋白，口感更加松软。甜味较淡，若依个人口味撒糖粉或添加奶油、巧克力、冰激凌以及水果等，味道更佳。

华夫饼、Praline巧克力、Speculaas饼干
甜点王国的
幸福味道

美食王国当然少不了各式各样的小甜点。有令路人闻其香而驻足不前的华夫饼小摊，有令人流连忘返的可爱小甜点Praline巧克力，还有各种节日上亮相的季节美食……

布鲁塞尔华夫饼盛入盘中享用更具情调，还可搭配不同的配料

如宝石般美丽的
一小块颗粒的
幸福

比利时大街小巷遍布巧克力专卖店，对当地人来说，巧克力是不可或缺的存在。它们常作为下午茶礼品等相互馈赠，可出现于多种场合。

令比利时巧克力闻名遐迩的便是Praline巧克力。Praline是指一口大小的巧克力，内夹坚果奶油、甜露酒、果酱等，有些还会点缀核桃或杏仁。

平铺盘中的可丽饼可谓是下午茶的最佳拍档，原味可丽饼可配上肉桂和蜂蜜享用

令每个季节都满载回忆的味道

超市也能买到的比利时克特多Côte d'Or黑巧克力。有时在咖啡店点红茶或咖啡时也会附赠一块

以合理的价格、无与伦比的美味赢得青睐的列奥尼达斯（Leonidas）巧克力

Pralina品种不同，包装也各异，当填充物变化时，其包装设计也会随之变化。颜色从深棕到淡褐色，丰富多彩，不一而足。红、金、银、绿……五彩缤纷的铝箔包装的巧克力将橱窗装点得犹如宝石店一般绚丽多彩。

Pralina的制作方法有两种，一种是将巧克力注入一口大小的模具后，填馅再加覆一层薄薄的巧克力。另一种方法是将填充物整个放入模具中切割、分离之后加入融化的巧克力包裹。

在比利时，Pralina巧克力是论斤卖而非论颗卖，顾客可自行挑选喜欢的种类，称重后装入专用的礼盒中。店内也有搭配适当的250克、500克礼盒，亦会根据需要提供礼品包装。如此一来，普普通通的小甜点顿时华丽变身。

高级巧克力的代表诺豪斯（Neuhaus），这个最早推出Pralina的厂家，还精心打造了巧克力礼盒ballotin，将比利时的巧克力推向了全世界

2月末到3月初，比利时各地都庆祝谢肉节，甜品店也会摆出各种洋溢春天气息的蛋糕。接着在纪念耶稣复活的复活节上会出现蛋形巧克力和鸟巢形蛋糕，甚至还会出现以大个蛋形巧克力做容器的豪华版巧克力，里面塞满Pralina巧克力。

比利时最具代表性的饼干是在其特色节日——12月6日的圣古尼拉节当天吃的甜饼speculaas。这是一种将加入肉桂、肉豆蔻、丁香、胡椒的面团放入木制模型中烘烤而成的饼干。每年11月末的时候，乔扮的圣尼古拉会在随从的陪同下骑着驴子来给小朋友们分发糖果和玩具。甜点店也会派发一些以圣尼古拉为原型制作的speculaas。随后的圣诞节那天，人们会在木柴形状的"圣诞树桩（bûche de Noël）"上装饰粉红色的耶稣娃娃，以庆祝耶稣诞辰。

圣尼古拉节上，以圣尼古拉为原型制成的甜饼speculaas。相传圣尼古拉曾令被杀害并装入木桶的儿童复活

甜点王国必然也拥有悠久的甜点历史。早在中世纪时就存在一种叫作pain à la grecque的烧饼，表面铺撒白糖粒，稍有点硬。一个不到手掌大小的小饼干便可以让人有饱腹感

广场上呈现出一派欢腾的景象，刚才还有一群小孩围着的迷你雪糕车

大家熟知的歌帝梵巧克力（Godiva）。左图系列包含酒心、水果夹心等各种口味，并不断有新品种推出

比利时 主题之旅

亚麻草的奇迹
优雅精致的蕾丝世界

世界三大蕾丝王国之一的比利时，早在16世纪就兴起了这项产业，据说19世纪时参与其中的女性高达6万多人。

无论草根还是精英都能尽情品评挑选

陈列着优雅商品的布吕赫蕾丝专卖店

要说比利时的名产，当首推蕾丝花边。布鲁塞尔、布吕赫、安特卫普等地花边店随处可见，这可是比利时独有的风景。虽说现在大多都是机织花边，但其中也不乏由堪称艺术品的精美手工艺品装扮着收集了许多古董蕾丝的店铺。

"可真是让女性疯狂的购物天堂啊！"在柜台边不停采购的女士，像是自我解围似的安慰自己。即使生活与蕾丝无缘，到了这个国度也会对花边爱不释手，当然可不止这些女士们。丝线魔幻般的优雅是如此充满魅力。

虽然窗帘、床罩、桌布等手工大件的价格高达数千至数万元人民币，但衬衫和披肩中也有人民币2千元以下的。而机织的价格就亲民得多了，只要花几十或几百元人民币就能买到心仪的桌旗、手绢、书签等，上面还有天使、动物和花朵等主题元素。

装饰着16世纪贵族领口的华丽蕾丝

比利时蕾丝起源于16世纪。与世界上的先驱威尼斯同期，以安特卫普为首，比利时各地兴起了这项产业。大致有通过扭绞棉线编织成的梭结花边和在描好图案的纸上抽绣形成的针绣花边，有时甚至同时运用这两种方法。

如在16~17世纪的佛兰德画作中看到的那样，蕾丝花边常用于装饰贵族和富商们的领口或袖口，而男士的更为华丽。佛兰德的蕾丝在其他国家也大受追捧，英国女王伊丽莎白一世的领饰和3000套礼服，还有那600名女工用9万根梭芯耗时10个月为法国欧仁尼皇后制作的长袍都成为了流传后世的佳话。

如今这些全盛期的杰作在各地的博物馆和教堂中还可以看到。布鲁塞尔的皇家美术博物馆（MAP p.175-L）中就收藏着阿尔伯特一世与妻子伊莎贝拉用过的床罩以及一些衣物。还有蕾丝博物馆的展览可以欣赏到精致华丽的比利时蕾丝。

蕾丝工匠用灵巧的指尖编织着美丽的图案

比利时
主题之旅

领衔超现实主义的比利时现代绘画

19~20世纪的转换期，前卫绘画成为世界主流，由世纪末象征主义向超现实主义过渡的洪流中，领衔担纲的是比利时的画家们。

狂欢节假面下隐藏着的现实

19世纪后半叶，绘画世界正朝着现代绘画迈进，法国成了中心舞台，当时比利时的费里西安·罗普斯（参见p.262、264）也活跃在巴黎。但比利时自身也扮演着极为重要的角色。1884年奥克塔夫·毛斯在布鲁塞尔创办的前卫艺术团体"二十人画派"诞生，由此开展了由印象主义向新印象主义、象征主义转变的前卫运动，主要灵魂人物有詹姆斯·恩索尔、费尔南德·克诺普夫、西奥曼迪辛希尔等。

其中恩索尔一生未离开家乡奥斯坦德（参见p.219），在那创作出许多作品。他的作品通过狂欢节的假面和骷髅表达现实，被人们认为是古怪离奇，后与"二十人画派"产生分歧，却也给后来的超现实主义带来巨大的影响。

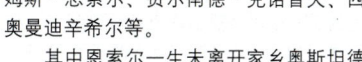
玛格利特 《比利牛斯之城》1959年

描绘超现实都市与风景的内心世界

20世纪，超现实主义揭开了绘画史上新的一章。最具代表性的人物当属比利时的雷内·玛格利特。受意大利先驱乔治·基理科形而上绘画的影响，1925年以玛格利特为主发起成立了"神秘协会"。与当时巴黎的画家不同，玛格利特默默无闻进行着一些特立独行的活动。

夜晚的风景背后是白日的天空、割据出鸟形的天空等，玛格利特擅长描绘现实中不可能出现的风景，这被当时震惊社会各界的精神分析学创始人——弗洛伊德采用了梦的解析手法中，反映出内心的世界。

玛格利特同时代的保罗·德尔沃也同样备受瞩目。德尔沃的作品常常描绘类似神殿建筑前的某条街道，面无表情的裸女或是人鱼，延伸至门口的线路和列车等，以独特的空想都市为舞台展现出神秘的内心世界。

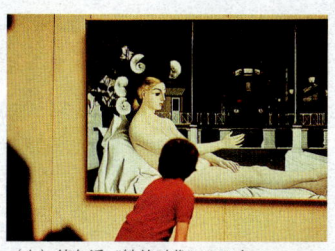
（上）德尔沃《铁的时代》1951年
（左）恩索尔《宪兵们》1888年©SABAM, Bruxelles & APG-Japan/JAA, Tokyo, 2001

比利时主题之旅

欣赏汉斯·梅姆林的《修女卡特林德秘密婚礼》的人们

康坦·马西斯的《卡尔巴里欧之丘》（安特卫普/凡·登·贝尔格博物馆）

栩栩如生的佛兰德写实绘画

扬·凡·艾克兄弟完成的油彩祭坛画

15世纪以后西方文明发生了巨大的变化。在绘画领域，不同于中世纪的湿壁画等反自然主义画法，由于在木板上绘制的油彩画登场，其画风更倾向于写实风格。画家通过运用色彩管理和透视画法等，展现出更为广阔的世界。人物生动的表情、像照片一样细腻地呈现出材质特征的服装与装饰、让人感到无穷尽延伸的远景体现出了人们丰富的想象力。

将油画技巧发挥到极致，创造出不同于同时期意大利数学线条远近法、通过经验来表现的空气远近法的是当时勃艮第菲利普公爵的宫廷画师——扬·凡·艾克（1390～1441年）。其兄长胡伯特在描绘根特圣巴夫人教堂祭坛画的上半部后不幸去世（1426年左右），既是其徒弟又是其胞弟的扬继承兄长遗志最终于1432年完成了下半部分，至此这十二卷三幅对的祭坛画《神秘的羊羔》的绘画手法被后人广为传颂。

扬·凡·艾克移居勃艮第，在那儿创作绘画度过一生，但勃艮第画派并没有继承他的画技。不过他的影响波及以布鲁塞尔为主的各个地区，成立了佛兰德画派。图尔奈德画家罗伯特·康平（1375～1444年）及其弟子罗尔吉·凡·德尔·维登（1399/1400～1464年）和德尔克·伯茨（1410～1475年），还有运用扬·凡·艾克的手法但风格更为率真的画家汉斯·梅姆林（1433～1494年）等人均传承了扬的技巧，16世纪时将佛兰德画派的舞台转移至安特卫普。之后，不仅描绘宗教画，还开拓出讽刺性画风的康坦·马西斯（1465/66～1530年）登场，绘画艺术世界渐渐划分出新类别。

凡·艾克兄弟的三联式祭坛画《神秘的羊羔》的中下部分（根特/圣巴夫大教堂）。这是弟弟扬完成的部分

宫廷画师鲁本斯的巴洛克魅力

时代变迁，16世纪末的安特卫普出了从小才华就得到公认的鲁本斯（1577~1640年）。在那个画家们对意大利充满美好向往的时代，鲁本斯23岁时也赴意学习，一去就是8年。期间他汲取了姹紫嫣红的意大利美术精华，更创造出独具风格的艺术作品，不仅战胜当地人获得曼图亚的宫廷画师之位，还为罗马主要的教堂绘制祭坛画。鲁本斯本应和其他佛兰德画家一样留在意大利发展，但后因母亲去世而回到安特卫普，并在此度过了他余后的三十几年。

鲁本斯回国后同样作为宫廷画师大放异彩。有时他也在众多弟子的作品上画龙点睛，完成了不计其数的作品。由于在外国宫廷完成的工作备受赞赏，而且加上他阅历丰富，鲁本斯被委任为外充官，其外交才能也得到了充分发挥。

当时因宗教改革对圣像大肆破坏，对此天主教廷发起反改革运动。为了唤醒并提升人们的信仰之心，教廷开始积极修复教堂，并挂上庄严的祭坛画。这与鲁本斯凌驾于意大利巴洛克艺术之上的强大表现力不谋而合。他大胆的构图、跃动的肉体以及冲击力很强的色彩将人们引向了崇高的世界。

（左）鲁本斯构图层次分明、戏剧性极强的《圣母升天图》（布鲁塞尔/皇家博物馆）（右）鲁本斯的《下十字架》画中因背负人类罪孽接受刑罚的耶稣与圣母玛利亚令人印象深刻（安特卫普／圣母主教座堂）

农民画家勃鲁盖尔寓意深刻的描绘

被称作"大勃鲁盖尔"的彼得·勃鲁盖尔在佛兰德文化风行的安特卫普也表现得十分出色。他早年创作的、充满讽刺意味的风俗画和地狱画受到希罗尼穆斯·博斯的影响，通过阿尔卑斯、意大利之旅勃鲁盖尔开启了新的境界。其风景巨作《荒野中的圣希罗尼穆斯》中展示了他当时素描的底蕴。1563年他移居布鲁塞尔后画的《冬雪景中鸟洞》（布鲁塞尔/皇家美术馆）展现的雪景会让人联想到阿尔卑斯的远景。

勃鲁盖尔最负盛名的作品当属以农民的世界、圣经、谚语为主题的风俗画与寓言画。《伯利恒德人口调查》、《伊卡洛的坠落》（皇家美术馆）以及《魔女弗利特》（安特卫普／凡·登·贝尔格美术馆）等作品体现了他对农民的关爱，令人强烈地感受到画家渴望看清人类本质的目光。

比利时 主题之旅

(左) 布鲁塞尔郊外的住宅区中散落着的新艺术风格建筑 (下) 奥尔塔设计的、位于比利时西南部的图尔奈近代美术馆

将植物的繁茂与别致造型作为装饰样式

19~20世纪的过渡期中,打破此前建筑常识的新艺术风格登场。其代表人物是出生根特的维克多·奥尔塔(1861~1947年)。当时的布鲁塞尔因人口激增急需新的城市规划。从工业发展与殖民地贸易中获取财富的中产阶级对于象征身份的住宅建设不惜血本,他们热烈欢迎崭新的设计,奥尔塔革命性的设计在当时备受瞩目。

通过使用玻璃的反光效果使空间扩张,利用铁艺的灵活性设计出繁茂植物效果给人以自由、幸福的感觉。刚果的红木、加蓬的奥库梅等异国木材的使用也制造出了前所未有的格调。

曲线优雅的露台扶手、生动有趣的镶边玻璃窗……装扮着布鲁塞尔的是绽放在一个世纪以前革命性的装饰艺术——新艺术风格建筑。

诞生于比利时的
新艺术风格建筑

装饰华丽的宅邸。住在这儿的是什么样的人物呢?窗帘之后的风光令人好奇

好似建筑博物馆的街景。一幢幢克塞勒独特的建筑争奇斗艳设计

街角的新艺术风格建筑

说布鲁塞尔是新艺术之都一点也不夸张。布鲁塞尔中央车站(参见p.183)、万国宫美术学院(参见p.187)、巴米昂购物中心(●剪切地图-44 MAP p.175-K)、比利时漫画中心(参见p.186)等许多公共设施都出自新艺术建筑家代表奥尔塔之手。

另外,城市间处处可见其他著名设计师的建筑作品(p.170)。不必特意去寻,不经意间就能看到许多线条优雅的建筑。由于现在这些建筑多用于住宅和事务所,所以无法进入内部参观,可光是看外观就具有很高的欣赏价值。想鉴赏一番的话,不妨从大广场的观光旅游中心买一本新艺术建筑漫步地图。

<世界遗产/奥尔塔设计的几处布鲁塞尔宅邸>
奥尔塔美术馆(参见p.192)
塔塞尔公馆 Maison Tassel ▶Rue Paul Émile Janson 6
索尔维公馆Hôtel Solvay ▶Avenue Louise 224
邮info@hotelsolvey.be(参观需要预约)
范·艾特菲尔德公馆Hôtel Van Eetvelde
▶Avenue Palmerston2-6

Bruxelles
布鲁塞尔

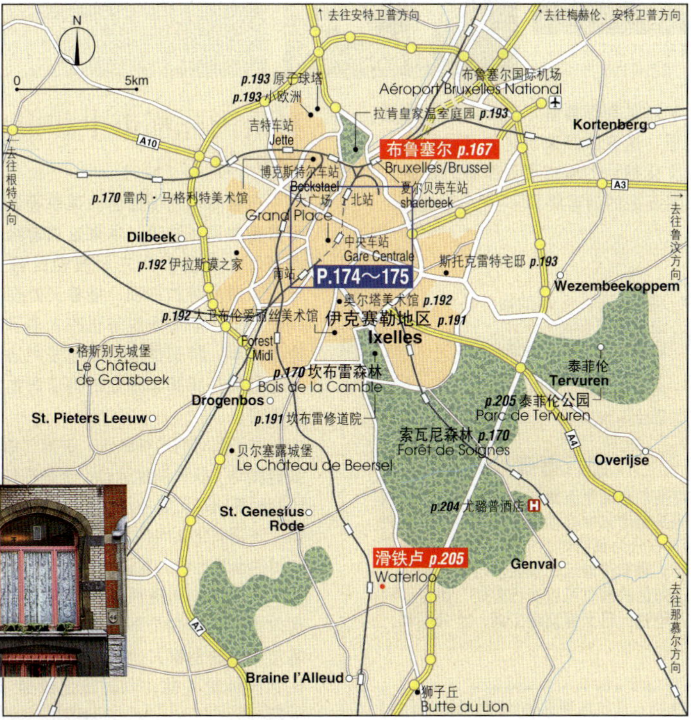

美食天堂 艺术圣地
感受"欧洲之都"的神奇魅力

城市风貌

位于布鲁塞尔商业区的基尔特大楼,屋顶装饰甚是华丽

大广场卖贻贝汤的小摊,用纸杯盛汤,拿牙签来吃

比利时首都布鲁塞尔的公用语是法语和荷兰语,这在欧洲来说是非常独特的。这个多文化融合的城市可说是魅力四射,为此慕名而来的游客络绎不绝。

观景★★★★★　购物★★★★★
边走边吃★★★★
远足★★★★　地铁★★★★★
老地铁★★★★★
电车★★★★
巴士★★★★

出行指南

布鲁塞尔市区呈五角形,外围是中世纪城墙,中间是城市的中心地带。整座城市以中央车站为中心分为西边的大广场和东边的王宫区。从西边到东边最远的景区步行即可到达。有些位于郊区的景点可以步行前往,也可以利用电车、地铁、巴士等交通工具,十分便利。

路线及导游

●铁路:从机场到北站约17分钟,到中央车站约19分钟,到南站约21分钟(每20分钟发车一趟)
●驾车:从机场到市中心约10公里,10~20分钟即可到达
●旅游服务中心:位于大广场市政厅1楼
☎02-5138940　FAX 02-5138320
HP http://www.visitbrussels.be
开 10:00~18:00　休 1/1、12/25

双语国际都市中和蔼可亲的世界公民

布鲁塞尔的街道名、菜单等到处都标示着荷兰语和法语。本来这里曾经是荷兰语言区,但是因为先后被勃艮第、西班牙、法国及荷兰占领,接着又处在拿破仑的统治下,渐渐地说法语的人多了起来并达到多半。特别是统治阶层多用法语,于是比利时在1830年独立时将法语也作为官方语言。

对于政府的这种做法,讲荷兰语的少数派曾发动了权利恢复运动,于是在1970年的比利时宪法改正案中承认了荷兰语文化共同体、法语文化共同体及德语文化共同体在比利时的合法地位。双语并存就来源于此。

布鲁塞尔街道风貌也多种多样。布鲁塞尔市与其他19个地方自治体组成了布鲁塞尔地区的首都,也是前面所讲的双语文化共同体的首都,同时还是欧盟(EU)

餐厅鳞次栉比的圣色地区

新艺术风格的建筑物,在布鲁塞尔会随处可见

（上）圣杜贝画廊（参见p.171）
（左）华丽的大广场

和北大西洋公约组织（NATO）总部所在地，故布鲁塞尔又有"欧洲首都"的美誉。这里人口约110万，其中四分之一是外国人，因此英语也被广泛使用。所以，在这里生活的居民感觉自己是世界公民，走在这条街上每个人都感觉这里非常亲切。

让吃货垂涎三尺的餐饮一条街

受多文化影响的布鲁塞尔街区也呈现出多样性的特点。其中印象最深的是让吃货们垂涎三尺的餐饮一条街。位于大广场北侧的圣色地区有欧洲数一数二的餐饮街，可以说是布鲁塞尔美食街，这里的餐饮店鳞次栉比。就连各个小胡同都被卖副食品的商店挤得满满的，在胡同里的餐厅里可以吃到更地道的当地美食。

这条街上可以说所到之处都是美味。广场上及街道的各个角落是各式各样的小吃摊，热腾腾的贻贝汤、香喷喷的华夫饼、刚炸好的薯片等各种香味让人欲罢不能。穿过装饰豪华的巧克力店不禁会被扑鼻而来的香味打败。这条街仅仅听上去就会引起人无限的食欲，若是对吃感兴趣的游客，更禁不住诱惑，不妨试着加入美食家的行列来享受这难得的旅行。

艺术之都的舞台

布鲁塞尔有皇家美术馆、乐器博物馆等极负盛名的博物馆达70座之多，每个都充满了无限的魅力。博物馆里的作品从弗兰德绘画、超现实主义等比利时绘画巨匠的作品到世界著名艺术家的杰作、珍贵工艺品等琳琅满目，应有尽有，可以说布鲁塞尔是一座艺术的宝库。

就连街上的各个小胡同也同样充满艺术性。中世纪华丽的象征、工商联工会建筑物基尔特大楼醒目地矗立在商业区大街上。不仅在这条大街上可以见到这样的建筑物，在其他街区这种富丽堂皇的建筑也随处可见。如果你被绚丽的哥特式建筑倾倒的话，一定会被拥有优美曲线的新艺术风格建筑所感染。很普通的建筑通过新艺术装饰让人不由地心生佩服。

另外，广场上时而作为大型活动的舞台，被装饰成一幅幅美丽的画卷；时而变成花的海洋；时而又变成小鸟吟唱、芬芳四溢的市场，像变魔术似的向游客展示着自己的风姿。

布鲁塞尔的每条街道宛如一座美术馆，不愧是名副其实的艺术之都。

（上）巴鲁跳蚤市场上的自然美术馆
（左）伊克赛鲁地区的新艺术建筑

漫步导览

高级商店云集的滑铁卢大街

从马洛鲁地区通往大萨布隆地区（●剪切地图-42 MAP p.176-J）的汽车大道

想享受与众不同的旅行，信步畅游是最好的方法。布鲁塞尔的每条街道都别具一格，在巴士、电车及出租车都无法进去的小巷子里走走会有很多意外的发现。首先从市政厅的旅游服务中心带上一份旅游地图，可以按照地图上的指示随心所欲地游玩，相信一定会有意外的收获。

白天大自然中漫步，夜晚迪斯科

若想亲近大自然，可以去离市中心最近的布鲁塞尔公园看看。这里有山有水，不加雕饰的大自然风貌本色呈现。从中央车站出发到布鲁塞尔公园（●剪切地图-36 MAP p.177-H）约5分钟，紧靠王宫，在周边观光中途可以来这里游玩。若感觉公园不尽兴，可以去南部的索瓦尼森林（MAP p.167）。从距地铁2号线的路易斯车站到路易斯大街南约3公里处下，去坎布雷森林公园（乘坐电车94路在坎布雷修道院下车）。

游戏厅里很受欢迎的电子游戏

若晚上不想在宾馆虚度时光，可以去王宫南边的那慕尔车站附近的百货大楼大街（●剪切地图-43 MAP p.174-J），那里电影院、迪斯科厅、酒吧、运动场等娱乐设施齐全，周末可以说这里更是名副其实的不夜城。另外，在布兰大街（●剪切地图-41 MAP p.176-J）和路易大街（●剪切地图-36 MAP p.177-H）的迪厅基本都是周四~周六22:00或23:00开始营业。

（上·右）从汽车大道通往朱德瓦尔广场的勒纳尔大街上的精品店

探寻艺术之旅

可以说在布鲁塞尔的每个角落都有超现实主义与新艺术巨匠们的足迹。在布鲁塞尔市中心外，位于西北部郊区的135是著名艺术家马格利特1930~1954年生活过的地方，现在这里作为美术馆向游人开放（MAP p.167）。Rue des Alexi-ens53-55（●剪切地图-38 MAP p.176-J）是他经常去喝咖啡的地方。他曾经在位于Rue du Midi144的布鲁塞尔美术学院（●剪切地图-34 MAP p.176-F）学习过两年，在Rue des Chap.eliers26（●剪切地图-34 MAP p.185-A）的餐厅有他的印象作品。

另外，布鲁塞尔的新艺术建筑随处可见。位于大广场南边的Lombard30、32大道（●剪切地图-34 MAP p.185-A）是保罗·百再诺巴于1909年设计的作品。沿这条大街向东南方向走到路的尽头是大萨布隆广场，在Lebeau

新艺术建筑物点缀其中的伊克赛鲁地区

（上）圣色地区鳞次栉比的餐厅让人眼花缭乱。（左）小小的发现也是散步的一大乐事。可以在便利亭购买电话卡、杂志等

（上）王宫附近的布鲁塞尔公园。1830年这里是与荷兰军队战斗的地方，1835年被改造成具有法国风情的庭园。
（右）随处可见的花店使人心情舒畅

大街有维克多·奥尔塔设计的弗里斯宅邸（●剪切地图-38 MAP p.177-G）。在大萨布隆的尽头Stevens27号大街可以观赏保罗·赫尔曼设计的花墙与曲线铁窗（●剪切地图-38 MAP p.176-J）。

美食一条街

提起美食街，最有名的要数圣色地区（参见p.197）的餐饮一条街了，可以说这里是美食游的最佳选择。位于东北部的圣凯瑟琳教堂北侧的原河岸是著名的海鲜一条街（参见p.197）。现在是地下河的塞纳河曾经从这里流过，港口海产品贸易繁荣，所以这里的海鲜餐饮店就是当时海产品贸易的产物。

快餐店是徒步旅游者最好的选择。可以进去小憩一下

这里的海鲜餐饮店既有高级餐厅也有大排档，可以自由选择。这条街的南边及大萨布隆地区（参见p.194）也有很多餐厅、咖啡厅和酒吧。除了有乡土美食外，还有法国菜等其他国家的美食。总之，吃美食的话这里可以说是百逛不厌。

这条街也是甜品美食爱好者的必选之地。走在街上随处可见巧克力、果仁糖（参见p.160~161）专卖店。尤其是在大广场周边及大萨布隆周边，名品店（参见p.194）非常多。即使是不知名的小店，里边的食品也非常美味。不妨信步走进去，说不定会有意想不到的惊喜等着呢。另外，这条街上也不缺茶座及小吃店，逛累了可以进去小憩一下。

体验分地区购物的乐趣

想体验购物的乐趣，布鲁塞尔的五大购物区可以说各有千秋。它们分别是大广场周边、市中心北部的莫奈广场（参见p.194）周边、从市中心通往西北部的德塞尔大街（●剪切地图-47 MAP p.176-B）、南部的大萨布隆地区（参见p.194）、其南侧的路易斯大街（●剪切地图-47 MAP p.174-J）及纳米尔车站周边地区（参见p.194）。

其中最有名的要数大广场北侧的圣休伯特画廊了（●剪切地图-31 MAP p.185-B）。这是建于1846~1847年欧洲最早的商业画廊。这里代表比利时特色的高级巧克力店及高级精品店鳞次栉比，仅在此逛一逛就可以感受到布鲁塞尔的风情了。若买品牌商品，首选路易斯大街。对比利时时尚感兴趣的话，德塞尔大街和滑铁卢大街（●剪切地图-46 MAP p.174-I、J）值得推荐，因为大多数设计师的店都集中开在那里。

超市是市民购物的主要场所，生活日用品琳琅满目

经典旅游线路

畅游布鲁塞尔

比利时首都——布鲁塞尔，作为欧盟总部所在地，是一座极具国际化色彩的都市。绿树成荫下是古香古色、拥有千年历史的街道，走在大街上可以充分感受到布鲁塞尔热情欢迎四海游客的氛围。

布鲁塞尔中心广场
大广场
Grand Place

p.183　　参观需1小时左右

●剪切地图-34　MAP p.185-A

布鲁塞尔中心广场位于市中心位置，曾受到西班牙伊莎贝尔女王、雨果及波德莱尔的绝赞。这里每天早晨都有花市，从中可以感受到热爱花草的比利时民众的日常生活。

另外，广场上的市政厅还设有旅游服务中心，十分方便。

深刻了解啤酒的地方
啤酒博物馆
Maison des Brasseurs

p.184　　参观需1小时左右

●剪切地图-34　MAP p.185-A

大广场市政厅旁边、工会之家的最中间有座被称为"黄金之木（Arbre d'Or）"的建筑物，在该建筑物的地下就是著名的布鲁塞尔啤酒博物馆了。在这里可以看到18世纪酿酒的情景，还可以了解酿酒的最新技术，一切关于啤酒的信息均可以在这里获得，真不愧是啤酒之国。若喜欢喝啤酒，这里还可以试饮，注意不要贪杯哦。

步行约1分钟

让人欲罢不能的香甜诱惑
巧克力博物馆
Musée du Cacao et Chocolat

p.184　　参观约需半小时

●剪切地图-34　MAP p.185-A

从大广场到市政厅右侧大道上的精致博物馆就是巧克力博物馆。来比利时旅游，该博物馆是不容错过的景点之一。提起巧克力，人们必定会想起比利时的巧克力。在这里不仅可以看到比利时传统巧克力的制作方法及果仁巧克力的形状，还可以了解到17世纪以后比利时巧克力的发展历史。

布鲁塞尔标志性建筑
小于连像
Manneken Pis

p.185　　参观约需10分钟

●剪切地图-34　MAP p.185-A

步行约3分钟

市政厅南边恒温街和橡树街的交会处是有名的小于连撒尿铜像，他被誉为"布鲁塞尔第一公民"。此雕像建于1619年，到目前为止已具有600多年的历史，他是布鲁塞尔市的标志。他所穿过的600多套衣服收集在王宫之家里。

另外，在圣色地区有女版小于连撒尿铜像（●剪切地图-30　MAP p.185-A），不过这个女孩是蹲在地上的。是1987年比利时为了宣传防治癌症与艾滋病活动而造的。同时观赏男女版本的小于连撒尿铜像也是不错的选择。

步行约2分钟

汇聚来自世界各地的精品乐器
乐器博物馆
Musée des Instruments de Musique

p.189　　参观约需1小时
● 剪切地图-39　MAP p.177-G

此博物馆属于新艺术建筑物，以音乐为意象将铁与玻璃完美地组合在一起建造而成，其外观魅力四射。馆内收藏着来自全球具有悠久历史的乐器约7000多件，其中1200多件是供游客观赏的。

从音乐的角度来了解世界各地的文化及历史也相当有趣，不妨到这里侧耳倾听历史之音吧。

步行约9分钟

边休息边体验新艺术建筑风情
大萨布隆广场
Place du Grand Sablon

p.190　　参观约需1小时
● 剪切地图-38　MAP p.176-J

走累了想稍微休息一下或简单吃点午饭的话，大萨布隆广场最适合不过了。周边到处是咖啡厅和餐厅，各种各样的个性商店鳞次栉比。另外，这里的建筑物也值得一看，边走边观赏这些建于16~19世纪的建筑物，会让人有一种穿越时空的感觉。周末这里还有古董市场，不妨前去逛逛。

步行约8分钟

欣赏从15世纪至现代的艺术
皇家美术馆
Musée Royaux des Beaux-Arts

p.188　　参观约需2小时
● 剪切地图-39　MAP p.177-K

比利时皇家美术馆是领略比利时绘画精髓的好地方。它分别有古典美术馆和现代美术馆两座建筑，入口也是分开的，但是地下两个馆是相通的，所以不用绕出去就可以进入另一个美术馆。馆内设有咖啡厅，若逛累了可以在途中休息。若只想看自己想看的作品，约2小时即可参观完毕。不过时间要是允许的话，最好能慢慢地欣赏一下比利时不同时期的绘画名作。

步行约7分钟

绿意盎然的法国风情庭园
布鲁塞尔公园
Parc du Bruxelles

p.170　　参观约需1小时
● 剪切地图-36　MAP p.177-H

这里曾经是布拉班特公爵的私有地。1830年成为与荷兰军队对战的战场，1835年改造成具有法国庭园风情的公园，现在已成为市民休闲的重要场所。公园内池塘、喷泉及洞窟变化多端，从中可以窥见建筑家的巧妙构思。此公园位于离市中心最近的王宫旁边。观光途中可以来此缓解旅途的倦意。

巴鲁广场的跳蚤市场

从路易斯车站步行约需8分钟
p.191
● 剪切地图-41　MAP p.174-I

提起比利时，除了有驰名的花市外，还有知名的跳蚤市场。而其中值得推荐的要属于巴鲁广场的跳蚤市场了。这个市场主要以古董为主，物品琳琅满目，说不定能找到你想要的宝贝。当然了，到这里闲逛也不失为一大乐趣。

比利时·布鲁塞尔　173　经典旅游线路

市内交通

STIB交通指南
☎ 070-232000
营 周一至周五8:00~19:00
周六8:00~17:00

通票金额
单程票：€1.70（上车买€2）
5次通票：€7.30
10次通票：€12.30
1日通票：€4.50

1日通票为红色 10次车票为绿色 单次车票为黄色

购票方法
①去地铁售票处

地上售票处没有售票员，需要备好硬币在自动售票机上购票。地下售票处（下备有行车路线图）（左）有时

②在自动售票机上自行购买（联票不可以在此购买。根据硬币种类不同有些自动售票机无法售票，这一点需要注意）

自动售票机的液晶屏显示车票的种类，有西班牙语、法语、荷兰语及俄语说明，可以自由选择

③在售票窗口购买（南站可以买）营 7:30~17:30（每月第一周的周日及最后一周的周日8:30~14:00）休 周六（那慕尔站）营 8:30~18:00（周六10:00~）休 周日（罗杰站）8:00~18:00（周六10:00~）
休 周日（布鲁凯尔站）
营 10:00~18:00 休 周日
④驾驶员（电车、巴士）

便利的公共交通系统

布鲁塞尔的公共交通系统，交通工具非常发达多种多样。由STIB（Société des Transports Intercommunaux Bruxe-llois）运营的地铁、地下电车、电车及巴士井然有序地运行着，非常方便。而且，这些交通工具所用车票是共通的，一日通票可以不限次数乘坐任意交通工具。单程票和10次通票可以在一小时之内不限次数任意换乘。另外，布鲁塞尔还发售所有公共交通的二等席车票。购买车票后在乘车前或乘车后通过检票口时会自动印刻时间。交通路线图在售票处、旅游咨询窗口或大广场的旅游服务中心TIB免费发放。

从市中心到郊区运行的电车

轻松搭乘地铁和地下电车

METOR即地铁的意思，PUREMETOR即地下行走的电车之意，在地下与地铁运行相同的路线。布鲁塞尔以市中心为基点，所有的旅游景点几乎可以步行前往，但是若从街道一端及时到达另一端，还是选择交通工具会比较方便。地铁和地下电车有12条行车线路纵横交错，若能灵活利用这些线路就能享受轻松快捷的旅程。

纵横布鲁塞尔市内的地铁

请记好乘坐方法。地铁和地下电车的车站是蓝底白字用"M"表示。检票处有橙色的自动检票机，将车票插入上部的检票口后自动检票机会在车票上打印，地上售票处有时会由于没有售票员而买不到车票，车长若巡查发现没有购票就乘车会罚款，这一点要注意。所以，最好是随时准备一些硬币以便在自动售票机上购买车票。乘车时需要按车门上的按钮。

每个地铁站里的墙壁上都有一幅比利时现代画家创作的绘画，这也算是一处景观。

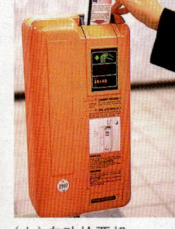
（上）自动检票机。乘车时务必将车票通过该机器打印乘车时间

（左）穿行于地下的电车

地铁内有简单的快餐厅。另外有巧克力名品店,在这里可以选择购买特产

电车站的指示牌上有"Tram"标志,很容易识别。标志下有行车路线号和各站站名

乘地上电车观街景

在布鲁塞尔除了可以乘坐市中心的地铁和地下电车外,市民出游还可以选择地上电车。乘坐地铁及地下电车无法观看街上的景色,而乘坐地上电车不但可以观景,还可以掌握当地的风土人情。初次乘坐可能会迷茫,但是习惯后会变得很简单。电车的所经站点很多,不妨体验一下吧。

以去市中心南边的奥尔塔美术馆为例,可乘坐电车到达附近的路易斯车站,然后步行最多15分钟即可到达。乘坐电车81、91、92、97任意一辆在杰森车站下车后步行不到3分钟即可到达,相当轻松。

需要注意的是,乘电车也需要举手示意,若呆呆地站在那里等,车是不会停下来载客的,这一点一定要记清楚。另外,车门也需要自己按按钮才可以打开。车上也没有报站人员,所以一定要按照路线图自己确认在哪一站下车。若对自己不自信,最好上车后告诉驾驶员自己的目的地,到站后驾驶员会提醒,这样比较放心。

乘坐巴士更轻松

若要去更广阔的区域游玩,巴士是最佳选择。因为电车不经过的区域巴士会经过,想拜访更多地域首选巴士。在慢慢欣赏车窗外移动的景色同时可以品味坐车旅行的乐趣。其实通过利用各种各样的交通工具也可以丰富旅行的体验。不过,巴士行进的路线比较复杂,务必随时携带路线图。去往郊外的巴士较少,需要确认好时间再制订计划。若去郊外赏景,从效率角度讲,乘坐旅游巴士是最佳选择。

市内巴士车体颜色与电车一样是黄颜色的,去往郊外的巴士也是黄色的。由于去往郊外的巴士根据距离不同费用也不同,所以在使用通票的时候采取的是差额加算付费方式。

巴士乘坐方法与电车基本相同。看到车后先确认好该车经由的路线是否与自己要去的路线相同,若相同提前举手示意。巴士上下车车门是自动的(也有手动的),所以驾驶员会根据乘客需求自动开关。乘车时务必确保车票通过检票机,即将到达目的地时,请提前按下车按钮。

电车的乘车方法

举手示意,车停稳后按车门边上绿色的橡胶按钮车门即打开。将车票插入车门口的自动检票机(右)里打印乘车时间。下车时提前按车门口的按钮告知驾驶员。

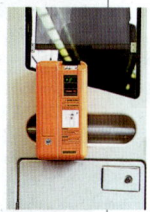

巴士的乘车方法

巴士也需要举手示意车才会停下来。终点站名及行车路线在车前玻璃上有标记。车票需要通过检票机,具体方法与电车检票相同。若没有在站内买到票,可以从驾驶员处购买。下车时可以按座位上或下车口的按钮示意驾驶员。

巴士运行时刻表(左)和车站指示版(右)

出租车公司

卢克斯出租车公司Autolux
☎ 02-4111221
布鲁出租车公司Bleus
☎ 02-2680000
橙色出租车公司Orange
☎ 02-3494343
韦特出租车公司Vert
☎ 02-3494949

出租车咨询中心

☎ 080014795（比利时国内专用免费电话）

主要的汽车租赁公司

安飞士汽车租赁公司
（机场热线）☎ 02-7200944
（南站热线）☎ 02-5271705
赫兹汽车租赁公司
（机场热线）☎ 02-7206044
（南站热线）☎ 02-5243100
布杰特汽车租赁公司
（机场热线）☎ 02-7258408
阿拉摩汽车租赁公司
（机场热线）☎ 02-7210592
（南站热线）☎ 02-5229573
欧洲汽车租赁公司
（机场热线）☎ 02-7210592
（南站热线）☎ 02-5229573

出租车车顶有标志。车门不是自动的，需要自己手动开关。下车时不要忘记关车门

出租车一律按里程计价

到陌生的地方乘出租车可以说是旅行者的最好选择。在当地停留期间免不了利用出租车，所以最好提前了解打车方法。首先，在出租车指定停靠点乘车是第一原则，不过巡回的出租车很少，有时会停，但通常即使举手示意也不会停下载客，所以不要抱有太大的期望。最好是在宾馆及餐厅叫车，在餐厅需要支付相当于电话费的小费。

出租车车体颜色根据车种不同而异，布鲁塞尔的出租车车顶上都有标志"Bruxelles Gewest-TAXI-region de Bruxelles"，所以不需要特别注意。车顶上的标志有灯，而且"TAXI"几个字样特别醒目，远远就可以识别。费用一律按计价器的公里数计费，起步价€2.4，市内每公里€1.23，夜间或去郊外有补贴费用，小费是总费用的10%左右。

去往郊外的巴士时刻表及路线编号（上），标有目的地车站的巴士站牌（左）

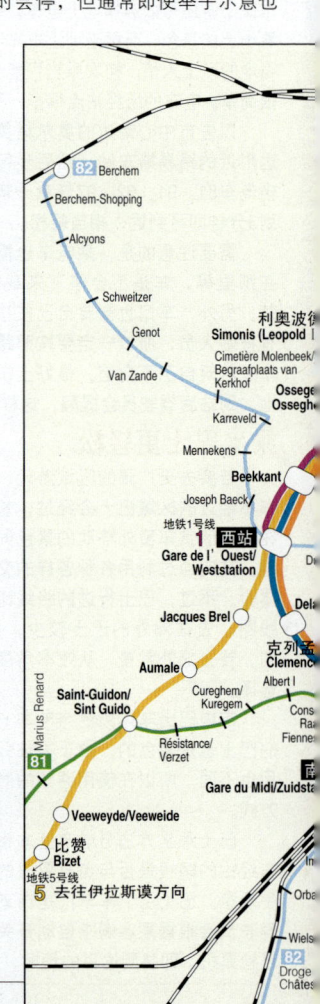

若想充分畅游布鲁塞尔，买一张布鲁塞尔一卡通比较划算。凭此卡可以不限次数任意乘坐市内的公共交通工具，另外还可以免费参观市内几乎所有的美术馆，在指定的餐厅还可以享受折扣，总之凭此卡可以享受到各种各样的优惠。40欧元的卡有效期为三天。在旅游服务中心、南站及皇家美术馆均有销售

汽车租赁需提前预约

去布鲁塞尔附近的稍远地区进行一日游的话,选择自驾游最好。为了确保安全舒适的自驾,最重要的是要选择一款适合自己的车。为了确保租到自己心仪的车,最好提前预约。

另外,若违反当地交通规则而被处以罚款,旅行的兴致也会减半。不能酒后驾车自不用说,还需要注意不可以违规停车。布鲁塞尔主干道都设有专用停车场,停在那里最保险。例如在王宫地区每次停车时间最长3小时,1小时1欧元,2小时3欧元,3小时5欧元。而且,只能周一至周六的9:00~18:00可以停车。使用时只能投硬币,所以请务必随身备好零钱。

停车场上写有停车时间、费用及使用方法的说明牌。在布鲁塞尔的各大广场及主要建筑物附近都备有临时停车场

冬季道路信息咨询
贝尔吉库旅游俱乐部
Touring Club de Belgique
☎ 090010280

布鲁塞尔市内交通图
（主要线路）

图例：
— 铁路
— 地铁1号线
— 地铁2号线
— 地下电车3号线
— 地下电车4号线
— 地铁5号线
— 地铁6号线
— 电车/停靠站
92 93 电车路线号与终点站
站名标志为法语／荷兰语

各有特色的观光旅行团

街头醒目的观光巴士

主题型观光旅行社
- Arau
  ✉ Bd. Adolphe Max 55
  ☎ 02-2193345
- Arkadia
  ✉ Rue Hotel des Monnaies 120
  ☎ 02-5376777
- Brukeslbinnenstebuiten
  ✉ Rue du Houblon 47
  ☎ 02-2183878

巡航游、自行车游等体验游型旅行社
- Brussels by Water/Rivertours
  ✉ Quai des Péniches 2bis
  ☎ 02-2185460
- Calèches Carlos Moens-Stassens
  ✉ Watermolen 1-9300 Aalst
  ☎ 053-700504
- Pro vélo
  ✉ Rue de Londres 15
  ☎ 02-5027355

其他类别的旅行社
- Dédale Culture
  ✉ Avenue de la Nivéole 10
  ☎ 02-2684226
- Chatterbus
  ✉ Rue des Thuyas 12
  ☎ 02-6731835
- Itinéraire
  ✉ Rue Hôtel des Monnaies 157
  ☎ 02-5343000
- D Tours
  ✉ Avenue des Klauwaerts 30
  ☎ 02-6488077
  🌐 http://www.d-tours.org
- La Fonderie
  ✉ Rue Ransfort 27
  ☎ 02-4109950
  🌐 http://www.lafonderie.be

发掘跟团游更多魅力

带着导游指南漫步旅行的自由虽然趣味无穷，但是若有人能详细指引并讲解，便能更深入地了解当地的风土人情。布鲁塞尔旅行社（需要提前半个月预约）的导游就可以提供这样的服务。这里的导游业务精湛，从有名的观光景点到不为人熟悉的稀奇景点，导游大都只需40分左右即可讲解完毕，讲解语约有15种，他们会将各景点乃至街区深藏的魅力发掘出来以满足游客的好奇心。也可以听完导游的讲解后重游自己感兴趣的景点。预约地点：大广场旅游服务中心（参见p.168）。

通往各景点的巴士观光游

巴士旅行最大的乐趣就是其移动性，可以边赏景边享受旅途的惬意。同时，也不用担心在陌生的地方找不到目的地，可以全身心领略秀丽的风光。即使没有充足的时间，也可以乘坐观光巴士在短时间内逛完主要景点，从而得到旅游的充实感。借助自助导游讲解机可以边听讲解边观赏街边风景，既有场景对照又容易理解，当然也可以在出发前通过自助导游讲解机提前了解各景点的概况。另外，也有发往根特及布吕赫等其他城市及周边国家如卢森堡、荷兰、法国等城市的远距离旅行巴士（以下数据只供布鲁塞尔市内观光使用）。

布鲁塞尔旅游路线 Visit Brussels Line
☎ 02-5137444　预约：各主要车站、旅游服务中心、车上　出发：中央车站10:00~16:00（半小时一趟，周六~17:00）所需时间：约1.5小时费用：18欧元（可自由上下车）

大城市游路线 Grand City Tours
☎ 02-5137444　预约：各主要宾馆、旅游服务中心。出发：中央车站附近的超市，每日10点开始（大城市游，约需2.5小时左右）14:30~（加巧克力观赏游，约需3小时15分左右）费用：24欧元（若参加从14:00开始的巧克力观赏游，需28欧元）

以观赏艺术及感受布鲁塞尔夜生活为主的主题游

普通主题的旅游路线虽然安排得丰富多彩，但是若想进一步了解经城市设计专家精心打造的布鲁塞尔景观，或欣赏布鲁塞尔的新艺术建筑，抑或参观艺术家的工作室及壁画，可以参加以观赏艺术为主题的艺术观赏游。

海陆空体验游

对于行动派的游客来说可以根据自己的兴趣爱好选择参加各种体验游。例如可参加自行车体验游，旅游旺季时可参加古香古色的马车观光游，也可以参加乘坐直升机体验惊心刺激的空中体验游，还可以参加轻松愉快的水上巡航游。

布鲁塞尔大广场周边主要景点

以众多华丽的商会大楼集聚的大广场为中心的旧市区曾被称为"下城区（Lower City）"。这里沉淀着中世纪绚烂的文化，和蔼可亲的市民让游客没有丝毫的陌生感。同时这里也是集购物和饮食于一身的繁华地带。

中央车站 Gare Centrale

● 从机场出发乘坐机场巴士需20分钟左右

剪切地图-35 MAP p.185-B

中央车站站内有纪念碑，地下还有大厅

布鲁塞尔中央车站可以说是比利时国内的交通枢纽。这里每天游人如织，具有曲线美感的外形构造让人一眼就看出它是新艺术风格的建筑，这也符合人们对布鲁塞尔的印象。站内中央墙壁的一面用纪念碑的形式向游客展示了在两次世界大战中牺牲的3012名铁路建设工人的英勇事迹。

布鲁塞尔大广场 Grand Place

世界遗产 World Heritage

● 从中央车站步行约5分钟

剪切地图-34 MAP p.185-A

布鲁塞尔大广场被誉为世界最美的广场之一，西班牙伊莎贝尔女王及著名诗人雨果曾对它赞不绝口。11世纪时，这里还是填埋塞纳河沙洲而建的市场，12世纪时，逐渐发展成为贸易据点，14世纪时，富商竞相在此建起样式华丽的石造建筑。1695年这里曾遭到路易十四的破坏，但18世纪初经过五年时间的重新改建，从而使这里焕然一新。现在大广场每天早晨都有花市，周日还有鸟市。1998年大广场被列为世界遗产（参见p.19）。

霓虹灯下绚丽多姿的大广场

市政厅 Hôtel de Ville

● 从中央车站步行约5分钟

剪切地图-34 MAP p.185-A

坐落在大广场中心的市政厅显示了东道主的风范。这是典型的后期法国哥特式建筑，左翼建于15世纪初，右翼建于15世纪中期，左右两翼基本左右对称。它们曾于17世纪遭到破坏，18世纪初再次重建。在市政厅中央约96米高的高塔上矗立着布鲁塞尔的守护神圣米歇尔的雕像。

开 周三15:00～、周日10:00～、14:00～（英语导游团，需提前15分钟预约）
€ €5　休 1/1、12/25

布拉班特公爵馆 Maison des Ducs de Brabant

● 从中央车站步行约5分钟

剪切地图-34 MAP p.185-A

布拉班特公爵馆位于大广场东边，是占地面积较大的建筑，里面有很多大型宾馆及西餐厅。之前这里曾是六家商会的办公大楼，因此有六个入口。该建筑物之所以被称为布拉班特公爵馆，是因为建筑物的正面刻有历代布拉班特公爵的胸像。1698年建为巴洛克样式，1882年得到修复。

正面一层窗户下还可以看到历代布拉班特公爵的胸像

为您导航

注意布鲁塞尔大广场一带的治安

大广场游客众多，因此这里也成为盗窃案的多发地带。参观时稍不注意就有可能被偷。另外，携带名牌购物袋最容易被小偷盯上，所以最好将商品放到不显眼的购物袋里。通常小偷会好几个人协作作案，有的专负责转移游客的注意力，有的专负责制造拥挤局面，所以一定要小心各种不自然的状况。另外，南站周边到晚上周围的商店基本都关门，从而成为一个无人区。即使是白天，女性也最好不要一个人去。在附近散步若感觉周边既闲散，环境又脏，最好不要犹豫立即返回。

服饰与针织品博物馆
Musée du Costume et de la Dentelle

●从中央车站步行约5分钟　●剪切地图-34　MAP p.185-A

具有时代特色的坡形屋顶建筑物不是很显眼，参观时需格外留意

该博物馆是是一个坡形屋顶建筑物，位于大广场南边的紫罗兰街上。展示着从17世纪至今布鲁塞尔、比利时及欧洲各地的时尚服饰。这里收藏的针织品十分吸引人的眼球。纤细华丽的众多展品不仅述说着中世纪繁荣的纺织业历史，也向游客讲述了布鲁塞尔的经济、文化发展史。内部17世纪的装饰风格向人们展示了古代布鲁塞尔的地方特色。

☎ 02-2134450　开 10:00~17:00（信息咨询截止~16:45）　休 周二、1/1、5/1、11/1・11、12/25　€ €4

巧克力博物馆
Musée du Cacao et Chocolat

●从中央车站出发步行约5分钟　●剪切地图-34　MAP p.185-A

该博物馆是巧克力粉丝们的梦想之地。在这里可以了解欧洲巧克力从起源到现在的历史发展过程。看到比利时独特的手工巧克力传统做法及一粒粒制作出来的巧克力，会立即产生亲自实践的冲动。在该博物馆不但可以参观巧克力的制作流程，还可以品尝刚出炉的新鲜巧克力。

HP http://www.mucc.be　开 10:00~16:30　休 节假日、周一　€ €5

巧克力制作现场

啤酒博物馆
Maison des Brasseurs

●从中央车站出发步行约5分钟　●剪切地图-34　MAP p.185-A

大广场市政厅旁边的商会大楼正中间，就是被称作"黄金之木（L'Arbre d'Or）"的建筑物，在该建筑物的地下就是啤酒博物馆。原本是作为啤酒行会大楼而建的，但1695年遭到法国军队的破坏，幸运的是，该建筑遭到破坏后不久便被重建。18世纪这里已成为小有名气的啤酒酿造所，经常介绍一些应用最新技术的酿酒方法。到目前为止这里是介绍比利时啤酒信息最全面的地方。参观完博物馆后，在馆内啤酒咖啡馆品一杯啤酒别有一番趣味。

开 10:00~17:00（入馆~16:30）　休 1/1、12/25　€ €3

图恩人偶剧场
Théâtre Toone

●从中央车站出发步行约10分钟　●剪切地图-34　MAP p.185-A

图恩人偶剧场位于肉铺大街旁一条胡同的最里边。从1696年至今，酒吧的二楼一直是人偶剧场。装扮简洁明快的人偶用好几个国家的语言配音，演出的剧目有古典歌剧，也有民间故事，即使听不懂也觉得很有趣。这里还设有一个小小的博物馆，里边陈列着19~20世纪比利时、法国及西西里的传统人偶。除此之外，这里还收藏着从19世纪开始至今的海报及各国关于人偶的书籍。在感受了比利时啤酒的韵味后不妨在此感受一下剧场的氛围。

从挂有该广告牌的胡同进去最里边就是剧场

胡同尽头即是剧场入口处

开 人偶剧演出时博物馆也同时开馆。演出时间是不定期的（周四~周六比较多）
☎ 02-5117137（预约电话）
☎ 02-2170464、02-2172753（演出信息咨询）
HP http://www.toone.be　营 12:00~24:00
休 周日（酒吧除外）、1/1・15　€ €10

马格利特博物馆
Musée Magritte

● 从中央车站出发步行5分钟　● 剪切地图-39　MAP p.176-K

尽管该博物馆于2009年6月才向游客开放，但里边收藏的关于马格利特的作品却是世界上首屈一指的，如其代表作《光的帝国》、《天方夜谭》等，除此之外还收藏着她的200多部作品。有导游讲解服务。

✉ 1 Place Royale　☎ 02-5083211
HP http://www.musee-magritte-museum.be
开 10:00~17:00（信息咨询截止~16:00，周三截止~20:00）　休 周一、一月的第二个周四、1/1、5/1、11/11、12/12　💶 €8

重要信息

关于撒尿小孩铜像的逸闻趣事

提起布鲁塞尔人们就一定会想起位于市中心步行区的小于连像（● 剪切地图-34 MAP p.185-A）。该铜像建于1619年，小于连由于一泡尿而一举成为英雄，关于该铜像的传说多种多样。该铜像1745年曾被英国盗取，两年后平安归还，后又遭到法国的破坏。后来，路易十五作为道歉礼物赠送了一件金制的风衣给小于连披上。从此至今，小于连的服装多达800多件。1987年为宣传防治癌症与艾滋病，比利时又建了一座女版的小于连像（● 剪切地图-30 MAP p.185-A）。

布鲁塞尔的偶像撒尿小于连

布鲁塞尔大广场
Grand Place

新古典优雅风姿的莫奈剧场

皇家莫奈剧场
Théâtre Royal de la Monnaie

●从地铁De Brouckère车站出发步行约3分钟即可到达　●剪切地图-30　MAP p.185-B

皇家莫奈剧场是欧洲首屈一指的歌剧院。1830年8月25日，这里上演了一部关于反抗西班牙统治的歌剧《波荷蒂西的哑女》(La Muette de Portici)，音乐的力量点燃了早已不满的人民的怒火，比利时独立运动就此爆发，从此这里成为布鲁塞尔市民难以忘却的场所。1855年剧场曾遭火灾破坏，后来按照新古典的样式重建。正面大理石柱与三角形和人字形的两面坡屋顶上的浮雕赏心悦目。

HP http://www.lamonnaie.be

比利时漫画中心
Centre Belge de la Bande Dessinée

●从地铁Congrès车站出发步行约3分钟　●剪切地图-31　MAP p.177-C

前来参观的大人小孩都能感受到这里趣味横生、轻松愉快的氛围

比利时漫画中心是新艺术建筑家维克多·奥尔塔于1906年为批发西洋布料的商人设计的建筑，随处可见其独特的设计样式与风格。在这里可以追溯比利时趣味横生的喜剧历史，还可以参观人气作家埃尔热的冒险漫画丁丁的火箭模型。这里的收藏品从全世界来说也算是屈指可数的，在读书室还可以阅读自己喜欢的作品。

☎ 02-2191980
HP http://www.comicscenter.net
开 10:00～18:00　休 周一、1/1、12/25　€8

圣米歇尔大教堂
Cathédral St.Michel

●从中央车站出发步行约4分钟　●剪切地图-31　MAP p.177-C

在山附近与下城中间的小丘上矗立着的哥特式教堂就是雄伟的圣米歇尔大教堂。该教堂于1226年开始施工，但正面建筑直到15世纪末才完工。主体建筑长108米，宽50米，侧面有两对约69米的法式风格的高塔。美轮美奂的彩绘玻璃是查理五世及其家人捐赠的。由于1047年这里存放圣古都勒的遗物，因此该教堂将圣米歇尔和圣古都勒作为守护圣人。

开 大教堂（教堂本部）7:00～18:00（周六·周日8:30～）　宝物殿10:00～12:30、14:00～17:00（周六～15:00、周日14:00～17:00）　€地下室€2.50、宝物殿€1　☎ 02-2196834

圣尼古拉斯教堂
Église St. Nicolas

●从交易所车站出发步行约2分钟　●剪切地图-30　MAP p.185-A

圣尼古拉斯教堂位于证券交易所斜对面。虽然是个很小的教堂，但是历史悠久，它见证了布鲁塞尔从诞生到现在的发展历史。最初的11~12世纪作为市场教堂而建，14~15世纪又被重新建为哥特式教堂，经过16世纪宗教战争、17世纪法国军队的破坏，后历经多次修复。现在的教堂是1955年修复后的模样。

从市场诞生之日起就一直守护着商人的教堂

开 7:45～18:30（周六9:00～18:00、周日与节假日9:00～19:30）　☎ 02-2675164（旅游团咨询）

独特的多样化建筑风格的教堂与黑色的玛利亚雕像

人指责该教堂与坐落在广场上的其他建筑不协调,不过教堂上的绘画却是精美绝伦。左边侧廊建于14~15世纪的《黑色玛利亚》雕像是必看的一大景点。另外北侧大道Quai aux Briques河岸的海鲜美食也闻名遐迩。

☎ 02-5133481
开 8:30～17:30　休 周日下午

圣凯瑟琳教堂
Église St. Catherine

● 从地铁De Brouckère车站出发步行约7分钟　●剪切地图-30　MAP p.176-B

教堂位于圣凯瑟琳广场的中央,是一座古香古色的建筑。该教堂是在1850年原教堂的基础上改建而成的,融罗马式、哥特式及文艺复兴等建筑样式于一体。作为古老教堂的标志,现在塔上还保留着钟楼。有人喜欢该教堂独特的多样化建筑风格,有

黑塔
Tour Noire

● 从地铁De Brouckère车站步行约7分钟　●剪切地图-30　MAP p.176-B

在圣凯瑟琳教堂的背后,有一座圆锥形的小塔,那就是黑塔。它原本是12世纪布鲁塞尔要塞城墙的一部分,塔建于13世纪。塔周围现代化的宾馆鳞次栉比,教堂与塔之间是一个异元化的世界,在这里可以窥探遥远的历史。

王宫周边
主要景点

位于市区东南的王宫周边一带是公园、美术馆及庭园汇聚之地,这里风景秀丽而宁静。往南依次是最高裁判所、大萨布隆地区、高级宾馆及精致的路易斯广场,被称为"上城区(Upper City)",整个街区以雄伟美丽的建筑居多。

壮观的宫殿经过几次扩建后只有在夏季才向公众开放

王宫
Palais Royal

● 从地铁Parc车站出发步行约6分钟　●剪切地图40　MAP p.177-L

王宫位于14世纪作为皇家狩猎场的布鲁塞尔公园背后,当屋顶插有国旗时表示国王正在宫内。这里曾经是重要的要塞,1731年被烧毁,在此基础上奥兰治公爵修建了威廉宅邸,并在此执政,第二年比利时独立。1862年布拉班特公爵重新进行整修。现在的建筑物是1904年左右利奥波德二世重新修建的。

开 10:30～16:30
休 周一、9月中旬至第二年7月中旬

万国宫美术学院
Palais des Beaux-Arts

● 从中央车站出发步行约6分钟　●剪切地图-35　MAP p.177-G

该学院位于王宫的一角,皇家广场的北侧。它同时也被称为"艺术的宫殿",是欧洲屈指可数的文化殿堂。这里经常举行一流的音乐会及话剧表演,有时也会上映电影。该建筑物本身也是布鲁塞尔著名的艺术建筑物,是1928年新艺术运动的领军人维克多·奥尔塔主持修建的,并一度成为当时人们谈论的热门话题。

在新艺术风格的建筑中鉴赏艺术

皇家美术馆
Musée Royaux des Beaux-Arts

● 从中央车站出发步行5分钟　　● 剪切地图-39 MAP p.177-K

古典美术馆有40个展示弗朗德绘画的展台

该美术馆位于皇家广场西南方向，是比利时最大的皇家美术馆，由古典美术馆与现代美术馆组成，独立的两个馆正面入口也是分开的，通过地下通道连接在一起。

东侧庄重而沉稳的新古典主义样式的建筑物是古典美术馆，陈列着15～18世纪的绘画及雕刻作品。提起比利时一定会想起初期的佛兰德绘画，在二楼15～16世纪展厅可以看到这些绘画。同时该馆还设有大勃鲁盖尔作品的专题展示区，其中堪称比利时七大秘宝之一的《伊卡洛斯的坠落》值得一看。二楼主要展示的是17～18世纪的作品，在这里还可以参观鲁本斯（《黑人的习作》）及约尔丹斯（《酒席之王》）等画家的作品。地下是雕刻展厅及咖啡馆。

现代美术馆展示的是19～20世纪的绘画作品。该馆是地上三层、地下八层的建筑物，即使是地下八层自然光也能很好地照射进去，设计之巧妙让人赞叹不已。

该馆最大的看点是地下五层与六层。以比利时的马格利特、德尔沃为代表的超现实主义画家的作品都集中在这两层。超现实主义的先驱象征主义的作品在二楼，除了有比利时画家恩索尔的《令人惊骇的面具》、克诺普夫的《回想坪上的网球》之外，还有伯恩·琼斯的作品。三楼为主题展示区，有库尔贝、柯罗的风景画，还有科斯塔布鲁和西涅克的海景画。

现代美术馆地下八层采光也非常好

HP http://www.fine-art-museum.be
开 10:00～17:00　休 周一、1/1、一月第二个周四、5/1、11/1・11、12/25　€ €8 每月第一个周三13:00～入场免费。

古典美术馆
Musée d'Art Ancien

- 14 梅姆林
- 31 勃鲁盖尔
- 中2F
- 2F
- 51 约尔丹斯
- 52、62 鲁本斯
- 艺术品商店
- 1F
- 古典美术馆入口
- 咖啡馆和餐厅
- 讲堂

皇家美术馆示意图

现代美术馆
Musée d'Art Moderne

- 全景图
- 索拉冈更
- 布朗热沃格尔
- 3F
- 克诺普夫
- 恩索尔
- 2F
- 塞露贝鲁克
- 纳本斯
- 1F
- 现代美术馆入口
- 达本多
- 加勒
- 地下1F
- 地下3F
- 地下4F
- 穆尼耶
- 地下2F
- 地下6F
- 德尔沃
- 马格利特
- 地下5F

图例：
- 15～16世纪
- 17～18世纪
- 雕刻
- 19世纪
- 20世纪
- 特别展示

※数字表示各展厅的编号

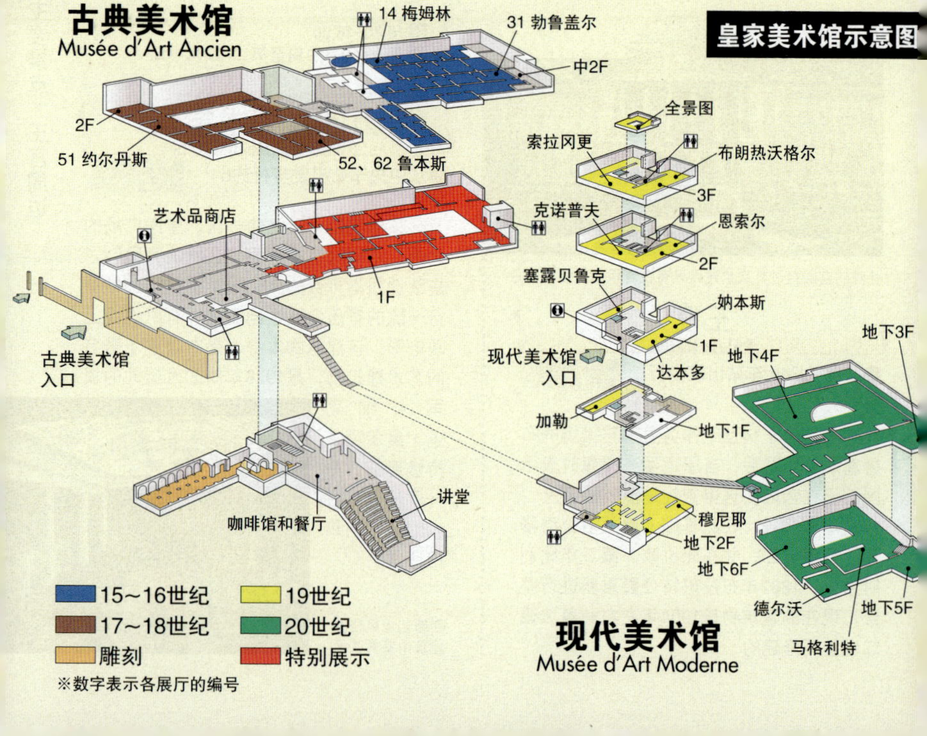

蒙德爱庭园
Mont des Arts

●从中央车站出发步行约3分钟

●剪切地图-35 MAP p.177-G

参观完美术馆可以在幽静的庭园里稍作休息

蒙德爱是"艺术之丘"的意思。这是位于国际会议中心与皇家图书馆中间的一个广阔庭园。庭园始建于1909年，后重建成具有法式风格的艺术花园。从皇家广场周边眺望平缓的小丘，景色美不胜收，若时间允许不妨去欣赏一下。

乐器博物馆
Musée des Instruments de Musique

●从中央车站出发步行约5分钟

●剪切地图-39 MAP p.177-G

乐器博物馆于2000年搬进皇家广场的老英格兰大楼。其象征音乐的铁与玻璃相结合的新艺术建筑物十分引人注目。这是1898年由保罗·赛特诺伊设计修建的。这里收藏着各

新艺术建筑样式的外观

个时代约7000多件乐器，其中有1200多件常年展出，通过这些作品可以了解乐器的历史及各民族的文化。在观看乐器奇特造型的同时还

绘有精美装饰画的大键琴。可以想象举行沙龙时用此琴演奏的优雅场景

可以通过音频指南试听各种乐器的音色。

|HP| http://www.mim.be |开| 9:30~17:00（周六、周日10:00~，信息咨询截止闭馆前45分钟）|休| 周一、1/1、5/1、11/1・11、12/25 |€| €5

甘鲁莉百货大楼
Galerie de la Toison d'Or

●从地铁Louise站步行约4分钟

●剪切地图-43 MAP p.174-J

时尚的甘鲁莉百货大楼

位于环状道路的东南方向、纳米尔车站与路易斯车站中间的百货大楼旁的购物中心就是有名的甘鲁莉百货大楼。面向街面的是各种高级精品店和高级宾馆，购物环境优雅而轻松。周围还有电影院、咖啡馆及西餐厅，在这里可以体验与旧市区完全不同的感受。

萨布隆圣母教堂
Église Notre Dame du Sablon

●从中央车站步行约8分钟

●剪切地图-39 MAP p.177-K

萨布隆圣母教堂坐落在大萨布隆广场上。该教堂位于建于12世纪城墙的外侧区域，直至13世纪末这里也几乎没有人居住。自1304年修建了一座小礼拜堂后吸引了很多朝拜者。1348年，很多虔诚的信徒认为该教堂是得到圣母玛利亚的神谕。1436年该教堂被重建为哥特式建筑样式；直至现在。

典型的布拉班特哥特式建筑样式的教堂

|开| 9:00~18:30 |€| 免费

比利时・布鲁塞尔

主要景点／王宫周边

手持表示各职业的道具铜像象征着行会

小萨布隆广场
Place du Petit Sablon

● 从中央车站步行约8分钟　●剪切地图-39　MAP p.177-K

萨布隆是一块优雅的地区。1890年修建的雷杰斯大街将该地区一分为二，现在被栅栏围起来的公园就是小萨布隆广场。该广场被48尊代表不同行会的铜像环抱，这些铜像千姿百态，十分有趣。在铜像的后方是墨卡托及亚伯拉罕·奥特里斯等16世纪著名的学者及文学家的雕像。在广场中央矗立着抵抗西班牙压迫而被处刑的艾格蒙特和霍伦的雕像。

大萨布隆广场
Place du Grand Sablon

● 从中央车站步行约9分钟　●剪切地图-38　MAP p.176-J

大萨布隆广场中央的密涅瓦喷泉

大萨布隆广场与小萨布隆广场的氛围完全不同。在大萨布隆广场四周是各种咖啡馆及西餐厅，很是热闹。广场中央的喷泉非常独特，可以让布鲁塞尔的市民想起往昔，这是曾在布鲁塞尔受到款待的苏格兰布鲁斯王为表达谢意于1751年建造的。由于该广场还是艺术商店及艺术画廊汇聚之地，所以周末这里的艺术市场非常热闹（周六9:00~17:00，周日9:00~14:00）。

最高裁判所
Palais de Justice

● 从地铁Louise车站出发步行约6分钟　●剪切地图-42　MAP p.174-J

在萨布隆地区南边高台上矗立着的雄伟建筑物就是最高裁判所。19世纪该裁判所被认为是世界最大的司法建筑，高100多米，总面积达2万多平方米。中世该裁判所被称为"绞首台之丘"，站在最高裁判所的顶端可以眺望至布鲁塞尔北端的原子球塔。人们非常自豪地认为这里可以与巴黎的圣心教堂相媲美。1866~1883年在原刑场上修建了现在的裁判所，它是由约瑟夫·普拉曼设计修建的。

从小丘上俯视庄严的最高裁判所

开 8:00~17:00　休 周六、周日、节假日、7月

圣母院礼拜堂
Notre Dame de la Chapelle

● 从中央车站出发步行12分钟　●剪切地图-38　MAP p.176-J

该礼拜堂位于大萨布隆广场西侧，是13世纪罗马式与哥特式相融合的建筑物。它是一座与画家大勃鲁盖尔有密切联系的教堂，礼拜堂的其中一间就是他与其妻子捐赠的。他们的婚礼就是在这里举行的，但是6年后，即1569年他就长眠在这里了。另外，在举行圣餐礼的礼拜堂还埋葬着捍卫工会自由的领导者弗朗索瓦。

看起来庄严肃穆

开 9:00~19:00（11~2月~18:00）

重要信息

几经变迁、魅力无限的马洛鲁地区

最高裁判所西侧一带的低洼地区就是马洛鲁地区（●剪切地图-41 MAP p.174-I）。从连接圣母院礼拜堂与阿尔门的奥特大街西侧进去的第一条街布兰大街上（●剪切地图-41 MAP p.176-J），有很多年轻艺术家的工作室及画廊。他们闲暇时去的咖啡馆也在这里。除这一排精巧而舒适的小店外，还有不少让人垂涎三尺的西餐厅也汇集于此。

大道上设计独特的建筑物鳞次栉比，仅在此散步也很惬意

这里位于市中心，并且地域特色明显，是移民最多的地区。布鲁塞尔的常用语言有荷兰语、法语及西班牙语，另外还有希伯来文与德语的混合语，因此有人说这里是布鲁塞尔方言的起源地。

画廊 "at" ／ Rue Blaes 83/87
开 11:00～18:00 周日～16:00
休 周一、周三

17世纪，这里住着为建设山庄宅邸而工作的手工艺人，到1870年这里已发展成这些成功手工艺人的会聚之地。当将塞纳河改造为暗渠时，富裕的他们逐渐将自己的宅邸搬往郊外。这里一时变得很凄凉，又成为贫民避难的地方。但是不久它又以其独特的地理环境及无限的魅力再次繁盛起来。因此，这一带是到布鲁塞尔不容错过的景区之一。茶色的外壁与阶梯状的屋顶建筑是大勃鲁盖尔之家（●剪切地图-42 MAP p.174-J），现在已成为博物馆（Rue Haute 132，周三、周日下午，只接受15人以上的团体。得提前通过书信的方式预约）。另外，墙壁一面全是人气漫画的建筑也受到游客的欢迎。在夏佩尔教堂守护的巴鲁广场（●剪切地图-41 MAP p.174-I）上，每天都有二手交易市场及艺术品跳蚤市场（7:00～14:00）。

广场上的跳蚤市场也是布鲁塞尔的一大亮点

比利时·布鲁塞尔

191

郊外 主要景点

郊外也有很多值得一看的景点。如南边新艺术建筑世界、西边文艺复兴时期绚烂文化的史料馆、东边可以解读布鲁塞尔文明的博物馆及北部王宫周边新景区。不妨乘坐电车巡游一圈吧。

幽静的坎布雷修道院。宽敞的庭院，是市民休闲、散步的场所

伊克赛勒地区
Ixelles

●乘坐电车94路在Abbaye/Abdij下车
MAP p.167

若想对新艺术有深刻的了解，一定要来这里。布鲁塞尔自由大学的所在地伊克赛勒地区既是重要的商业区，又是高级住宅区与一般住宅云集的地方，在这里随处可见新艺术风格的建筑。它们优雅的外观让前来的游客有不禁按下快门的冲动。在Rue J. Van Volsem 71大街上有伊克赛勒美术馆，馆内收藏着世纪末的海报和劳特累克的石版画等作品。

新艺术之家

坎布雷修道院
Abbaye de la Cambre

●乘坐电车94路在Abbaye/Abdij下车步行约1分钟
MAP p.167

从路易斯大道往南前行约3公里便到坎布雷森林，森林旁边就是坎布雷修道院，它是1201年吉赛尔设计修建的西多派女子修道院。18世纪曾扩建过，但仍保留了14世纪的一部分建筑，从而使这个修道院从哥特式转变为法式风格与哥特式相融合的火焰式建筑。可以从现在的建筑物依稀觉察出它转变期的影子。

☎02-6481121　开 9:00～12:00、15:00～18:00
休 周六、周日

奥尔塔美术馆
Musée Horta

●乘坐电车81路、92路或者97路在Janson下车步行约3分钟

MAP p.167

奥尔塔美术馆是新艺术建筑的杰出代表奥尔塔（1861~1947年）曾经居住及工作的地方，现在已作为景点向游客开放。2000年这里被列入世界文化遗产名录（参见p.19）。在这里可以充分体验基于自然界灵感而独创的奥尔塔建筑哲学思想。

以崇尚植物为设计理念的内部装饰

☎02-5430490 开14:00~17:30 休周一、节假日、复活节、5/1、7/21、8/15、11/1・11、12/25 €7

大卫布伦爱丽丝美术馆
Musée du David et Alice van Buuren

●乘坐电车23路或90路在Churchill下车步行约2分钟

MAP p.167

该美术馆别样的室内装饰与迷人的庭院设计浑然一体，是一座优雅而吸引人眼球的美术馆。这里曾经是荷兰银行家大卫布伦与奥拉尼斯塔家的爱丽丝结婚后于1929年共同设计建造的爱巢。该建筑物大量使用异国树木及象牙等材料，奢侈至极。在这里可以看到15~20世纪的收藏品，其中勃鲁盖尔（哥哥）的作品《伊卡洛的坠落》可供游客欣赏。

古香古色、奢华时尚且芳香四溢的美术馆庭园

HP http://www.museumvanbuuren.com
开14:00~17:30
休周二 €10（庭园€5）

伊拉斯谟之家
Maison d'Érasme

●乘坐地铁在St.Guido/St. Guidon车站下车步行约1分钟

MAP p.167

伊拉斯谟之家是《愚人颂》的作者、鹿特丹出身的人文主义者伊拉斯谟（1469~1536年）于1521年居住的地方。1932年这里成为博物馆，不仅收藏有家具、工艺品、雕刻、著作等，同时也是文艺复兴时期重要的史料馆，还是专家们的图书馆。因使用与当时相同的材料对这里进行过修复，所以给人的历史感很强。

按照16世纪的样式修复过的书房

HP http://www.erasmushouse.museum
开10:00~17:00 休周一、1/1、12/25
€1.25

汽车世界
Autoworld

●从地铁Schuman车站出发步行约5分钟，从Merode车站出发步行约3分钟

MAP p.175-L

在广阔的空间里展示的各类名车

汽车世界是一个可容纳400多辆汽车、规模巨大的博物馆。在第二次世界大战前，汽车业是比利时的明星产业之一，1902~1934年这里曾举办过各种车展。现在博物馆的建筑是1880年作为车展会场而修建的。这里展示的车有20世纪珍贵的车型、比利时王室用车，甚至还有罗斯福和肯尼迪所乘过的车。

HP http://www.autoworld.be
开10:00~17:00（4~9月~18:00）
休1/1、12/25 €6

圣肯特奈尔博物馆
Musée du Cinquantenaire

●从地铁Schuman车站出发步行约5分钟、从Merode车站出发步行约3分钟

MAP p.175-H

圣肯特奈尔博物馆位于1880年世博会会场圣肯特奈尔公园内。馆内分四部分介绍了世界文明。第一部分介绍的是埃及、希腊、罗马的古代史。第二部分介绍的是印度、东南亚、中国等国家的文明史。第三部分主要展示的是比利时本土遗迹发现的各种考古

圣肯特奈尔公园内凯旋门的右侧即为博物馆

文物。最后一个展厅展示的是欧洲的装饰艺术，收藏着从中世至今的雕刻、家具、陶瓷等作品。

HP http://www.kmkg-mrah.be 开 9:30~17:00
（周六、周日10:00~、信息咨询~16:00）
休 周一、1/1、5/1、11/1、11、12/25
€ €5（第一个周三的13:00~17:00常设展品可免费参观）

原子球塔
Atomium

●从地铁Heysel车站出发步行约10分钟　MAP p.167

原子球塔是为1958年布鲁塞尔世博会而设计的以原子为主题的建筑。它是由9个原子构成的铁分子构造，据说该塔是将一般原子扩大1650倍而建的。可以乘坐电梯至100米处的瞭望台赏景。

巨大的分子结构闪烁着银灰色的光芒

HP http://www.atomium.be
开 10:00~18:00（购票~17:30）
休 一月的最后一周　€ €11

小欧洲
Mini Europe

●从地铁Heysel车站出发步行约12分钟　MAP p.167

小欧洲位于原子球塔下。这里是将欧洲著名的建筑及值得纪念的景点以实物的

欧洲各种代表建筑物及场景以二十五分之一比例缩小再现

二十五分之一比例缩小而成的缩微景观，其中包括被行会之家和王室之家包围起来的布鲁塞尔大广场、伦敦大道及倒塌的柏林墙等300多个欧洲具有代表性的建筑物模型。可以在短时间内畅游一遍欧洲。

HP http://www.minieurope.com 开 季节不同
开放时间不同　€ €13.40　☎ 02-4780550
（如咨询开馆、休馆时间可以致电）

拉肯皇家温室庭园
The Royal Greenhouse of Laeken

●从地铁Heysel车站出发步行约15分钟　MAP p.167

该温室庭园位于现国王的宅邸拉肯宫殿内。其前身是18世纪奥地利统治时期的皇家庭园。利奥波德二世在位之时，任命19世纪著名的建筑家阿尔方斯将其设计为现在的温室庭园。铁框玻璃的温室明净而温暖，因此人们又将它称为"玻璃宫殿"。

有玻璃宫殿之称的明净而温暖的大温室

开 温室每年开放一次，一般在4月左右开放三周。详情最好提前确认
休 周一　€ €2.50

斯托克雷特宅邸
Stoclet House

世界遗产 World Heritage

●从地铁Montgomery车站步行约7分钟　MAP p.167

这是1905年维也纳派的建筑家约瑟夫·霍夫曼设计修建的宅邸。该建筑融合新艺术与装饰派艺术为一体。由于其欧式的建筑外观与内部家具和各式各样的装饰物都完好地保留着原有特色，因此2009年6月该建筑被列入世界遗产名录，一般不对外开放（参见p.19）。若想参观，请咨询布鲁塞尔观光旅游局了解一下具体情况。

✉ Avenue de Tervuren 281, Bruxelles

©OPT-Ricardo de la Riva

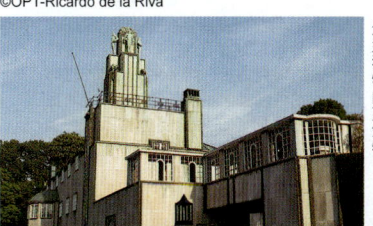

造型独特的建筑物

商店 Shop

飘香四溢的巧克力专卖店、时尚前卫的女装店、传统而独特的品牌纺织品店齐聚于此。在异彩缤纷、琳琅满目的商品中尽情享受购物的乐趣吧。

布鲁塞尔高级商店主要位于路易斯广场和纳米尔车站（●剪切地图-44 MAP p.174-J）周边，古董店则位于萨布隆地区（●剪切地图-38 MAP p.176-J）。若购买特产，首推莫奈广场（●剪切地图-30 MAP p.185-A）周边的购物中心（左图）和圣休伯特画廊附近（右图），这两个地方各种特产品店鳞次栉比，非常方便。一般，商店营业时间从周一至周六的10点至18点或19点左右，但不同地区各商店的营业时间也不同，有的商店周日或夜间也照常营业。

各种巧克力如粒粒宝石般吸人眼球

格莉店
Galler

●剪切地图-34 MAP p.185-A

这是一家位于大广场一角的巧克力店。各种形状、各种口味的果仁巧克力如宝石般陈列在柜台上。这里还有核桃牛轧混合巧克力、蜂蜜与开心果调制的巧克力、心形果仁巧克力，形状各式各样，口味也是丰富多样。由于每颗巧克力都精巧别致，因此它们是最受游客青睐的特产。购买的时候，店员也会用精美的盒子或透明袋完好地给顾客包装起来，服务周到细致。

📧 Grand'Place rue au Beurre,44 02-5020266 🕐 10:00~19:00（周五、周六~20:00）

创立于1857年的老字号果仁糖店

纽豪斯
neuhaus

●剪切地图-35 MAP p.185-B

纽豪斯是驰名世界的比利时巧克力店。出身于瑞士的让·纽豪斯于1857年在布鲁塞尔开设药店，随后他的儿子开设了巧克力专卖店，他的孙子在此基础上扩大经营范围，除了销售巧克力外还销售果仁糖。纽豪斯商店的巧克力和果仁糖在中国乃至全世界都是家喻户晓的高级品牌。

📧 Galerie de la Reine 25-27 ☎ 02-5126359 🕐 10:00~20:00（周日、节假日~19:00）

店前奇特的巧克力喷泉和色彩多样的蛋糕

皮埃尔马露妮商店
Pierre Marcolini

●剪切地图-39 MAP p.176-J

根据季节的不同在各店铺来回移动的巧克力喷泉，吸引了大批游客驻足观看。实际上这个喷泉巧克力还可以食用，这也显示了这家巧克力商店的高超技艺。除此之外，各商店的蛋糕也是享有国际声誉的品牌，种类之多让人目不暇接。

📧 Place du Grand Sab-lon 1 ☎ 02-5141206
📧 sablon@marcolini.be
🌐 http://www.marcolini.be
🕐 10:00~19:00（周五、周六~20:00，周日9:00~）

维塔美露果仁糖的秘密

维塔美露
Wittamer

●剪切地图-39 MAP p.177-K

维塔美露店是维塔美露氏于1910年为继承发扬家族手工制作巧克力的传统而开设的巧克力店，店外的阳台与2楼巧克力沙龙可以品尝前蛋等小吃。2楼商品相对略显高档，在店前柜台也可以买到价格适中的美味食品。

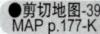

📧 Place du Grand Sablon 12 02-5123742 🕐 7:00~19:00（周日~18:30，周一9:00~18:00）

老字号品牌拥有的放心品质
米埃卢店
Maison du Miel

●剪切地图-34
MAP p.185-A

　米埃卢是创立于1887年的老字号品牌，店内不仅有种类众多的手工蜂蜜和香草等食料，还有肥皂及化妆水等各式商品。另外，该商店还有印制蜜蜂的茶壶、杯子等物品，非常可爱。

✉ Rue de Midi 121
☎ 02-5123250　🕘 9:00～18:00

享受比利时的甜饼世界
达多瓦商店
Dandoy

●剪切地图-34
MAP p.185-A

　这家比利时著名的甜饼店（参见p.161），是始创于1829、集生产与销售甜饼的老字号商店。该商店内的甜饼造型奇特，有人物、动物、植物等各种形状。其中，树木形状的巧克力大大小小装饰在店内墙壁上，很有特色。该商店紧邻大广场，前来参观的游人经常络绎不绝。

✉ Rue Charles Buls 14
☎ 02-5126588　🕘 9:30～18:30
（周日10:30～）

连比利时女王都喜爱的饰品
巴萨奇
Vincenti

●剪切地图-39
MAP p.177-K

　巴萨奇是经营帽子与饰品的商店。由于这里的每顶帽子都是唯一的，因此在这可以买到世界上独一无二的帽子。另外，店内还有各种设计风格的饰品。据说比利时女王都对这里的商品情有独钟。这里的东西并不都是高价商品，年轻人可以轻松前来选购适合自己的商品。

✉ Rue de Namur 93
☎ 02-5127902
🕘 10:30～18:30　休 周日

195
商店

价格适中的饰品
阿鲁茨商店
Arcane

●剪切地图-34
MAP p.185-A

　阿鲁茨商店是一家面向年轻人的饰品店，位于咖啡馆和西餐厅汇聚之地。美女们可以在这里找到全欧洲各地的饰品。另外，在这里还可以根据制造商及制作者来选择自己喜欢的饰品。饰品不仅价格适中，而且前卫时尚，主要以银制品为主。抛开商品不说，单是店内各种可爱的装饰就很值得前来观赏。

✉ Rue du Midi 54
☎ 02-5119142
🕘 11:00～18:30
休 周日

始创于1829年的比利时皇室御用皮包品牌
德尔沃
Delvaux

●剪切地图-35
MAP p.185-B

　德尔沃是一家比利时独立前就已经创立的皮革制品生产商。最初作为皇室的皮革制品供应商而存在，主要提供旅行用的大皮箱及小皮包，是世界著名的品牌之一。该生产商所制作的手提包、钱包、零钱袋、皮带等商品以制作精美而闻名，使用时可以充分感受到它们的魅力。另外，这里还兼销售里昂生产的披肩围巾。

✉ Galerie de la Reine 31
☎ 02-5127198
🕘 10:00～18:30

面向女性的古典时装店

尼古拉斯·威特
Nicolas Woit

●剪切地图-29
MAP p.176-A

这家商店是出身于布鲁塞尔的设计师尼古拉斯·威特经营的古典时装店。店内古典氛围浓厚，不仅有设计师专门为女性设计的古典时尚服饰，还有其他著名设计师设计的经典服饰。除此之外，还有时尚前卫的配饰等小物件，样式齐全，每件都激发着女性无限的购物欲望。

📍 7 Rue Léon Lepage
☎ 02-5034832 🖥 http://www.nicolaswoit.com
⏰ 10:30~13:00，14:00~18:00（周六10:30~18:30）休 周日

广受好评的典雅服饰

戈伊亚
Gaya

●剪切地图-39
MAP p.177-K

在戈伊亚服饰店，顾客可以买到毛衣、马甲、牛仔裤、靴子、帽子等从头到脚的整套服饰。该店主要以传统的服装样式为主，不过色泽独特新鲜，不时吸引路人驻足观赏。这里还经营各种男士服饰，因此在店里可以看到很多男性顾客。总之，该店的服饰传统而时尚，广受顾客的好评，店员服务也很热情。

📍 Rue de Namur 79a
☎ 02-5122371
⏰ 10:00~18:30 休 周日

欧洲大众服饰

H&M

●剪切地图-44
MAP p.174-J

H&M商店位于纳米尔车站西南方向的大街上，紧邻高级精品店一条街。它是欧洲一个大众服饰品牌。店内从T恤到衬衫、毛衣、裙子等服装以€4.9起价，便宜划算。旅途中如由于天气原因需临时购买服装，该商店是旅客最方便的选择。或许在这里还可以挑选到几件具有欧式风格的礼物呢。

📍 Chassée d'Ixelles 15-19
☎ 02-5021501
⏰ 10:00~18:30（周五~19:00）
休 周日

曾经的"布鲁塞尔事件"发生地，如今的针织品店

玫瑰针织精品店
Rose's Lace Boutique

●剪切地图-34
MAP p.185-A

该针织品店原本是宾馆，1873年7月10日兰博诗人在这里遭受了魏尔伦的袭击，这就是"布鲁塞尔事件"。1991年11月10日，该建筑物迎来了它的百年纪念日。据针织品店老板娘讲，这里的针织品比布吕赫的针织品更划算。一块手帕约€5，一个小包约€6.5，一块桌布€20起价，一件衬衫约€15。不如前去逛逛，让这里也成为旅游行程中的一个美好回忆。

📍 Rue des Brasseurs 1
☎ 02-5124534
⏰ 10:00~19:00

新艺术手工艺术品

爱歇尔艺术品
Art Ancien

●剪切地图-35
MAP p.185-B

该艺术品店位于圣休伯特画廊入口处，从1900年开始一直由家族经营，现在的店长是该店的第3代女主人。店内有法国及比利时制的木偶及小玩意。小玩意是具有比利时特色的新艺术品，而且都是手工制作品。另外，店内的装饰也时常变化，感觉很舒服。建议在该店买一些小礼物带回去。

📍 Galerie de la Reine 22
☎ 02-5127430
⏰ 10:30~18:00

洋溢着森林气息的商店
森林商店
Forrest

●剪切地图-31
MAP p.185-B

店内有针织沙发、木质装饰品、陶器、纸质小物件等商品有关植物及小鸟图案的作品非常多，处处体现贴近自然的亲近。因此该店被称为"森林商店"也是名副其实的。

✉ Galerie du Roi 12
☎ 02-5127102
⏰ 10:00~18:00（周日13:00~）

自然舒适的休闲店
卡特里店
Kantolino

●剪切地图-34
MAP p.185-A

卡特里店是位于证券交易所旁边的内部装饰品商店。明亮的店厅与自然的空间，让人感觉十分舒适。店内装饰以温馨的颜色为主。店内商品种类众多，从陶器至玻璃制品，从靠垫到桌布等，室内饰品齐全。单是看着橱窗就已让人很享受了。

✉ Henri Mausstraat 51 ☎ 02-5129367
⏰ 9:30~18:30

餐厅 & 咖啡店
Restaurant & Café

布鲁塞尔餐厅的数量及种类之多让人惊叹不已。无论是高级餐厅还是大众餐厅，无不让人食欲得到极大的满足，不能不感叹这个美食王国的无穷魅力。

在有名的圣色地区（左图●剪切地图-30 MAP p.185-A）的美食一条街用餐是到布鲁塞尔旅游必不可少的体验。不过，有的饭店会根据不同游客而收取不同的价格，因此要十分注意，价格最好在点菜时就提前确认好。不看菜单，试吃一下服务员的推荐菜品也是不错的选择。若想品尝海鲜，可以去圣凯瑟琳教堂前的海鲜餐饮一条街（右图●剪切地图-29 MAP p.176-B）。

菜品色香味俱佳
思堪鲁潭玛餐厅
Scheltema

●剪切地图-31
MAP p.185-B

这是一家以本地菜与法国菜为主的餐厅。贻贝等比利时特色套餐加甜品价位在€25~30。单点的话，自制的鳕鱼熏制品（右下图）约€25，开胃菜有馄饨加冷冻白酱（左下图）和三文鱼与西红柿冻（左上图），这些都是冬天不错的菜品，约€10。

✉ Rue des Dominica-ins 7
☎ 02-5122084
📠 02-5124482
⏰ 12:00~15:00、18:30~23:30（周五、周六~24:30）
休 周日、12/24・25

宽敞的店内一到饭点就人满为患，十分拥挤

比利时・布鲁塞尔

餐厅&咖啡店

圣色地区代表性的老字号餐厅

布鲁塞尔扎鲁姆餐厅
Aux Armes De Bruxelles

●剪切地图-30 MAP p.185-A

该餐厅位于距离大广场不足2分钟的圣色地区"肉铺街"上,是创立于1921年的老字号餐厅也是布鲁塞尔代表性的餐厅之一,店名具有"布鲁塞尔武器"之意。在这里可以品尝比利时地道的传统菜品,这些菜品的材料都是精心挑选出来的,而且师傅也是老手,技术一绝。典雅的室内装饰将店内分成大小相等的小单元,可以提供15~140席的宴会餐饮。

✉ Rue des Bouchers 13　☎ 02-5115598
FAX 02-5143381　営 12:00~22:45(周六~23:45、周日~22:00)

以大海之子为主题的壁画,引起无限食欲

拜萨餐厅
Vincent

●剪切地图-30 MAP p.185-B

充满活力的店内氛围激发起食客无限的食欲。一幅幅以大海之子为主题的壁画之间嵌入制于1912年的菜单瓷砖,再加上从屋顶照进来的明亮光线,营造出格外温馨的就餐环境。店内设有海鲜区和肉食菜品区。

✉ Rue des Dominicains 8-10　☎ 02-5112607
FAX 02-5023693
営 12:00~14:45、18:30~23:30(周日、节假日12:00~15:00、18:30~22:30)

以于连撒尿像为商标的比利时著名餐厅

马奈堪餐厅
Manneken

●剪切地图-34 MAP p.185-A

该餐厅位于布鲁塞尔市中心,从大广场步行约1分钟即可到达。在这里不仅可以品尝正宗的比利时美食,还可以感受比利时最有代表性的就餐氛围。午餐是简单的套餐(约€12)。晚餐有紫草汤、啤酒鸡、野生菜,€11~12)、贻贝等比利时特色菜品,€12.5起价。甜品均为€5左右,价格适中,可以随意品尝。

✉ Rue au Beurre 42　☎ 02-5112612
FAX 02-5137225
営 8:00~11:00、12:00~23:00

愉快且周到的服务

罗格布里克餐厅
de l'Ogenblick

●剪切地图-31 MAP p.185-B

该餐厅服务热情周到,店内氛围明亮愉快。主打菜品(€22~28)类似咖喱饭(右图),被各类蔬菜点缀得异常漂亮。虽然以法国菜为主,但是也有可以加芥末和酱油的生鱼片和可以添加蛋黄酱的鳕鱼菜品(€20左右)。

✉ Galerie des Prin-ces 1　☎ 02-5116151
FAX 02-5134158
営 12:00~14:30、19:00~24:00　休 周日

备受游客青睐的舒适餐厅

蓝昂餐厅
Chez Léon

●剪切地图-30 MAP p.185-A

这是一家典型的比利时餐厅,备受游客好评。值得推荐的有啤酒兔(只限秋天)、鱼类菜品及特制的比利时美食等。午餐套餐€7左右。餐厅墙壁上挂有餐厅创始人及其家人1893年的家庭照片,营造出一种温馨的氛围,更给游客一种居家的感觉。

✉ Rue des Bouchers 18　☎ 02-5111415
HP http://www.chezleon.be
営 11:30~23:00(周五、周六~23:30)

可品尝面包、红酒与绿茶等美味

柯启佳餐厅
Pain Quotidienne

●剪切地图-39
MAP p.177-K

该餐厅的老板曾开过面包店，餐厅营业时间很早，菜品丰富多样。奶酪、火腿、烤肠、鳕鱼等各种组合套餐€2~4。比这个套餐再高级一点的有牛肉、猪肉末、鳕鱼、火腿、奶酪等组合套餐，每份€44~47。餐厅内还有红酒，晚餐时可以享用。

✉ rue des Sablons 11　☎ 02-5135154
营 7:30~18:00（周六、周日8:00~，商店~19:00）

享受时令美食

托鲁瓦餐厅
Les Trois Chicons

●剪切地图-41
MAP p.174-J

该餐厅位于马洛鲁地区巴鲁广场对面的大街旁，是1996年开业的餐厅。门面看起来虽然很秀气，但是餐厅内部宽敞，可以承办各种酒席。该店的特色是用时鲜蔬菜做好菜，主打菜品也是时鲜菜肴，这也传达出比利时人重视时鲜蔬菜的饮食习惯。

✉ rue des Renards 9　☎ 02-5115583
营 12:00~15:00、18:00~22:00（周日11:00~15:00）　休 周一、周二

马洛鲁地区艺术家休憩之地

黑特热水店
Het Warm Water

●剪切地图-41
MAP p.174-I

虽说是家很小的店铺，但总是人满为患。由于该店位于服装设计师、家装设计师和工艺家聚集之地，自然也成为这些设计师休息的地方。店内设计精致独特富有时尚气息。这里的菜品也很有讲究，味道当然让客人赞不绝口。本店的店名"热水"很有趣，在当时燃气还没有普及之时，这家店因提供做饭用的热水而取名为"黑特热水店"。

✉ Vossenplein 25
☎ 02-5139159
营 10:00~17:00
休 周一~周三

汤品一流的咖啡店

玛鲁塞露咖啡店

Chez Marcel

●剪切地图-41
MAP p.174-I

该店位于热闹非凡的巴鲁广场上的跳蚤市场对面，店内顾客以当地常客居多。以日日更新的汤品为主打品牌，例如西红柿汤、青豌豆汤等都是不错的汤品。除此之外，本店还可以单点汤品或啤酒，让客人感觉非常轻松愉快。另外，服务员热情周到的服务也很受赞誉。

✉ Place du Jeu de Balle 20　☎ 02-5111375
营 9:00~20:00
休 周一

奥尔塔美术馆附近的精致餐厅

库依塔兰里餐厅
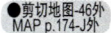
La Quincaillerie

●剪切地图-46外
MAP p.174-J外

该餐厅曾经是一家具有百年历史的五金店，1988年开业以来逐渐受到布鲁塞尔当地人和游客的喜欢。餐厅有自己的农场和菜场，菜品原料天然新鲜，顾客在这里可以享用放心菜肴。午餐一般是主食和开胃菜（或者甜品）组合的套餐，€13左右，非常实惠。

✉ rue de page 45
☎ 02-5339833
HP http://www.quincaillerie.be/
营 12:00~14:30、19:00~24:00
休 周日中午

中世纪厨房里充分感受比利时特色美味

凯勒达鲁覃餐厅
Kelderke

●剪切地图-34
MAP p.185-A

该餐厅位于大广场对面的地下一层。餐厅外部是15世纪的建筑物,而店内全部用石头镶砌而成,很有中世纪厨房的感觉。在这里可以品尝到用红葡萄酒煮的贻贝、根特的特产奶油及北海的小虾炸丸子等美味。晚上客人很多,但是转盘旋转很快,所以站着吃也可以。由于该餐厅的入口不好找,所以来这里的大多都是常客,不妨来这里充分感受一下比利时的当地氛围。

✉ Grand'Place 15
☎ 02-5110956
營 12:00~24:00

充分享受比利时氛围

德利鲁餐厅
Delire Parisien

●剪切地图-43
MAP p.174-J

该餐厅位于距离路易斯广场不足3分钟的路易斯大街西侧。令人怀念的乡土色与时尚的法式风格交相辉映,很有比利时风范。虽说是休闲餐厅,但这里每年都会更换三次菜单,经常带给客人一种新鲜感。

✉ Rue Jourdan 16
☎ 02-5370694
FAX 02-5386168 HP http://www.delireparisien.com
營 12:00~15:00、18:00~23:00
休 周日、节假日

边眺望巴鲁广场边品尝正宗汤品

基德博鲁餐厅
Jeux de Bols

●剪切地图-41
MAP p.174-I

还没到这家店内,便远远闻到一股浓浓的香草味,这正是加香草制成的美味汤品散发出来的诱人味道。这里有日日更新的特色汤品(约€3.5),除此之外,还有比利时啤酒和牛奶咖啡(加入足量牛奶的咖啡)等丰富的饮料可以享用。

✉ Rue Blaes 163
☎ 0475-464646
營 7:00~15:00
休 周一

宛如牛奶工场的咖啡店

库栏暮莉咖啡店
La Cremerie de la Vache

●剪切地图-43
MAP p.174-J

这是一家非常时尚的咖啡店,位于甘鲁莉百货大楼内。店内装饰以干净的白色为基调配有黑色斑点,宛如一座"牛奶工厂",非常清爽。由于位于百货大楼内,这里也成了逛街的顾客及白领一族午餐时分的首选用餐之地。另外,该店手工曲奇和蛋糕也值得品尝。

✉ Rue Jean Stas 6
☎ 02-5382818 營 9:00~18:00
休 周日

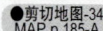

品尝比利时特色菜肴,请到这里来!

卜伦秀餐厅
La Rose Blanche

●剪切地图-34
MAP p.185-A

该餐厅各类啤酒与各种食材相组合的啤酒煮(左图)应有尽有,日日新菜肴也令人期待。另外,这里的特色菜肴还有小虾西红柿包、奶油炖蔬菜等(参见p.156~157)。饭点时刻这里生意火爆,因此最好提前预约。

✉ Grand Place 11
☎ 02-5136479
營 11:00~23:00

酒店 Hotel

来布鲁塞尔酒店住宿的以商业人士及旅行者居多，由于这里距离附近城市较近，选择周边一日游的也大多在这里住宿。不仅有现代化的大酒店、历史悠久的老酒店，还有不少小巧个性的小型宾馆，可根据自己需求来选择。

因为时常宾客爆满因此不需要特别介绍的皇家温莎酒店

布鲁塞尔的酒店散布在环线道路内外，集中分布在景点较多的大广场周边、环线道路外侧的路易斯大街周边。前者以古典酒店为主，后者以现代化酒店为主。另外，德瓦多露大街附近也有很多酒店，以高级宾馆为主。

绝好的观光场所

莫扎特酒店 Hotel Mozart

●剪切地图-34 MAP p.185-A

该酒店距离大广场仅约20米，观光十分便捷。酒店对面是各种经济实惠的餐厅，可以品尝到比萨和皮塔面包等美味食品，因而住在这里餐饮问题会得到很好的解决。进入酒店，从门口至前台的大厅内摆放着豪华的家具，很有欧式酒店的氛围。各个房间构造也大不相同，双人间内屋顶有一条大梁，而单人间内屋顶装扮得可爱至极，很有18世纪的气氛。写字台及床头柜等家具也很有年代感，让人不仅想起尘封的过去。除此之外，电话及电冰箱等新式设备也配备齐全。

✉ Rue Marche aux Fromages 23 ☎ 02-5026661
FAX 02-5027758
📧 hotel.mozart@skynet.be
HP http://www.hotel-mozart.be
室 50 € S/€80、T/€100
（含淋浴设施、早餐、税）

不经意会错过的门口内是莫扎特的世界。美丽的中庭也有莫扎特的作品

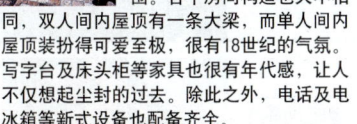

配有古典家具的优雅大厅

比利时·布鲁塞尔

201 酒店

中央车站对面庄重高雅的酒店

子午线酒店 Le Meridien

●剪切地图-35 MAP p.185-B

子午线酒店与新艺术建筑的中央车站风格相近，以时尚的弧线耸立在车站对面。酒店紧邻铁路与地铁站，地理条件十分优越，经常被作为国际会议等大型会议的食宿场所。该酒店在比利时酒店中也是屈指可数的，内部装饰高雅豪华。房间内电话、有线电视、保险箱等设备一应俱全，就连浴室都是用豪华的大理石镶砌而成的。

✉ Carrefour de l'Europe 3 ☎ 02-5484211
FAX 02-5484080
📧 info.brussels@lemeridien.com
HP http://www.lemeridienbrussels.com 室 224
€ S・T/€250~400 早餐€15~24

紧邻精品街、百货大楼，方便购物

布鲁塞尔索菲特宾馆
Sofitel Brussels Toison d'Or

●剪切地图-43
MAP p.174-J

对于爱好购物的人来说选择索菲特宾馆是最合适不过了。该宾馆不但住宿环境优雅，而且地理位置优越，紧邻高级精品街，旁边还有购物中心，步行约2分钟即可到达甘鲁莉百货大楼。路易斯地铁站就在宾馆对面，观光出行非常方便。高雅的房间内电话、有线电视等设备齐全，还设有小型酒吧可供消遣。

✉ Avenu de la Toison d'Or 40
☎ 02-5142200
FAX 02-5145744
邮 H1071@accor.com
HP http://www.sofitel.com
室 170
€ S・T/€135~
早餐€25

能眺望整个大广场美景的老酒店

艾米阁酒店
Hotel Amigo

●剪切地图-34
MAP p.185-A

该酒店位于旧市区的最中心位置，距离大广场步行不到1分钟即可到达。这是布鲁塞尔历史最悠久、条件最好的高级酒店，大厅周边都是1600年铺设的地砖，墙上是18世纪佛兰德地区的挂毯。该酒店最受欢迎的房间要数能眺望整个大广场的房间了。

✉ Rue de l'Amigo 1-3
☎ 02-5474747 FAX 02-5135277
邮 reservation.amigo@reccoforesthotels.com
HP http://www.hotelamigo.com
室 174
€ S・T/€640~（含早餐）

大广场步行圈内的酒店

皇家温莎酒店
Royal Windsor Hotel Grand Place

●剪切地图-35
MAP p.185-A

该酒店距离大广场中心稍有些距离，是一家具有传统欧洲风情的酒店。外壁以灰色墙砖铺设并配有高级装饰。内部房间简约安静，高级羊绒卧具与大理石洗浴池调配出优雅的空间。

✉ 5 rue Duquesnoy
☎ 02-5055555
FAX 02-5055500
HP http://www.royalwindsorbrussels.com
室 267
€ S・T/€99~500

设计精美的小型宾馆

和平宾馆
Pacific Hotel

●剪切地图-29
MAP p.176-A

该宾馆舒适雅致，是个人旅行者的不错选择。房间内部虽小，但是设计很讲究，所用装饰品都是经过店主亲自挑选具有诗意般的物品。可以在舒适的浴室里消除一天的疲劳。宾馆1楼设有酒吧和餐厅，可以很方便地在那里吃到美味实惠的菜肴。

✉ 57 Rue Antoine Dansaert
☎ 02-2130080
HP http://www.hotelcafepacific.com
室 12
€ S・T/€129~169

设计黑白分明的五星级酒店

马诺斯酒店
Be Manos

MAP p.176-I

马诺斯酒店是布鲁塞尔第一家根据现代理念设计的高级酒店。房间内部设计黑白分明，给人一种新颖的强烈空间感。甚至餐厅也以黑白两色为主色调。另外，健身中心、露台、鸡尾酒吧等五星级酒店具有的设施也应有尽有。

✉ Square de l'Aviation 23-27 ☎ 02-5206565
FAX 02-5206767 HP http://www.bemanos.com
室 60 € S・T/€345~380（含早餐）

观光购物随心所欲

香波堡酒店
Hotel Chambord

●剪切地图-39
MAP p.177-L

该酒店位于从纳米尔车站至王宫和皇家美术馆的纳米尔大街旁，这样的地理位置，对于观赏布鲁塞尔景色及欣赏艺术很有利，而且购物也很方便。酒店吸取了很多装饰艺术风格，雅致的房间内部可以打电话、看电视，还设有酒吧供客人消遣。更人性化的是，该酒店还专设宠物中心保管宠物。站在房间阳台上布鲁塞尔的街景尽收眼底。

✉ Rue de Namur 82
☎ 02-5489910
FAX 02-5140847
HP http://www.hotel-chambord.be
室 67 € S/€112~190 T/€165~225（含早餐、税）

商会建筑风格的外观

宜必思布鲁塞尔大广场酒店
ibis Brussels off Grand'Place

●剪切地图-35
MAP p.185-B

宜必思布鲁塞尔大广场酒店位于距离巧克力博物馆、啤酒博物馆及图恩人偶剧场等大广场周边景点步行1～2分钟的地区，非常方便。它可以说是耸立在大广场之上的现代版商会建筑。房间内部虽然小巧雅致，但是设备齐全，如洗浴用品等应有尽有，所以顾客大可放心。另外，附近还有餐饮街，无论是晚上或是其他时间都可以尝到美味菜肴。

✉ Grasmarkt 100, rue de Marche aux Herbes ☎ 02-5144040
FAX 02-5145067
邮 H1046@accor-hotels.com
HP http://www.ibishotel.com 室 184
€ S・T/€69~195 早餐约€14（含税）

比利时・布鲁塞尔

203 酒店

南站附近便捷舒适的宾馆

弗朗瑞斯米迪宾馆
Floris Ustel Midi

MAP p.174-I

该宾馆由新艺术格调的四座建筑物连接而成。宽敞的房间给人简约干净的印象。比利时风味的餐厅位于阳台上，因此天气晴朗的时候可以在阳台上享受美味。另外，每周日宾馆附近都有集市。

✉ Square de l'Aviation 6-8 ☎ 02-5206053
FAX 02-520-3328
HP http://www.florishotels.com/ 室 144
€ S・T/€65~290（含早餐）

大广场景色尽收眼底

圣米歇尔宾馆
Saint-Michel

●剪切地图-34
MAP p.185-A

该宾馆是位于大广场东面商会大楼上的小宾馆。由于在这里可以轻松领略布鲁塞尔大广场这个被誉为世界最美的广场，因此这里常常宾客爆满。不过，最值得来这里体验的时间是，当有华丽的花市及热闹豪华的大型活动的时候。虽然房间内有点狭小，但是屋内的猫脚扶手椅等给人强烈的时代感。

✉ Grand Place 15
☎ 02-5110956 FAX 02-5114600 HP http://www.hotel-saint-michel.be
室 14 € S/€80~105 T/€80~180（每个房间都有淋浴）

圣凯瑟琳教堂守护下的宾馆

宜必思布鲁塞尔圣凯瑟琳酒店
ibis Brussels Centre Ste-Catherine

●剪切地图-30
MAP p.176-B

从酒店到圣凯瑟琳车站及布鲁凯车站步行约2分钟。酒店正前方是著名的圣凯瑟琳教堂，距离大广场也就是步行约5分钟的路程。与布鲁塞尔其他的宜必思连锁店一样，房间内设备齐全，方便舒适。对于游客及商业人士来说，这里有一种居家的感觉。

✉ Rue Joseph Pla-teau 2 ☎ 02-5137620
FAX 02-5142214
邮 H1454@accor.com
HP http://www.ibishotel.com 室 236
€ S・T/€69~180 早餐约€14（含税）

艺术个性的装饰

阿尔格斯宾馆
Hotel Argus

●剪切地图-43　MAP p.174-J

✉ Rue Capitaine Crespel 6　☎02-5140770　FAX 02-5141222　邮 booking@hotel-argus.be　HP http://www.hotel-argus.be　室42　€ S/€70~120 T/€75~140（含早餐）

阿尔格斯宾馆位于高级精品店、餐厅、电影院聚集的百货大楼大街上，黑色线条的外观格外引人注目。酒店设计独特，宛如一件装饰派艺术品，特别是大厅和起居室的设计魅力十足。不仅如此，各个房间内部也是同样的设计，因此住在这里会感觉非常有个性。

简约时尚的商务酒店

布鲁姆酒店
Hotel BLOOM!

●剪切地图-28　MAP p.175-C

✉ Rue Royale 250　☎02-2206611　FAX 02-2178444　HP http://www.hotelbloom.com　室305　€ S・T/€79~170　早餐€25

该酒店自2007年开业以来一直很受欢迎。室内装饰不仅简约时尚，而且每个房间都装有从全世界30多个国家精选出的艺术品。由于该酒店位于地铁植物园站前，因此去往市中心也很方便。另外，酒店还有酒吧、餐厅、健身中心等设施，所以这里也成为商务人士的首选之地。

荷兰绘画装饰营造出独特的氛围

伦勃朗宾馆
Hôtel Rembrandt

●剪切地图-47　MAP p.174-J

✉ Rue de la Concor-de 42　☎02-5127139　FAX 02-5117136　HP http://www.hotel-rembrandt.be　室13　€ S/€52~86 T/€75~110（含早餐）

从该宾馆的店名不难看出，它是具有浓厚布鲁塞尔佛兰德地区风情的小宾馆。由于店主人喜欢收集荷兰绘画，因此店内有很多荷兰装饰物。在大厅与房间之间有一个过渡地带，在这里摆设着很多彩绘器皿和按年代排列的餐具架。因此，从这里也可以大致领略到17世纪黄金时期的风貌。房间内如在自己家里一样惬意舒适。

隐匿于大自然中的酒店

尤璐普酒店
Dolce La Hulpe Brussels

MAP p.167

✉ 135 Chaussée de Bruxelles　☎02-2909800　HP http://www.dolce-la-hulpe-brussels-hotel.com　室264　€ S・T/€120~377

该酒店位于东布鲁塞尔索瓦尼森林附近。酒店四周绿树成荫，客房窗户全部进行了改造以便吸收更多的自然光线。经改造后在房间内就可以很轻松地观赏到森林及庭院的美景。另外，这里的体育设施及温泉设施也很完备。

教堂附近年轻旅行者的歇脚地

布鲁塞尔勃鲁盖尔青年旅馆
Youth Hostel Bruegel Brussels

●剪切地图-38　MAP p.176-J

✉ Heilige Geeststraat 2　☎02-5110436　FAX 02-5120711　邮 brussel@vjh.be　HP http://www.jeugdherbergen.be　室48　€ S/€19.50~31 T/€26（26岁以上旅客另加€2~3，含早餐和淋浴），早餐€6.3，晚餐€10.2

该旅馆位于圣母院礼拜堂的北侧。由于它位于勃鲁盖尔教堂的附近，因此被称为勃鲁盖尔青年旅馆。因为旅馆地处市中心，所以无论去哪里都非常方便。大厅里经常挤满了年轻人，非常热闹。旅馆入住及退房手续办理时间为7:00~10:00，14:00~1:00。

泰菲伦公园——尽情享受森林浴
Parc de Tervuren

MAP p.167

●交通：乘坐电车44路终点站泰菲伦下车，约300米处
博物馆 HP http://www.africamuseum.be 开 10:00～17:00（周六、周日~18:00、12/24~31~15:00）休 周一、1/1、5/1、12/25 € €4

以东道主姿态迎接远道而来的客人的中非皇家博物馆

从布鲁塞尔出发向东南方向行进13公里，一片面积约200亩的大公园——泰菲伦公园美景便会呈现在眼前。17～18世纪，这里曾经是宫殿所在地，至今还保留着文艺复兴建筑样式的圣休伯特教堂（1617）及小马屋（1749～1750）等建筑。

在公园入口处是中非皇家博物馆（Musée Royal de Afrique Centrale），它是利奥波德二世命令建筑家查尔斯·吉罗按照路易十六时期的建筑风格设计修建的。该博物馆于1910年作为刚果美术馆向游客开放，其中有来自作为殖民地的非洲中部刚果的展览品。1960年在刚果独立之际，该美术馆的展示品在非洲各地展出。这里还设有珍贵的动植物展柜及民间艺术品展柜。除此之外，公园内还有卖小吃的咖啡店。春夏之际，在公园内还可以划船游玩。

近郊推荐景点

比利时·布鲁塞尔

绿意无边的拿破仑古战场——滑铁卢
Waterloo

矗立在一望无际的古战场上的狮子丘

MAP p.167

●交通：驾车走N5国道Geneppe方向约半小时即可到达 游客中心 ✉ Route de Lion 315, 1420 ☎ 02-3851912 HP www.waterloo1815.be 开 9:30～18:30（11~3月10:00～17:00） € 演出、全景展览馆、蜡像馆、电影院、游客中心门票€8.70（狮子丘免费）蜡像馆（位于游客中心内）开 9:30～18:30（10~3月 10:00～17:00） 威灵顿博物馆 ✉ Chausse de Brussels 147, 1410 Waterloo ☎ 02-3572860 HP http://www.museewellington.com 开 9:30～18:30（10~3月10:00～17:00）休 1/1、12/25 € €5 拿破仑博物馆 ✉ Chausée de Bruxelles 66, 1472 Vieux-Genappe ☎ 02-3842424 开 4~10月/10:00～20:30 11~3月/13:00～17:00 休 1/1、12/25 € €2

在布鲁塞尔以南约18公里处，有一片一望无际的草原，那就是著名的滑铁卢草地。如今这里安静闲适，让人很难想象这里竟然曾经是欧洲历史上重要的战场。1815年6月，拿破仑军与普鲁士、英国联军在这里曾展开了激烈的交战。

曾被称为"拿破仑帝国"的法国，通过武力称霸欧洲。与此同时，欧洲各国进行顽强抵抗，1812年法国军队远征俄国时由于严寒而撤退。3年后，法国军队被英国威灵顿公爵率领的欧洲联军击败，拿破仑的"百日天下"也至此画上了句号。

在古战场上至今还有一座被称为"狮子丘（Butte du Lion）"的狮子墓。登上226层台阶后，不由让人想起那场著名的、影响欧洲历史进程的战役。在狮子丘脚下有圆形的蜡像馆。在长约110米、高12米的巨大荧幕上上映着关于那场战役的详细纪录片，片长约20分钟。另外，距此地数米外，有威灵顿将军的司令部和拿破仑的作战本部，现在这两个地方分别成为博物馆（威灵顿博物馆，拿破仑博物馆），展示着双方作战时使用的床、书信及作战资料等物品。

比利时的红人 少年记者

与伙伴白雪共同冒险的漫画

作为世界先驱艺术的发源地,比利时不仅文化艺术百花齐放,而且连环漫画在文化领域也占有重要的地位。其中最为大家熟悉的就是丁丁。2011年12月,由著名导演斯蒂文·斯皮尔伯格拍摄而成的3D电影《丁丁历险记·独角兽的秘密》公开放映,受到世界关注的同时又掀起了一股"丁丁热"。

《丁丁历险记》讲述的是丁丁登上了一个只有怪物居住的岛屿,由于伪造事件被暴露,时而逃往北极,时而去月球冒险的少年记者丁丁,由于单纯的好奇心而被卷入各种大事件中,读者看着也惊心动魄,但是最后还是得到了完美的结局。

与丁丁相伴的是一个名叫白雪的小狗,它常常让丁丁很失望、很生气,但是每逢危急时总会出现奇迹,白雪会立下大功。这可爱的家伙及其令人意外的行动,总会让大人小孩产生爱意,因此也获得了很多忠实的粉丝。

丁丁与伙伴白雪的迷你模型。其他登场人物的迷你模型也有

永远的小记者

丁丁诞生于1929年。起初是为布鲁塞尔的报纸儿童版面而设计的漫画,创造者是新记者乔治·雷米(1907~1983年)。他经常用埃尔热的笔名在杂志上画漫画,于是萌生了创作该冒险漫画的创意。埃尔热是作者本名Georges Remi的前两个字母Ge与Re的组合。在他的作品中可依稀看到他的身影,例如将主人公丁丁设定为少年记者、善于发现快乐的事情等,这正是作者身份及性格的真实显现。

当时系列漫画里最受好评的是作品中关于西藏及埃及等地方和关于宇宙的描写。第二次世界大战后的1946年,该漫画的彩印绘画本首次出版发行,随之比利时的红人丁丁在欧洲成为热点,甚至被介绍到全世界,同样丁丁也深受中国广大读者的喜欢。有关丁丁及其伙伴的卡通商品经常出现在世界各国的超市及专卖店的柜台上。

丁丁精品店
●La Boutique de Tintin(布鲁塞尔):Rue de la Colline 13(●剪切地图-34 MAP p.185-A)
☎02-5145152 HPhttp://www.tintinboutique.com ⌚10:00~18:00(周日、节假日11:00~17:00)

©2011 Paramount Pictures. All Right Reserved.

佛兰德地区
Vlaanderen

铭刻历史的广场
洋溢青春的新街角

Vlaanderen

布吕赫
Brugge

运河上优雅的天鹅
古老石板路上奔跑的中世纪马车

MAP p.9-G、p.207

街道中心的市场广场，哥特式建筑的对面是英雄彼得·德·肯尼先和扬·布兰德鲁的雕像

黄色车体上印着城市巴士的迷你公交车，配有导览解说器

景点★★★★★　购物★★★★
边走边吃★★★★　远足★★★★★

街区概观
世界遗产

布吕赫是欧洲著名的古都，保存着大量中世纪建筑与街道，运河众多，水道多被引入市区，因此又得名"水都"。被运河包围的历史街区被列入世界遗产名录。运河景观美不胜收，被盛赞为"没有屋顶的美术馆"。

在中世纪砖瓦民居的街道中，还存留有一处佛兰德地区的钟楼群。作为世界遗产之一的佛兰德地区的贝居安修道院位于市场广场的西南部，称布吕赫为"世界遗产街"恐怕也毫不为过。

出行指南

主要景点集中在市中心、北部和南部三个地方，市中心的市场广场四周均是步行街。刚到达布吕赫车站时，如果不介意所携行李，可以去参观爱之湖（Minnewater），北上去贝居安修道院也是不错的选择。直接从车站去市中心，可以在车站0、3、4、6、11、12、13、16站台乘坐去往市中心的电车（可上车购票。单程票€1.2，全天票€5）。第三个停车点是市场广场。观光旅行的话可以乘坐从伯格广场或市场广场出发的电车。

马车：从伯格广场出发，约需半小时 €每辆€36

迷你公交车：从市场广场发车，大约需要50分钟
🕐 10:00~20:00（1·2月/~16:00、3·11·12月/~17:00、4~6月/~19:00、10月/~18:00）€ €14.50

游船：MAP p.210，从标有⚓的地方出发，大约需要30分钟 🕐 10:00~17:30 € €6.70

自行车：布吕赫车站、t Koffieboontje（Hallestraat 4）、Eric Popelier（Mariastraat 26）、De Ketting（Gentpoortstraat 23）、Bauhous Bike Rental（Langestraat 145）€ 1天€6~12、半天€6~8（费用因场所而不同）

路线及导游
● 铁路：从布鲁塞尔市中心出发乘坐IC约需1小时（每小时2趟车）
● 旅游服务中心：〈伯格广场〉 ✉ 't Zand 34, B8000 Brugge ☎ 050-444646 FAX 050-444645 HP www.brugge.be 🕐 10:00~18:00 休 12/25、1/1〈站前〉☎ 050-388083 FAX 050-381842 🕐 10:00~17:00（周六、周日~14:00）

主要景点

市场广场
Markt

●从布吕赫车站步行20分钟

MAP p.210-A

作为布吕赫的中心广场，三面分别被哥特样式的西佛兰德州政厅、巍然矗立的钟楼群，以及可以找到巧克力等点心的基尔特房屋所包围，中央树立着英雄彼得·德·肯尼克和扬·布兰德鲁的雕像，两人是在1302年对法武装起义的英雄人物，在基尔特房屋的前方是排列着遮阳（遮雨用）伞的露天咖啡店面，这里也是热闹繁华的广场的一处招牌景点。

美丽的基尔特房屋上的阶梯状的屋顶

贝尔福钟楼
Belfort

●市场广场对面

MAP p.210-C

建设于中世纪的贝尔福钟楼曾是权力的象征。这座高耸的钟楼最顶部呈现出八角形的特征，有点像是结婚蛋糕的形状。它始建于13世纪，呈上升螺旋状直通顶部的366级石阶于15世纪末完成。从这里眺望整个市场广场地区城市风貌仿佛是在观赏一盆构思精巧的庭院盆景一般，两层的旧宝物库被改造成了博物馆，每隔15分钟都可以听到47个组钟奏鸣，可谓百听不厌。

开 9:30~17:00
休 1/1、基督升天日、12/25
€ €8

英雄仿佛也在倾听着钟楼的悦耳钟声

市政厅和哥特式小屋
Gotische Zaal Stadhuis

●从市场广场步行1分钟即到

MAP p.210-D

位于市场广场东侧的伯格广场对面，呈现长方形的哥特式建筑物是模仿圣骨佛龛的形状，为布吕赫最古老的建筑物之一（1376~1400年），现在经常被用作会议和结婚仪式的2层长老会堂被称为哥特式小屋，1402年橡木制的圆天井和雕刻非常出色，墙壁上描绘着布吕赫的历史事迹，它旁边的"历史小屋"展示着历史资料和艺术作品。

开 9:30~17:00 休 1/1、基督升天日下午、12/25 € 包含自由布吕赫馆的文艺复兴之家的通票€2（只限通票）

圣血教堂
Basiliek Heiling Bloed

●市场广场对面

MAP p.210-C

位于市政厅对面右侧的角落，邻接市政厅而建，因供奉着佛兰德伯爵从君士坦丁堡取回的耶稣基督的血液而得名，下部的圣巴西略遗骨堂是罗马式建筑，而其上部则被改造为哥特式建筑，在教堂入口处，有一处将自己的血液给孩子的雕像，已成为象征。

HP http://www.holyblood.com 开 9:30~12:00、14:00~18:00（10~3月10:00~12:00、14:00~16:00） 休 周三下午、1/1、11/1、12/25
€ €1.50

每年，耶稣基督升天纪念的日子，圣血的游行队伍都会从礼拜堂出发

自由布吕赫馆的文艺复兴之家
Renaissancezaal Brugge Vrije
●市场广场对面

MAP p.210-B

　　这个文艺复兴样式的古文献馆位于市政厅的右侧，屋顶正面上方是手持一天秤的女神，左侧是摩西，右侧是亚伦的青铜像，它旁边是后建的新古典风格的原审判所，这个评议室内有豪华的文艺复兴样式的"自由布吕赫"纪念暖炉，赞颂的是卡尔五世对法战争的胜利，从1528年起的81年间用木材、汉白玉、大理石制造而成，上有卡尔五世的雕像，房梁上有刻有"自由都市"的盾形徽章。

开 9:30～12:30、13:30～17:00（信息咨询截至闭馆前半小时）　休周一（复活节、圣灵降灵节第二天除外）、1/1、基督升天日、12/25　€包含市政厅的通票€2

鱼市场
Vismarkt
●伯格广场步行2分

MAP p.210-D

　　穿过古文献馆和市政厅之间的小路，再向左拐就能到鱼市场。在这个美食国度，绝不仅仅会吃，还应该好好地参观了解一下美食食材。鱼市场建于1821年，呈走廊状。除周日、周一外，每天早上这里都会堆满来自北海的鲜活海产品，生意十分兴旺，即使是市场关闭时，也可以从市场前面的鱼店里买到海鲜。这里还经营着海鲜专营餐馆，真是令食客们垂涎欲滴的场所。

营周二～周六上午　休周日、周一

鱼市场离北海很近，布吕赫有得天独厚的海产资源

象征着高贵的圣母教堂，教堂内，白色大理石的圣母子像，接受着世世代代人们的礼拜

圣母教堂
Onze Lieve Vrouwekerk
●布吕赫车站步行13分钟

MAP p.210-C

　　教堂建于13～15世纪，是一座高达120多米的砖木结构教堂，非常宏伟壮观。在勃艮第公国统治时期，这里曾作为谢鲁鲁公爵家的礼拜堂，公爵的独生女玛丽和哈普斯布鲁克家的马克西米安结婚仪式就在此举行。不幸的是受布吕赫市民爱戴的公主在25岁时因乘马事故而亡，从此伴其父谢鲁鲁的灵位长眠于此。教堂里还保存着米开朗琪罗的圣母子雕塑和扬·凡·艾克的名画《十字架上的耶稣》。

HP http://www.onthaalkerk-brugge.be
开 9:30～16:50（周六～16:45、周日13:30～）
休周一　€ €2

救世主大教堂
Sint Salvatorskathedraal
●从圣母教堂步行3分钟

MAP p.210-C

　　教堂外观宛如一个巨型的火箭，绝无一般教堂的气势，建成如此规模有其历史背景。在12世纪刚刚落成之时，在当时只是规模极小的教堂，由于与法国的战争造成当时主教堂的破坏，而由它临时替代。1834年，从法国独立后，这里迎来了新的司教，进行了大规模的增建，才变成了现在的规模。在这里还保存着带有管风琴的高廊、大理石的圣歌队坐席、德鲁克·鲍茨的画和圣遗物箱以及挂毯等珍贵文物。

HP http://www.sintsalvator.be　开大教堂／周一14:00～18:00、周二～周五9:00～12:00、14:00～18:00、周六9:00～12:00、14:00～15:30、周日9:00～10:00、14:00～17:00　宝物殿／14:00～17:00（周六休息）　€免费

世界遗产

17世纪女权主义教会的修女们发起成立

贝居安修道院
Begijnhof　　　　　　MAP p.210-E

如今已成为本笃会的修道院

交 从布吕赫车站步行5分钟
开 修道院 10:00～12:00、14:30～17:00（周日 14:30～17:00）　料 €2　※从6:30～18:30一直开放。

　在许多城市里都可以看到贝居安修道院，贝居安会是由12世纪列日的祭司发起的运动，是以维护封建社会所排斥的单身女性及失去丈夫的女性们的权益为主要目的而成立的，修女们出于自己的信仰共同生活着，向贫者和病人们无私地奉献，容许有财产者存在，穷人也可以通过劳动凭借收入过上自立的生活，虽有宗教的束缚，仍可以自由地出入修道院。

　算上这一处，佛兰德地区共有13处贝居安修道院被列入世界遗产名录。

海尔法啤酒酿造所
De Halve Maan

● 从圣母教堂步行3分钟　　MAP p.210-E

　1856年创业的斯特拉夫·亨德里克啤酒酿造所。这里的啤酒使用麦芽和啤酒花融合独特工艺酿造而成，味道醇厚，独具魅力，"De Halve Maan"是半个月亮的意思，因此其标志采用半月形的设计，导游会对酿造过程进行详细的介绍，参观后可以进行试饮。附近还有餐馆。

HP http://www.halvemaan.be　开 旅行团　☎ 050-442222　营 11:00～16:00（周六～17:00 11～3月～15:00）　休 12月的周三、12/25・26　料 €6（包含一次试饮）每隔1小时有导游讲解

格鲁特福斯博物馆
Gruuthuse Museum

● 从圣母教堂步行2分钟　　MAP p.210-C

　这里是格鲁查拉斯家的宅邸，因获得福尔德斯伯爵授予的格鲁特专卖权而致富。格鲁特是一种香辛料的混合物，使用于中世纪的啤酒酿造中。

　这里的收藏品是1865年起由布吕赫的考古学会组织收藏的，1955年接收了市里的收藏品，规模得以扩大，展示品有卡尔五世20岁的彩色胸章、木象牙、石和大理石雕刻品。此外还有17、18世纪的家具，16～19世纪的银器和陶器，布吕赫织造的花毯等。还保留着15世纪格鲁查拉斯家使用过的厨房。

开 9:30～17:00　休 周一（复活节和圣灵降临节第二天除外）、1/1、基督升天日、12/25　料 €6

格罗宁格博物馆
Groeninge Museum

● 市场广场起步行约5分钟　　MAP p.210-D

　从第韦尔大街可以看到这个幽静的博物馆，这里收藏着18世纪以后的艺术品并广泛收藏了14～20世纪的各类藏品。主楼收藏着扬·凡·艾克为布吕赫富豪的礼拜堂所作的名画《梵·德鲁·巴勒的圣母子像》和德里克·鲍茨初期的佛兰德绘画作品。17～19世纪的绘画作品陈列在附楼的展厅里。

雅致而不失大气的佛兰德绘画

☎ 050-448743　开 9:30～17:00　休 周一（复活节和圣灵降临节第二天除外）、1/1、基督升天日、12/25　料 €8

可充分体现拥有专卖权的贵族们富裕生活的门饰

比利时・佛兰德地区　布吕赫

（上）钟楼附近街道的花边织物商店（右）屋顶装饰多种多样，十分有趣

亚伦斯之家／布朗温博物馆
Brangwynmuseum-Arentshuis

●从圣母教堂步行2分钟　MAP p.210-D

从带有美丽庭院的18世纪的贵族房屋改造而来的博物馆，展示着出生于布吕赫、活跃于英国的画家布朗温·弗兰克（1867~1956年）的作品与资料，同时陈列着新艺术和装饰艺术风格的作品，除绘画外还可以参观地毯、壶、家具等展品，产于世界各地的花边编织物也陈列于此。

开 9:30～17:00　休 周一（复活节和圣灵降临节第二天除外）、1/1、基督升天日、12/25　€8

内部华丽的拱门入口

梅姆林美术馆
Memling Museum

●从圣母教堂步行1分钟　MAP p.210-E

美术馆前身是圣约翰医院，这里展示着比利时著名画家汉斯梅姆林（1435/40~1494年）的画作。这是在战争时期负伤的梅姆林在此治疗后为表感谢而建成的，作品有表现英国公主乌尔苏拉巡游罗马，归来后在科隆被匈奴族杀害的《圣乌尔苏拉遗物箱》以及《圣凯瑟琳的神秘婚礼》、《英国的悲叹》等作品。

开 9:30～17:00　休 周一（复活节和圣灵降临节第二天除外）、1/1、基督升天日、12/25　€8

花边针织品中心
Kantcentrum

●从市场广场步行13分钟　MAP p.209-D

花边针织品中心毗邻耶路撒冷教堂而建，该建筑是在15世纪的救济院基础上修复改造而成。传统的花边编织学校经常在这里召开市民讲座，每天下午还能见到现场表演，有意者可以购入原材料进行现场学习，可以享受用不同钩针编织花边的乐趣，在中心还可以购买出色的作品及难得的资料等，这里能确保你买到最具地方特色的产品。

花边针织品中心讲习的现场，有些美丽作品就出自孩子们之手

☎ 050-330072
HP http://www.kantcentrum.com
开 10:00～17:00　休 周日、节假日　€2.50

民俗博物馆
Stedelijk Museum voor Volkskunde

●从市场广场步行15分钟　MAP p.210-B

博物馆仿佛矗立在17世纪的街道角落里，这里曾是修鞋业救济院的建筑物。在这里可以观看到以修鞋和制帽为代表的小手工业者的常用工具，还再现了佛兰德地区特色的起居室及厨房的原貌，还有曾流行的收藏品，如当时的服装、大众的节庆用品等，非常有趣。

开 9:30～17:00　休 周一（复活节和圣灵降临节第二天除外）、1/1、基督升天日下午、12/25　€2

炸薯条博物馆
Friet Museum

●从市场广场步行3分钟　MAP p.210-A

炸薯条的种类是多种多样的，作为其发祥地的比利时，炸薯条博物馆于2008年4月开放，主要介绍了炸薯条的历史，展示了美味的薯条制作方法及沙司酱的选择方法。在这里还可以品尝到比利时的美味炸薯条，是深受孩子及大人们欢迎的博物馆。

☎ 050-340150
HP http://www.frietmuseum.be　开 10:00~17:00　休 1/1、12/24·25·31　€6

商店 Shop

市场广场四周的商店林林总总,丰富多样。伯格广场和瓦勒大街间的小路、救世主大教堂附近的西蒙·斯蒂芬普林和泽伊德赞德大街多为富丽堂皇的店面。

精美的手工眼镜店

富慈眼镜店
Hoet

MAP p.210-A

走近小店,定会被橱窗的展示和室内装饰所吸引,这家眼镜店开业于1945年,布鲁塞尔也设有分店,从不引人注意的简单小玩意儿到能够满足玩乐心的精致商品,总有一款会令您满意。

📧 Vlamingstraat 19
☎ 050-335002 FAX 050-339463 E-mail:optiek hoet@hoet.eu
🌐 http://www.hoet.eu
🕘 9:00~18:30(周六~18:00) 休 周日

滚石乐队主唱米克·贾格尔偏爱的品牌

奥利弗·斯特里商店
Olivier Strelli

MAP p.210-A

比利时十分知名的品牌,世界各地名人也时常光顾。店面既令人感到大气沉稳,新鲜的设计又永不会让人感到腻烦,深受理想纯真的女性们欢迎。通常来说高级品牌店容易让人感到不自在,这里店员服务态度爽快明朗,令人舒心。

📧 Eiermarkt 3
☎ 050-343837
🌐 http://www.strelli.be
🕘 10:00~18:00(周六~18:30)
休 周日

精密华美的布鲁塞尔花边针织品

堪萨斯翔针织店
Kanthuisje Bvba

MAP p.210-C

距离市场广场咫尺之遥的小针织品店,所售商品均为自店所制,从便宜的小物件到昂贵的高级品,产品琳琅满目,丰富多样。想买特产的话,刺绣的手帕和装饰品是非常好的选择,装饰店面的巨大花毯令人爱不释手。

📧 Breidelstraat 5
☎ 050-331769
🕘 10:00~19:00
休 2月

全年都能享受到圣诞氛围的专卖店

威法尔特商店
Käthe Wohlfahrt

MAP p.210-C

这是世界闻名的德国圣诞用品专卖店的布吕赫分店。以传统商品为代表,能够感受到原木温暖的胡桃夹子、熏香小木人、圣诞金字塔等传统工艺品,以及花边织物、葛布兰饰品,商品种类齐全。

📧 Breidelstraat 4
☎ 050-346371
🌐 http://www.wohlfahrt.com
🕘 10:30~18:00 休 1月

比利时特产专卖店

斯威尼亚特产品店
Souvenirs M.Moret

MAP p.210-A

位于布吕赫街道中心地带的特产专卖店,主要销售带有布吕赫徽标的各种商品,包括地图、日历、啤酒瓶、开瓶器等,所有的土特产品可在这里一站购齐。

📧 JVlamingstraat 1
☎ 050-334045
🌐 http://www.souvenirsmoret.be
🕘 10:00~18:00(7、8月19:00)
休 周四(7、8月除外)

孩子制作、母亲来卖的手工巧克力

代蒙巧克力店
Dumon

MAP p.210-A、E

糖果屋童话般的可爱外观吸引了众多人的驻足，被甘甜香气围绕的店内出售小粒的巧克力。儿子在郊外的工坊中手工制作巧克力，他母亲在城里经营这家店。另外，这家店在瓦森大街也有分店。

✉ Eiermarkt 6 ☎ 050-346282 FAX 050-610111
營 10:00~18:00（周日~17:00）休 周三（有变动）

五光十色的手工糖果

康菲索商店
Konfiserie Zucchero

MAP p.210-A

这家糖果屋在布吕赫有两家店面，所售糖果均为手工制作，每天都可以在店内欣赏到糖果的现场的制作过程。这里还出售多种当下流行的甜品。

✉ Philipstockstraat 24
☎ 050-331592 HP http://www.confiserie-zucchero.be
營 9:30~12:00、13:00~17:00
休 周日、周一、周二

餐厅 & 咖啡店
Restaurant & Café

这里最有布吕赫风情的店，大多位于市政厅和圣血礼拜堂后面，临运河而建。在市场广场及伯格广场周边也随处可见这样的小店。

可以远眺运河的高级法式餐厅

瑟·奥利弗餐厅
Chez Olivier

MAP p.210-B

迎着快意的河风，可一边望着时而经过的渔家一边用餐，从饭前酒水起，有泡沫三文鱼、龙虾汤、法式烤金枪鱼、甜品，加在一起约花费€45，价格合理且种类丰富的沙司非常诱人，加入了果实和芝麻的小蛋糕也是非常好的选择。

✉ Meestraat 9 ☎ 050-333659
HP http://www.chezolivier.be 營 12:00~13:30、19:00~21:30（21:00截止供餐）

多样的设施，多样的乐趣

帕克餐厅
Park Restaurant

MAP p.210-D

该餐厅由300年前的建筑修复而成，1层是饭店，以法式菜品为主，午餐套餐约€10.9，晚餐套餐约需€60，菜单随当日厨师的推荐菜而变化。室内分为风格各异的三个部分，可以举行宴会，夏天还可以在中庭的阳台上用餐，楼上是小型旅店。

✉ Minderbroeders-straat 1
☎ 049-7801872 邮 info@parkrestaurant.be
HP www.parkrestaurant.be
營 12:00~14:00、18:30~22:00（周二18:30~22:00、20:30截止供餐）休 周一、周二午餐，周日晚餐

温暖的火炉让人想起美好的过去

瑞姆布兰餐厅
Hof van Rembrandt

MAP p.210-A

餐厅氛围非常轻松，北欧依赖火的时间很长，因此这里经常生着暖炉。饭菜从乡土美食到世界各国美食，种类丰富多样，无论是谁都能找到自己钟情的菜肴，价格也十分合适，餐厅里经常有很多惬意地品尝啤酒和甜食的客人，气氛很融洽。

✉ Eiermarkt 10
☎ 050-337450
營 10:30~24:30（周五、周六~2:30）

酒店 Hotel

布吕赫的酒店数量、内部条件可以说仅次于布鲁塞尔，就连重新改造过的小宾馆内部都有齐全的洗漱等设施，因此旅行途中也可以在这里小住几日。

■ 由17世纪的修道院改造而来的高级宾馆

布吕赫NH宾馆
NH Brugge

MAP p.209-E

✉ Boeveriestraat 2
☎ 050-449711　FAX 050-449799
📧 nhbrugge@nh-hotels.com
HP http://www.nh-hotels.com
室 149
€ S・T/€125（含早餐）

宾馆白色墙壁呈现出十分雅致的外观。这里原本是17世纪的修道院，内部结构复杂。但宾馆活用这一构造，在其间设置了游泳池、健身房。中型的房间包含浴室，给人一种清洁感。进行过改造的房屋以深红和深黑为主题色，并添置了造型优美的家具，极富奢华之感，宾馆内有传统的比利时风味餐馆，天气晴好时还可以在阳台上用餐。从布吕赫车站步行13分钟即可到达宾馆。

■ 卧室是16世纪保存下来的建筑

布瑞特宾馆
Hotel Jan Brito

MAP p.210-D

✉ Ereren Fonteinstraat 1
☎ 050-330601
FAX 050-330652　📧 info@janbrito.com
HP http://www.janbrito.com
室 36　€ S/€85～165
T/€99～239（含早餐）

从旧街市中心一路就可来到这个僻静之所。宾馆阶梯状的山形屋顶能使人感到历史的沧桑，建于16世纪的建筑物经修复后，焕然一新成为快捷适用的宾馆。大理石的壁炉和壁画，橡木的台阶还保存着原样，还可以看到当时的房梁和文艺复兴样式的巨大庭院。

■ 从昔日繁荣的宅邸改造而成的客房

赫里蒂奇宾馆
Heritage Hotel

MAP p.210-A

✉ Niklaas Desparsstraat 11
☎ 050-444444　FAX 050-444440
📧 info@hotel-heritage.com
HP http://www.hotelheritage.com
室 24　€ S/€148～234
T/€162～245　蜜月套房€368起价
早餐€21

这座建于1869年的宅邸经过修复改造成宾馆。餐厅天花板和门都有精美的雕饰，巨大的玻璃门分割开了餐厅和宾馆大厅，大厅上部吊着豪华的枝形吊灯，到处给人一种豪华的贵族氛围，客房的设计十分重视实用。

■ 修道院、爱之湖公园附近的酒店

诺福特布吕赫中心酒店
Novotel Brugge Centrum

MAP p.210-F

✉ Katelijnestraat 65B
☎ 050-337533　FAX 050-336556
📧 H1033@accor.com
HP http://www.novotel.com
室 126　€ S・T/€105～ 周末€140～　早餐€18

该酒店位于市区南部，从车站步行约12分钟即到。其周围有爱之湖公园、贝居安修道院等景点，从它前边的卡特里大街向北前行10分钟就可以到达连接市中心的街道上。酒店外还有游泳池，可以在此享受悠闲的时光。

中世纪氛围浓厚的宾馆

布特胡里斯宾馆
Hotel Boterhuis

MAP p.210-A

该建筑物建成于1465年，在经历过修复和粉刷之后分外引人注目，配备着木质家具的室内装饰给人一种中世纪的氛围。虽说是小型宾馆，电话、电视、浴缸、淋浴设备及吹风机一应俱全，还可以在此就餐。

📍 St.Jacobstraat 38
☎ 050-341511 FAX 050-347089
🌐 http://www.boterhuis.be 室 8
€ S/€75~100 T/€95~130

卡特里内大街上的酒店

宜必思布吕赫中心酒店
Ibis Brugge Centrum

MAP p.210-F

该酒店和同属连锁酒店的诺福特布吕赫中心酒店在同一个地区，两者之间就隔着一个小广场。酒店服务生能熟练应对客流入住高潮，即使语言不通也可以顺利地登记入住。

📍 Katelijnestraat 65A
☎ 050-337575 FAX 050-336419
🌐 http://www.ibishotel.com
室 128 € S・T/€80~133

飘荡着中世纪香气的观光酒店

马勒贝格宾馆
Hotel Malleberg

MAP p.210-B

该宾馆距离市场广场仅一分钟左右，位置非常便捷。虽然是经过古建筑修复后改建的小宾馆，但既备有酒吧又有小餐厅，各种设施非常齐全，可以在轻松的氛围中愉快地享受这里的服务。

📍 Hoogstraat 7
☎ 050-344111 FAX 050-346769
🌐 http://www.malleberg.be 室 8
€ S/€70~90 T/€85~120
（含早餐）

静静地矗立在街角的旅馆

布吕赫旅店
Hotel Rosenburg

MAP p.209-D

该旅馆是由中世纪的建筑物改造而来的，不过内部装修却十分时尚，客房面对运河和玫瑰花园，能够眺望美景和街道的中心地区。由于沿运河而建，交通十分便利，若想远离市中心、寻觅安静的环境，这里是不错的选择。

📍 Coupure 30
☎ 050-340194
FAX 050-343539
🌐 http://www.rosenburg.be 室 27
€ S・T/€140~175

氛围和服务态度俱佳的小旅馆

圣母院宾馆
Hotel Notre Dame

MAP p.210-C

该宾馆位于圣母教堂以北约200米处，建筑风格十分朴素，可以看到窗边摆着鲜花，敞开的大门迎接着每一位宾客。宾馆舒适的大厅让人心情愉悦，雅致的室内环境让人有宾至如归的感觉，还可在此用早餐。

📍 Mariastraat 3
☎ 050-333193 FAX http://www.hotelnotredame.be
室 12（有淋浴设施）
€ S/€57~62 T/€76~82
（早餐含税）

离购物中心咫尺之遥

尼克罗斯酒店
Hotel Nicolas

MAP p.210-A

该酒店对于在旅行途中希望尽情享受购物乐趣的旅客们再适合不过了。步行到市场广场仅需2分钟，这里可以算是购物广场的中心地带，然而却毫无喧嚣之感，这就是选择这个酒店的好处所在，包含洗浴和早餐的价格也十分便宜。

📍 Niklaas Desparstraat 9 ☎ 050-335502 FAX 050-337608
🌐 http://www.hotelnicolas.be 室 14
€ S/€55 T/€65（含早餐）

奥斯坦德

Vlaanderen

◆

Oostende

在绵延的沙滩上漫步
走进画家恩索尔的世界

MAP p.9-G、p.207

被称为最时尚的海水浴胜地的奥斯坦德港口

路线及导游

- 铁路：从布鲁塞尔中心出发乘坐IC约1小时10分钟（每小时发车2~5辆）。从布吕赫出发约需15分钟。
- 旅游服务中心：Monacoplein 2
☎059-701199 FAX 059-703477 HP http://www.visitoostende.be 开 10:00~18:00
（6月最后一周~9月第一周9:00~19:00）

景点★★★　购物★★★★
边走边吃★★★★ 远足★★★★★

出行指南

一日之内能基本游览一遍小城，如果在此住一夜，还可参观有柏尔壁画的赌场（15:00以后，21岁以上，不可穿便装）

展示着从新石器时代到罗马时代的遗迹和发掘文物及有关世界大战展品的奥斯坦德历史博物馆（MAP p.219 开除周二学校休假之外6/15~9/16，周六10:00~12:00，14:00~17:00 €€2）、囊括了比利时现代美术作品的州立美术馆（MAP p.219 除周二之外10:00~18:00 €€7）也是非常有趣的选择。

城市风貌

白色绵延的海滨沙滩上，孩子们在海边嬉戏，大人们悠闲地晒着日光浴，这是常见的海边光景。但此处的美感并不仅限于此，建在阳台上别致优雅的茶餐厅，主街道上高级女装店鳞次栉比，街道两侧随处可见如阿尔伯特一世林荫道、利奥波德公园、玛丽吉赞广场等以王室命名的景点，到处都见到游人灿烂如花的笑脸。

奥斯坦德曾是利奥波德一世和他妻子路易斯·玛丽、利奥波德二世钟爱的度假地，贵族们在此建设了奢华的别墅和游乐场。这大概就是奥斯坦德被称为最时尚的海水浴胜地的原因了。

奥斯坦德的渔村，沿港口的维斯卡伊大街前行，有诸多海产小吃销售点

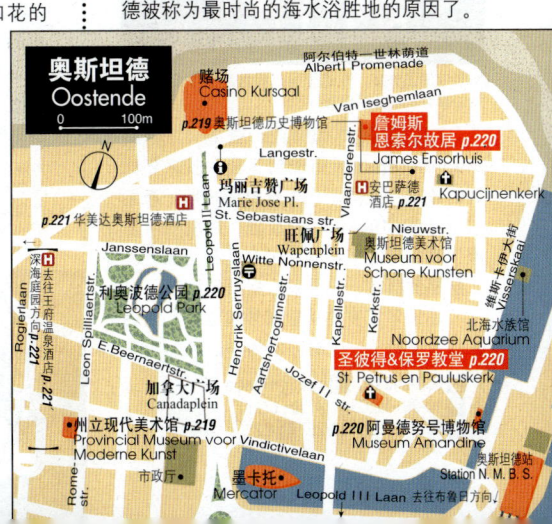

主要景点

圣彼得&保罗教会
St.Petrus en Pauluskerk

● 从奥斯坦德站步行约5分钟　MAP p.219

到达街道之前，圣彼得&保罗教会的双塔会先映入眼帘

这是建于1905年的新哥特式教堂。内部装饰有美丽的镶嵌式彩色玻璃，教堂内安放有1850年起就在此沉睡着38岁早逝的路易斯·玛丽女王的灵位，在它的后方是烧毁于1896年的旧彼得教堂塔遗址，现在已变成了一个小型博物馆。

☎059-701719　开8:30~12:00、14:30~18:00（周日15:00~18:00）€免费

詹姆斯·恩索尔故居
James Ensorhuis

● 从旺佩广场步行2分钟　MAP p.219

恩索尔的工作室。在这里可以观看到他作品中所描绘的家具及屋内装饰品

　　从旺佩广场向北前行，沿着Vlaanderenstr大街走到尽头，就来到比利时象征主义画派代表画家詹姆斯·恩索尔（1890~1949年）的故居。房屋一层复原了其父母经营过的土特产礼品店原貌，二层是资料室，三层是画室兼起居室。

　　恩索尔17岁时从皇家学院退学，随后在故乡进行了一生的艺术创作。

☎059-242191　邮info@musee.be
开10:00~12:00、14:00~17:00
休周二、1/1、12/25　€€2

阿曼德努号博物馆
Museum Amandine

● 从奥斯坦德站步行约2分钟　MAP p.219

　　拖船阿曼德努（AMANDINE）0.129号于1962年入水以后，一直服役至1995年。这艘船主要从事鳕鱼、比目鱼、鲽鱼等鱼类的捕捞，1998年被改造成了博物馆，由非营利团体运营，凭借爱好者们的热情及针对失业者的政策，修理作业为当时失业者提供了工作。拖船全长36米，宽6.7米，排水量65吨，准乘10人（实际船员8人左右），从这里可以了解到船体构造及北海渔业的状况。

服役30年的拖船最终被改造成了博物馆

HP http://www.museum-amandine.be
开10:00~17:00（7、8月~17:30）€€4

利奥波德公园
Leopold Park

● 从旺佩广场步行4分钟　MAP p.219

　　结束了市区的游览后，可以在此好好地休憩一下，多彩的鲜花时钟装饰出"OOSTENDE"（奥斯坦德）字样，仿佛在入口处迎接八方来宾。这座建于1870年的公园，面积约5公顷，园内既有喷水设备又有池塘，其中还保留了建园伊始就有的凉亭。绿意盎然的园内可见到散步及慢跑的学生身影，如画一般的风景。

与海港形成了鲜明对比，幽静的利奥波德公园时而传来水鸟鸣叫之声。一边远眺美丽的喷水池和桥，一边缓步而行，身心都得到了放松

（右）绿色掩映中的石庭和池塘，极具日式风情（上）远眺庭院，时间在这里静静地流淌

重要信息

"深海庭园"——一处适合休憩的静谧场所

2001年7月在奥斯坦德市区的西北部开放的"深海庭园"具有明显的日式风格。当时菲利普王子亲临了华丽的落成仪式，庭院中，石庭、竹林、龟形池、小亭等庭院特征一应俱全，步移景变，可以享受不同乐趣的景色，当身心沉浸在静谧世界时，甚至忘记了这里是欧洲的港口城市，两个世界的对比如此妙趣横生。

开 周六、周日、学校休假时10:00~18:00
休 11/11~复活节
€ 免费

酒店 Hotel

要想深入体验这个海滨休闲胜地的乐趣，一定要在此留宿一夜。沿海岸步行、参观景点等白天的活动结束后，丰富的夜生活又开始了。

■ 赌场、海滨，尽在此娱乐区

华美达奥斯坦德酒店
Ramada Ostend MAP p.219

距离利奥波德公园和赌场很近，可以在此享受休养地的乐趣，标准的餐馆、安静的酒吧、有明丽日光射入的会议室、宽敞的聚会场所一应俱全。除住宿以外的客人也很多，宛如奥斯坦德的社交场所。

✉ Leopold Ⅱ-Laan 20
☎ 059-707663
FAX 059-808406
邮 info@ramada-ostend.com
HP http://www.ramada-ostend.com
室 90
€ S・T/€99~120（价格因季节而异，含早餐）

■ 醒目的建筑给人印象深刻

王府温泉酒店
Hotel Thermae Palace MAP p.219外

充满了装饰派艺术气息的海边酒店，超过80间的客房可以观海景。宽敞的浴室、小型酒吧，各个房间中设施完备，可以免费使用互联网对于旅客来说是非常便捷的。早餐时也可以在餐厅中远眺全景，还提供有小吃。

✉ Koningin Astridlaan 6
☎ 059-806644
FAX 059-805274
HP http://www.thermaepalace.be
室 159
€ S・T/€60~170（临海客房€85~195）
早餐€17.50

■ 位于市中心旺佩广场的经济型酒店

安巴萨德酒店
Hotel Ambassadeur MAP p.219

这是坐落于旺佩广场对面的小型酒店。夏季的广场上常常游客众多，热闹非凡。酒店室内布置简单朴素，备有浴室，只要付费便可以充分满足洗浴的需求。在此可以尽情地品尝海鲜，稍稍早起一会儿，早餐后吹吹海风，还可以在明亮的阳台上小憩一会儿。由于距离购物中心很近，购物也非常便利。

✉ Wapenplein 8A
☎ 059-700941
FAX 059-801878
室 27
€ S/€50~75
T/€80~95（含早餐）

Vlaanderen

克诺克–海斯特

Knokke - Heist

以美丽的海滩和马格利特赌场为荣
全欧洲屈指可数的高级休养地

MAP p.9-G、p.207

景点 ★★★　　购物 ★★★
边走边吃 ★★★★★　远足 ★★

出行指南

这个地区的两个景点之间不宜步行，建议乘坐交通工具。如果从布鲁塞尔或布吕赫出发，可以在海斯特留宿或当日返回。如果在克诺克站下车，乘13路公交车会经过兹维尼自然保护公园，回来时顺便去海斯特比较好。在克诺克住宿的话，可以在海斯特下车，顺道去参观诺克法勒博物馆。还可以在车站旁的旅游服务中心租用汽车出行。

城市风貌

克诺克–海斯特是指从克诺克到海斯特周边12公里的北海沿岸地区，是在全欧洲都颇有名气的疗养地。克诺克是女装商店及画廊聚集的高级地段，而海斯特则有一种舒适愉悦的家庭氛围。

不过这里最大的魅力是可以欣赏到大海的自然风光。3500公顷的开拓地上树立着各种步行或骑车旅行的路标，享受迎着海风在沙滩漫步的乐趣，可谓是最高形式的奢华休假。

在海斯特周边的沙滩上有很多大型度假公寓

路线及导游

● 铁路：从布鲁塞尔中心出发乘坐IC到达克诺克约1小时20分钟（每小时发车1趟）
● 旅游服务中心：＜克诺克＞
✉ Zeedijk-knokke 660　☎ 050-630380
📠 050-630390　🕗 8:30～18:00
休 1/1、12/25
＜海斯特＞　Knokkestraat 22
☎ 050-630380　📠 050-630390
🕗 9:00～12:30、13:30～17:30　✉ toerisme@knokke-heist.be
🌐 http://www.knokke-heist.info（克诺克、海斯特共用）

主要景点

诺克法勒博物馆
Sincfala Museum

● 从海斯特站步行12分钟

MAP p.223-A外

该博物馆前身是一所学校，在1899年修复后成为当地的历史博物馆，真实再现了这个地区的渔业和农业方式、工业品和过去日常生活的状况。此外，还对该地区从过去的海边渔村变成有名的观光地的巨大历史变迁做了详细的介绍。博物馆庭院中停放着昔日活跃的渔船"杰西卡（Jessica）号"，仿佛在向孩子们诉说着它对大海的怀旧情怀。

☎ 050-630872　🌐 http://www.sincfala.be
🕗 10:00～12:00、14:00～17:30　休 1/1・2、12/25・26　€3.50

挂着玛格利特创作的油画《魅力领域》的赌场

兹维尼自然保护公园
Het Zwin

●从克诺克站坐12路公交车约10分钟

MAP p.223-B外

150公顷的自然保护区有一部分跨越了比利时国境线，归属荷兰。未开发的环境是野鸟们的乐园，候鸟们成群地飞来，能够看到每年来此产卵的白鹳夫妇的身影。沙丘是各种植物生长的宝库。

每周日早晨，都会有各种带导游的主题形式的漫步活动（€70，只有法语、荷兰语），更有隔季召开的相关活动和赛事贯穿全年，带来各种各样的乐趣。在街区漫步之后，不妨来这里与大自然亲密接触！

比利时境内为数不多可以观察到朱嘴鹳的地方

✉ Hanzestedenplaats 1　☎03-3384400
HP http://www.west-vlaanderen.be/zwin
开 9:00~16:30（复活节至9月~17:30）
休 周一　€ €5.20

酒店 Hotel

观光地的住宿设施一应俱全。通常复活节和暑假游客会较多。想与大自然亲密接触，避开人流高峰，不妨先制订一个周详的计划。

可以享受法式美食和网球运动的旅居型酒店

美莲皇宫酒店　Memlinc Palace
MAP p.223-B

✉ Albertplein 23, 8300 Knokke-Zoute　☎050-601134、601135　FAX 050-615743　HP http://www.memlinc.be　室63　€ S/€95~105　T/€135~150（含早餐）　停车费用€12（提前预约）　※另交€28可包含晚餐（此情况下可免费停车）

该酒店是被绿色包围的美丽别墅，位于宁静的一角，优雅地矗立在那里迎接远道而来的游客。酒店内有餐厅、网球场、孩子们的游戏室，更有能买到精美礼品的商店，很适合在此长时间停留。这里还经常召开颇具声望的法式美食品鉴会。

以海景和大虾为傲的酒店

圣叶思酒店　St.Yves
MAP p.223-A

✉ Zeedijk-Heist 204　☎050-511029　FAX 050-516387　HP http://www.hotelstyves.be　室8　€ T/€100（含早餐，可赏海景的客房需另加€15），无单人间

一处位于海斯特海边雅致的酒店。浴室、厕所、小型酒吧、干燥机等设备十分齐全。一层的餐厅擅长烹饪奥马尔大虾，食宿费从€200起价。

Vlaanderen

安特卫普
Antwerpen

艺术巨匠鲁本斯的故居之地
兼具古典与现代风格的港口城市

MAP p.9-H、p.207

景点★★★★★	
购物★★★★	边走边吃★★★★
远足★★★★	电车★★★★★
老地铁★★★★	公共汽车★★★

出行指南

从安特卫普中央站步行到鲁本斯故居需要13分钟，到古伦广场等地，步行约20分钟便可以到达。从车站经由De Keyserlei、Tenier Plaats向Meir大街进发，交通工具可以选择地下有轨电车、路面电车。各个广场出发都有马车和旅游有轨电车，非常便捷。

地下有轨电车、路面电车及票制说明。Ⓐ 1小时通票€1.20（上车购买€2）**Ⓑ** 10次通票（一次1小时以内有效）€10 **Ⓒ** 1日票€5（购入地点Ⓐ可从司机处购买Ⓑ有轨电车站、中央站）旅游咨询中心Ⓒ自动售票处）

马车（荷兰语导游）：
Daems 🗓复活节至10月、周六及周日12:00~18:00（7、8月每天，11~3月依天气而定）€每辆（定员5~6人）€23 需10~20分钟

Vervoort 🗓复活节至9月30日 每日12:00~（10月1~3月31日 依天气而定）€每辆（定员5~6人）€23需20~25分钟 ※此外周六日经营时间会发生变动

运货马车型路面电车：Jut en Aer 🗓4~10月每天11:00~19:00（每隔1小时发车）€€5需要40分钟

旅游地面电车：🗓11:00~17:00（10~3月~16:00、3・4月只限周末）€€5 ☎03-4809388

美丽的古伦广场，是众人休息的地方

城市风貌

安特卫普位于最终注入北海的斯海尔德河沿岸，曾是15世纪欧洲首屈一指的港口城市，至今仍然是比利时的重要港口。市中心的安特卫普大广场及古伦广场距离港口非常近。华丽的市政厅以及高高耸立的圣母主教座堂仿佛散发着经由斯海尔德河传输而来的大海气息。

在繁华街区漫步的人们，虽然打扮得并不华丽，但仍能体会到他们不凡的气质，且将他们自身的快乐也好像传递给了他人。

从古伦广场出发的路面电车

马车绕着安特卫普大广场的旧街道而行

路线及导游

●**铁路**：从布鲁塞尔中央车站出发乘IC约需45分钟（每小时发车4~8辆）。国际列车和普通列车一样都在中央车站停车。

●**自驾车**：从布鲁塞尔出发走A12、E19约需45分钟

●**旅游服务中心**：Grote Markt 13
☎03-2320103 FAX 03-2311937 HP http://www.antwerpen.be 开9:00~17:45（周日、节假日~16:45）休1/1、12/25

始于1894年的运货马车型路面电车

主要景点

安特卫普中央站
Antwerpen Centraal Station

● 旧市街东部、动物园前面

MAP p.227-C

这是安特卫普最宏伟的建筑之一。走下车站站台，仿佛进入了铁和玻璃组成的巨大圆屋。这座建于19世纪末20世纪初的新巴洛克风格建筑，是过去电影中经常出现的典型欧洲车站样式。2006年，车站改造后更加现代化，入口大厅的天井上镶嵌着彩色玻璃窗，使其拥有了"铁路大教堂"的美称，成为当地重要的文化财产。

飘荡着古典氛围的玄关大厅

圣母主教座堂
Onze Lieve Vrouwe Kathedraal

● 从安特卫普中央站步行的20分钟

MAP p.226-A

高达123米的圣母主教座堂始建于1352年，历经169年建成，是佛兰德地区最大的哥特式建筑。之后又遭受了几次火灾，由于资金困难终在1535年停工。这里收藏有鲁本斯四大杰作《上十字架》《下十字架》《耶稣复活》《圣母升天》，其画作《佛兰德的狗》还被搬上了荧幕。这里还竖立着尼禄和帕特拉什的纪念碑。

远远就能看到巨大教堂

HP http://www.dekathedraal.be
开 10:00~17:00（周六、节假日~15:00、周日13:00~16:00）

古伦广场
Groenplaats

● 从圣母主教座堂步行约1分钟

MAP p.226-A

18世纪这里曾是教会的墓地。如今，这里咖啡店、餐馆、宾馆鳞次栉比，随处可见本地居民和观光客们其乐融融的畅饮景象。这里也曾作为停车场使用，后停车场全部移到了地下，广场又恢复为休憩的场所。广场附近的希尔顿酒店原址在20世纪初曾是比利时最大的百货商店——古伦露天市场。这里随处可见优雅的建筑物，因而又被称为安特卫普最美的广场。广场中央是建于1843年、巨大的鲁本斯雕像。这座诞生伟大艺术家的城市仿佛在向世人们得意地诉说着自己昔日的辉煌。

古伦广场上立着的鲁本斯像，他后面可以看见高耸的大教堂

鲁本斯故居
Rubenshuis

● 从安特卫普中央站步行约13分钟

MAP p.226-B

从Meir大街南行进入Wapper大街，在左侧会看见一处巴洛克建筑风格的大房屋，这便是艺术巨匠彼得·保罗·鲁本斯的故居。昔日，结束了在意大利八年间停留后回国的鲁本斯，购入此地后将其改造成了巴洛克风格的房屋，作为住所兼画室。鲁本斯从1616~1640年一直在这里度过，并创作了大量代表作。他去世后，房子几度易手，并严重破损，1937年安特卫普市购入，基于17世纪80年代的素描对其修复，成为美术馆。目前，这里除了展出鲁本斯作品以外，还展出同年代其他画家的作品。在大师深爱的庭院内进行难忘的鉴赏体验，也是一件很有意义的事情。

HP http://www.rubenshuis.be 开 10:00~17:00（最晚售票时间为16:30） 休 周一（复活节和圣灵降临节第二天除外）、1/1、基督升天日下午、12/25·26 € €6

安特卫普大广场
Grote Markt

● 从圣母主教座堂步行约1分钟　MAP p.226-A

广场上有象征着市民富庶和权力的商会房屋

　　该广场周围美丽且形状各异的商会房屋呈环状分布，西侧是华丽的市政厅，中间是有名的布拉博喷泉。喷泉从雕像里涌出泉水，周围没有水池包围。这个正欲将巨大的手臂投出的雕像，讲述的是罗马军队长西鲁布伊斯·布拉博的传说：这里原来有一个霸占河道的邪恶巨人安奇寇努。拒绝缴纳河道通行税的罗马士兵布拉博打败了恶魔安奇寇努，并切下巨人的手臂，扔进了斯海尔德河。安特卫普的地名 handwerpen（斩断魔掌）由此而来。

市政厅
Stadhuis

● 安特卫普大广场对面　MAP p.226-A

　　该建筑物外观相当华丽，建于1561~1564年，一直是比利时最大的文艺复兴式建筑。最初想建造成和其他城市一样的哥特式建筑，却因战争挪用了建筑材料而不得不放弃了这一想法。20年后随着经济实力的恢复，决定采用全新的建筑样式。一层共有45扇门，开设着各种商铺。

> 因展览会不同费用也不尽相同。可前往旅游信息中心咨询详情

勇敢的布拉博塑像和优雅的文艺复兴风格市政厅

圣卡洛斯教堂
St.Carolus Borromeuskerk

●从安特卫普大广场步行约4分钟 MAP p.226-B

该教堂是座优雅的巴洛克样式建筑，由耶稣会神父所设计，从1615年开始建造，历经21年建成。教堂正面的装饰和天井画为鲁本斯亲手所画，1718年因火灾而烧毁。在免于灾难的后殿，依然能感受到这座教堂曾经的宏伟。

开 10:00~12:30、14:00~17:00（只有周日做礼拜） €1.50

凡·登·贝尔格美术馆
Museum Mayer Van Den Bergh

●从古伦广场步行7分钟 MAP p.226-E

这个令人联想起黄金时代的建筑物，展示了凡·登·贝尔格（1858~1901）的收藏品。贝尔格突然过世以后，他母亲为了将孩子对于艺术的热忱传达给后世，于1901~1904年修建了这座美术馆，融合哥特式风格及文艺复兴样式的装饰反映出贝尔格的个人风格，代表藏品有彼得·勃鲁盖尔的《魔女弗利特》。其余14~16世纪的绘画和雕像、彩色玻璃、银器、陶器、货币、日用家具等收藏品也非常珍贵。

开 10:00~17:00 休 周一（复活节和圣灵降临节第二天除外）、1/1、基督升天日下午、11/1・2、12/25・26 €8

MAS博物馆
Museum Aan de Stroom

●乘坐路面电车4、7路或从圣彼得斯维尔步行5分钟 MAP p.226-A外

该博物馆是将国立海洋博物馆、民族学博物馆等安特卫普市内的博物馆整合起来，并于2010年9月对外开放的博物馆，藏品有47万件。高达60米、引人注目的红砖石建筑，凝结了最前沿的建筑风格，展示空间、咖啡店和饭店、会议室、散步甬路等设施齐全，可以在里面游览一整天，常设的展区有：港口城市——安特卫普的发展历史、今后的城市规划等四大主题展区。此外，还有隔季的艺术展等林林总总的主题展览也会经常举办。

✉ Hanzestedenplaats 1 ☎ 03-3384400
HP http://www.mas.be 开 10:00~17:00（周六・周日~18:00） 休 周一、1/1・2、5/1、基督升天日、11/1・2、12/25・26 €5

建在安特卫普的滨水区的MAS博物馆

近郊推荐景点

村里的风车模型与尼禄和帕特拉什的雕像（右图）

《佛兰德的狗》的故乡——霍博肯 MAP p.207

●路线：从古伦广场乘路面电车2、4路约25分钟即到，在霍博肯Berkenrodelei下车。返回时在丹·博斯教堂前乘坐24路（前往安特卫普中央站）

名作《佛兰德的狗》的故乡，向往成为鲁本斯的少年尼禄的住所就位于安特卫普西南的霍博肯。虽然这个地方从19世纪就开始了工业化，可至今却仍被称为村庄。最初的景点是圣母主教座堂，尼禄和帕特拉什在这个安特卫普的大教堂中安然离世，并且就葬于此。由于是和名作有关的地方，因此这里也经营着相关的商品，商店Kioskplaats有销售手工制作的尼禄和帕特拉什形状的果仁糖。

帕拉丁-莫瑞图斯工坊-博物馆

Plantin-Moretus House-Workshops-Museum Complex
MAP p.226-D

有自然之美的砖墙

该建筑是16世纪由克里斯托弗·帕拉丁主持修造完成的，是当时欧洲规模最大的印刷所。出版印刷了多语种的圣经等书籍，而主持这一切的帕拉丁也因文艺复兴时期对出版业做出巨大贡献而闻名。文艺复

存设着备完和好器保材依然

兴样式和巴洛克样式混合的建筑风格，至今仍原样完好保存着。通过该建筑能够了解到过去工坊的形式。馆内藏有众多铅字模、书籍和记录等物品，由此可以了解到印刷革命的历史。除博物馆的建筑本身具有历史价值外，许多学者和人文主义者的书信也被保存在这里。2005年，这里被列入世界遗产名录（参见p.19）。

HP http://www.museumplantinmoretus.be
开 10:00~17:00 休 周一、1/1、2、5/1、基督升天日、11/1、2、12/25、26 € €6

商店 Shop

购物中心聚集的梅尔大街，集中了全欧洲的各种商品。如果买小商品的话，可以去梅尔大街西侧的维克大街和科特盖斯大街逛逛。

备受瞩目的高档服饰及装饰品

安·迪穆拉米斯特店
Anne Demeulemeester
MAP p.226-G

该店经营着由"安特卫普六君子"之一的设计师设计的时装，备受消费者青睐。产品主要有男性及女性时装，还经营着靴子和首饰，在注重使用雅致颜色的同时还注意追求细节、讲究做工等。

✉ Leopold de Waeplaats
☎ 03-2160133
营 10:30~18:15
休 周日

高雅的装饰艺术

菲尼克斯店
Phenix
MAP p.226-D

仿佛美术馆一样的店面设计，体现了比利时风格的装饰艺术设计。里边经营着别致的室内摆设和首饰，手工商品数量众多，设计精美的首饰是挑选礼物和特产的不二选择。

✉ Steenhouwersvest 20
☎ 03-2319947 FAX 03-2319947 邮 phenix@pandora.be 营 14:00~17:00 休 周一、周二、7~9月周日

只有流行街面上才有的艺术与建筑类书店

艺术与建筑书店
Copyright Art & Architecture Book Shop
MAP p.226-D

这家有安特卫普风格的书店位于与流行时尚密切相关的——"莫德尔纳什"建筑内，经营着与建筑和艺术相关的书籍。不妨在这宽敞舒适的书店里，精心挑选自己所需要的书籍。

✉ Nationalestraat 28
☎ 03- 2329416
HP http://www.copyrightbookshop.be 营 11:00~18:30（周日14:00~18:00）休 周一

比利时·佛兰德地区

安特卫普

开办于100多年前的小型巧克力作坊

G巴斯汀
G.Bastin

MAP p.226-A

原创于安特卫普的手工巧克力作坊。哥哥开办的巧克力店,后来被妹妹接手。出生18个月后就失去了父亲的哥哥,在第二次世界大战后专攻巧克力制作。由于其制法十分独特,最终开办了G巴斯汀巧克力店。这里的巧克力品质优良,甘甜可口,推荐在此品尝一番。

✉ Blauwmoezelstraat 3
☎ 03-2329925
HP http://www.g-bastin.com
营 10:00~18:00

狭小的店面内竟有280种啤酒,让人不禁啧啧称奇

比利时啤酒+280
BELGIUM BEERS +280

MAP p.226-A

280种形式各样的啤酒,可以满足不同客人的嗜好。除种类齐全以外,这里还有各种各样的玻璃瓶,仿佛置身餐具专卖店一样。无论想买哪一种,购买之前均可品尝,还可以买到印有店名标志的原创T恤,作为特产礼品也是非常有趣的选择。

✉ Suikerrui 34 2000 Antwerpen
☎ 03-2885145
营 10:00~22:00
休 周三

餐厅 & 咖啡店 Restaurant & Café

氛围、味道、菜单构成迥异,做一番美食探寻也十分有趣,就从古伦广场一步踏入迷宫一样的街角吧!推荐散布于斯海尔德河岸的各种店铺。

仿佛在斯海尔德河上的行船内享受美味海鲜

泽艾德特瑞萨斯餐厅
Zuiderterras

MAP p.226-A

店里菜品丰富,仅沙拉就有好多种,而且分量充足。无论是鸡肉沙拉,还是嫩煎过的甜瓜、草莓、浆果以及三色青椒,都非常充足,菜品奢华且色彩丰富。鸡肉的咖喱味又加入了浆果的甘甜,味道妙不可言。

✉ Ernest van Dijckkaai 37
☎ 03-2341275
营 9:00~24:00(夏季,周五~周日至凌晨1:00)

龙虾沙拉无论从色泽上还是味道上都很诱人,足够两人份

享受富有创造性的鱼贝类料理

克莱因餐厅
De Kleine Zavel

MAP p.226-D

经典的法式美食加入了各种元素,以富有创意的鱼贝类菜肴为主打,充满了高贵典雅的氛围。此处不仅受到观光客更受到本地人和美食家的热捧。在此,还可以品尝到多种法国产的啤酒,可以搭配着菜肴一起食用。

✉ Stoofstraat 2 ☎ 03-2319691
HP http://www.kleinezavel.be
营 午餐 12:00~14:30、晚餐 周二~周四、周日18:00~22:00、周五、周六18:00~22:30
休 周一、周六午餐

明亮的店内最适于散步后休憩

餐饮厨房
The Food Maker

MAP p.226-B

在精致的餐厅里悠闲地品尝着三明治和色拉,能得到充足的放松。在安特卫普散步之后,来此地休息一下是非常好的选择。以简单的饭菜为主,其余的菜品也是相当丰富,可以品尝到特制的薄煎饼和苹果蛋挞等由大厨精心制作的原创美食。

✉ Meir 10
☎ 03-2266069 HP http://www.thefoodmaker.com
营 8:30~18:30(周六9:00~)
休 周日

主打法式菜肴

西博得鲁姆餐饮
Hippodroom

MAP p.226-G

该店位于皇家美术馆对面,是一家菜品以流行样式为主题的餐厅酒吧,墙壁上挂着艺术家马歇尔·法拉诺伊斯的摄影作品,使用大理石和天鹅绒的室内装饰,充满了时尚的现代元素。

- ✉ Leopold De Waelplaats 10
- ☎ 03-2485252 FAX 03-2387167
- HP http://www.hippodroom.be
- 営 12:00~14:30、18:00~23:00（周六18:00~23:00） 休 周日

本地的年轻人最为推崇的甜食咖啡店

德赛尔里勒
Desire De Lille

MAP p.226-E

说到安特卫普的甜食,代表性的店面就是这里了。店内常年弥漫着香甜的气息,菜单里有华夫饼干、面包、蛋糕、果子露冰激凌等种类丰富的甜品。特别推荐的是该店原创的加了奶油和冰的华夫饼干。

- ✉ Schrijnwerkersstraat 14-18
- ☎ 03-2336226 FAX 03-2336220
- 邮 info@desiredelille.be
- HP http://www.desiredelille.be
- 営 9:00~20:00（周五、周六、7・8月~22:00）

月月更新的比利时菜品

佐德克餐厅
't Zolderke

MAP p.226-A

餐厅是由16世纪的建筑改造而成的,主打法式和比利时式菜品。菜品材料严格挑选应季食材,使用每天早晨采购的新鲜肉类和鱼,推荐菜单每月都会有变动。

- ✉ Hoofdkerkstraat 7 ☎/FAX 03-2338427 HP www.zolderke.be Email: bart.wimer@telenet.be
- 営 18:00~23:00（周六17:00~） 休 周日

主推鱼肉美食的西式小餐厅

波特基克餐厅
De Pottekijker

MAP p.226-A

该餐厅距离圣母主教堂里非常近,专做西式烤肉。主要菜品是多种鱼类和肉类,其他还有冷盘和色拉。餐厅还能制作10种独具魅力的甜点。在这里以很便宜的价格就可以饱餐一顿。

- ✉ Kaasrui 5 ☎ 03-2252197 HP http://www.depottekijker.be
- 営 18:00~22:00（周五~23:00、周六17:00~23:00、周日17:00~）

装修风格独特的意式餐厅

比萨艺术餐厅
Pizzeria Arte

MAP p.226-A

在这个店里制作的传统比萨,色香味俱佳,尤其是味道令人怀念。比意大利更地道的意大利风味菜肴,以床作为餐桌并在上面镶玻璃,摆上咖啡杯,令人不可思议的装修风格别具一格,让人感到新奇。

- ✉ Suikerrui 24
- ☎ 03-2262970
- FAX 03-2263048
- 営 12:00~15:00、18:00~23:30

在最潮的地方吃独具匠心的寿司

浩二寿司
Ko'uzi

MAP p.226-E

该店是日本人开设的寿司店,当时以全欧洲比赛获奖为契机在此地开了这家店,并非传统制法的寿司,而是经过个人创新。推荐的寿司品种有熏制的鳗鱼加红甜菜、扇贝加香菜。

- ✉ Sint-Jorispoort 22
- ☎ 03-2322488
- HP http://www.kouzi.be
- 営 11:00~20:00（周五、周六~21:00）
- 休 周日、周一

比利时・佛兰德地区

231

安特卫普

酒店 Hotel

交通便捷的站前酒店，让人感觉一入住就能沉浸到旧街市的旅行中了。这里几乎所有的酒店都可以提供雅致的环境，而走出酒店又能即刻领略到各个街区的独特魅力。

购物中心附近优雅舒畅的空间

丽笙·布鲁安斯特瑞酒店
Radisson Blu Astrid Hotel

MAP p.227-C

走出古典宏伟的中央车站后，在右手边便会看到这个现代化的酒店。它毗邻赌博游戏俱乐部，酒店内有水族馆、电影院、歌剧院等。由于位置极好，想要步行去购物街，五分钟内即可方便到达。这里还以品位高雅并能够远眺美景而著称。

📧 Koningin Astridplein 7
☎ 03-2031234 FAX 03-2031275 HP http://www.radissonblu.com
室 247
€ S・T/€119~1160

宛如白百合的白色旅馆

德怀特宾馆
De Witte Lelie

MAP p.226-B

该宾馆的建筑物建于16世纪，1993年被全部重新修复。正如宾馆的名字是白百合之意，其墙壁、台阶、暖炉、大厅的沙发、寝室的墙壁及浴室都是清新纯净的白色。毫无疑问椅子和桌子也都是白色，氛围典雅浪漫，令人心情愉悦。酒店的外观和内部设计都十分素雅。

📧 Keizerstraat 16-18
☎ 03-2261966
FAX 03-2340019 HP http://www.dewittelelie.be
室 10
€ S・T/€225~565
早餐€25 停车费€25

离繁华街道很近，夜生活十分丰富

阿尔法帝国酒店
Alfa Empire Hotel

MAP p.227-C

安特卫普是世界上最大的钻石加工中心。这家酒店周围丰富的夜生活吸引了不少来此观光和进行商贸活动的人士。酒店宽敞的客房使人舒适放松，茶具等设备也很齐全。餐厅里挂满了以家禽为主题的绘画作品，在这里用早餐能给人带来愉快的心情。

📧 Appelmansstraat 31
☎ 03-2035400 室 70
€ S/€80 T/€95（含早餐）

市立公园附近，绿意盎然、舒适静谧的酒店

安特卫普奥斯托里亚酒店
Tulip Inn Antwerp Astoria

MAP p.227-F

该酒店位于市立公园附近的静谧一角，距钻石加工地200米之遥，到车站也只有300米，交通十分便利。室内装饰简洁，省去了诸多花哨的摆设，反而使得入住体验格外简约。早餐是快餐形式，提供面包、奶酪、火腿、水果等，种类丰富，在其附近还有相同经营理念的卡尔顿宾馆。

📧 Korte Herentalsest-raat 5
☎ 03-2273130
FAX 03-2273134
📧 info@carltonhotel-antwerp.com HP http://www.astoria-antwerp.com
室 66 € S・T/€89~129
（早餐含税）

16世纪旧宅中的现代化客房

普瑞斯酒店
Hotel Prinse

MAP p.226-B

该酒店位于旧街市，外观保留着16世纪时的宅邸建筑风格，进入里面不禁会惊叹其一流的现代化设计，这种内外对比十分明显。酒店位置距车站和港口都很近，由于内设有会议室，可以在此召开会议，侍者细致入微的服务也令人心情愉悦。

📧 Keizerstraat 63
☎ 03-2264050
FAX 03-2251148
HP http://www.hotelprinse.be 室 35
€ S/€110 T/€135（含早餐）停车费€20

附带游泳池和健身房，可以充分放松

阿尔法德基瑟酒店
Alfa De Keyser Hotel

MAP p.227-C

✉ De Keyserlei 66-70
☎ 03-2067460 FAX 03-2323970
邮 info@dekeyserhotel.be
HP http://www.vhv-hotels.be
室 123 € S/€97~180
T/€114~220（含早餐、健身费、税）

该酒店位于繁华街区，除了有海鲜饭店、酒吧外，还有游泳池、健身房等，健身休闲设施齐全，是一座都市化的酒店。每个房间都准备了裤线热压机和有干燥功能的毛巾架，对于长途旅行者来说非常贴心。

斯顿城附近、绿色点缀下的优雅酒店

安提歌尼酒店
Antigone Hotel

MAP p.226-A

这是一家临斯海尔德河而建的三层酒店，招待处、前厅、餐厅齐备，各房间都有绿色点缀，其用心别致是毋庸言语修饰的。从蒙特威出发到此只需要5分钟，驾车至此也十分便捷。

✉ Jordaenskaai 11-12 ☎ 03-2316677
邮 info@antigonehotel.be
HP http://www.antigonehotel.be
室 18 € S・T/€85~95（含早餐）

装饰讲究的酒店

广场酒店
Plaza Hotel

MAP p.227-I外

该酒店离市立公园很近，是一座四星级酒店。通往市内各处都非常便利，客房也十分宽敞，而且设有浴缸，能从高级的室内装潢中体会到女经理的良苦用心。

✉ Charlottalei 49
☎ 03-2872870
FAX 03-2872871
HP www.plaza.be 室 81
€ S・T/€79~399 早餐€16

位于市中心附近的一处幽静之地

格鲁迪克艾特旅馆
Granducale

MAP p.227-I

该旅馆是家族经营的小型公寓。浴室是公用的，房间很宽敞，既有电视机又有桌子，非常方便。在这里住宿感到亲切又温馨，在能欣赏到美丽庭院的雅致餐厅中，可边享受优雅的氛围边愉快地享用早餐。

✉ St-Vincentiusstraat 3
☎ / FAX 03-2393724
邮 hotel.granducale@telenet.be
HP http://www.granducale.be
室 15 € S/€45~55
T/€70~85（含早餐）

简单便捷的房间和迷你吧台

世纪酒店
Century Hotel

MAP p.227-C

该酒店位于车站斜对面。因为床的原因房间显得很充实，还有小电视机和写字台，浴室及必要的设备齐全，小型酒吧让人感到惬意，还有能够满足美食家食欲的餐馆。在这里住宿既经济又便捷。

✉ Pelikaanstraat 20
☎ 03-2325870 FAX 03-2316707
HP http://www.hotel-century-antwerpen.com 室 133 € S/€80~85
T/€85~（含早餐）

位于斯海尔德河畔的绿色一角

舍尔德旅馆
Hotel Scheldezicht

MAP p.226-D

沿斯海尔德河畔漫步可以看到这家旅馆。从旅馆到河边必须要经过一条大路。旅馆前面有一个公园，环境十分幽静。旅馆规模非常小，只有淋浴设备，可能很多人对此感到不满，但是能感受到别人的心情也未尝不是件有趣的事情。

✉ Sint Jansvliet 10-12
☎ 03-2316602
FAX 03-2319002
HP http://www.hotelscheldezicht.be
室 22（有淋浴设施）
€ S/€50~70 T/€70~95
早餐€7.50

安特卫普

世界遗产 World Heritage

美丽的宗教建筑杰作

图尔奈圣母大教堂
Notre-Dame Cathedral in Tournai
MAP p.9-G

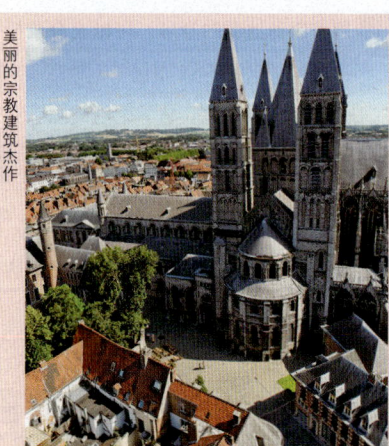
©OPT-JPRemy

距离布鲁塞尔一小时车程的图尔奈是比利时最古老的城市之一,它的起源可追溯到古罗马时代,在图尔奈的中心建有图尔奈圣母大教堂,高达83米的五座塔楼蔚为壮观,拥有罗马式和哥特式两种建筑风格,由于其特殊的建筑风格而被列入世界文化遗产名录。教堂内部有宽达26米的门廊,近年来已经过修复。其他必看的景物还有画家鲁本斯的绘画、彩绘玻璃、与六世纪初的司教圣爱鲁德鲁有关的绒织毛毯(参见p.19)等。

HP http://www.cathedraledetournai.be
开 大教堂／11~3月9:15~12:00、14:00~17:00 4~10月9:15~12:00、14:00~18:00 宝物殿／11~3月9:15~12:00、14:00~17:00、4~10月9:30~12:00、14:00~18:00 休 周六、周日、节假日上午
€ 免费

斯皮耶纳新石器时代燧石矿
Neolithic Flint Mines at Spiennes
MAP p.9-K

距蒙斯约6公里的燧石矿采掘地斯皮耶纳,拥有100多公顷的发掘场。在19世纪进行铁道挖掘作业时被发现以来就成为了考古学研究者的研究对象。场地没进行任何改造和修复,完全按照当时的场景保存。发掘地是在公元前4000年~公元前750年被最初开发的,燧石矿发掘地除了斯皮耶纳以外,还有荷兰琳布鲁格地区的莱克霍鲁德,然而被列入世界文化遗产名录的只有此处,被评价为超大规模,能够象征新石器时代的技术、贸易、文化的发展历

发掘调查工作由埃诺州考古研究协会的学者进行
©J.-L. Dubois, SRPH

程的遗产。

发掘地洞穴深约8~11米,纵坑达到了地下16米,其内部分散着众多的发掘场,由于当时多数的洞穴一并被进行挖掘,所有没有统一性的挖掘使得其内部犹如迷宫一般。

想要参观的话可以先去蒙斯旅游局询问相关事宜,只有12人以上的团体才允许参观,并且12岁以下的儿童被禁止参观,收费€2.5。不要忘记穿上暖和的上衣和轻便易行走的鞋子。

蒙斯旅游局
✉ Grand-Place 22, 7000 Mons
☎ 065-335580
FAX 065-356336
HP http://www.minesdespiennes.org

立足之地狭小、容易脚麻,需格外小心
©J.-L. Dubois, SRPH

梅赫伦
Mechelen

Vlaanderen

丰富而又艺术性的教堂文化朝圣地

MAP p.9-H、p.207

城市风貌

梅赫伦虽是个小城市，但在玛格丽特统治的16世纪前半期却是神圣罗马帝国的首都，曾有过一段辉煌繁荣的历史。在20世纪两次世界大战中该城市被严重损毁，昔日的繁华不复存在。但从精心保存下来的圣罗伯茨大教堂、市政厅、市立霍夫范巴斯顿博物馆等建筑物中依然可以找到当年繁华的景象。

由于平日梅赫伦街道交通实行管制，因此秩序井然有序。但每逢周末熙熙攘攘的购物人群来到这里，会显得热闹非凡。

从圣罗伯茨大教堂上俯瞰库大广场全景

景点★★★　购物★★★★
边走边吃★★★★　远足★★★★★

出行指南

小城东边的耐克鲁·斯普鲁车站，距离玛格丽特宫殿和玩具博物馆咫尺之遥，有中途在此停车的列车，请乘坐前做好确认。从南边的梅赫伦车站步行到旅游服务中心所在的大广场也仅需15分钟，在这里乘车也是很便捷的。由于旅游服务中心午间休息，想要参加旅游的人，请尽量在午前预约好。参观完梅赫伦当天就能够返回布鲁塞尔。

从大广场上远眺圣罗伯茨大教堂

主要景点

市政厅
Stadhuis

●从梅赫伦车站步行约15分钟

MAP p.237

市政厅由三组建筑物组成，左侧的哥特式建筑是原纺织所，显示出昔日繁盛时期市民的经济生活，后产业低迷又加之1352年的一场火灾使大街几乎被烧毁殆尽，建造计划也不得不中途暂停，而后再建时又融入了巴洛克样式。中央华丽的建筑原本计划建成最高裁判所和市议会，后因1547年计划变更而被终止，最后商人将其买下改造成仓库。右侧是1975年新建的建筑物，和另两座建筑的风格完全不同。

●铁路：从布鲁塞尔中央车站出发乘坐IC约20分钟（每小时发车5趟）
●旅游服务中心：Hellestraat 2-4-6
☎070-220008　FAX 015-7653
HP http://www.toerisme.mechelen.be
邮 toerisme@mechelen.be
开 9:30~17:30（11~3月~16:30、11~3月的周六、周日、节假日~15:30）

历史与现代交相辉映的市政厅

站在挂有吊钟的圣罗伯茨大教堂塔楼上，四周景色一览无余

圣鲁伯特大教堂
St.Romboutskathedraal

● 从梅赫伦车站步行约15分钟

MAP p.237

进入市区首先映入眼帘的便是97.28米高的圣罗伯茨大教堂塔楼。教堂原本要建160米，后因资金困难，计划受挫。塔楼内还有原计划的模型。

修建这座大教堂共历时300多年。由于当时大司教住在梅赫伦，因此该教堂就变成了最重要的建筑物。作为比利时代表性的建筑物之一，法国建筑家沃帮将其列为当时的世界八大奇迹之一，凡·达克的祭坛画《十字架上的耶稣》也非常有名。

当登上514级台阶后，如果还有精神的话，可以由导游带领游览一下塔楼内部，重达8884千克的"萨尔瓦多鲁"，1640年建的巨大的、恢宏的组钟"耶稣基督"，还有现在也用来演奏的49个组钟。夏夜的音乐会上，在新组钟的伴奏下，最后还可以登顶上的阳台，极目远眺绝美的风景，真是美不胜收。

开 9:30～17:30（11～3月9:00～） 钟乐演唱会周六11:30～12:30，周日15:00～16:00（6月～9月中旬的周一20:30～22:00） 休 无

导游在解说组钟的结构

玩具博物馆
Speelgoedmuseum

● 从大广场步行12分钟

MAP p.237-外

这里是目前全世界最大的玩具博物馆。无论是人偶、洋娃娃的小房子、铁皮战士等能勾起人们对过去时光的玩具收藏品，还是机械玩具、交通工具模型、益智玩具和聚会游戏等现代才有的新型玩具，在这里都能看到各式各样的玩具排成一排，简直就是孩子们的乐园。

不但有高跷、跳绳、丢沙包、弹球、悠悠球等传统玩具，还有名为"led-power"的带螺旋桨的三轮车玩具，甚是好玩。除此之外，该博物馆还介绍了孩子们玩游戏的历史。16世纪比利时画家彼得·勃鲁盖尔描绘的著名画作《孩子们的游戏》，将当时丰富多彩的游戏全部展现出来，有不少游戏时至今日依然很兴兴，长久地观赏这幅画也不会感到腻烦。

HP http://www.speelgoedmuseum.be
开 10:00～17:00 休 周一、12/24・25・31
€ €7.50

布斯莱顿博物馆
Stedelijk Museum Hof van Busleyden

● 从大广场步行4分钟

MAP p.237

该市立博物馆是一座壮观的后期哥特式建筑，所藏藏品从古罗马时代的文物开始直到现代雕刻，还有组钟博物馆，可以从中领略梅赫伦的装饰工艺发展史。

16世纪初这里曾是闻名梅赫伦的布斯莱顿的宅邸。他1470年出生于阿隆，是非常著名的学者，曾获得波伦亚及鲁汶两所大学的法学博士，是名副其实的奇才。菲利普公爵因他的才华而委任他为枢密院的咨询委员兼官吏，并在梅赫伦为他设立了住所。查理五世即位后利用他出众的外交才能和手腕，多次派他为使节出使他国。

这座建于1503~1508年的宅邸，在布斯莱顿去世后房屋功能几经改变，直到1938年才成为博物馆。

开 10:00～17:00 休 周一、1/1、12/24・25・31 € 免费

玛格丽特宫殿
Paleis van Margaretha

●从大广场步行4分钟

MAP p.237

原本想象的宫殿会十分华丽,然而这座宫殿却是意想不到的朴素。主楼在后期被建成了哥特式建筑,其门卫室被认为是北欧早期的文艺复兴式建筑。

1506~1530年,玛格丽特的侄子——查理五世在失去父母后便被托孤于此,在姑妈玛格丽特的悉心教育下长大成人,成为一代雄主。建筑物从1796年至今一直作为裁判所使用。

神圣罗马帝国皇帝马克西米利安一世和勃艮第公国玛丽公爵的女儿玛格丽特,即查理五世的姑妈,其人生是不幸的,两任丈夫先后去世。在那以后,被作为尼德兰地区统治者的父亲委以重任,作为新的统治者展现出优秀的才能。梅赫伦地区在玛格丽特的统治下,成为了勃艮第的政治中心,度过了一个和平与繁荣发展的时代。以纺织业为中心的商业十分兴盛,积累了巨大的财富。查理五世最终成为了神圣罗马帝国的皇帝,并成就了丰功伟绩,不难想象玛格丽特的帝王教育起到了多么重要的作用。这里只能参观庭院。

树立在大广场上的玛格丽特雕像

统治者的宫殿虽并不那么富丽堂皇,却依旧赏心悦目

重要信息

"向月亮泼水的人"

据说1687年1月27日,月亮照耀着被雾气包围的圣罗伯茨塔,有一个晚归的人喝得酩酊大醉,抬头看到月光照到了塔上,大叫道"着火了"!顿时,警报器鸣响,睡梦中的市民被惊醒,街道上喧闹的救火活动就开始了。站在塔楼台阶上的人们一个接一个传递着水桶,远远望去蔚为壮观。

可是正当这时,月亮升过了塔楼最高点,从自己愚蠢行为中反应过来的市民们注意到自己是因为月亮而发狂了(西方人坚信月亮会使人狂暴),从那以后,梅赫伦市民就被称为"向月亮泼水的人"。

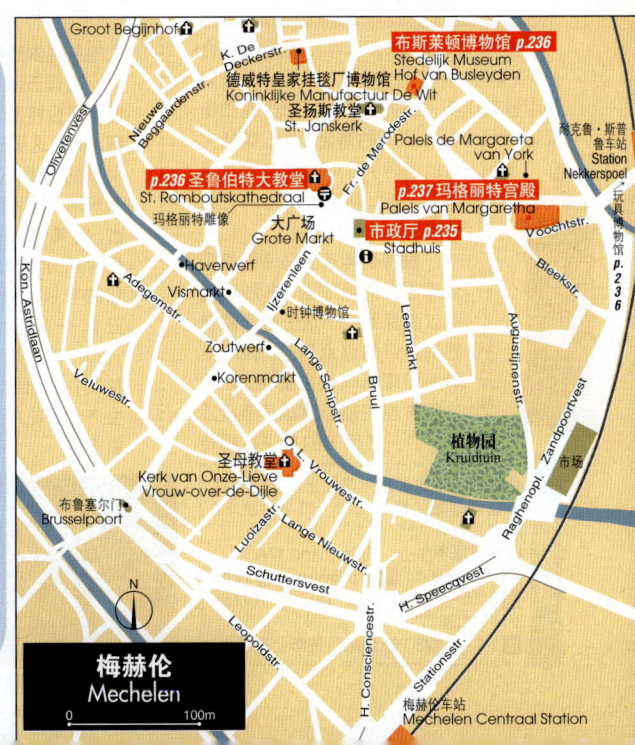

根特

Gent

充满现代生机与活力的"花城"
查理五世诞生之地

MAP p.9-G、p.207

从市中心向南延伸的埃尔顿购物街

景点 ★★★★★
购物 ★★★★　边走边吃 ★★★★★
远足 ★★★★　电车 ★★★

出行指南

根特景点主要集中于中心偏北的区域。从圣彼得车站出发，乘路面电车1路可到达市中心。可以去科伦集市逛逛也可以去圣尼可拉斯教堂或卡特罗尼街看看。还可以欣赏莱斯河沿岸风情，从圣米歇尔桥出发，沿途可欣赏到"三塔"（钟楼、大教堂、圣尼可拉斯教堂），还可以去佛兰德伯爵城或民俗博物馆里感受根特当地风情。

城市风貌

根特位于斯海尔德河和莱斯河汇合处。受惠于水利之便，这里曾经是十分繁荣的中世纪码头，格拉斯街、科伦街、克兰街等随时代变迁而留下的商会旧址、纵横交织的运河、沿街的建筑完美协调在一起，从中可领略到根特的美景。

根特是神圣罗马帝国皇帝查理五世的诞生地，来到这里可以感受到关于这个曾称霸世界的皇帝的点点滴滴。他出生的房间现已改造成餐馆，处罚法条典现在被排演成了节日活动……一代帝王的传说在根特人的身边依然被传颂着。

查理五世统治的16世纪正是根特发展的黄金时期，现在这里已成为蓬勃发展的沿海工业地带。这个东佛兰德地区的中心城市，充满了活泼的气氛。根特还有花城的别称。自1809年起，这里开始举办五年一度的根特花展（2015年就又迎来新一届花展），来自世界各国的生产者和花卉设计师会云集于此。

这可爱的小邮箱如今依然发挥着重要的作用

- 铁路：从布鲁塞尔南站出发乘IC到达圣彼得车站约需40分钟（每小时发车2趟）
- 旅游服务中心：Botermarkt 17A
- 09-2665660　http://www.visitgent.be
- 3/15~10/14　9:30~18:30　10/15~3/14~16:30
- 1/1、12/25　※休息日每年会有变更

2010年举办的根特花展情形

主要景点

圣巴夫大教堂
Sint Baafskathedraal

●从科伦集市步行5分钟

MAP p.241-D

该教堂是根特最古老的教堂,查理五世曾在此接受洗礼。建筑呈现出后期罗马式和后期哥特式建筑风格,扬·凡·艾克所作的祭坛画《神秘的羊羔》(不准带出门外)和荷比卢最大的风琴是不可错过的参观景点。

佛兰德绘画荟萃的大教堂

☎ 09-2692045 开 4~10月 8:30~18:00(周日、节假日 13:00~)、11~3月 8:30~17:00(周日、节假日 13:00~)
休 1/1、12/25、教会仪式、周日上午 《神秘的羊羔》和宝物馆 开 4~10月 / 9:30~17:00(周日、节假日13:00~)11~3月 / 10:30~16:00(周日、节假日 13:00~) € €4(售票截止时间闭馆前半小时)

钟楼
Belfort

●从圣巴夫大教堂步行1分钟

MAP p.241-C

作为根特自治权力的象征,钟楼14世纪由基尔特所建,高90米,有6层建筑,曾作为街区的瞭望楼。乘坐电梯上到顶层可以眺望到遥远的斯海尔德河和莱斯河合流的情形。

钟楼房顶下有53个组钟,到固定的时间会发出庄严的钟声,尖塔塔顶上还有守卫着根特、镀金的龙雕像。也可以当风向标。

14世纪起就一直守护这座城市的钟楼

HP http://www.belfortgent.be
开 10:00~18:00(入馆~17:30)
休 1/1、12/25・26・31 € €5

魔王杰拉德城
Geraard de Duivelsteen

● 从圣巴夫大教堂步行约1分钟　MAP p.241-D

　　该城堡是建于1245年的贵族城堡，既然称为魔王城，想必一定是相当难攻的城池。在中世纪的战争年代，这里曾被用作武器仓库、学校、医院、孤儿院、消防所等场所，现在则是根特市的档案馆。城堡内还有罗马天主教地下教堂等，但这里并不向游客开放，因此不能在城堡内参观。

只听名字就让人感到毛骨悚然的魔王杰拉德城

市政厅
Stadhuis

● 从圣巴夫大教堂步行约2分钟　MAP p.241-A

　　历经四个世纪才建成的市政厅，呈现出后期哥特式风格及文艺复兴式风格式样。18世纪末，在其中设立了各个市会议员之家。该建筑与查理五世有很深的渊源，56面墙壁上挂了19张像，因为资金不足和查理五世的压制而爆发了武装起义，1535年建筑只完成三分之一就被迫停工了。

※只有从旅游服务中心出发才提供导游服务　开 5~10月周一~周五14:30
€ €4　预约　☎ 09-2335311

圣尼可拉斯教堂
Sint Niklaaskerk

● 从圣巴夫大教堂步行约3分钟　MAP p.241-A

　　这是一座建于11世纪的罗马教堂，13~15世纪被扩建，在斯海尔德流域常见的哥特式建筑群中堪称杰作。教堂归根特的富商所有，圣尼可拉斯是商人的保护神，因而这个教堂的钟楼成为有财力的商人和工会权力的象征，钟楼在报时的同时，还起到眺望楼的作用。

HP http://www.stniklaas.com　开 10:00~17:00（周一14:00~）　休 举行宗教仪式外

爱怜之家
Het Huis Van Alijn

● 从圣巴夫大教堂步行9分钟　MAP p.241-A

（上图）17世纪曾是施疗院的爱怜之家　（右图）馆内的小酒家

　　该建筑是矗立于莱斯河畔宁静角落的一个博物馆。馆里展示着1900年前后根特平民的药店、修桶及修鞋工房原貌，还有几间展室展示着生活用品和文献，最引人注目的是烟斗的收藏。此外，还有博物馆小酒家Cafeetje van't Museetje，定期上演孩子们喜欢的木偶剧。

■ http://www.huisvanalijn.be　€ 11:00~17:30（周日10:00~）　休 周一、1/1、12/25
€ €5　<玩偶剧>10~5月的周六14:30~16:00　€ €5 预约　☎ 092-337788

佛兰德伯爵城
Het Gravensteen

● 从科伦集市步行4分钟　MAP p.241-A

　　这是一座仿佛漂浮在利瓦河上的坚固城堡。佛兰德伯爵阿尔萨斯家的菲利普于1180年修建完成，并将其作为军事据点。从城墙上俯瞰整个根特地区，感觉非常特别。中世纪后期，这里曾作为钱币铸造所、裁判所、监狱、棉纺织工厂等场所使用过，现在还保留着地下礼拜堂、地下牢房等遗迹，还设有豪华宫廷日用品收藏博物馆。

被护城河环绕着的伯爵城

开 9:00~18:00（10~3月~17:00，闭馆前1小时内禁止入馆）
休 1/1、12/24~26
€ €8

根特美术馆
Museum voor Schone Kunsten

●从圣彼得车站步行10分钟

MAP p.239-C

位于根特市南部的根特美术馆,矗立于广阔的城堡公园东侧。馆内藏有从14~20世纪前叶、数量众多的珍品。在这里可以欣赏到欧洲巨匠的绘画和雕塑等杰作,还可以欣赏到超现实主义先驱者荷兰希罗尼穆师·博斯的《祈祷的耶罗姆》和其最后代表作《背负十字架的耶稣基督》等享负盛名的作品。

该美术馆收藏的花毯也非常有特色,如大堂中展出的布鲁塞尔挂毯就让前来参观的游客赞不绝口。这里距离收藏有1945年后的马格利特和培根等作品的现代艺术博物馆也很近,可以顺道去参观一下。

《背负十字架的耶稣基督》吸引了众多游人的驻足欣赏

HP http://www.mskgent.be
开 10:00~18:00 休 周一、节假日、1/1、2、12/24、25、31 €5

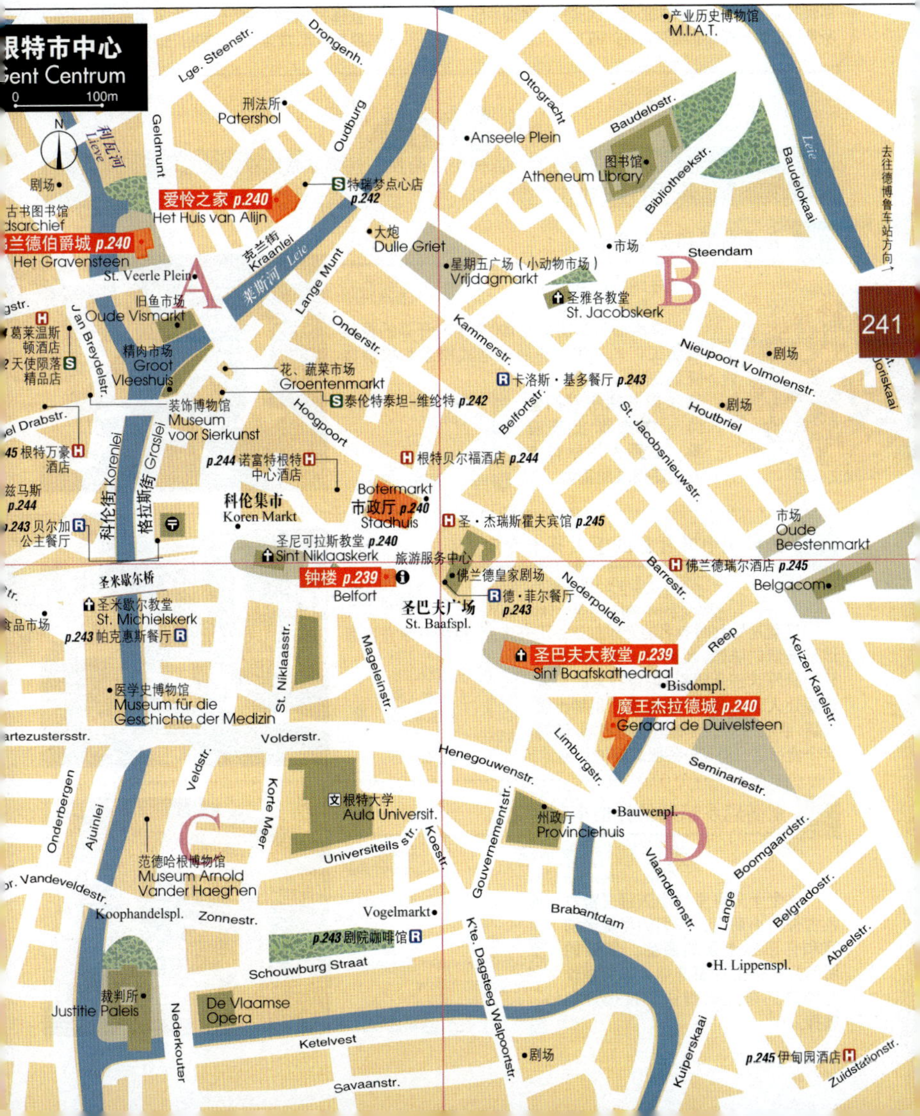

原汁原味的 文化

根特节上"处罚者"游街活动的首创者——查理五世

有不少绘画和挂毯描绘了查理五世的雄姿

每年在七月份的根特节上，会举行一种将绳索套在脖子上进行游街的名曰"处罚者的行列"的活动，相当有趣。活动的缘起是查理五世将拒绝缴纳税款的人处以绞刑，当时的市民看见了脖子上套着绳套的被处刑者游街示众因而起了这个名字，现在这个事情已经演变为了一件趣事。在过去实行绞首刑的场所现已变为一家小咖啡店，自称"绞首台"。这一历史逸事的主人公查理五世，于1500年出生在根特，其父是出身于哈布斯堡王朝的马克西米利安一世的儿子菲利普·鲁·博，他的母亲是西班牙王位继承人的女儿安娜（珍妮·朵·卡斯特），父亲在儿子尚幼时去世，查理五世由其住在梅赫伦的姑妈，来自奥地利的玛格丽特抚养长大，自幼接受了作为王位继承者应受的教育（参见p.237）。

16岁时查理五世成为奥地利、旧勃艮第公爵，还拥有西班牙及其殖民地，他从早故的父母手中继承了广大的领地，成为了西班牙的国王（1516~1556年）。他还进行了60次以上的远征，19岁就被罗马教皇授予皇冠，成为了神圣罗马皇帝（1519~1556年）。

查理五世控制的领土十分广阔，在当时的欧洲无人能望其项背，成为名副其实的"日不落大帝国"。

商店 Shop

与查理五世有渊源的街道上，各种小店面使人感觉非常别致。这些精美的店铺既很好地保留了优良传统又契合了现代时代感。

老式糖果和美味甜食

特瑞梦点心店
Temmerman

MAP p.241-A

该点心店的前身是100多年前开办的香料蛋糕工厂，这里有美味的老式糖果和根特传统的甜食。左图是草莓和果子露所制的里特·诺杰斯止咳糖果，右图是用保存点心的花做成的蜜饯。

📍 Kraanlei 79
📞 09-2240041
营 11:00~13:00、13:30~18:00
休 周一、周四、周日

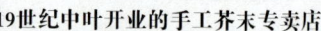

19世纪中叶开业的手工芥末专卖店

泰伦特泰坦-维纶特
Vve Tierenteijn-Verlent N.V.

MAP p.241-A

这里是比利时有名的无添加剂手工芥末店，这种芥末并没有过于辛辣的味道，反而让人被其回味深长的醇厚味道所吸引。放置芥末的可爱瓷壶让人爱不释手。这里原先是绅士服饰店，店名沿用了其制造商的名字，使得这个食品店又有了一种服装店的氛围。

📍 Groentenmarkt 3
📞/FAX 09-2258336
营 9:00~18:00（周一10:00~、周五8:30~、周六9:00~12:30、13:00~18:00） 休 周日

充满思乡情结的怀旧小玩意儿

天使陨落精品店
The Fallen Angels

MAP p.241-A

这个十分可爱的小店铺主营古色古香的小商品，陈列的尽是亲切感和怀旧感十足的商品。别致的明信片、可爱的泰迪熊，不管是作为特产还是礼物赠送都是很好的选择。

📍 29-31 Jan Breydelstraat
📞 09-2239415
FAX 09-2333904
📧 info@the-fallen-angels.com
HP http://www.the-fallen-angels.be
营 13:30~17:30 休 周日~周二

餐厅 & 咖啡店 Restaurant & Café

舒适快捷的咖啡店和高级餐馆等各式店铺分布在街道各处,由查理五世出生地改造而来的餐馆则个性十足。

在查理五世的出生地喝一杯优雅的下午茶

卡洛斯·基多餐厅 Carlos Quinto

MAP p.241-B

这里是由查理五世出身的房屋改造而来的豪华餐厅。各个房间因室内装潢,可以承办8~250人的派对,还可以饮一杯受旅行者欢迎的下午茶,天气晴好时可以在中庭的阳台上轻松愉快地享受休闲时光。来到根特的时候,一定要在这儿品一杯下午茶。

✉ Kammerstraat 20
☎ 09-2255929 FAX 09-2336407
⏰ 11:30~18:00 (周日11:00~)
休 周一、周二、7月下旬夏季休假两周(不定期休假)※提前预约的团体(8~250人)休假时也可前来光顾本店

享受在佛兰德皇家剧场大厅观剧的乐趣

德·菲尔餐厅 De Foyer

MAP p.241-D

该餐厅是佛兰德皇家剧场的餐厅,在剧场内漫步的同时还能够品味到当地美食,时常可以看到演员出入。餐厅颇有品味的室内装修及细致入微的贴心服务,都足以让人在此尽情享受美味的同时又能慢慢回味观剧留下的回忆。

✉ Sint-Baafsplein 17 ☎ 09-2341354
⏰ 12:00~14:00、18:30~22:00
休 周一、周二

比利时·佛兰德地区

音乐会之后可以在此享受美味的牡蛎

帕克惠斯餐厅 Pakhuis

MAP p.241-C

该餐厅由仓库改造而来,因而店面显得很宽敞。可以在此品尝到法式和意大利式风味的海鲜,还有现代感十足的配菜。最负盛名的还属牡蛎类。因为经营到深夜,可在观剧和音乐会后在此慢慢地享受。

✉ Schuurkenstraat 4
☎ 09-2235555
FAX 09-2257105 邮 info@pakhuis.be
HP http://www.pakhuis.be ⏰ (餐厅)12:00~14:30、18:30~23:00 (酒吧)11:30至凌晨1:00(周末至凌晨2:00) 休 周日

比利时料理,猪肉做成的菜肴,浇上高级汤汁,能促进食欲

乡土菜品、法式菜品,颇具民族特色的就餐氛围

剧院咖啡馆 Café Theatre

MAP p.241-C

该咖啡馆从1824年起,就成为深受佛兰德剧院工作人员欢迎的地方。在休业一段时间之后重新开张,营造出宛如米兰、纽约一般的高雅氛围。餐馆以法式菜品和比利时美食为特色,还经营譬如烤鸡肉串等融合了根特民族特色风格的菜品。

✉ Schouwburgstraat 5
☎ 09-2650550 ⏰ 午餐12:00~14:15(周六、周日~14:00) 晚餐19:00~23:00(周五、周六~24:00) 休 7月中旬~8月中旬

高档但又定价合理的比利时菜品

贝尔加公主餐厅 Belga Queen

MAP p.241-A

这是由13世纪的谷物仓库改造成的比利时风味餐馆。外观保留着古建筑物的原有风格,内饰全部装修成了高雅讲究且统一的现代化风格。到了晚上,古旧的自然石布置在灯光的映照下,充满了中世纪的气氛。

✉ Graslei 10
☎ 09-2800100
FAX 09-2352595
HP http://www.belgaqueen.be ⏰ 午餐12:00~14:00、晚餐19:00~23:00(周四、周六~24:00,周日18:30~)

酒店 Hotel

根特的宾馆多为历史悠久的建筑物，各家特色都不同，它们一起接待着四面八方的游客。这里既有宾馆总数只有30家的小宾馆，也有客房超过100家的城市型酒店，还有提供长期租赁的公寓式酒店。

融合了传统和现代感的独特装饰

根特贝尔福酒店
NH Gent Belfort

MAP p.241-A

该宾馆位于市区中心，紧邻着以钟楼为代表的各种旅游景点。虽是世界连锁的城市型酒店，但这里却独具根特式风情，地下酒吧让人仿佛有穿越到中世纪的感觉。

✉ Hoogpoort 63
☎ 09-2333331 FAX 09-2331102
邮 nhgentbelfort@nh-hotels.com
HP http://www.nh-hotel.com
室 174 €・S・T/€112~
早餐€15（含税，只周周末）

在14世纪的贮藏室内举行派对

诺富特根特中心酒店
Novotel Gent Centrum

MAP p.241-A

将具有现代感的建筑物内部地下室改造成了派对室，一个隐藏着意外的、独具魅力的酒店。可以在这里享用佛兰德式的正餐，在一直开业到凌晨1点的酒吧里还可以吃得到简单的饭菜。

✉ Goudenleeuwplein 5
☎ 09-2242230
FAX 09-2243295
邮 h0840@accor-hotels.com
HP http://www.novotel.com 室 117
€・S・T/€130~ 早餐€20

在伯爵城附近、19世纪的宅邸中住宿

葛莱温斯顿酒店
Gravensteen

MAP p.241-A

酒店静立在别具风情的街角，仿佛时光停留在了800多年前的佛兰德伯爵时代一般。建筑物主体于19世纪建成，后来几乎按照拿破仑三世时的原貌予以修复。在这里可以充分享受到贵族的气氛，早餐也十分豪华且富于变化性，还非常实惠。

✉ Jan Breydelstraat 35
☎ 09-2251150 FAX 09-2251850
邮 hotel@gravensteen.be
HP http://www.gravensteen.be
室 49 €・S/€95~130
T/€120~140 早餐€17

眼望着16世纪的天花板，脚踏着19世纪的地板

伊拉兹马斯宾馆
Hotel Erasmus

MAP p.241-A

从科伦街往西北方向步行200米左右，就可以步入静谧的一角，这是一家很有根特特色的宾馆。修复过的古建筑内，快捷舒适的设备一应俱全，令人心情愉悦的房间内的天花板保留了16世纪的原貌，而大厅的地板采用的却是19世纪意大利式的马赛克。

✉ Poel 25
☎ 09-2242195 FAX 09-2334241
邮 info.erasmus@proximedia.be
HP http://www.erasmushotel.be 室 11 €・S/€79~99
T/€99~150（含早餐）

带有小礼拜堂的修道院变身为快捷舒适的酒店

普特阿克雷酒店
Poortackere

MAP p.239-B

该酒店曾经是1278年建立的女子修道院，这里虽小但非常正规，内部餐厅、酒吧齐备。从入口进入后，中央有一个小的礼拜堂，餐厅原本是教室的大厅，庭院里种植着令人回忆起旧时代的椴树和胡桃树。

✉ Oude Houtlei 56
☎ 09-2692210
FAX 09-2692230
邮 info@monasterium.be
HP http://www.monasterium.be 室 58 €・S/€46~70
T/€115~175 早餐€15

在1953年建造的船上，充分感受客船的豪华

轮船旅馆
The Boatel

MAP p.239-C

从德博鲁车站步行8分钟，便可以看到莱斯河上漂浮的轮船旅馆了。客船还保存着1953年建造的木造船体的原貌，1996~1998年进行了修复。长38.35米、宽5.5米、高4.26米的船体，带有淋浴和浴池，餐厅可以进用早餐，还备有商业用的会议室。

✉ Voorhoutkaai 44
☎ 09-2671030
FAX 09-2671039
📧 info@theboatel.com
HP http://www.theboatel.com 室5 € S/€96 T/€140（含早餐）

和玛丽王妃有渊源的、欧洲最古老的旅馆

圣·杰瑞斯霍夫宾馆
St. Jorishof

MAP p.241-B

该宾馆创业于1228年，据称是欧洲最古老的旅馆。查理五世曾常住宿于此，1805年2月，拿破仑三世也曾住在这里。具有佛兰德特色的哥特大厅的烟囱是必看项目，玛丽王妃曾于1447年在这里签署条约，也可以欣赏到刻有根特城镇的自由象征——狮子的暖炉。

✉ Botermarkt 2
☎ 09-2242424
FAX 09-2242640
📧 info@courstgeorges.com
HP http://courstgeorges.com 室31
€ S·T/€95~200（含早餐）

商会房屋改造的现代化酒店

根特万豪酒店
Ghent Marriott Hotel

MAP p241-A

该酒店沿城镇中部的莱茵河而建，从这里步行即可前往观光景点和购物区。酒店外观是昔日的商会房屋，内部被改造成现代化风格，同时兼备历史氛围和现代化氛围。139个客房中有10个可以眺望酒店前流淌的运河及美丽风景。

✉ Drabstraat
☎ 09-2339393
FAX 09-2339394
HP http://www.marriott.com/hotels/travel/gnemc-ghent-marriott-hotel 室139
€ S·T/€139~209 早餐€23

245

位于市中心以南，可方便到达高速公路

伊甸园酒店
Eden Hotel

MAP p.241-D

步行即可游遍根特，因此选一个稍稍远离市中心、到高速公路十分方便的酒店是很好的选择。而该酒店步行几分钟就能到达圣巴夫大教堂，距离高速公路E40（布鲁塞尔—奥斯坦德）和E17（安特卫普—巴黎）的出入口很近，价格又合理，室内挂毯的装饰给人以安定感，舒适又惬意。

✉ Zuidstationstraat 24
☎ 09-2235151
FAX 09-2333457
室28（有淋浴设施）
€ S/€62~85 T/€70~95（含早餐）

紧邻景点，经济实惠

佛兰德瑞尔酒店
Flandria Hotel

MAP p.241-D

该酒店不但带早餐，而且午餐和晚餐也很经济实惠。另外，从这里步行10分钟便可以到达几乎所有的景点，这是相当大的魅力。如果想压缩住宿费的话，这里对于想充分享受观光乐趣的游人以及学生来说再合适不过了。由于房间较少，需要提前预约，不是所有的房间都含洗浴设施，请有意入住者切勿忘记提前确认。

✉ Barrestraat 3 ☎ 09-2230626 FAX 09-2335089
📧 gent@flandria-centrum.be HP http://www.hotelflandria-gent.be
室22 €（没有淋浴设施）S/€40 T/€48（有淋浴设施）S/€55.50 T/€63（含早餐）

Vlaanderen

鲁汶

Leuven

洋溢着青春气息的大学城
悠久的比利时"啤酒之都"

MAP p.9-H、p.207

因学生而格外热闹的旧广场

城市风貌

因大学城而被人们熟知的鲁汶，总能听到学生们嘹亮的声音，特别是在旧广场周边，酒吧和咖啡厅总是被学生所占据，直到深夜都十分热闹。

旧广场以北是著名的鲁汶大广场。市中心在"一战"中几乎被破坏殆尽，重建工程使历史悠久的建筑物重新复苏。从市政厅和圣彼得教堂等鲁汶代表性建筑物现在依然能领略到当年的风姿。

离市政厅很近的地方，有一处奇妙的人形雕像弗斯科喷泉（MAP p.247-A），一手执书阅读，另一只手执杯倒向头脑中。在佛兰德地区该雕像名称众多，有的称其为弗斯科（Fonske，意思为喷泉），含有忠告意味：在人生的最佳年华应该通过多读书来吸收知识。现在喷泉已成为这个大学城里的标志性景点。

像钻进了时光隧道

其实玻璃杯中的水也可以解读为啤酒，因为鲁汶有着自18世纪起即扬名世界的啤酒"时代啤酒"，可以在多莫斯街品尝到。

景点 ★★★★　　购物 ★★
边走边吃 ★★★★　远足 ★★★★★

出行指南

早晨若出发早的话，当天即可返回，一天之内可游刃有余地好好游览一遍。从鲁汶车站到市中心的鲁汶大广场，即使步行也仅需15分钟，从那里出发不管去哪个景点，都可以步行前往。

上午可以在旧广场的市政厅和圣彼得教堂慢慢参观，还可以一面感受城市氛围，一面品尝当地美味。在学生们聚集的旧广场，周边的咖啡馆很多，旅行结束后可以到里面休息一下。

下午可以游览大学和图书馆等与大学有关的建筑物。从市中心南下，参观哥特式建筑风格的圣米歇尔教堂，在那里可以稍作休息。此外，再推荐前往保留有12世纪城堡的圣多图斯公园，满眼的绿意可以减缓旅途的疲劳。另外，从公园出发，步行约10分钟就可以到达比利时最大的世界遗产——贝居安修道院。据说17世纪，宣传男女平等精神的修道女们就在这里坚忍地生活着。

在街头表演的音乐家

路线及导游

● **铁路**：从布鲁塞尔中央车站出发到鲁汶车站乘IC约25分钟（1小时内发车5~6趟）
● **自驾车**：从布鲁塞尔出发走E40~E314约半小时
● **旅游服务中心**：Naamsestraat 1
☎016-203020　✉tourism@leuven.be
HP http://www.leuven.be
开 10:00~17:00　休 周日（11~2月）、1/1、11/1・11、12/25・26

主要景点

市政厅
Stadhuis

● 从鲁汶车站步行约10分钟

MAP p.247-A

市政厅的壮观溢于言表,房顶的四个小角分别有四座小塔,样式很独特,据称是布拉班特后期的哥特式建筑的杰作,窗口和窗口之间还有两个带有壁岩的凸窗设计,三个角落的小塔也有壁岩设计。

该建筑建于1439年,19世纪开始进行过三次修复,最后一次是1983年,把因战争损毁的部分予以修复。从1850年以后该建筑又增设了236尊人物雕刻,与之前的雕像相比,这次雕像的衣着发生了很大的变化。三层还建有一整层的两列雕像,分别是鲁汶过去的艺术家、学者和名人的雕像,二层则陈列有城市的权威者及教区守护圣人的雕像。

壁岩上精美绝伦的人物雕像

15世纪堪称华丽的市政厅

只限旅游团的游客／11:00、15:00(周六、周日,10~3月15:00) 休 1/1、12/25
€ €2 团体(8人以上)需提前两周预约
☎ 016-272276

鲁汶 Leuven

圣彼得教堂
St.Pieterskerk

●从大广场步行约1分钟　MAP p.247-A

这是鲁汶最古老的教堂,建于公元986年,原为罗马式建筑,1425年开始扩建为哥特式建筑样式。教堂原本预计建170米高,不过到50米时就因地基无法支撑而被迫暂停,几经崩塌以后,最终固定在了现在的高度。活跃在鲁汶地区的艺术家迪里克·鲍茨的名画《最后的晚餐》就收藏在教堂宝物室内。

(右图)藏品《最后的晚餐》(下图)原本应该建得更高的教堂

开 10:00~17:00(周六~16:30,周日、节假日14:00~)　休 周一(只限冬季,夏季周一依旧开馆)　宝物室 开 10:00~17:00(周六~16:30,周日、节假日14:00~)　休 周一(只限冬季,夏季周一依旧开馆)　€ €2.50

埃尔热博物馆
Musée Hergé

●布鲁塞尔中央站起到法语天主教鲁汶大学坐火车需要50分钟　MAP p.9-H

该博物馆于2009年6月开放,展示着丁丁(参见p.206)的作者埃尔热的作品,建筑的设计师是普利兹克奖获得者德·波特赞姆巴克。

☎010-488421　FAX 010-455777　开 10:30~17:30(周六·周日10:00~18:00,闭馆前1小时停止入馆)　休 周一、1/1、12/25　€ €9.50

非常有趣的建筑

贝居安修道院
Begijnhof

世界遗产

●从大广场步行约15分钟　MAP p.247-A

该修道院位于城市的西南角,过去曾是防御所,后成为拥有72栋房屋的大修道院。教堂历史悠久,加固墙壁建造于1305年,其他古老的建筑还有16世纪砖瓦造的建筑物和17世纪的修道院,当时活跃在贝居安修道院的修女约有300人。

绿意包围的修道院一角

1962年,除了教堂以外的其他建筑都被大学收购并改造为能容纳500多名学生、教授、大学职员的宿舍。在此,可以欣赏到以早期哥特式建筑为代表的各种建筑,1998年这里被列入世界文化遗产名录(参见p.19)。

圣米歇尔教堂
St.Michielskerk

●从大广场步行约4分钟　MAP p.247-A

该教堂是鲁汶的代表性建筑。教堂建于1650年,历经70年时间才建成。从罗马时代开始,欧洲诸多天主教国家都逐渐采取了巴洛克样式的建筑。正面的立面装饰是为了不忘却对天主教的信仰之心,带有强烈的反宗教改革运动的绘画。虽然未被纳入该地观光景点,但仍是代表着鲁汶历史的建筑美学宝库。

☎016-231245　开 13:30~16:30　休 周一、10~3月

华丽的装饰是反宗教改革运动的象征

餐厅 & 咖啡店 Restaurant & Café

这些格外雅致的店面，以面向学生的餐馆居多，一般客人也可以进入用餐，菜品以乡土菜肴、意大利菜肴和法式菜肴为主。

地处旧广场的一角，洋溢着年轻人的朝气

德·凯梅尔餐厅
De Kemel

MAP p.247-A

雅致而又舒适的店面，提供从三明治、炸肉饼、蛋卷等小吃到鱼贝类菜肴。甜点有华夫饼干、特制冰激凌等，种类很丰富。午饭和晚餐时间会非常拥挤，团体需要提前预订。

✉ Oude Markt 23
☎ 016-200959
FAX 016-895070
🕐 11:30~14:30、17:00~23:00（周六·周日·节假日15:00~23:00）

舒适惬意的餐厅

德·威尔夫餐厅
Dewerf

MAP p.247-A

该餐厅位于市区中心地带的霍普茨大学里，旁边是树木茂盛的小广场。这里的菜品主要提供手工香草三明治、午餐盒饭和分量充足的色拉。建筑物的上层有价格合理的住宿加早餐的服务。

✉ Hogeschoolplein 5
☎ 016-237314
📧 dewerf@chello.be
HP http://www.dewerf-leuven.be
🕐 9:00~24:00

比利时·佛兰德地区

酒店 Hotel

这里的大型酒店只有两家，客人以学生居多。旺季时酒店常常爆满，因为离布鲁塞尔只有26公里，可以当天返回，所以选择在此留宿的人比较多。

优雅的藤制家具让人感觉很舒适

新代姆希尔酒店
New Damshire

MAP p.247-A

该酒店离车站很近，在大广场外围范围内步行至圣那图斯公园只要2~3分钟，步行到贝居安修道院也就5分钟。酒店环境安静，使用了藤制家具的寝室，让人感到更宽敞与舒适。

✉ Schapenstraat 1
☎ 016-745245 FAX 016-745246
📧 reservations@newdamshire.be
HP http://www.hotelnewdamshire.be 室35
€ S/€111~160 T/€131~180（含早餐）

交通便捷，邻近景点

鲁汶中心宜必思酒店
ibis Hotel Leuven Centrum

MAP p.247-A

宜必思酒店在其他城市里也有连锁店。会议接待厅里满是客人的身影，而这里接待的客人多与大学有关系，很有鲁汶特色。酒店没有餐厅，有吧台，在街上吃过饭后在这里小酌一杯啤酒或咖啡也是很有乐趣的。

✉ Brusselsestraat 52
☎ 016-293111
FAX 016-238792
HP http://www.ibishotel.com 室72
€ S·T/€75~105（含早餐）

像欧洲普通人家一般，提供B&B服务的宾馆

肯扎克鲁宾馆
Oude Brouwerij Keyser Carel

MAP p.247-A

从鲁汶市中心步行约数分钟即到，藏于静谧的一角。宾馆依旧在使用16世纪的建筑物，广阔的中庭非常有特色。客房虽只有三间，但服务无微不至，让人有种宾至如归的感觉。

✉ Lei 15 ☎ 016-221481
FAX 477-268979
HP http://www.keysercarel.be
室3 € S/€105 T/€120（含早餐）

哈瑟尔特

Vlaanderen

◆
Hasselt

教堂前街道上
小巧的时装店鳞次栉比

MAP p.9-H、p.207

景点★★★ 购物★★★★★
边走边吃★★★★ 远足★★★★

出行指南

哈瑟尔特车站前到大广场每隔10分钟就有一班区间巴士（除周日、节假日）。不过即使步行也只需10分钟就能到达市中心，可以一边步行一边享受街景。

沿着车站右手边的Bampslaan大街前行，就进入了环状道路De Schiervellaan，向右侧前行不远后左转进入Havermarkt直行就可以到达大广场，或者在Havermarkt行走途中左拐，进入Dr. Willemsstraat，在和Kapelstraat交汇处右拐即通往圣母教堂。在这条街上可以边走边浏览高级女装店，这里应该是哈瑟尔特最时尚的街区了。沿着大广场旁的Hoogstraat北行2分钟，到Lombaardstraat左拐，便是旅游服务中心。从这里到各景点，完全可以一路步行。

时尚的街道上有着数量众多的时装店

城市风貌

初次来到林堡省首府哈瑟尔特，会为这个人口约6.5万人的小城居然能有如此多的服装店而感到诧异和惊喜。在圣母教堂O.L.Vrouwkerk等历史悠久的建筑物的小街上，随处可以看到只有在大都市繁华大街上才有的、鳞次栉比的时装店，橱窗里展示着各种高级品牌的服装。

哈瑟尔特从17世纪开始就作为琴酒的产地而广为人知，作为水果产业中心也算得上是佛兰德商业都市的前三名。近年来开始着重发展时尚产业，数年间欧洲就评价这里是最富有时尚魅力的都市。

从邻国来此购物的人们络绎不绝，俨然这里已经成为了购物天堂。开放的环境，国际化的氛围，多样的文化在此交融成了一股新的潮流，咖啡店、餐馆的桌子上也是汇聚了各个国家的美味佳肴。

（左图）造型别致的市政厅
（下图）宾馆、饭店比较集中的大广场

路线及导游

● 铁路：从布鲁塞尔出发到达哈瑟尔特车站约需1小时20分钟（只限平日）
● 自驾车：从布鲁塞尔出发走A3~A2~A13约需1小时
● 旅游服务中心：Lombaardstraat 3
☎ 011-239540　FAX 011-225023
HP http://www.hasselt.eu
開 9:00~17:00（4~10月的周六10:00~，周日、节假日10:00~14:00）

主要景点

贝居安修道院
Begijnhof

● 从大广场步行约4分钟

MAP p.251

这里是早期的本笃派女子修道院，始建于1707年。十分遗憾的是罗马式教堂的尖塔在1975年被烧毁，庆幸的是入口和贵宾室的主楼被保留了下来，现在作为州立现代美术馆，因展出年轻、有才华的作者的作品而备受瞩目。从入口处绵延开来的绿色前院中仿佛还深藏着遥远的过去。

☎ 011-295960　HP http://www.z33.be　现代美术馆　开 11:00～18:00（周日、节假日14:00～17:00）　休 周一　€ 免费

从11世纪到18世纪历经8个世纪才建成的大教堂

圣奥古斯丁大教堂 & 钟乐博物馆
St.Quintinuskathedraal & Beiaardtoren

● 从哈瑟尔特车站步行10分钟

MAP p.251

历经8个世纪建成的大教堂，位于市区中央。最初建造的塔的基础部分最为古老，建于11世纪；屋顶是1250年左右用泥灰岩建造而成的；主要部分建于15世纪，现存的尖塔始建于1725年。登上62.8米的高塔，可以观赏到四周绝美的景色。尖塔上悬挂着用以报时的钟，塔楼还有钟乐博物馆，使组钟鸣响的18世纪制成的珍贵键盘，可以在演奏室内参观到。

被绿色围绕的散步小路和令人心情开朗的修道院前庭

☎ 011-239890　钟乐博物馆　开（团体）除1月每日10:00～17:00※需要预约（个人）7、8月的周日、节假日10:00～17:00　7、8月的周一～19:00　€ €1.50（每小时，旅行团€36）需提前预约　☎ 011-239543　✉ toerisme@hasselt.be（参加旅游团需要提前3周预约）

比利时・佛兰德地区

251

哈瑟尔特

哈瑟尔特时装博物馆
Stedelijk Modemuseum Hasselt

● 从大广场步行约7分钟

MAP p.251

这个哈瑟尔特最具人气的博物馆是不可错过的景点之一。该博物馆常年展出18～20世纪的服装，同时还配有各个时代最典型服装样式的解说。此外，这里还定期举行各种与时尚相关、基于新观念的各种主题展示会。

☎ 011-239621　FAX 011-221066　✉ modemuseum@hasselt.be
HP http://www.modemuseumhasselt.be　开 10:00～17:00（11～3月的周六、周日、节假日13:00～）　休 周一、1月、12/24～26・31　€ €5（旅游团需提前预约）　☎ 011-239543

过去曾是酿造所的博物馆，介绍了琴酒历史和酿造工艺，还可以试饮和购买

国家琴酒博物馆
Nationaal Jenevermuseum

●从大广场步行约5分钟　　MAP p.251

　　这里曾经是日内堡琴酒酿造所，从1987年改为博物馆。介绍了欧洲珍贵的横式砖块制锅在19世纪的制造工艺，放在现在也要费工10周，这是日内堡原创的制造工艺。

- 开 10:00～17:00（11～3月周六、周日、节假日13:00～）
- 休 周一、1月、12/24・25・31
- € €4.50（旅游团需提前预约）　☎ 011-239542
- 邮 groepsbezoeken@hasselt.be
- HP http://www.jenevermuseum.be

重要信息

选择时尚游还是琴酒游?

　　哈瑟尔特为游客设计了各种不同的旅游路线，在旅游服务中心或博物馆内可以咨询符合自己需求的旅游路线。例如有历史游路线、雕塑游路线、时尚游路线、琴酒游路线等，在旅游服务中心有各多主题设计的导游指南，可以根据导游指南按照自己的时间来选择旅游线路。

时尚游路线
- 开 时装博物馆开馆时间内
- € €7

※包含的票费有：时装博物馆的入馆费、时装中心的地图和指南、时装店的打折券

琴酒游路线
- 开 琴酒博物馆开馆时间内
- € €6

※包含的票费有：琴酒相关建筑、纪念碑、历史解说的指南书及琴酒博物馆的入场券（含witteke试饮）

餐厅 & 咖啡店 Restaurant & Café

哈瑟尔特餐饮丰富，几乎全是经济实惠的餐馆。虽处市中心地带但就餐环境十分幽静，在街上漫步也别有一番趣味。

参观琴酒博物馆的话，可以在这里享用琴酒佳肴

博瑞慧思餐厅
Borrelhuis

MAP p.251

从薄煎饼、吐司再到冷盘，可以享受到用琴酒制作的菜肴（要预约）。餐厅位于琴酒博物馆对面，秋季也会变成琴酒节日的会场，提供现场演奏和卡拉OK表演

- ✉ Witte Nonnenstraat 28
- ☎ 011-243228　FAX 011-226222　邮 info@borrelhuis.be　HP http://www.borrelhuis.be
- 营 9:00～21:00

来自各国的观光客在露天餐摊上共同进餐

缀格思特瑞餐厅
DRUGSTORE

MAP p.251

该餐厅在大广场很有人气，客人以观光客居多。与店内相比，店外的露天餐桌更受欢迎。小吃和零点的菜肴种类齐全，啤酒的种类也很丰富。

- ✉ Grote Markt 8
- ☎ 011-228008
- FAX 011-222575
- 营 9:00～22:00（有变动）

在宁静的街角可以边吃美食边听组钟的奏鸣

德格尼亨克斯餐厅
De Groene Hendrickx

MAP p.251

该餐厅是距离圣奥古斯丁大教堂很近的宁静之所，本地的常客很多，餐厅氛围十分活跃。即使是陌生人也很容易融入这氛围之中。该店店面宽敞干净，饭菜味道可口，不过要注意并没有固定的关店时间。

- ✉ Zuivelmarkt 25
- ☎ 011-243339
- FAX 011-214584
- 营 10:00～24:00

瓦隆地区
Wallonia

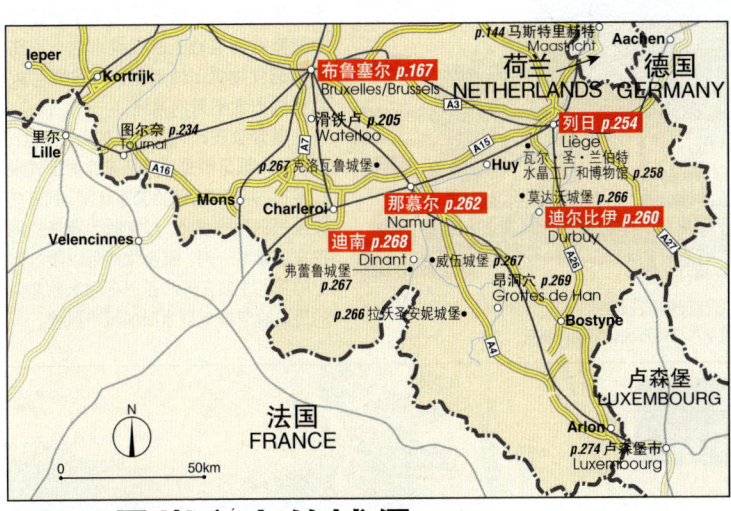

立于悬崖之上的城堡
沿碧堤而建的城市

列日

Wallonia

Liège

荣光的时代精神一直在传承
瓦隆地区的代表城市

MAP p.9-H、p.253

裴龙喷泉广场是市民休憩的好场所

城市风貌

位于布鲁塞尔东南方约100公里处的列日，是比利时南部瓦隆地区最大的都市，属法语文化区。它也是流经瓦隆地区中部默兹河流域上的大城市之一。高大林立的近代建筑倒映河中，在这里可以看到其他地方看不到的景色。

基督教在比利时普及的公元8世纪，从西罗马帝国皇帝查理大帝离宫时正式设立列日城市。从那之后的800多年间，列日成为主教统领的独立城市，以宗教为背景的绚丽宗教文化繁荣一时。如今依然可以通过旧街区上的采邑主教宫殿和圣巴泰勒米教堂为代表的历史建筑群看到当时的城市风貌。

另外，在旧街区还有另一番风景。列日位于默兹河及它的支流伍尔特河的交汇处，是重要的水上交通枢纽。作为荷兰、德国莱茵河地带和法国北部的贸易中转地，列日发挥着重要作用。同时，它作为欧洲屈指可数的枪支生产基地而声名远扬。在近代，欧洲最早进行了工业革命，列日作为工业城市也迅速繁荣起来。在重工业衰退的今天，虽然已看不到当时的生机，但是曾经繁华的宅邸和建筑被保留下来。在经济繁荣的时代，这片土地特有的文化也随之发展，它们都在向世人诉说着那段精彩、光荣的历史。

作为司法行政办公大楼的采邑主教宫殿

路线及导游

- 铁路：从布鲁塞尔南站到吉耶曼站乘IC列车需1小时10分钟（1小时2趟）
- 自驾车：从布鲁塞尔出发走国道E40需1小时
- 旅游服务中心
  - office du Tourisme Féronstrée
  - ☎ 04-2219221 FAX 04-2219222
  - ✉ office.tourisme@liege.be
  - HP http://www.liege.be/tourisme
  - 开 9:00~17:00（周六10:00~16:30、周日10:00~14:30）
  - maison du Tourisme Place St. Lambert ☎ 04-2379292
  - FAX 04-2379293 ✉ mtpaysdeliege@provincedeliege.be
  - 开 9:30~17:30（6~9月9:00~18:00）
  - 休 1/1、11/1、12/24
  - HP http://www.ftpl.be

| 景点 ★★★ | 购物 ★★ |
| 边走边吃 ★★★★ | 远足 ★★★★ |

出行指南

列日有名的车站有5个。进入市内，位于西南方的吉耶曼车站非常便利。从车站前可以搭乘便捷的巴士，从巴士站点（1、4路）到圣朗贝尔广场巴士站大约10分钟。

主要的景点基本都位于旧市街中心、圣朗贝尔广场和默兹河沿岸。全部景点步行即可到达。从圣朗贝尔广场出发，沿着利奥波德路前行，往右走可以去看看圣德尼教堂。若喜欢默兹河，沿着河的左岸边欣赏河边景色边漫步，7~8分钟就能走到瓦隆美术馆。转到它的后面就是圣巴泰勒米教堂和安妮圣布尔博物馆了，然后沿着裴龙路向市中心返回，可以到达裴龙喷泉广场。从采邑主教宫殿开始，最后沿着默兹河河岸漫步也是一个不错的选择。如果时间充裕，还可以登一下布埃伦山，从眺望台俯瞰瓦隆地区最大的市区，美不胜收。

主要景点

采邑主教宫殿
Palais des Princes Évêques
MAP p.255-B

- 位于旧市街中心、圣朗贝尔广场的北侧

采邑主教宫殿可以算是列日的名片。街道名也多以像采邑主教这样的名字命名。该宫殿是由11世纪的君主兼主教纳吉安主持修建的，16世纪又改建为文艺复兴样式的建筑物。目前该宫殿是省政府的办公大厅和法院，内部禁止参观。

外观宏伟的哥特式建筑——圣保罗大教堂

圣保罗大教堂
Chathédrale St.Paul

● 从圣朗贝尔广场步行约10分钟　MAP p.255-A

这是列日最早的教堂，始建于公元971年，13~16世纪期间历经多次修缮，现在看到的主要是16世纪遗留下来的建筑。教堂宝物馆高1.5米，金银制的圣遗物箱，让人不由得被它超精细的做工所震撼。这里还珍藏着以奥托王朝时代传承下来的传统艺术品和以象牙工艺品为代表的各种美术品。

> 开 大教堂／8:00~12:00，14:00~17:00 宝物殿／14:00~17:00（周二~周日）
> 休 周一、1/1、12/24·25·31
> € €5（宝物殿）

圣杰克教堂
Église St. Jacques

● 从圣朗贝尔广场步行约8分钟　MAP p.255-A

圣杰克教堂被称为列日最美的教堂。尖塔和建筑正面采用的是12世纪的罗马风格艺术，教堂主体是15~16世纪后期的哥特式建筑。内部无与伦比的装修、天花板的着色和16世纪的彩绘玻璃很值得一看。

> 开 复活节至6月/9:00~12:00，14:00~18:00（除此以外9:00~12:00，需提前确认）

瓦隆民俗博物馆
Musée de la Vie Wallonne

● 从圣朗贝尔广场步行约5分钟　MAP p.255-B

要想了解瓦隆文化，瓦隆民俗博物馆是必去之处。17世纪这里曾作为女子修道院使用，现已成为宣传历史和传统文化的博物馆。馆内有生活用品、日常生活摆设、农具、工具、传统玩具、有关民间信仰和基督教的祭器、绘画等展品。在该博物馆可以了解到陶器、水晶、针织品等地方产业。馆内没有英语讲解，但是可以通过"偷窥箱"等有意思的影像装置，自由地观看、了解蜡烛和面包的制作方法。

> 开 9:30~18:00
> 休 周一、1/1、5/1、11/1、12/25
> € €5

（左）展示着古代生活情景的瓦隆民俗博物馆　（下）备受欢迎的瓦隆人偶

裴龙喷泉
Perron

● 位于圣朗贝尔广场东侧的马尔什广场上

这里位于旧市街中心的马尔什广场上。被17~18世纪建筑包围的小马尔什广场是古代市民活动的重要场所。人们经常在此集合商议各种事情，是重要的通信基地，同时在这里也经常举行各种仪式活动。据说这里还曾经是犯人斩首台。现在的喷泉是1698年建成的，被看作是守护列日市民自由和人权的象征。街道两边绿意盎然的树木也是美丽街角的一部分。

旧市街中心、历经300多年历史洗礼的裴龙喷泉

圣巴泰勒米教堂
Église St.Barthélemy

●从裴龙喷泉步行约10分钟

MAP p.254-B

建于11~12世纪的圣巴泰勒米教堂被誉为罗马风格艺术的杰作。教堂内部装饰是18世纪时重新装饰的。在这里，可以欣赏美丽的钟楼、雕塑、浮雕等，其中最著名的还属被认为是"列日之宝"的黄铜洗礼盘。它生动地刻画出《新约圣经》里基督洗礼的场面，可以让游客想象15世纪左右全身佩戴洗礼盘进行洗礼的情景。默兹河流域艺术由此通过洗礼盘打造者雷尼尔·德·尤伊不断向欧洲扩展。

开 10:00~12:00、14:00~17:00（周日14:00~17:00） 休 周日午前 € €2

《新约圣经》里洗礼场面的浮雕，这是由雷尼尔·德·尤伊打制的洗礼盘

安妮圣布尔博物馆
Musée d'Ansembourg

●从裴龙喷泉步行约10分钟

MAP p.255-B

曾繁荣一时的安妮圣布尔博物馆

安妮圣布尔博物馆主要展示了18世纪后期上流家庭的生活状况和装饰品。1738~1741年左右，路易十四到路易十五的过渡装修风格，被广泛运用到个人宅第中。在这里可以欣赏到木雕品、铁制工艺品、石膏像和绘画等当时的原创室内摆设。现在古董界备受世界瞩目的18世纪列日家具，在这儿也可以探寻到。

开 13:00~18:00（周日11:00~16:30） 休 周一、1/1、5/1、11/1·2·15、12/24·26·31 € €5

瓦隆美术馆
Musée de l'art Wallon et Salle St.Georges

●从裴隆喷泉步行约10分钟

MAP p.255-B

从美术馆4楼进入馆内的地上层，边下楼梯边欣赏馆内展品，绝对是独一无二的新奇体验。美术馆常设展示馆展示的是从文艺复兴时期到现代比利时法语圈（瓦隆地区）和卢森堡的绘画和雕刻艺术。馆藏的绘画有2500余件，雕刻品也有数百件。除了丰富的藏品，该美术馆还将16世纪至今的瓦隆美术馆的变迁淋漓尽致地展现出来，同时将瓦隆美术在欧洲艺术运动中的作用作了特别的讲解。1层的圣乔治之家展示的是主题规划展。

☎ 04-2218911 FAX 04-2219232
HP http://www.museeartwallon.be
开 13:00~18:00（周日11:00~16:30）
休 周一、1/1、5/1·8、11/1·2·11·15、12/25·26·31 € €5

原汁原味的 文化

感受瓦隆地区的法语文化

在瓦隆地区，不论是宾馆还是餐厅，首选用法语交流的人不在少数。作为旅行者，或许也注意到了，有些场合使用的是英语，但是只会说法语的人还是占多数。比起比利时其他大城市，列日更具乡土气息，可能是有瓦隆这种特有的文化底蕴的原因吧！

1830年，比利时独立革命后，北部的佛兰德地区发起了维护荷兰语和荷兰文化的"佛兰德运动"。与此对应的是，以列日为据点的法语文化圈发起的"瓦隆运动"。"瓦隆运动"的领导者焦耳·德斯托雷说："比利时有瓦隆人和佛兰德人，没有比利时人。"的确，要是不了解占据比利时半壁江山的瓦隆地区，就很难说了解了比利时。

单从观光角度讲，与其说游访瓦隆地区的游客不如佛兰德地区多，倒不如说只有发现没有被商业化的景观才是旅行追求的终极乐趣。从古至今，一直作为瓦隆文化中心的列日是了解、体验比利时文化不可不去的地方。

圣德尼教堂
Eglise St.Denis

● 从圣朗贝尔广场步行约5分钟　MAP p.255-B

出生于意大利的基督教徒德尼热衷于传教活动，因在罗马受到迫害而被投放到法国监狱里，经历艰苦的牢狱生活后，于公元273年被斩首。

圣德尼教堂是公元987年诺基爱三兄弟在位期间（972~1008年）修建的。

10世纪末的罗马风格艺术的主殿和长廊、13~15世纪和18世纪增建的侧廊、在14世纪重修的哥特式祭坛基础上增建了17世纪的巴洛克·洛可可艺术样式，可以说圣德尼教堂是一座集各个时代艺术于一身的杰作。

教堂内部有说教坛（18世纪）、风琴（1589年）等，其中最有名的还属圣徒德尼经历一生的苦难后所贡献的布拉班特（比利时中部的一个省）祭坛后方的隔扇屏风，它被认为是最宝贵的文化遗产。法国的守护圣人——德尼的教堂也在瓦隆地区。

哥特式风格的祭坛。在彩画玻璃的装点下形成庄严肃静的氛围

登上布埃伦山虽然稍稍有点费力，但美景在前方不断向你招手

開 9:30~17:00（周日12:00~）
€ 免费

布埃伦山
Montagne de Bueren

● 从圣朗贝尔广场步行约10分钟　MAP p.255-B

在Rue Hors-Château途中可以登上有373级石台阶的布埃伦山。这是一座于1880年建造的用于防御外敌、保护家园的要塞，用15世纪积极英勇、拥有最高荣誉的贵族沙follow福·德·布埃伦的名字来命名的。台阶的两侧是民宅，现在要塞的旧址已被改造为公园和医院。虽然登上去会让人气喘吁吁，但只要坚持就可以体验到成功登顶的乐趣。右边100米处所设的眺望台可以远望美丽的列日旧市区全景。

近郊推荐景点

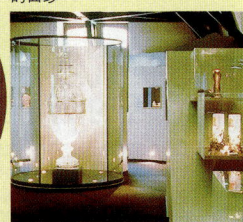

透明耀眼的水晶，裹着一层神秘的面纱

瓦尔·圣·兰伯特水晶工厂和博物馆
La Cristallerie du Val Saint Lambert

MAP p.253

交 从列日驾车沿N90南下约15分钟
✉ Rue de Val 245, B-4100 Seraing
☎ 04-3303300　FAX 04-3362025
HP http://www.val-saint-lambert.com
開 10:00~17:00
休 1/1、12/25（夏天的一个月工厂会关门，这期间可以到博物馆参观）
€ €12

只有瓦隆地区才有的特产，质量上乘的水晶价格很便宜！

列日南部的瑟兰镇有比利时著名的水晶工厂瓦尔·圣·兰伯特。创建于1825年的水晶工厂有着悠久的历史。因其精湛的切割技术、耀眼的光辉、明亮的色彩，虽历经180年以上但看着还是崭新。

这个工厂是由18世纪的建筑重新修复而建成的，现在里边设立了博物馆，从珍藏的古玩到现代艺术品，从实用品到纪念品，这些独具特色的展示品都给人耳目一新的感觉。

在这里还可以欣赏到实习生的水晶制作过程表演，同时也销售。一想到价值不菲的奢侈品在这里却能以合理的价格买到，而且还能欣赏制作工艺，真可谓是一举两得！

餐厅 & 咖啡店 Restaurant & Café

狭窄的街上到处是餐馆,在这里可以尽情品尝各国的美味佳肴。虽然以法国菜和意大利菜为主,但也有很多专门的乡土餐饮店。

引以为荣的正宗瓦隆乡土餐饮店

爱滋威尔餐厅
As Ouhes MAP p.255-B

该餐厅位于马尔什广场对面。在这里可以品尝到最具代表性的瓦隆乡土佳肴。其中最有名的还是海鲜,为此而来的客人络绎不绝。要想慢慢品味菜肴,最好就来这家环境安静一些的餐厅。在该餐厅门前的露台上,还可以一边眺望裴龙喷泉,一边享受美餐。

✉ Place du Marché 21 ☎ 04-2233225 FAX 04-2370377
営 12:00~14:30、18:00~23:00

重要信息

瓦隆地区最负盛名的阿登美食

到瓦隆地区一定要尝尝阿登美食的美味。狩猎季节是阿登高原上的兔子、鹿、野猪、野鸡、野鸭等可狩猎料理(gibier)上市的季节。生火腿、黑猪血香肠和法式馅饼也是这里的特产。
● 例: Oie à l'Instar de Vise (油炸鹅)/Ecrevisses à la Liégeoise (炖虾)/Sauté de Lapin (嫩煎兔肉)/Rognon a la Liègeoise (仔牛肾脏的新风味做法)

享受列日美食

匏瓦德老店
Point de vue  MAP p.254-B

该餐厅位于歌剧院附近,是一家休闲餐厅。右图名为Pavé de boef a la Liègeoise 的美食是由列日原产的黑猪血香肠煎荷包蛋做成。拌上杜松子酒和糖汁一起吃就是最正宗的列日风味。不妨在此体验那入口时甘甜又刺激的原始味道。

 Place Verte 10
☎ 04-2236482
営 8:00~11:30、12:00~22:30
休 无

比利时·瓦隆地区

259

列日

酒店 Hotel

想要慢慢体验瓦隆地区的风情,住宿首推以下酒店。因为该地区的酒店客房一般都在30间以下,所以想入住这里的话最好提前预约。

满足美食家要求的花旗宾馆

墨丘利酒店
mercure MAP p.254-B

从该酒店步行到列日市中心只需5分钟左右。到比利时走高速路的话,也是很便捷的。这里距巴黎、阿姆斯特丹、布鲁塞尔机场,乘汽车约需1小时。该酒店餐厅的菜品也很国际化,尤其是精心挑选的葡萄酒最值得推荐。

✉ Boulevard de la Sauvenière 100
☎ 04-2217711 FAX 04-2217701
邮 H1893@alliance-hospitality.com
HP http://www.accorhotels.com
室 103 € S・T/€99~220 早餐€16

歌剧院附近的便利酒店

列日中央歌剧院宜必思酒店
ibis Liège Centre Opèra MAP p.255-A

宜必思酒店是典型的商务经济型酒店,员工服务热情令人满意,初访者到此一般都会感受到这里舒畅的环境。酒店附近各种各样的餐馆和咖啡厅鳞次栉比,可以随心所欲地探寻美食。可以说该酒店是观光客的首选,经济又实惠。

✉ Place de la Re-publique francaise 41
☎ 04-2303333
FAX 04-2230481
HP http://www.ibishotel.com
室 78
€ S・T/€78 早餐€14

Wallonia

迪尔比伊
Durbuy

以"世界最小的城市"而闻名
中世纪的氛围与自然完美融合

MAP p.9-K、p.253

被葱绿的山谷包围的街道

景点★★★　购物★★★
边走边吃★★★★　远足★★★★★

出行指南

在迪尔比伊，不足10分钟就能逛遍这个城市的每个角落。正因为如此，无论走到哪里也不会迷路。从街道入口穿过乌鲁塞鲁伯爵路，过了桥左边便是乌鲁塞鲁伯爵城堡，右边是圣尼古拉斯教堂。到桥前面的迪尔比伊阿芙妮蒂勒事务局可以申请皮筏艇、攀岩和山地车等户外运动项目。在约翰杜比波西路，整齐排列的精品时尚店完全可以满足购物的需求。在福旺鲁广场云集着众多美食店，可以好好品尝一番美味。记得一定要点一份阿登地区特有的生火腿。

- ●自驾车：从布鲁塞尔出发走E40，从43号出口进入N86。约1个半小时
- ●铁路及公交：从布鲁塞尔乘车往那慕尔—卢森堡，在马洛站下车，再换乘去往列日的电车，在巴尔沃下车乘坐公交到迪尔比伊下车即可。约2小时15分钟
- ●出租车：从那慕尔出发约€110，从巴尔沃出发约€7.5
- ●旅游服务中心：✉ Place aux Foires 25
☎ 086-212428　FAX 086-213681
邮 info@durbuyinfo.be
HP http://www.durbuyinfo.be
开 9:00~12:30、13:00~17:00（周六、周日、节假日10:00~18:00）

城市风貌

迪尔比伊是坐落在阿登地区浓郁森林深处的小城镇。虽然起源不详，但11世纪时首次被载入史册。1331年由于被杰克·波西称为"城"，被吉尼斯世界纪录视为"世界最小的城市"。

在这条既保留中世纪美丽景观又兼具自然魅力的小城，处处可见在古石板上散步的人、在伍尔特河尽情于皮划艇运动的人、挑战攀岩的人……2007年，这里被授予最具魅力的旅行地EDEN奖。

主要景点

乌鲁塞鲁伯爵城堡
Château des Comtes d'Ursel

● 在福旺鲁广场附近

这座白色的城堡是迪尔比伊标志性的景观。它耸立在伍尔特河上游，非常漂亮。始建于1087年的城堡，在17世纪前一直作为战略要地发挥着重要的作用。1880年以来，由乌鲁塞鲁伯爵重修。现在看到的巨大塔楼部分曾经是最繁荣的礼拜堂（内部不允许参观）。

承载着迪尔比伊近千年历史的城堡

Topiaires自然公园
Parc des Topiaires
● 从福旺鲁广场步行约2分钟

　　Topiaires自然公园是世界上最大的造型公园，该公园占地10000平方米。这里除了有各种动物、人物造型外，还有小于连撒尿像和各种品牌的标志等独特的造型，共计250多个。其中还有树龄超过120年的老树。从高台上的咖啡厅可以远眺迪尔比伊的街道风景和伍尔特河的风光。回巴尔沃的公交也在公园前发车。

> 开 10:00~18:00
> 休 1~2月平时（也可以申请预约）
> € €4.50 ☎ 086-219075（预约电话）

在美丽的庭园里散步

造型如此独特的艺术品

圣尼古拉斯教堂
Eglise Saint-Nicolas
● 福旺鲁广场附近

　　罗马建筑风格的尼古拉教堂是街头漫步的标志性建筑。它始建于1632年，之后列日的静修道派修道士曾整修过。可以在当地旅游局咨询相关信息，由当地导游带领参观该教堂（20人以上的旅游团，需提前1周预约）。

彰显着一种中世纪教堂的安定氛围

这里专门举办针对旅行者的活动

迪尔比伊阿芙妮蒂勒
S.A. Durbuy Aventure
● 从福旺鲁广场步行约1分钟

　　这里是皮划艇、攀岩、山地车等户外设施的综合事务所。在这里有专业人士可以给旅客提供专业又合适的建议，在此基础上，可以充分享受户外运动的乐趣。

> ☎ 086-212815 HP http://www.durbuyadventure.be 开 9:00~17:30

● 皮划艇

　　从迪尔比伊阿芙妮蒂勒事务所乘坐小型公交车到河边，沿着伍尔特河向巴尔沃方向顺流而下。

> 开 4~10月 / 10:00~14:30
> ① 皮划艇单线划行8公里（需要约2小时）
> € 1人€14
> ② 山地车和皮划艇套餐
> € €40（乘皮划艇顺流而下划行8公里所需时间2小时，然后乘公交车回Rome，再骑山地自行车运动1小时）

从伍尔特河上眺望美丽的城镇

● 攀岩

　　可以攀登尼古拉教堂前面的悬崖峭壁。需要向迪尔比伊阿芙妮蒂勒申请。

> 所需时间约1小时（需提前预约） € €15（包含头盔和安全带）身高1.4米以上

看上去相当刺激的攀岩体验

那慕尔

Wallonia

Namur

享有"默兹河上的珍珠"之称
城堡众多，溪谷秀美

MAP p.9-H、p.253

桑布鲁河倒映出的那慕尔旧市街风貌

景点 ★★★★　购物 ★★★
边走边吃 ★★★　远足 ★★★★

出行指南

那慕尔北侧的桑布鲁河汇入默兹河，市中心便位于桑布鲁河的北侧。城堡位于桑布鲁河的南侧，刚好位于两条河的交汇处。从北端的那慕尔站南下，穿过桑布鲁河上的桥，即使步行去城堡登山口，也用不了20分钟。

首先，从车站左边的车站前大道Avenue de la Gare步行，可以到达旅游服务中心。在这里拿一份旅游宣传册边走边游。从旅游服务中心向南经过菲尔大街（Rue de Fer），就进入主干道安州大街（Rue de L'Ange）。最具代表性的景观都散布在这附近。先登上城堡一览市区全貌，之后再开始游览也是一个不错的选择！

路线及导游

- 铁路：从布鲁塞尔中央车站到那慕尔站乘IC大约1小时（1小时2趟）
- 自驾车：从布鲁塞尔出发走E40大约40分钟
- 旅游服务中心：
  - ✉ Avenue Reine Astrid, 22
  - ☎ 081-776757　📠 081-776981
  - 🌐 http://www.paysdesvallees.be
  - 📧 toerisme@ftpn.be
  - 🕐 9:30~12:30、13:00~16:30
  - 休 周六、周日

城市风貌

那慕尔位于瓦隆地区中心，是那慕尔省的首府，因其秀美山谷而闻名于世。它坐落在默兹河和桑布鲁河交汇处，同时也是进入阿登地区的玄关。该地最具特色的景观是雄踞在河流交汇处高台上的城堡。沿着默兹河沿岸到处都是城堡，可见规模之大，这些城堡记载着曾经的历史。该城市人口大约有10万余人，虽然是首府城市，但城市却非常舒适安静，市中心也焕发出无限的生机。在主干道安州大道上可以看到众多小店铺，充满了时尚感。之所以这个地方能给游客这样的感觉，大概是因为这里曾经是19世纪著名画家费里西安·罗普斯（Félicien Rops）的故乡吧！

那慕尔具有重要的战略地位，自古便是兵家必争之地，曾受到很多次攻击，在战争中也失去不少古代和中世纪的建筑物，幸而有1687年和1708年颁布木结构建筑保护的赦令，今天才能够有幸看到这些逃离战火厄运的17~18世纪建筑物。

（下）有趣的餐馆招牌
（右）周六早上安州大街上热闹的市场

主要景点

城堡
Citadelle

MAP p.263-A

● 从登山口步行到山顶约30分钟，乘坐迷你公交约15分钟

　　这是欧洲最重要的城堡之一。自从15世纪由勃艮第接收以后，到17世纪先后被奥地利、荷兰、法国侵占，面貌发生了很大的变化。今天看到的是17世纪时的景观。从那之后，历经法国大革命、第一次世界大战、第二次世界大战的洗礼，1975年以前这里一直驻扎着军队。如今这里已成为著名的观光景点，还可以乘坐迷你观光小火车在其周围游览。城堡内部有大公园、森林博物馆、露天剧场、娱乐公园和餐馆等。

从古代就一直作为军事要地的城堡显得威严而庄重，现在已被改造成设施齐备的大公园

开 8:00～18:00（11～3月9:00～17:00 ※由于季节的变动而有所变化，请提前确认）
☎ 081-654500
HP http://www.citadelle.namur.be
迷你小火车
営 4～10月11:00～17:30（冬季需要预约）
☎ 081-654500　€ €4

充满魅力的那慕尔古典博物馆

那慕尔古典博物馆
Musée des Arts Anciens du Namurois

● 从那慕尔车站步行约3分钟　MAP p.263-B

　　该博物馆是由那慕尔考古学会收藏并设立的州立博物馆。作为14~17世纪的艺术中心，在这里能够欣赏到雕塑、绘画、纯金工艺品、铜制工艺品、铁器制品、彩绘玻璃、玻璃艺术品和刺绣等各种各样的工艺品。同时该博物馆还设立了费里西安·罗普斯展示厅。这里还收藏有各种表情丰富的圣人及动物宗教画，工艺品超精致的技术给游览者留下深刻的印象。

☎ 081-776754　开 10:00~18:00
休 周一、1/1、12/24·25·31
€ €3(规划展期间€5) ※费用也会有所波动

费里西安·罗普斯美术馆
Musée Provincial Félicien Rops

● 从那慕尔车站步行约10分钟　MAP p.263-A

　　该美术馆位于旧市街中心，19世纪曾是宏伟气派的私人宅邸。生于1833年的罗普斯是当时备受尊敬的

悬挂着罗普斯签名的精致别雅的美术馆大门

著名画家。该美术馆内藏有油画、素描、石版画、雕塑和插图等1000多件作品。参观完所有的作品需要1小时左右。

■ http://www.museerops.be　€ 10:00~18:00
休 除7、8月的周一、12/25~1/1
€ €3(包含规划展€5)

可以眺望静流淌的桑布鲁河的考古学博物馆

考古学博物馆
Musée Archéologique de Namur

● 从那慕尔车站步行约10分钟　MAP p.263-B

　　桑布鲁河的Rue du Pont桥边巍然耸立着一座雄伟的建筑物，这原本是1590年建造的肉食馆。现在这里陈列着在该地区出土的古罗马遗物和梅洛温库朝代极其奢华的金银饰品等。另外还可以参观18世纪时那慕尔的模型地图复制品等珍贵史料。

☎ 081-231631　开 周三~周五10:00~17:00
周六、周日10:40~　休 周一、12/25~1/2
€ €3

盖伊·德尔福奇香水工作室
Parfumerie de Guy Delforge

● 城堡内　MAP p.263-B

　　这是多次在各大国际竞技会上摘冠的香水盖伊·德尔福奇的工作室。在香水调制

重要信息

可仰望古城、眺望河畔别墅
乘船巡游那慕尔

　　在那慕尔游玩还有一个项目必须体验，那就是乘坐游览船观光。富有起伏感的瓦隆地区，最亮丽的风景特色是将安静平稳与激情四射有机统一。不同的景色变化，只有乘坐游船才能感觉得到。乘船可从法国桥Pont de Forance向南一直航行至终点站(MPA p.263-B)。

巡游桑布鲁河和默兹河
(享受从水上眺望包色彩缤纷的那慕尔景色)
☀ 4~6、9月/13:30、15:00、16:00出发
7·8月/11:00、13:30、17:00出发 所需时间50分钟~1小时45分钟 (10/31~3/15期间只受理20人以上的旅游团的预约) € €6~11 (因路线不同而定)

那慕尔巡航
(充分领略默兹河上游的山谷、村庄和古城美景)
☀ 7月、8月每天15:00出发 (10/31~4/1只受理旅游团的预约) 所需时间1小时45分钟 € €11

迪南一日游
(欣赏富有变化的美景之时，顺道游览迪南)
☀ 7月中旬~8月下旬周日10:00出发，19:00返回 所需时间9小时左右 (在迪南停留2小时)
€ €22

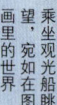

乘坐观光船眺望，宛如图画里的世界

的车间（只允许参观50分钟，只有英语、法语、荷兰语解说）可以了解香水的制作流程和工艺，该工作室同时也销售香水。

✉ Castle of the counts, Route Merveilleuse 60 ☎ 081-221219 HP http://www.delforge.com 营 10:00~17:30（4~10月 ~18:00、周日及节假日14:00~18:00） 休 1/1、12/25

餐厅 & 咖啡店 Restaurant & Café

在安州大街的圣约翰教堂后面，是一个蔬菜市场Marché aux Légumes，在这里雅致又便宜的小店鳞次栉比。

旅行中补充体力的干酪火锅

勒桑鲁餐厅
Le Saint Loup

MAP p.263-A

该餐厅是牛肉、鸡肉、香肠等浸泡后再涮的干酪火锅店。16欧元随便吃的套餐"干酪火锅——布尔吉尼翁"是旅途中快速补充体力的最佳食物。每周六，店内会举办现场钢琴演奏，任音符在空中飞舞。老板是个非常平易近人的店主。

✉ Rue du College 25-27 ☎ 081-656581 营 18:00~22:30（周日11:00~）

当地最具人气的餐馆

拉·阿尔萨宴餐馆
La Taverne Alsacienne

MAP p.263-B

该餐馆是个人气一直很旺的店，由于店内设计横窄纵长，不必介意入口处的拥挤，径直进入店内定会让你悬着的心落下来。从小吃到主餐，菜品非常丰富，因此吸引了不少回头客。选择可以眺望广场的露台座位也不错。

✉ Place Marché aux Légumes 11 ☎ 081-230096 营 11:00~23:00（周五~24:00、周六10:30~24:00）

酒店 Hotel

这一带的宾馆多为老式的小规模旅馆，家庭般的氛围萦绕其间。因市里几乎没有房间多的旅馆，所以在旅游旺季一定要注意提前预订。

可以眺望那慕尔的城堡宾馆

那慕尔城堡宾馆
Chateau de Namur

MAP p.263-A

该城堡宾馆位于城堡的山顶上，森林博物馆和野外剧场就在附近，四周满是绿色。宾馆建于1893年，是家古老的宾馆，一直以安静优雅的环境和超群别样的精致吸引着众多的旅客。餐馆l'Ermitage的美食得到了众多旅客的好评，酒吧提供45种不同风味的鸡尾酒。

✉ Avenue de l'Ermitage 1 ☎ 081-729900 FAX 081-729999 邮 info@chateaudenamur.com HP http://www.chateaudenamur.com 室 29 € S/€100~200 T/€120~200 早餐€15

令人印象深刻的玄关

德佛兰德宾馆
Hôtel de Flandre

MAP p.263-A

游访那慕尔一下火车，最先映入眼帘的就是这个站前宾馆。虽说没有城市宾馆的现代，但是室内装修简单朴素，焕发出一种古典气息。不论是客房还是小酒吧，都会让人感到无比惬意。

✉ Place de la Station 14 ☎ 081-231868 FAX 081-228-060 邮 info@hotelflandre.be HP http://www.hotel_flandre.be 室 33 € S/€68~85 T/€75~95 早餐€11

阿登地区城堡游

比利时东南部的阿登地区，散布着许多古城遗迹。既有耸立于悬崖之上的城塞，也有远离人烟、孤立于森林深处的城池，何不去拜访一下这些尘封历史的典雅古城。

巡游浪漫古城

MAP P.253

举行仪式的舞台，路易十四风格的公馆
莫达沃城堡
Château de Modave

✉ Château de Modave ASBL, 4577 ☎ 085-411369 FAX 085-412676 HP www.modave-castle.be
开 4/1～11/15 / 10:00～18:00 结婚仪式 / 费 €7.50
营 平日 休 7月、8月除周一、周日和节假日 €2080

始建于13世纪的城堡，于1652～1673年间被马尔尚伯爵修复过。玄关大厅天花板的纹章根据家世图谱和关于赫拉克勒斯特的浮雕绘画。另外，伯爵的寝室等其他房间也值得一看。在小礼堂也举行一些仪式活动。

罗什福尔镇首屈一指的风景
拉沃圣安妮城堡
Chateau de Lavaux-Sainte-Anne

✉ Rue du Château 8, 5580 Lavaux-Ste-Anne ☎ 084-388362 FAX 084-387302 HP http://www.chateau-lavaux.com 开 9:00～18:00（11～4月～17:00）休 1/1、12/24・25・31 费 城堡之旅€6.50/庭园€5 通票€9

这座古城历经战争的洗礼后，于17世纪得到修复。现在，作为人们平日休憩和参观的场所。这里的景观曾被评为"罗什福尔镇最美的风景"。城堡里还设有狩猎和自然博物馆，从中可以了解一些瓦隆地区乡村生活的历史。

参加古城巡游，在城堡里享受优雅的午餐

比利时因古城堡众多而闻名于世，数量达3000余处。尤其是阿登地区，聚集着一批保存完好、规模宏大的美丽古城。这些古城堡是为防御敌人的进攻而建的，因而大都建在交通不便的地方。也正因为如此，这些城堡才能够得以保存它们最原始的风貌。这附近的交通要地主要是那慕尔和迪南。然而并没有直接到这些古城堡的火车和公交，如果想实现轻松巡游古城堡的话，参加旅行团是最佳的选择，还可以跟随旅行团享受优雅的午餐。

自驾游、单车行，亲身体验中世纪骑士的世界

如果选择个人游，能租用当地汽车进行古城巡游，是最理想不过的。沿途欣赏那慕尔和迪南的街区美景，每天玩转两三个城堡，慢慢地感受这规模宏大、历史悠久又充满乐趣的古堡氛围。

若对自己的腿脚比较自信，可以租借自行车挑战一下。从那慕尔到迪南，沿默兹河一路向南前行，会感觉心情特别舒畅。以标志性的古城堡为目标努力前进。不过，这途中有相当费力的陡坡，有时还会遇到下雨等极端天气，所以最好先检测好自己的体力再考虑要不要进行挑战。

被认为是童话王国的五个尖塔
威伍城堡
Château de Vêves

✉ Noisy 5,5540 Celles-Houyet ☎ 082-666395 FAX 082-666036 HP http://www.chateau-de-veves.be 开 10:00~17:00 休 周一、周五、11~3月 € €6

这个始建于公元8世纪的小城堡，从15世纪以来被改建成以居住为主的城堡。该城堡有五个高耸的尖塔，宛如童话绘本里的插图一样可爱，受到游客的广泛喜爱。家具和装修也以18世纪的风格为主。

广阔的庭园是数世纪前游玩的迷宫
弗蕾鲁城堡
Château de Freÿr

✉ Freÿr 12,5540 Hastière ☎ 082-222200 FAX 082-228323 HP http://www.freyr.be 开 10:30~12:45、14:00~17:45（10~3月仅周日14:00~16:30） 休 10月~次年3月的周一~周六、节假日，4月~6月的周一~周四、7月~8月的周一、9月的周一~周五 € €7.30

该古城堡由16世纪到18世纪期间不同风格的会馆组成，包括用砂岩修筑的部分和用砖垒造的部分。在这个全长约3公里、极易迷路的庭院中，香橙温室等建筑好似在静静地述说着过去那段优雅的古堡生活。

被森林包围的中世纪古堡
克洛瓦鲁城堡
Château de Corroy-le-Château

✉ Rue de Bois de Samme, IB-1440 Brainede le Château ☎ 02-3663424 FAX 02-3662405 HP http://www.laviedechateau.be 开 7·8月/周六、周日、节假日 10:00~12:00、14:00~18:00／仅周日的 10:00~12:00、14:00~18:00 ※每日均可预约 € €3.80

该城堡是布拉班特公爵在罗马帝国皇帝菲特烈一世援助下于1270~1280年建成的。城堡的四个尖塔轮廓非常美丽。

Wallonia

迪南

Dinant

让画家们着迷的美丽小镇
萨克斯的故乡

MAP p.9-K、p.253

位于迪南默兹河畔的城堡和教堂

各种巡航船也是瓦隆地区的典型风光

景点 ★★★　购物 ★★★★
边走边吃 ★★　远足 ★★★★★

出行指南

从迪南车站往右走穿过桥，便来到了城堡山麓下的街区，这里是小城的中心。主要景点集中在默兹河沿岸约1公里范围内。站在市中心，无论从哪个角度都可以看到高高耸立的圣母院教堂，因此在这里不必担心迷路。教堂的旁边，有通往城堡的缆车乘坐点和石台阶，一定要上去看看！

购物可以是最后需要进行的一项活动。在教堂前面的主干道阿道尔夫·萨克斯大街（Rue Adolphe Sax）上，可以尽情地挑选像铜制工艺品等迪南才有的特产。

城市风貌

迪南位于默兹河畔，是一座沿河畔而建的小城，人口约12 000人。悬崖上修建的城堡和山麓下规模宏大的圣母院教堂尤为吸人眼球，已成为迪南的标志。迪南是因中世纪生产日用品和教会圣祭用的铜制工艺品Dinanderie而繁荣起来的城市。14世纪时，这里人口高达5万多人，其中15%的人都从事着与铜制工艺品的制作和销售有关的工作。这种有着浓郁中世纪风情的街道和景观如今经常被作为绘画题材而使用。

路线及导游

🚆 铁路：从布鲁塞尔中央车站到迪南站乘IC需1小时30分钟（1小时1趟）
🏢 旅游服务中心：Avenue Cadoux 8
☎ 082-222870　📧 info@dinant-tourisme.be
🌐 http://www.dinant-tourisme.be
🕐 8:30~18:00（7·8月8:00~19:00，11~3月周六9:30~16:00、周日10:30~14:00）　休 12/25~1/1

（上）从海拔100米的城堡上俯瞰迪南的街区
（下）繁荣热闹的阿道尔夫·萨克斯大街

主要景点

城堡
Citadelle

● 乘坐空中缆车到山顶约3分钟，或者沿着408级石台阶攀登

MAP p.268

从山顶上眺望迪南的街道和默兹河风景十分壮美。石台阶是16世纪的产物，408级台阶也是堆上去的。城堡曾多次受到攻击而被改造，现在看到的主要是19世纪时的样子。利用空中缆车的话，会有导游陪同，导游会用英语、法语和德语风趣诙谐地讲述该城堡从1050年建成至今的历史。最后不要忘记支付小费。

开 10:00～18:00（10～3月～17:00）
休 11～3月周五、1月周一、周六
€ €7.50（含空中缆车）

阿道尔夫·萨克斯大街
Rue Adolphe Sax

● 从迪南车站步行约5分钟

MAP p.268

该大街是以1814年生于迪南的阿道尔夫·萨克斯的名字来命名的主干道。萨克斯根据单簧管而设计发明了萨克斯管，并且以自己的名字命名了这种新型乐器，还于1846年获得专利。

这条大街是迪南唯一繁华的街，街道两旁都是各种特产专卖店，如饼干专卖店、铜制工艺品"迪南娃娃"工作室、画廊、宾馆、餐馆等。

圣母院教堂
Collégiale Notre Dame

● 从迪南车站步行约5分钟

MAP p.268

圣母院教堂是座位于城堡山麓下、毗邻默兹河、屹立于悬崖后方、庄严的哥特式建筑物。它不仅是迪南的象征，同时也是瓦隆地区的象征。

教堂始建于1240年，曾多次遭到破坏，不过每次都能将它修复为原样。教会曾经在这里新建的礼拜堂的一部分也被保留下来。进入大厅的右侧，可以看到罗马式风格的美丽拱门。

近郊推荐景点

仰视巨大的石笋，感到人类是如此的渺小

昂洞穴
Grottes de Han

MAP p.253

HP http://www.grotte-de-han.be ☎ 084-377213 开 4～11月 休 12～3月 € €14 野生动物园、博物馆和3D电影城套餐票€22.50

邻近的野生动物园

藏在小山村里、规模宏大的昂洞穴

从迪南的东南方约30公里的地方，沿着莱斯河，会发现有一个叫"昂·瑟尔·莱斯（Han-sur-Lesse）"的小村庄。这个可爱的村庄之所以有名，是因为这里有经莱斯河侵蚀而形成的巨大的钟乳洞。它于1814年被发现，是由泥盆纪时期附着在煤层上的石灰岩形成的。地下18公顷，全长8公里，最长的石笋高达20米，可以说这里是世界级规模的钟乳洞。

参观者可以从村里的问讯处购买门票，乘坐从停车场出发前往洞穴的电车，到站后可以在周围参观一番。当然也有和邻近的野生动物园一起的套餐票，只参观洞穴的话，需要1个半小时到2小时左右，2个景点都参观的话，需要4小时左右。

重要信息

又大又硬的
库克·德·迪南饼干

比利时拥有众多巧克力、华夫饼干、曲奇等甜点老字号店铺，迪南也有从15世纪传承下来的传统点心。那就是这种比人头还大、无比坚硬的库克·德·迪南饼干。它是把蜂蜜和小麦粉揉和之后烧制而成的食品，坚硬的感觉使劲儿咬都咬不动。虽然这样，但它特别容易存放，这在食物困乏的年代可作为存储食品。

若牙齿够好，该饼干可是首选。放进旅行箱里也可以方便带回，还有让你惊讶的一点是竟然连一片都不会被压碎。

做成动物、鸟、花、水果等各种形状的库克·德·迪南饼干

商店 Shop

说起迪南的特产还属铜制工艺品——迪南娃娃。当然，这里不光有高级礼品，更有爱不释手的迷你模型和价格诱人的袖珍画。

迪南最古老的传统点心店

雅各布糕点
Patisserie Jacobs

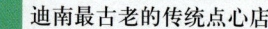

MAP p.268

该蛋糕店始创于1960年，是迪南非常闻名的蛋糕店。第四代掌门夫人非常的亲切。店内不仅有茶点室，在这里还可以品尝到传统点心——库克·德·迪南饼干。因为比较硬，建议先在红茶里浸泡片刻再食用。要是提前预约的话，会有机会目睹这种传统点心的整个制作过程。

📍 147 Rue Grande 5500 Dinant ☎ 082-222139 🕐 8:30～19:00

酒店 Hotel

若时间宽裕，特别推荐游客享受逗留在小城市里的快乐时光，比起市中心的宾馆还是选择静谧的郊外旅馆更会收获难得的体验。

可以俯视默兹河的便利酒店

迪南宜必思酒店
ibis Dinant Centre

MAP p.268

酒店位于市中心的默兹河畔，是一家十分便利的酒店。附近有很多餐馆，从酒店向前走50米左右是停车场。酒店内的酒吧24小时营业，在这里可以尽情享受舒适的旅行生活。

📍 Rempart D'Albeau 16 ☎ 082-211500 FAX 082-211579 HP http://www.ibishotel.com 室 59
€ S/€65～ T/€85～（因季节不同而有所变动）早餐€13

森林中静谧的城堡酒店

迪南水晶城堡酒店
Mercure Dinant Castle de Pont-à-Lesse

MAP p.268-外

酒店位于市中心约5公里处，想体验养生的旅客可以选择这里。因为酒店被约25公顷的森林公园所环绕，所以环境特别安静。酒店内设有泳池、桑拿室、小型高尔夫球场和网球场，设备一应俱全。另外，在这里还可以享受皮划艇带来的乐趣。

📍 Route de Walzin 36 ☎ 082-222844 FAX 082-226303 📧 H1512@accor.com HP http://www.mercure.com
室 80 € S/€75～109 T/€115～150（含早餐）

卢森堡
LUXEMBOURG

感受这个城堡与葡萄园交相辉映、森林与溪谷处处可见的"小"大公国

La Moselle'Vin
沿着摩泽尔河寻访美味葡萄酒

可以在摩泽尔河畔的餐厅里享受威士联葡萄酒和生火腿

放眼望去是一片无边的葡萄园。葡萄酒厂里散发出芳醇的香气,岸边的桌上摆放着河鱼、生火腿、熏肉等美味。在这个葡萄酒的故乡——摩泽尔河畔,能深深体味到这个国家的另一种魅力。

摩泽尔河畔矗立着纪念《申根协定》签订的石碑

玛丽·阿丝特里德公主号
Princess Marie-Astrid
MAP p.271

申请地址：Entente Touristique de la Moselle Luxembourgeoise asbl ✉10 route du Vin L-6794 Grevenmacher（格雷文马赫）☎758275
FAX 758666 info@marie-astrid.lu
HP http://www.moselle-tourist.lu

Schwebsange 申维布桑

Schengen 申根

展示摩泽尔葡萄酒历史的博物馆

畅游摩泽尔河的游览船——玛丽·阿丝特里德公主号

延绵起伏的葡萄园和蜿蜒流淌的河川

摩泽尔河流域作为葡萄酒的产地闻名遐迩。摩泽尔河在卢森堡东南部蜿蜒流淌,成为德国与卢森堡的天然国境线。沿着南北长约42公里的摩泽尔河,葡萄园连绵不断。在这里,可以领略到南部平缓的丘陵地带中葡萄园的翠绿美景,也可以欣赏到河川上泛起的点点蓝光。

艾乃恩葡萄酒博物馆
Musée du Vin Ehnen
MAP p.271

✉115 route du Vin（艾乃恩）开9:30~11:30、14:00~17:00（11/1~3/31可以预约）☎760026
FAX 768451 休周一 €3

平静的河面上偶尔会荡起点点涟漪,能眺望到白色客船在河面上静静地前行。周游摩泽尔葡萄酒产地的游览船,主要在夏季运行。在这个能乘坐200~500人的游船上,还设有餐厅。可以一边享受巡游的快乐,一边品味极品葡萄酒以及当地特色的美味菜肴。

每逢收获季节，卡车里装满了堆积如山的葡萄

葡萄酒厂里展示的大木桶

萄园适宜酿造优质的葡萄酒，北部石灰质偏多的葡萄园适宜酿造优雅而富于个性的葡萄酒。现在年均生产11万~18万百升，出口大约只占一半，因为卢森堡国内的消费量很高。

葡萄分为威士联、灰贝露、白贝露、贝露娃等。如果说带有卢森堡特色葡萄酒的话，当属干白的威士联和灰色小粒的灰贝露所酿造的酒了。

为了保证卢森堡的葡萄酒品质，当地设立了葡萄酒法，规定了商标标记规则。对受政府监督的、卢森堡摩泽尔地区生产的、非国外品牌的葡萄酒，设立了4个等级，最高级的是Grand Cru，其次依次是Pre-mier Cru、Vin Classé、Mar-que Nationale Apllation Contrôlée（简称AOC，即法定产区葡萄酒）。

为了给在超市购买葡萄酒的人提供方便，不同等级的葡萄酒会贴上不同颜色的酒标。如AOC级的用褐黄色，而Grand Cru的则用绿色。

一杯葡萄酒就足以感受出人生的喜悦

可以说卢森堡人的快乐体现在餐桌上。卢森堡的菜肴涵盖了"法国的品质，德国的海量"，如此美味又分量十足的菜肴，相信无论是什么样的贪吃鬼也不会失望的。

品尝美食之时，必定少不了红酒。"无酒不成宴"，无论什么时候都要喝点小酒。炸得硬脆的河鱼和威士联酒是绝佳组合，品尝海红、蝌蚪的时候也必然要配上红酒。

此外在熏制猪肉，烹饪腊肠、肉派、酸圆白菜，制作腌泡菜肴的时候，也少不了红酒的出场。

在葡萄酒地窖里，除了参观还可以试饮

圣马丁酒窖
MAP p.271
Caves St. Martin
✉ 53 Route de Stadbredimus L-5570 Remich（雷米希） ☎ 2361991 FAX 23699434 开 10:00~12:00、13:30~17:30（11~3月10人以上的团体、预约游客） 休 12/15~2/1 € 4.50（可观储藏室、制造过程，还可品尝一杯葡萄酒）

追溯古罗马时期酿造葡萄酒的辉煌

这里种植葡萄的历史悠久，最早可以追溯到古罗马时代，卢森堡大公的酒厂历史也有1000多年了。开阔的南部地区的葡

善能霍夫曼葡萄园
MAP p.271
Sunnen-Hoffmann
✉ 6 rue des prés L-5441 Remerschen
☎ 23664007
FAX 23664356
HP http://www.caves-sunnen.lu
营 8:00~12:00、14:00~17:00
休 周六、周日、8/15~31（周六、周日需提前预约）

卢森堡市

Luxembourg

卢森堡的首都,既有保留了千年历史风貌的老城区,又是欧盟多个下设机构所在地

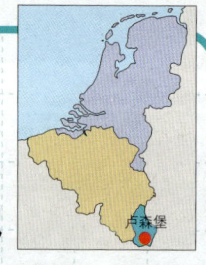

MAP p.9-L、p.271

路线及导游

- ●公交及驾车:从芬德尔机场乘坐16路市内公交到达中央车站附近的公交总站大约需要25分钟。乘坐出租车到达市内大约需要20分钟
- ●旅游服务中心:卢森堡市旅游局、中央车站

漂亮的中央车站有精美的穹顶画和带镶嵌玻璃的窗子

市内交通

在卢森堡市有CFL、AVL、RGTR、TIC四种公交车,蓝色的AVL是市内公交车,其他都是市外长途公交车。卢森堡市内没有地铁,如果想要在市内逛逛的话,可以采用步行、乘坐公交或出租车的方式。和其他国家首都相比,卢森堡市的出租车乘车点并不多。因此,乘坐公交车相对比较方便。

选择可以在中央车站的自动售票机或者商货亭购买公交车票。车票有黄色的市内外通用2日票(1.5欧元),到第二天早上8点有效的红色票(4欧元,也能从司机那里购买)。

由于红色票从检票起到第二天早上8点都有效,所以适合去较远的地方使用。如果在卢森堡市停留的时间较长,还是使用次数卡比较好。此外,集铁路、公交、门票于一身的一卡通卢森堡卡,使用起来会既经济又方便。

城市风貌

著名的阿尔泽特河(Alzette)和佩特罗斯河(Pétrusse)穿城而过,深深的河谷地带将该市分为老城区和新城区两个部分。15世纪,沿着溪谷修建的瓦茨拉夫环状城墙(p.278)已经成为卢森堡特有的景观。还有著名的文策尔环状路(Wenzel Cirlular Wack),游客可以在用时100分钟的旅游路线中感受卢森堡从小镇起源到被勃艮第公国、西班牙、奥地利、法国等国统治的千年历史。而这个环状城墙和保存着众多历史建筑物的老城区已一起被列入世界遗产名录。

购物街grand rue 街头的will lofy设计的喷泉

(上)按钮式信号灯 (左)前往国际机构汇集地基希贝格的公交车

重要信息

让卢森堡之旅更加便捷的好帮手
铁路、公交、门票一卡通——卢森堡卡

被称为一卡通的卢森堡卡（Luxembourg Card）是卢森堡之旅的重要帮手。使用此卡，可以免费游览买卡时获得的使用指南上标注的卢森堡50多个景点，还能免费乘坐国有铁路和公交。此卡分为1、2、3日的个人票和团体票（最多5人使用）（1月~12月全年有效）。可以在观光服务中心或是酒店购买此卡。
€ 1日票€10（团体€20）、2日票€17（团体€34）、3日票€24（团体€48）
※2日票和3日票可以在全年任意时间使用

6种类型的卢森堡卡和32页的使用指南

从宪法广场巡游要塞、溪谷的佩特罗斯号观光小火车

佩特罗斯号是游览圣母大教堂的南端包括佩特罗斯河岸的宪法广场（MAP p.277-A）到佩特罗斯溪谷这段区域的小火车。可以一边听着语音导览（英、法、德、荷、西、日），一边游览至绿荫之中的圣·让教堂。需要50~60分钟。■ 复活节~10月（此外只在周末营业）10:00~18:00（每20分钟发一班车）
€ €8.50

（上）在宪法广场等候发车的佩特罗斯号观光小火车
（下）售票点也是如此可爱

主要景点

军事广场
Place d'Armes

MAP p.277-A

● 从中央车站步行20分钟

军事广场被称为"城市会客室"，它的东侧是作为集会和展示场的市政厅，西侧是诗人Dick和Lentz的雕像。市政厅里设有市旅游局，南面Rue du Curé街上有旅游服务中心，所以这附近游客很多。每逢夏季，这里还会举办音乐或舞蹈活动。之所以取名为"Arme（士兵）"是因为这里曾经是卫兵的驻屯地。在一场席卷城市的大火之后，1554年仿照布鲁塞尔大广场建造，现在面积已经缩小了。

城市中心的军事广场，周围有很多咖啡店、餐厅

大公府邸对面的威廉二世骑马像英姿飒爽

威廉二世广场
Place Guillaume II

MAP p.277-A

● 从军事广场步行1分钟

这是以荷兰国王、卢森堡大公（1840~1949年在位）威廉二世命名的广场。新古典风格的市政厅叠立在旁，与热闹的军事广场形成对比，一切沉浸在安静的氛围之中。为了感谢威廉承认卢森堡自治及其统治，卢森堡市于1884年修建了威廉二世的青铜骑像。广场上曾经有方济各派修道院，由于修道士扎着绳带，因而这里也被称作是"knuedler（带子的连接处）"。

大公府邸
Palais Grand-Ducal

●从威廉二世广场步行1分钟

MAP p.277-B

在威廉二世雕像的对面,就能够看到大公府邸。这座宫殿始建于1418年,曾作为市政厅使用过,后因火灾于1573年重建。1841年成为大公府邸,从1890年威廉三世去世开始成为现大公亨利家族的住所,现在只用于公众仪式。在这里能看到守护值勤的士兵,他们每隔2小时换岗。

旅游指南 开 7月下旬~9月上旬 周一~周五 16:30/周六13:30~(只有英文导游) € €6
※需要预约。预约和购票地点位于威廉二世广场旅游服务中心

大公府邸朴素得令人意外。登基之日,大公在这个前台向市民发表演说

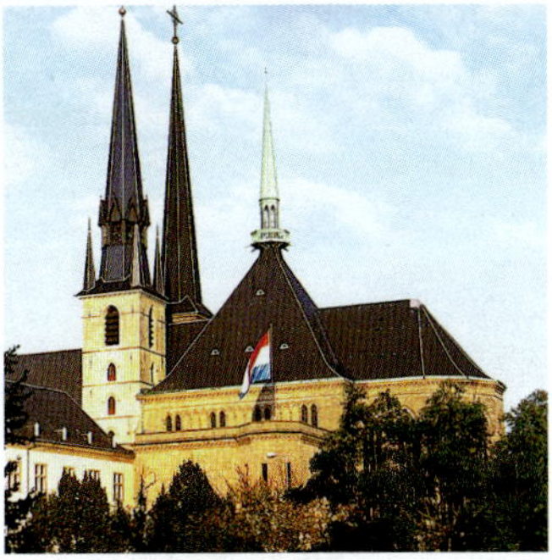

给人印象深刻的是仿佛要直插天空的教堂尖塔,这是首都卢森堡市的象征

圣母大教堂
Cathédrale Notre-Dame

●从军事广场步行3分钟

MAP p.277-A

如果没有这个大教堂,或许对卢森堡的印象会不同。无论从哪里看,都能看到三个尖塔高耸的姿态,这就好像卢森堡的个性;卢森堡虽然是个小国却有着强烈的自豪感。1613年,耶稣教会的修道士Jean du Blocq修建了晚期哥特风格的教堂,后又融入了文艺复兴样式。卢森堡的国家仪式都在这个教堂举行,其中就包括大公家族的婚礼。

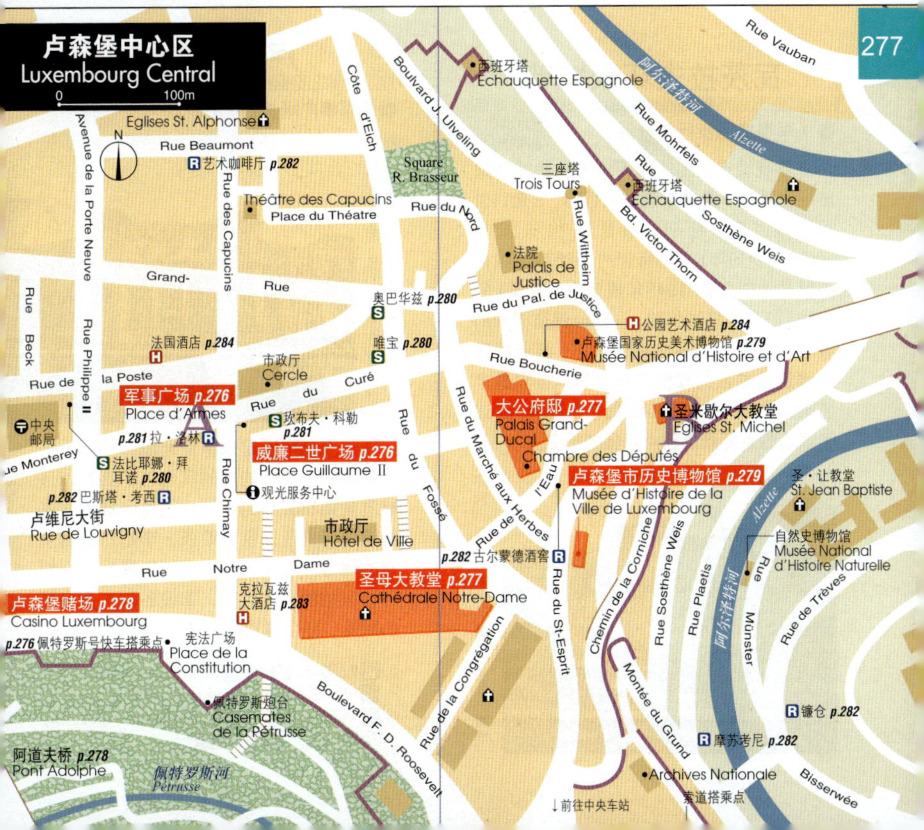

卢森堡

卢森堡中心区
Luxembourg Central

0 100m

- Eglises St. Alphonse
- Rue Beaumont
- 艺术咖啡厅 p.282
- Théâtre des Capucins / Place du Théâtre
- Square R. Brasseur
- 三座塔 Trois Tours
- 西班牙塔 Echauguette Espagnole
- Rue Mohrfels
- 西班牙塔 Echauguette Espagnole
- Bd. Victor Thorn
- 法院 Palais de Justice
- 奥巴华兹 p.280
- 唯宝 p.280
- 法国酒店 p.284
- 市政厅 Cercle
- 公园艺术酒店 p.284
- 卢森堡国家历史美术博物馆 p.279 Musée National d'Histoire et d'Art
- 军事广场 p.276 Place d'Armes
- 琼布夫·科勒
- 大公府邸 p.277 Palais Grand-Ducal
- 圣米歇尔大教堂 Eglises St. Michel
- 中央邮局
- 拉·潑林
- 威廉二世广场 p.276 Place Guillaume II
- Chambre des Députés
- 卢森堡市历史博物馆 p.279 Musée d'Histoire de la Ville de Luxembourg
- 圣·让教堂 St. Jean Baptiste
- 法比耶娜·拜耳滋 p.280
- 巴斯塔·考西 p.282
- 观光服务中心
- 卢维尼大街 Rue de Louvigny
- 市政厅 Hôtel de Ville
- 古尔蒙德酒馆 p.282
- 自然史博物馆 Musée National d'Histoire Naturelle
- 圣母大教堂 p.277 Cathédrale Notre-Dame
- 克拉瓦兹大酒店 p.283
- 卢森堡赌场 p.278 Casino Luxembourg
- 宪法广场 Place de la Constitution
- 佩特罗斯号快车搭乘点 p.276
- 佩特罗斯迥台 Casemates de la Pétrusse
- 镰仓 p.282
- 摩苏老尼 p.282
- 阿道夫桥 p.278 Pont Adolphe
- 佩特罗斯河 Pétrusse
- Boulevard F. D. Roosevelt
- Archives Nationale
- ↓前往中央车站

1632年西班牙人修建的宏大的水闸遗迹及小桥

博克要塞
Casemates du Bock

● 从军事广场步行10分钟　MAP p.275-D

博克要塞既是卢森堡著名的景观——瓦茨拉夫环状城墙的起点，也可以说是这个城市的历史起点。公元963年，阿丁伯爵的西格弗里德在博克费尔森的岩山上修建了这座城塞。现在城塞的遗迹依然留存在城市中心，不得不令人感叹。

断岩绝壁的地形在军事上发挥着重要作用，当站在这里眺望远方，一切尽收眼底。深谷中，那绿色掩映中蜿蜒流淌的大河——阿尔泽特河也在无声地滋养着这个拥有悠久历史的首都。

瓦茨拉夫环状城墙
Wenzelsmauer

● 从军事广场步行10分钟　MAP p.275-D

环绕城市周围的瓦茨拉夫环状城墙遗址现已成为卢森堡市的重要标志。它是14世纪末至15世纪初，由瓦茨拉夫二世（1383~1419年）主持修建的。1867年，当卢森堡成为中立国（1948年放弃中立政策）的时候，部分城墙被拆除。一部分保留下来的城墙和要塞保持了良好的状态，与老城区的建筑被联合国教科文组织列入世界遗产名录。城墙的重要地点设置了解说板，讲述了城墙的重要景点和卢森堡的历史。

提起卢森堡，不得不提起这环状城墙

阿道夫桥
Pont Adolphe

● 从军事广场步行6分钟　MAP p.277-A

建于1900~1903年的阿道夫桥横跨佩特罗斯河，连接着老城区外围的Boulevard Royal大道与南面新城区的Avenue de la Liberté大道。桥长85米，是当时世界上跨度最大的石拱桥，它与秀丽的溪谷完美地融合在了一起。从老城区穿过这架桥，就进入了汇集欧洲投资银行Banque et Caisse d'Eapargne de l'Etat、世界最大钢铁公司ARCELOR MITTAL等企业的新城区。再向前一直走就是中央车站了。

拥有坚固石拱桥身的阿道夫桥连接着新老城区

卢森堡赌场
Casino Luxembourg

● 从军事广场步行4分钟　MAP p.277-A

这里实际上是营业的，如果不知道的话，很难了解到里面还有美术馆

这个名字听起来像是赌场，实际上这里是由13个房间构成的现代艺术展馆，该建筑是由1882年的建筑物改造而成的。这里还曾经是音乐家弗朗茨·李斯特最后演奏的地方。现在，这里专门以展示、介绍各种风格的艺术为主，常设各种丰富多彩的展览，还会举办各种形式的音乐会。

☎ 225045　邮 info@casino-luxembourg.lu
HP http://www.casino-luxembourg.lu
开 11:00~19:00（周末、节假日~18:00，周四~20:00）　休 周二　€4

卢森堡市历史博物馆
Musée d'Histoire de la Ville de Luxembourg

●从大公府邸步行2分钟　MAP p.277-B

从大公府邸向东南方向稍走几步，就会看到卢森堡市历史博物馆了。如果想了解卢森堡市，来这个博物馆再适合不过了。在这里，可以通过3000多件展品，了解不同国家统治下10世纪到19世纪、乃至20世纪这个城市的发展变化。博物馆借助应用多媒体技术，让参观者更轻松直观地了解到这个城市社会、文化、政治方面的历史。

摩登的现代博物馆建筑

☎47-96-4500　HP http://www.musee-hist.lu
开10:00~18:00（周四~20:00）　休周一
€ €5

中央车站
Gare Centrale

●从芬德尔机场乘坐机场大巴约15分钟　MAP p.275-F

从陆路入境的旅客首先会被车站入口处的穹顶装饰画所吸引。这是1995年卢森堡被指定为欧洲文化城市时，由卢森堡的画家阿尔曼·斯特兰商所绘制。外面的大时钟体现出大气的巴洛克风格。这个车站建于荷兰王威廉三世时代的1859年，后于1907~1913年由德国建筑师改建时加入了近代建筑风格。车站内设有旅游服务中心，在卢森堡停留期间可以到这里咨询相关问题。

卢森堡国家历史美术博物馆
Musée national d'historire et d'art

●从威廉二世广场步行3分钟　MAP p.277-B

大公府邸的对面有一个全新的现代建筑，这就是卢森堡国家历史美术博物馆。它以时尚的建筑外观迎接着前来参观的游客。11层的美术馆里，下部是考古展厅，中下部是历史展区，上部是美术展区。如果仔细参观的话，能在这里度过充实的一天。最不

古老的街道中格外引人注目的箱子形状的现代建筑

容错过的展品当属1994年在卢森堡市郊外农家地板下几乎完好挖掘出土的公元3世纪罗马时代的马赛克。绘画部分的展品有塞尚、马格里特、透纳等画家的作品。

☎47-93-30-1　邮 musee@mnha.etat.lu
HP http://www.mnha.lu　开10:00~18:00
休周一　€ €5

三橡栗
Les Trois Glands

●从城市中心向东北行车5分钟　MAP p.275-B

跨过从城市南端向北流淌的阿尔泽特河、越过铁路线就来到了森林。山丘上矗立着外形可爱、引人瞩目的城堡，它们就是被称为"三橡栗"的忠根（Fort Thüngen）城堡。这座城堡是1733年由奥地利人建造的，它的三个塔形状宛如橡栗，还曾经被镀了金箔。从这里可以远眺卢森堡市区的景色。

顶部形状如橡栗一般的城堡

基希贝格
Kirchberg

●从市中心向东北行车约5分钟　MAP p.271

欧盟（EU）法院、欧洲投资银行等欧盟下设机构都集中在新开辟的市区。在这里，可以看到理查德·迈耶、戈特弗里德·玻姆等代表近代建筑风格的建筑家的作品，这里也因此吸引了很多游客。也可以从宪法广场乘坐巴士到这里。

商店 Shop

卢森堡市的购物区主要位于老城区的Grand Rue街和与之交叉的中央车站前的Avenue de la Gare大道。纪念品商店则主要分布在军事广场到宪法广场的主街上。

卢森堡市的东北部——国际机构汇集的Kirchberg附近，有大规模的购物中心和欧尚（MAP p.275-B 外）。如果有半天空闲时间的话，可以来这里购物和品尝美食。这里有室内装潢店、有国际知名的陶器店唯宝、礼品商店、时装店、大型超市等，可以在这悠闲地体验卢森堡当地市民的生活。如果逛累了，可以到地下咖啡馆和餐厅里休息。商场各层是直通的，即使在地下，也宽敞明亮。入口处还摆放着旋转木马，即便带了小朋友，也能让他们找到自己的玩乐之处。

✉ 5 Rue Alphonse Weicker（从室内乘坐18路公交车，在Alphonse Weickerer下车）
営 8:00~20:00（周五~21:00）
休 周日

享誉盛名的经典卢森堡系列瓷器

唯宝
Villeroy & Boch
MAP p.277-A

这家唯宝是属于卢森堡的陶瓷店。国人熟悉的经典蓝色小花枝就是唯宝众多陶瓷餐具中的经典款式。这里的陶瓷器型和花色品类众多，无论是传统的典雅款，还是现代都市的时尚款，都应有尽有，别具一格。此外，这里还销售一部分与德国制造专利不同的产品。

✉ 2 Rue du Fossé ☎ 463343
営 9:00~18:00（圣诞节期间不定期）
休 周日

当地饰品设计师开设的店铺

法比耶娜·拜耳诺
Fabienne Belnou
MAP p.277-A

这是由当地土生土长的珠宝设计师法比耶娜·拜耳诺开设的店铺。她设计的珠宝因其充满想象力和高品质而备受好评。这家珠宝店已有20多年的历史，其设计的珠宝常常使用意想不到的材料和独特的设计，令人耳目一新。这里的饰品种类丰富，无论是随意搭配的日常饰品，还是真正的珠宝都能找得到。

✉ 26, rue Philippe II L-2340 Luxembourg ☎ 2218401 ⌨ 22184027
🌐 http://www.fabiennebelnou.com
営 9:30~18:30 休 周五、周一

王室御用糕点，2楼还设有餐厅

奥巴华兹
Oberweis
MAP p.277-A

这是一家甜点和熟食店。这家店使用坚果、水果制作的布丁蛋糕、海鲜派等都非常可口，连大公家族也喜欢这家店的甜点。可以在1楼的卖场挑选自己喜欢的甜点、熟食，在2楼餐厅尽享美味。此外，这里还提供午餐，还能畅饮葡萄酒和香槟。

✉ 19-21 Grand-Rue
☎ 470703 営 7:30~18:30（周一~10:00~18:15，周六8:00~18:15）
休 周日

最初尝试在面包中加肉派的甜品店

坎布夫·科勒
Kaempff-Kohler

MAP p.277-A

在面包中加肉派是这家店的独创。不只是肉派，这家店的蛋糕、巧克力也极受欢迎。这里的蛋糕形状很新颖，有绘有大学校园图案的漂亮蛋糕，有马车形状的蛋糕等。总之，这里的甜点很有创意。

✉ 18 Place Guillaume ☎ 268686-1
HP http://www.kaempff.lu
营 8:00~18:30（周六~18:00）休周日

餐厅 & 咖啡店 Restaurant & Café

卢森堡市的餐厅主要集中在老城区的Rue de l'Eau和Grand Rue街上。从普通小店到高档餐厅，一应俱全。可以根据自己的喜好随意挑选。

卢森堡的本土菜肴是公认的朴素而简单。最典型的要数熏猪肉、放入很多蔬菜的蚕豆汤以及旧时农家经常食用的猪血肠。卢森堡人很注重饮食。之所以这么说是因为大家都像是"贪吃鬼"，只要到了就餐时间，不论多么忙碌都会放下手头的活儿，赶快聚拢在餐桌旁，认真地讨论起菜谱来。

人们常这么说："卢森堡菜肴融合了法国菜肴的精致和德国菜肴的奔放。"确实如此，出众的美味加上十足的分量，真是让爱吃的人幸福得不得了。得益于地理优势，这里汇集了来自各地的新鲜食材，菜种种类极其丰富。摩泽尔葡萄酒自不必说，这里的坚果酒、啤酒、烧酒等饮品也是值得一尝的。

在专营海鲜的餐厅，美味让人忍不住咂嘴

拉·洛林
La Lorraine

MAP p.277-A

这是一家位于军事广场对面、非常引人注目的大餐厅。这家海鲜专营店总是门庭若市，不只是观光客爱去，在当地人中也备受推崇。门口的冰台上摆满了各种应季的海鲜，也可以在这里挑选最新鲜的食材。无论是哪种做法，制作之前厨师都会带着新鲜的鱼来到顾客的桌前，保证让顾客放心。这里最具人气的菜肴是鱼类拼盘。

✉ 7 Place D'armes ☎ 47-1436
FAX 47-0964
HP http://www.lalorraine-restaurant.lu
营 11:30~22:30

在这里不仅可以享用到牡蛎、贻贝等新鲜贝类，还有淡水虾、螯虾等常备菜，也可以品尝到鲈鱼、比目鱼等当季鱼类。店内拐角处摆满了品种繁多的酒类。当然只买鱼带回去吃也是可以的。

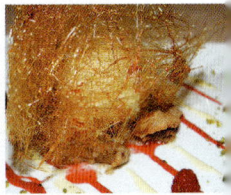

沿用17世纪建筑的餐厅

巴斯塔·考西
Basta Cosi

这家餐厅由17世纪的建筑改建而成，但内部装潢却极具现代风格，周二晚上还有歌剧的现场表演，周五的夜晚是DJ之夜。这里的顾客多是商务人士，因而给人一种沉稳庄重的感觉。

MAP p.277-A

✉ 10 Rue de Louvigny ☎ 26-268585 HP http://www.bastacosi.lu
✉ info@bastacosi.lu
营 12:00~14:30、19:00~22:30（周五12:00~14:30、19:30~23:00）
休 周日、节假日

酒窖造型的店内尽享时尚美食

古尔蒙德酒窖
Caves Gourmandes

大公府邸附近的时尚餐饮街上有一家中世纪风格的石造店铺。店内是酒窖造型，非常另类。餐厅以新式法式菜为主，氛围轻松愉悦，菜品可口美味，非常受欢迎。因而顾客偏多成为这里的一大特色。

MAP p.277-B

✉ 32 Rue de L'eau ☎ 46-1124 HP http://caves-gourmandes.lu
营 12:00~14:00 19:00~22:00 休 9月末~5月的周日

当地商务人士偏爱的午餐首选地

镰仓
Kamakura

这是一家位于瓦茨拉夫环状城墙附近的日式餐厅。醋拌凉菜、凉拌鱼、生鱼片、天妇罗、寿司、日式牛肉火锅等日式菜肴是这里的拿手菜。中午，价格适宜的套餐和鳗鱼饭非常受商务人士的欢迎。

MAP p.277-B

✉ 4 Rue Münster ☎ 470604 HP http://www.kamakura.lu
营 12:00~14:00、19:00~21:30
休 周六的中午、周日、8月第3周和第4周、复活节、年末年初的1周时间

这里的面包不一般

桌子面包
La Table du Pain

正如其名，这里的面包是一大特色，尤其是带馅的法式长棍面包非常可口。这里还有茶、果酱等多种商品，并且有一个面积很大的就餐区，菜单中提供40多种菜品，如蔬菜、生火腿、奶酪、烤牛肉、火鸡等。

MAP p.275-E

✉ 37 Avenue de la Li-berté
☎ 295663
FAX 299882
营 7:00~19:00

位居市内的一家米其林两星餐厅

摩苏考尼
Mosconi

三面被山丘包围的阿尔泽特河畔，有一家掩映在翠绿之中的米其林两星级意大利餐厅。技艺精湛的厨师花费心思独创的各种菜品是无与伦比的美味。价格适中，每日更换的午餐也值得推荐。

MAP p.277-B

✉ 13 Rue Munster ☎ 546994
FAX 540043 HP http://www.mosconi.lu
营 12:00~14:00、19:00~21:30
休 周六的午餐、周日、周一、12/24~1/1、8月最后的3周

能体验剧场氛围的咖啡厅

艺术咖啡厅
L'Art Café

咖啡厅位于阿方斯教堂前面。内部装潢采用了大量红色的天鹅绒，营造出剧场似的奢华感。在这里可以随意吃点儿三明治、沙拉等小吃，还能欣赏高雅的钢琴演奏。

MAP p.277-A

✉ 1 a, Rue Beaumont
☎/FAX 026-270652
HP http://www.goeres-group.com
营 10:00~19:00
休 周日

酒店 Hotel

来到卢森堡，人们往往都会介绍高级酒店，不过建议在满足一般需要的条件下，大家不妨先考虑一下经济型快捷酒店。

能够欣赏佩特罗斯河美景的绝佳位置

克拉瓦兹大酒店
Grand Hotel Cravat

MAP p.277-A

酒店背靠圣母大教堂，面前便是佩特罗斯河了。大厅、会议室内装潢的壁画、枝形吊灯、日常用品无不显得庄重典雅。此外，每个房间都十分宽敞。总之，这里的陈设无不让人感叹大公国的典雅。

✉ 29 Bd Roosevelt
☎ 221975
FAX 226711
邮 contact@hotelcravat.lu
HP http://www.hotelcravat.lu 室 60
€ S/€185 T/€220

新城区别具一格的酒店

卢森堡美居大酒店
Grand Hôtel Mercure Alfa Luxembourg

MAP p.275-E

酒店地处中央车站前，欧洲其他国家的商务人士、艺术家多入住此酒店。装饰极具艺术气息的餐厅因其法国菜与卢森堡菜肴而广受好评。

✉ 16 Place de la Gare ☎ 4900 111 FAX 490009 邮 h2058@accor.com HP http://www.mercure.com 室 141 € S・T/€103～256 客房/€280~ 早餐/€18

临近车站、旅游服务中心的便捷酒店

卢森堡四季酒店 中央车站店
All Seasons Luxembourg Centre Gare

MAP p.275-E

酒店距离中央车站仅200米，市内出行非常便捷。房间小而整齐，室内干净明亮，且价格适中，因而极具人气。所有房间都配备了电视、电话等基本的设施。

✉ 30 Rue Joseph Junck, Gare
☎ 492496 FAX 492109
邮 h1458@accor.com
室 68 € S・T/€75～145（含早餐）

简朴之中见格调

瑞克斯酒店
Rix Hotel

MAP p.275-C

虽然是小酒店，但是当踏进酒店入口时，就会感受到它的高雅与精致。酒店装饰简洁温馨，没有丝毫矫揉造作的装饰与设计。室内舒适惬意，并设有迷你吧台。此外，建议在停留期间，不妨到Le Bar Pavillon Royal去体验一下地道的卢森堡酒吧。

✉ 20 Boulevard Royal
☎ 471666 FAX 227535
邮 info@hotelrix.lu
HP http://www.hotelrix.lu
室 20 € S/€140、T/€160（含早餐） 停车免费

新城区繁华大街上的气派建筑

金色郁金香酒店
Golden Tulip Central Molitor

MAP p.275-E

该连锁酒店遍及50个国家，酒店服务周到细致。每个房间内部设有迷你吧台、保险箱等设施，也有煮红茶、咖啡的专用器皿。此外，还能一边看街景一边品尝正宗的卢森堡美食。

✉ 28 Ave De La Liberte
☎ 489911 FAX 483382
邮 reservations@goldentulipcentralmolitor.com HP http://www.goldentulipcent-ralmolitor.com 室 36 € S/€90～160 T/€110～180（含早餐）

卢森堡 / 卢森堡市

位于金融街中心的经济型酒店

克里斯托弗·格伦酒店
Christophe Colomb

MAP p.275-E

酒店位于商业区，距离中央车站约500米。酒店外观简朴，室内简洁典雅。迷你吧台、保险箱等一应俱全。餐厅很宽敞，可在一种讲究的氛围中尽享法国菜和当地美食。

✉ 10 Rue d'Anvers ☎ 4084141
FAX 408408 @ mail@chri stophe-colomb.lu HP http://www.christophe-colomb.lu 室 24 € S/€75~170 T/€85~185（含早餐、含税）

感受浓郁的艺术氛围

法国酒店
Hôtel Français

MAP p.277-A

酒店与军事广场相对，旅行者和商务人士经常选择入住这里。由于酒店经营者还有画廊产业，所以酒店内到处都是艺术品，甚至各个房间内也都装饰了绘画作品。如果在晴朗的季节，餐厅的餐桌还会摆放到广场上。

✉ 14 Place d'Armes
☎ 474534 FAX 464274
@ hinfo@pt.lu HP http://www.hotelfrancais.lu 室 21
€ S/€99~120 T/€125~140
（含早餐、含税）

白木的床或柜子，给人以温馨淡雅的感觉

夏特勒酒店
Chatelet

MAP p.275-E

行至佩特罗斯河的出口附近，会被酒店正面的圆锥形屋顶所吸引。客房内的家具用的是清一色的白木，给人一种淡雅的感觉。此外，还能在优雅的餐厅里，品尝到旅馆主人自制的美食。

✉ 2 Bd de la Pétrusse ☎ 402101
FAX 403666 @ contact@chatelet.lu
HP http://www.chatelet.lu
室 39 € S/€125 T/€145（含早餐、含税）

地处中央车站对面，交通便利，旅行出差都适宜

帝国酒店
Hotel Empire

MAP p.275-F

入住这里，可以享受到一次经济舒适的旅行，费用中包含淋浴、有线电视和电话费。并且酒店还提供品种多样的自助早餐，实在是难能可贵。此外，它还地处中央车站对面，交通十分便捷。

✉ 34 Place de la Gare
☎ 485252 FAX 491937
@ info@empire.lu HP http://www.empire.lu 室 35
€ S/€76~110 T/€88~125
（含早餐、含税）

近距离欣赏大公府邸的安静住所

公园艺术酒店
Hotel Parc Beaux-Arts

MAP p.277-B

酒店紧邻大公府邸和国家历史美术博物馆，地理位置得天独厚，并且还拥有停车场等完备的设施。混凝土毛面的时尚外观格外引人注目。酒店的价位属于正常水平，淡季时有网上优惠价，一定不要忘记确认哦。

✉ 1 rue 'Sigefroi ☎ 2686761
FAX 26867636 HP http://www.goeres-group.com 室 10（全部客房）
€ S/€169~455
T/€194~480（含早餐）

临近车站，靠近购物街，不容错过

卡尔顿酒店
Carlton

MAP p.275-F

酒店距离中央车站只有步行1分钟的距离，周边餐厅、商店鳞次栉比。虽然地处热闹的环境中，但进入房间感受不到任何喧闹。每个房间里都有毛巾和香皂，不过有的房间里只有淋浴，一定要提前确认好。

✉ 7-9 Rue de Strasbourg
☎ 299660 FAX 299664
@ carlton@pt.lu
HP http://www.carlton.lu
室 48 € S/€120~133
T/€135~147

埃希特纳赫
Luxembourg
Echternach

被森林所环绕、面向叙尔河畔的美丽边陲小镇

MAP p.9-L、p.271

市政厅前面的市场广场，有时会举办古董集市

城市风貌

小镇被森林包围着，周围满是岩石和瀑布等美丽的景观，因而被誉为"小瑞士"。走在小路上，常会碰到戴蒂罗尔帽的老人。公元7世纪末，本笃会的传教士圣威利布罗德从乌得勒支来到这里，在此修建了很大的修道院，进而埃希特纳赫作为修道院的门前镇繁荣起来。这个小镇在基督教五旬节星期二早上举行的跳游行非常有名。

（上）随季节而变、可爱的橱窗展示（右）周边美丽的森林

●驾车：从卢森堡向东北方向行进大约35公里，约30分钟。也可以乘坐公交110路或111路，大约需要1小时。
●旅游服务中心：🖂9-10, parvis de la basilique L-6401 Echternach ☎/FAX 720230 🌐http://www.echternach-tourist.lu/en 🕐9:00～17:30（周六、日10:00～17:00）

路线及导游

主要景点

圣威利布罗德修道院和修道院博物馆
La Basilique St. Willibrord & Le Musée de l'Abbaye

●从市场广场步行1分钟

这是建于公元7世纪的本笃会修道院。修道院内有4个长约70米、形如机翼的副楼，是卢森堡国内重要的宗教建筑之一。

☎727472 📧contact@willibrord.lu
🌐http://www.willibrord.lu 博物馆
开 3～5・10月／10:00～12:00，14:00～17:00
6・9月／10:00～12:00，14:00～18:00；7・8月／10:00～18:00 休复活节～11月 💶€3

庄严的圣威利布罗德修道院，其后有面积很大的僧院

圣彼得和圣保罗教堂
Eglise St. Pierre et Paul

●从市场广场步行1分钟

从市场广场步行到圣威利布罗德修道院的途中，会看到耸立在小山丘上的圣彼得和圣保罗教堂。这是在古罗马的城塞遗址上建造的，被公认为最古老的基督教堂。这里保留了古罗马、哥特式等各种建筑风格的珍贵建筑物。

市场广场背面的小山丘上耸立着的教堂

卢森堡 / 埃希特纳赫

Luxembourg

维安登

Vianden

感受乌尔河河畔伯爵城堡的威严
体验令雨果着迷的乡村魅力

MAP p.9-L、p.271

路线及导游

● 铁路&公交：从卢森堡中央车站乘坐CFL到达埃特尔布鲁克需要40分钟，从埃特尔布鲁克到维安登乘坐CFL公交车需要30分钟
● 驾车：从卢森堡向东北方向行驶约60公里。走国道N1~N17约40分钟
● 旅游服务中心：1A Rue du Vieux Marché L-9419 Vianden ☎834257-1 FAX 849081 邮 viasi@pt.lu HP http://www.tourist-info-vianden.lu 开 8:00~12:00、13:00~17:00（周六、日10:00~14:00）

从旅游服务中心穿过乌尔河上的桥梁，就来到了小镇的中心

城市风貌

维安登地处乌尔河两岸，其历史可以追溯到公元9世纪。山顶上耸立着11世纪时权倾一时的维安登伯爵的城堡，如今这里已经成为卢森堡首屈一指的名胜之一。小镇约有1600人，但无论何时都能看到游客的身影。特别是每年10月份会举行特产核桃的收割节，来自附近地区的游客纷至沓来，从河畔到繁华大街到处都是熙熙攘攘的人群。道路两侧摆满了摊位，核桃自不必说，使用核桃制作的面包和点心、葡萄酒，醋等堆得像小山一样，叫卖声也此起彼伏。

能俯视河川两岸街道、威风凛凛的维安登城堡

主要景点

维安登城堡
Le Chateau-Palais de Vianden

● 从公交站步行15分钟

城堡建于440米高的小山丘上，远远望去，宛如这个小镇的守卫者。它是11世纪由实力足够抗衡卢森堡伯爵的维安登伯爵建造的。这个集罗马式和哥特式风格于一身的城堡是欧洲规模最大的城塞式居城之一。不断的族长之争，最终导致了维安登家族的衰退。城堡在1417年之后归奥兰治家族所有，1820年变卖时，日常用品等也都随之逸散。此后1890年，城堡重归继承了奥兰

（上）卖核桃的老爷爷唱着欢快的歌
（右）收割节演出用到的各种小道具

治家族的阿道尔夫大公所有,直至1977年收归国有前,一直由大公家族继承着。

HP http://www.castle-vianden.lu
开 10:00~18:00（3・10月~17:00、11月至次年2月~16:00）
休 1/1、11/2、12/25 €6

特里尼泰礼拜堂和回廊
Eglise des Trinitaires
●从公交站步行10分钟

这个教区教堂位于小镇的中心,有两个回廊。它的前身是建于1248年的哥特式特里尼泰教堂,曾是小镇乃至卢森堡的重要建筑。1783年被破坏,后于1953年重建,最近又刚刚完成修缮,迎来新生。围绕中庭的回廊Cloître的一部分是珠宝手工博物馆。

开 9:00~18:00

小镇中心的教区教堂庄严肃穆

（上）节日里邻近的人们都汇聚于此（右）造型可爱的水泵

重要信息

乘坐缆车
在乌尔河上空饱览美景

这里有卢森堡唯一的缆车,从维安登城堡对面的山上出发,从高空跨越乌尔河,来到维安登城堡所在的山上。尽管有点惊险,但是从高空俯视被绿色包围的美丽河川和街道实在是太美了。从缆车上下来,山顶上有瑞士风格的小屋,可以在清爽的空气中悠闲地享用美食。穿过森林的小路与城镇相连,在途中可能会看到可爱的礼拜堂,这实在是一条不可多得的旅行路线。缆车的登车口在离小镇北部登山口450米的地方。

Chairlift ✉ Rue du Sanatorium ☎ 834323 营 复活节~10月／10:00~17:00 ※10月天气不好可能会停运
€ €4.50 往返25~30分钟

历史博物馆
Musée d'Histoire
●从公交站步行10分钟

曾经作为府邸的建筑成了今日的博物馆。过去,博物馆内曾分为"玩偶玩具博物馆"和"民间艺术博物馆"两部分,现在合并成为"历史博物馆"。这里通过维安登的工艺品主要展示了小镇历史及15世纪发展起来的金属手工制品。博物馆位于Vieille Rue街和Grand Rue街的交汇处。

模仿人骑马姿势的牌子是记号

☎ 834591 开 复活节~10月末／11:00~17:00 休 周一（7、8月除外）
€ €2.50

原汁原味的文化

拯救了维安登城堡的维克多·雨果

乌尔河桥畔有一尊维克多·雨果的胸像。雨果于1862年路过维安登,他当时立即被这宁静美丽的景色所吸引,并深深地喜欢上了这里。但是遗憾的是,由于种种原因维安登城堡被荒弃了,曾有的宏伟庄严也在不断消失。为了修复荒废的城堡,雨果奔走呼吁,从而使保护城堡的呼声也随之高涨。此后,雨果又多次到访维安登,他还曾于1871年在此处流亡。雨果恋人朱丽叶特居住的酒店至今还保留着,就在旅游服务中心对面。

桥畔的维克多·雨果胸像就建在其停留期间居住的酒店的对面

克莱沃

Luxembourg

Clervaux

一个位于阿登高地中心、克里尔夫河河谷的小镇

MAP p.9-L、p.271

路线及导游

- **铁路**：从卢森堡市中央车站乘坐国铁CFL快车约需1小时（每30分钟运行1趟）
- **自驾车**：从卢森堡市向北沿国道N7行驶约60公里，大约需要1小时
- **旅游服务中心**
  B.P.53 L-9701 Clervaux ☎920072
  HP http://www.tourisme-clervaux.lu
  营 10:00~18:00（11月至次年2月~15:00）
  休 周日

克莱沃城堡和背后山丘上耸立的圣莫里斯和圣莫尔修道院静静守候着这个小镇

城市风貌

克莱沃是卢森堡大公国北部的一个小城镇，大约有1000人。这里作为中世纪的集市而被人们所熟知。15世纪，有权势的勃兰登堡家族在这里建造了很多建筑，其中就包括克莱沃城堡南侧的勃艮第塔。蜿蜒流淌的克里尔夫河沿岸的人家，在明媚的阳光下俨然成为了阿登高地上一道美丽的风景线。在这里徒步旅行，感觉美妙无比。视野最佳的时候可以眺望85公里之内的景致。克莱沃城堡内的旅游服务中心会分发徒步旅行用的地图。

主要景点

圣莫里斯和圣莫尔修道院
L'Abbaye St. Maurice et St. Maur

●从克莱沃车站步行40分钟

这个本笃会的修道院建于1910年，站在这里，可以俯视全镇。红色的屋顶在茂密的绿色丛中特别突出。圣莫尔的守护者被信奉禁欲生活的法国修道士驱逐来到了烟雨迷蒙中的修道院。修道院远离小镇，位于海拔500米高的小山丘上

这里，在这里和圣莫里斯的守护者一起建造了这个修道院。修道院内饰朴素简洁。

开 9:00~18:00（周末~17:00、弥撒/平日10:30~）

克莱沃城堡
Château de Clervaux

●从克莱沃车站步行15分钟

克莱沃城堡始建于12世纪，现在作为文化中心和博物馆使用，城堡内还设有旅游服务中心。最大的展品当属斯泰肯的《人类家园》（*Family of Man*）。该作品是卢森堡出身的摄影家斯泰肯于1955年为纽约近代美术馆策划创作的，1994年从美国回来后，成为城堡中的常设展品。

Family of Man 开 10:00~18:00
休 周一（4~9月除外）、1·2月 €4.50

即使在雨中，白色城墙的克莱沃城堡也特别显眼

旅行信息
【中国篇】

出发日期的确定	290
制订旅行计划	292
预订酒店	294
购买机票	295
旅行必备品	296
旅行费用	298
机场指南	302

出发前的检查确认表

- ☐ 确认护照剩余有效期和登记的姓名
- ☐ 护照复印件（带照片的一页）
- ☐ 照片2张（以备护照丢失或延长停留日期所用）
- ☐ 检查携带物品清单中的物品是否准备齐全
- ☐ 将行李送到机场
- ☐ 预约、确认前往机场的电车、巴士的时间
- ☐ 购买海外旅行伤害保险
- ☐ 购买、签署旅行支票
- ☐ 领取信用卡
- ☐ 确认目的地的信用卡公司、保险公司的联络方式
- ☐ 是否携带常备药品及处方
- ☐ 酒店、机票预订确认单
- ☐ 将酒店及旅行社的联络地址告知家人、朋友、单位
- ☐ 如果有必要，告诉邻居你不在家
- ☐ 办理报纸、信件的留存待领手续
- ☐ 确认是否已经拜托他人在家里无人期间照看植物和宠物
- ☐ 整理冰箱
- ☐ 将电话设置成留言形式

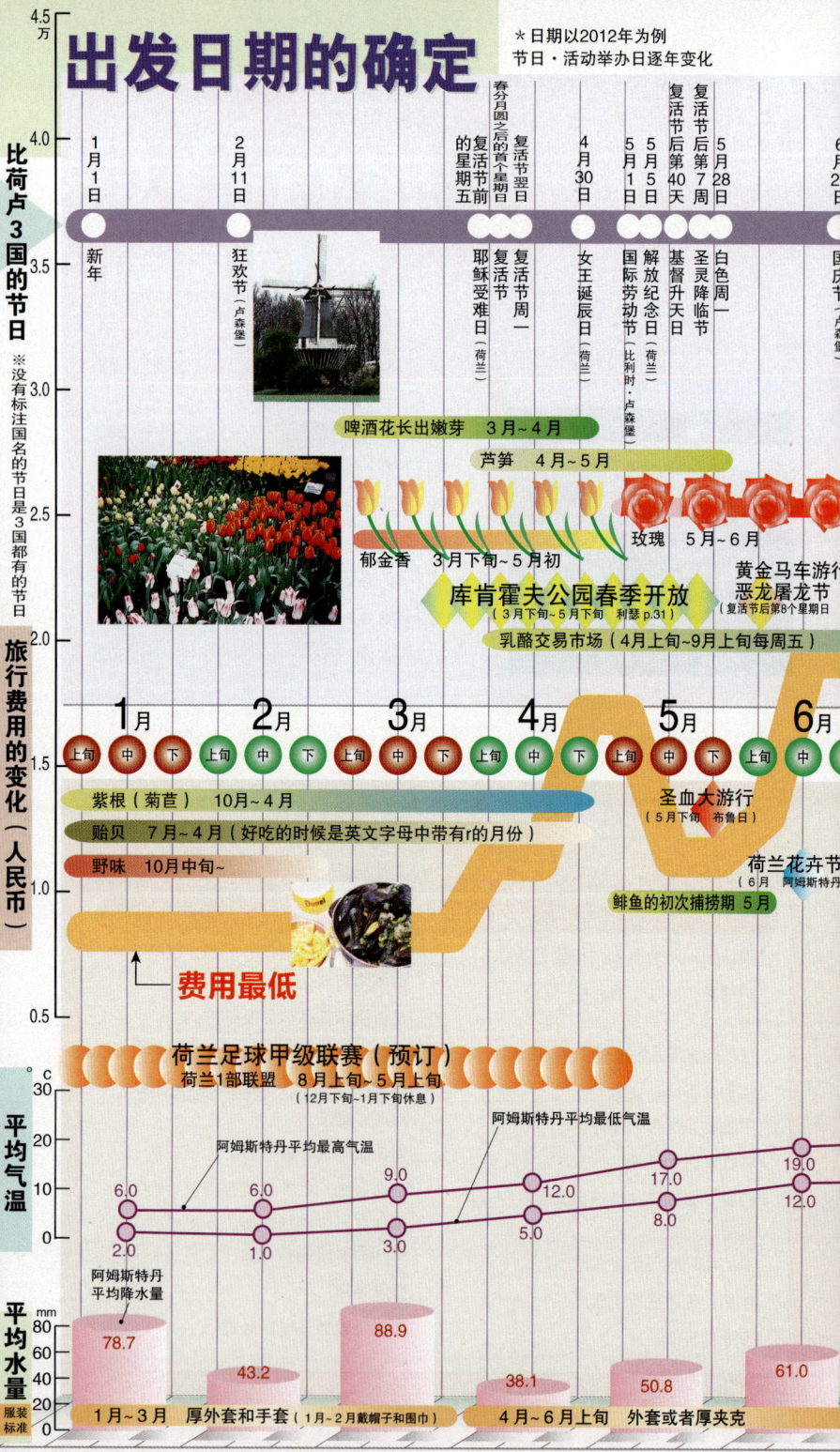

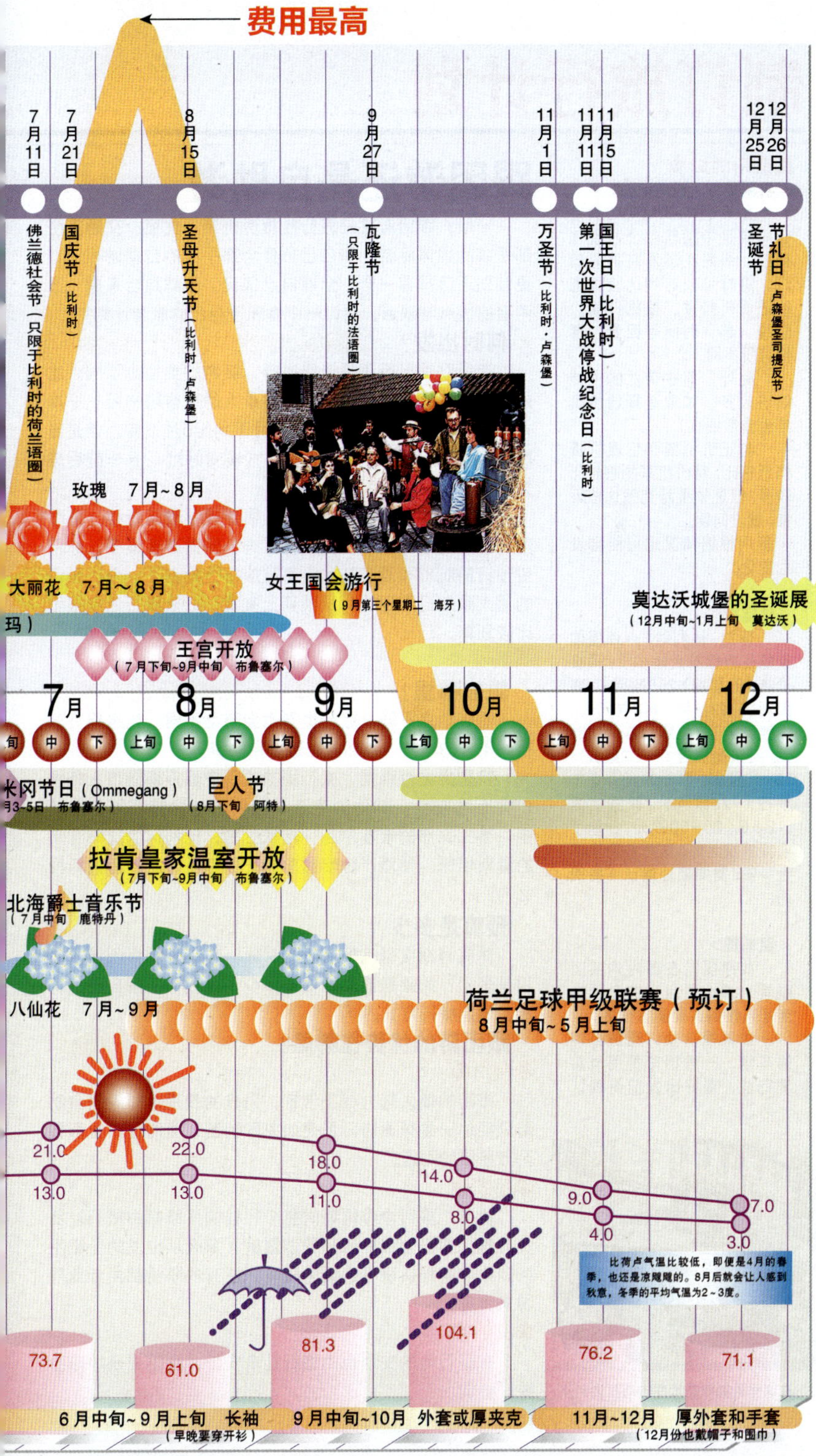

← **费用最高**

7月11日	佛兰德社会节（只限于比利时的荷兰语圈）
7月21日	国庆节（比利时）
8月15日	圣母升天节（比利时·卢森堡）
9月27日	瓦隆节（只限于比利时的法语圈）
11月1日	万圣节（比利时·卢森堡）
11月11日	第一次世界大战停战纪念日（比利时）
11月15日	国王日（比利时）
12月25日	圣诞节
12月26日	节礼日（卢森堡圣司提反节）

旅行信息【中国篇】

291

出发日期的确定

玫瑰 7月~8月

大丽花 7月~8月

女王国会游行（9月第三个星期二 海牙）

莫达沃城堡的圣诞展（12月中旬~1月上旬 莫达沃）

王宫开放（7月下旬~9月中旬 布鲁塞尔）

7月	8月	9月	10月	11月	12月
上 中 下	上 中 下	上 中 下	上 中 下	上 中 下	上 中 下

米冈节日（Ommegang） 7月3-5日 布鲁塞尔

巨人节 8月下旬 阿特

拉肯皇家温室开放（7月下旬~9月中旬 布鲁塞尔）

北海爵士音乐节（7月中旬 鹿特丹）

八仙花 7月~9月

荷兰足球甲级联赛（预订） 8月中旬~5月上旬

气温：
- 21.0 / 13.0
- 22.0 / 13.0
- 18.0 / 11.0
- 14.0 / 8.0
- 9.0 / 4.0
- 7.0 / 3.0

降水量：
- 73.7
- 61.0
- 81.3
- 104.1
- 76.2
- 71.1

比荷卢气温比较低，即便是4月的春季，也还是凉飕飕的。8月后就会让人感到秋意，冬季的平均气温为2~3度。

- 6月中旬~9月上旬 长袖（早晚要穿开衫）
- 9月中旬~10月 外套或厚夹克
- 11月~12月 厚外套和手套（12月份也戴帽子和围巾）

制订旅行计划

■费用的标准

＜机票费＞ ＊参见p.293

如果选择KLM荷兰航空公司或是中国航空公司直飞荷兰，最好在出发前提前预订，这样可以订到比较优惠的正规折扣票。根据日期、航线、起飞时间等因素，票价有所不同。

此外，前往荷兰的中转航班较多，如果选择特价机票也非常便宜。

与正价机票和正规打折机票相比，特价机票的限制比较多，但是如果能克服这些因素，就没问题。

＊费用根据情况也可能会发生变化。

＜住宿费＞

荷兰、比利时、卢森堡国家的住宿标准大体如下：顶级酒店（五星级）260欧元~、高级酒店（四星级）140欧元~、中档酒店（三星级）80~140欧元，经济型酒店（一~二星级）50~60欧元。其他的还有青年旅社（~25欧元）、家庭旅馆（B&B，20~60欧元）。除了家庭旅馆之外，这些费用都不含早餐，需要额外确认早餐费用。

＜租车费＞

如果提前在国内购买了联票，那么费用肯定会比在当地直接购买要便宜很多。

如果提前预订租赁公司的车辆，一般租车费用也会便宜些，最好出发前再确认一下。

在这样的咖啡店里悠闲地打发时间

跟团游还是自助游

一般，跟团游就是旅行社负责机票、住宿、交通等全部手续的团体旅游，和自己负责全部手续的自助游相比，更倾向于选择哪一个，全看自己情况。不妨综合考虑一下两者的优点与缺点，制订一个专属于自己的旅游计划！

◆何时出发？

选择旺季出行还是淡季出行，旅游的类型也不同。比如说想要观赏花，那么荷兰世界最大的球根植物园——库肯霍夫公园春季的开放时间为3月下旬至5月下旬。但是当地到4月底的气候依然有些寒。气候变好后，五一前后成为旅游旺季。即使冷也不要紧。

如果想要在这个时节旅行，需要提早确定行程。春季前往荷兰的旅行团中前往库肯霍夫公园的游客最多，你希望预订的航班和酒店基本上都被旅行社抢占了，个人预订的话大致是订不到的。从预算上来看，旺季旅行还是报团比较划算。

◆想去哪里？

想去地点不同，旅行类型也会随之不同。如果想去旅行团不去的地方，当然只能选择自助游。

特别是去卢森堡，旅行团的项目中除卢森堡市之外偶尔会有维安登，其他的克莱沃、埃希特纳赫都不包含其中。荷兰北部的泰塞尔岛、阿默兰岛，比利时的比邻北海的奥斯坦德、琴酒产地哈瑟尔特一般都不在旅行团的行程之内。

◆预算是多少？

休假时期或是气候适宜的时候，自助游和报团游的费用是多少？如果是淡季能便宜多少？让我们了解自己的标准，确定旅行方式。

跟团游的优势在哪里？

●费用●

报团的最大魅力就是便宜。同样的费用，如果是自助游只能住三星级酒店，但是如果跟团游，就能住四星级甚至五星级的酒店。

●手续●

机票、旅行地停留期间整个行程的手续都由旅行社负责办理。如果全程有带队导游跟随，那么从出发的登记手续到乘坐返程航班抵达国内机场，所有的事情都由专业导游来负责。

●交通●

在旅行地的交通也由旅行社来安排，全陪或是地陪会统一协调。

选择旅行团的要点

荷兰北部泰塞尔岛
一望无际的平原

◆ 旅行团种类

● 全程服务型旅行团 ●
从出发到回程的登记手续，到酒店的入住及退房，都由全程陪同导游或是地接导游来安排。观光几乎都是事先安排好的，而且一般配备的导游都会说当地语言，也可能不止一个。

● 相对自由型旅行团 ●
没有全程陪同导游，地接导游会在到达和离开的时候帮忙，旅游介绍只有当地会中文的导游。自由时间较多，某种程度上可以和自助游结合起来。

● "机票+酒店"自助游 ●
旅行社负责机票、酒店和长距离移动的交通设施的预订，到达旅游目的地后几乎和自助游完全一样自由旅行。这省却了很多麻烦的手续，又比真正的自助游便宜。

● "机+酒"旅游 ●
游客自主在网站上查询机票、酒店详情并预约、订票。选择不同，其内容、价格也有相应变化（动态价格）。可以自主安排旅程内容，这一点上，跟自助游比较类似。但是该旅游项目也作为一种旅游性质的商品，属于组团型计划旅游，所以也很值得信赖。

◆ 费用比较

● 出发时间 ●
如果费用优先，那么出发时间是一个重要的考虑因素。即使是同样长时间的旅行团，出发时间不同，费用也不同（参见p.290~291）。

即使同样是旺季，根据出发和回程日期的不同，费用也会有细微的差别。周六、周日出发及回国的价钱比较高，平日相对便宜。同样是平日，紧接着周末的周五和周一的费用要高于其他三天。

◆ 参团旅行

● 参团日期 ●
如果是比较宣传册后决定想要参加的团，那么尽早通过电话或者邮件与旅行社取得联系。通常情况下，受理报团申请的截止日期是出团前20天，但如果是很受欢迎的团或是旺季很快就会满员。打电话只是初步预约，正式的预订是填写并回寄你在预约后收到的申请书，并汇寄订金的那个时间点。

● 出发前的安排 ●
出发前，旅行社会再次确认。出发日前21天，需要回寄海外旅行保险和任选旅行的申请书。此后，收到旅行社寄来的旅行费用（扣除订金）的账单后，需要汇款。出发前1周左右，会收到旅行社寄送的日程表及指南。

倒映在水面中的德哈尔城堡

提前确认旅行团的安排内容

旅行社的宣传册中，除了登载有旅行安排之外，还有大量重要信息，这是选取旅行团的重要根据。预约前一定要仔细阅读。可选另付费的项目，费用中不包含全部餐饮，如果不知道参加的旅游团的安排里有这样的细节，在旅行地可能会非常慌张。由此导致的预算不足也会非常麻烦。不明白的地方要事先和旅行社沟通，提早解决。

〈确认重点〉
- 是否有全陪
- 是否有地陪
- 是否有导游
- 日程中包含餐饮的数量
- 费用中是否包含美术馆等门票费用
- 是下车游览市内，还是乘车游览

旅行团费用中包含的项目
- 机票
- 住宿
- 餐费（另付的情况也有）
- 旅游地当地的交通费
- 门票（另付的情况也有）

旅行团费用中不包含的项目
- 海外旅行伤害保险
- 出发时到机场的费用
- 可选旅行项目
- 门票（也有包含的项目）
- 自由活动的各种费用
- 从机场回家的交通费
- 行李从机场到家里的物流费（也有的旅行团免费提供该服务）
- ＊希望1人占用一个房间的情况下需要额外负担的费用

旅行信息【中国篇】 制订旅行计划

预订酒店

比荷卢3国的酒店设施

根据设施和服务的不同，酒店级别从高至低分为5星(最高级的酒店)~1星(经济型酒店)几个级别。2~3星属于中档酒店。此外还有具有家庭氛围的家庭旅馆（B&B）、价格便宜的青年旅舍、能住宿的豪华城堡别墅酒店、农场住宿等（费用参见p.292）。

网上轻松预订宾馆

国际酒店网
HP http://www.hotels.com
可根据酒店信誉、价位等因素，选择最适合自己的住宿之地。

国际订房中心
HP http://www.hotelclub.com
可以在线预订，可供选择的酒店类型很齐全，还能"货比三家"。

国际沙发客网
HP http://www.couchsurfing.org
可以体验一下这种新的住宿方式，也能实地感受当地人的生活习惯。

雅高达
HP http://www.agoda.com.cn
号称有全球十多万个酒店可预订，是比较专业的订房网，有多种语言页面供选择。

去哪儿
HP http://www.qunar.com
不仅有机票预订服务，还提供海外酒店预订业务。

携程旅行网
HP http://www.ctrip.com
提供关于旅行的全方位服务，其中就有国际酒店的预订。

酷讯旅游
HP http://www.kuxun.cn
也提供国际酒店信息，不妨上网去看看。

◆ 选择酒店的要点

● 交通是否便利？ ●

入住的酒店等级取决于个人的消费预算，除此还应切实结合当地实际情况来定。如果选择入住的酒店离地铁远，或者不方便出游或者步行至地铁站需要不少时间，那即使房间性价比很高，但还是不建议作为旅游观光的休憩地。

● 酒店设施如何？ ●

经济快捷酒店一般没有浴缸只能淋浴，有的酒店洗浴间和卫生间采用一体设计，各个等级的酒店设施多少会有所不同。对住宿要求比较高的人，需要提前对这些酒店设施情况加以仔细考察，以根据个人需要选择适合自己入住的酒店类型。

● 酒店是否提供早餐？ ●

预订酒店时别忘记确认酒店是否提供早餐。一般都提供早餐，但有的高档酒店和商务酒店不会提供，因此游客需要从其他餐厅订购早餐。

● 住宿费是否包含消费税？ ●

游客在支付酒店住宿费时应注意是否需要交纳消费税。因此，退房时切勿慌张匆忙，认真检查住宿费是否包含了消费税。

◆ 预订酒店的方法

● 直接预订 ●

现在通信网络很发达，尤其是网络普及，更可以上网冲浪，根据自己的喜好、预算、行程安排选择自己中意的酒店，然后直接电话或者网上预订。时下比较流行的是自行上网预订酒店，快捷省事。比如登录一些国际性的酒店网站就可以直接在线预订。

● 通过旅行社来预订 ●

现在，有些旅行公司，尤其是有出境游业务的大旅行社推出了"机票+酒店"服务。这样就省去了自己订机票和酒店的麻烦，还能享受团体价的优惠。只要多参考几家旅行社，根据自己的行程安排和预算还是能"淘"到既经济又不错的方案。

● 选择和自己信用卡有联系的酒店 ●

在选择入住的酒店时，也可以考虑选择和自己的信用卡有联系的酒店。因为信用卡有时也有针对旅游的优惠服务。例如免费预约酒店或住宿费打折等优惠措施。所以在选择预约的酒店之前不妨先看一下自己的信用卡是否有相应的优惠服务。

● 托当地亲朋好友就地预订 ●

如果在旅行地有熟识的亲朋好友，不妨拜托他们就地预订住宿酒店，只要考虑到几个因素：价格、交通、设施、治安等，再加上他们对当地比较熟悉，找到满意的住宿酒店应该不难。

购买机票

机票

出国旅游，机票在消费开支中占相当比例，如果能在机票上省下不少钱那再好不过了。现在国内也时不时推出特价机票。一般，旅行社因为是团体订票也会订到特价的机票，还有些航空公司机票代理处也会推出特价机票，不过因为有诸多限制，所以即使有特价机票也未必能买到想乘坐的航班或要到达的目的地机票。

◆ 如何选择机票

购买机票的途径不少，有售票代理点、旅行社、网络在线订票。如果要购买特价机票，需要多比较多咨询，而且一般特价票会有很多制约，例如不能退票，无法指定坐席等。另外起降时间也多是差强人意，不过有时价格低得实在很诱人，所以特价机票对不在乎其他条件的旅客来说还是很有吸引力的，为了买到理想的机票，建议注意以下要点：

● 收集超便宜的票价信息 ●

直接登录出售廉价机票的网站搜索具体价格，比如携程旅行网、去哪儿网，就提供了详细的国际机票信息，不妨多加利用。

● 充分利用机票比价业务 ●

通常国内航空公司的票价会比国际航空公司的票价低，中转航线的票价也通常会比直飞航线的票价低，所以即使航线中途行经地点相同，如果是中转换乘的，虽然耗时长，但票价就比较经济了。

● 比较官方折扣机票 ●

距离预订出发日1个月前，游客最好再查阅一下各个航空公司推出的官方折扣机票价格，有时这些机票价格和其他网站或者公司推出的廉价机票相差无几。不仅如此，官方推出的折扣机票还可以根据个人喜好指定乘坐的座席，也能获得会员飞行累积里程数等多项优惠政策，因此折扣机票也具有参考价值。

● 关注飞行里程累积奖励制度 ●

往返抵达英国里程累积数在12 000英里就有可能获得奖励政策。持有会员卡的游客若想累积到更多的飞行里程数，最好仔细选择适合的航班出行。

● 调整出发日 ●

出发日期和回国日期如果选在周末，一般都会支付额外费用，因为这算是"旺季"，所以预订机票时，需要认真确认，尽可能避开周末出行。

这里提醒读者购买机票时，还要考虑航空公司、起降时间、服务质量这3项要素。另外，还要考虑出游的季节是否是旺季。若是碰上节假日等旺季，机票价格都会上涨，出行之前最好留意确认。

■ 电子机票

现在大多数航空公司都已开始使用电子机票（电子客票）系统。也就是说游客购入国际航线的机票后便会收到附有相应内容的电子机票。其实电子机票就是纸质机票的电子格式，其内容信息是通过航空公司的电脑网络系统进行保管的。现在国内有些机场简化了登机手续，只要携带身份证件，核对相应资料后即可办理登机手续。也有些是订购了电子机票后，会给购买者寄送"电子机票客户凭证"或"电子机票确认书"，拿着此凭证办理登记手续。电子机票最大的好处就是代替了以前的纸质机票，而且返航时也没有必要携带返程票。这就防止了机票的丢失以及对机票的非法利用，同时也省去了丢失机票时的补办费用。

● 航空公司

中国国际航空公司（CA）
HP http // www.airchina.com

中国东方航空公司（CE）
HP http// www.ce-air.com

德国汉莎航空公司（LH）
HP http// www.lufthansa.com

法国航空公司（AF）
HP http// www.airfrance.com

旅行必备品

申办护照所需材料
1. 居民身份证原件、复印件
2. 本人户口簿、户口簿首页、本人资料页、变更页
3. 填写完整的申请表原件
4. 申换护照需附上原护照
5. 近期2寸淡蓝色背景彩色证件照1张
6. 申请事由相关材料

申办费用：200元工本费
办理地点：本人户口所在地公安局的出入境管理处

◆ 护照

无论是个人旅行还是团体旅行，只要是去往外国就需要护照。所谓护照就是国家对持有人的一种证明，也就是"官方的身份证明"。我国护照分为普通护照、外交护照和公务护照三种，公民出境旅游，办理普通护照即可，其有效期为：护照持有人未满十六周岁的五年，十六周岁以上的十年。对已经拥有护照的人来说，则要注意确认自己护照的有效期限，如果期限不足则要申请更换新的护照。

● 护照申请 ●

第一次申办护照时，要先准备齐左栏表列出的相关材料，之后须亲自至本人户口所在地公安局的出入境管理处办理。如果有因合理紧急事由请求加急办理，公安机关出入境管理机构也会受理的。注意，在申请完毕时，会收到一张标有日期的取证回执单，一定要好好保管，领取护照时会要求出示，也可以采取付费邮寄的方式获取护照。

● 护照的换发或补发 ●

护照有效期即将届满的（一般要求不少于6个月）、护照签证页即将使用完毕的、护照损毁不能使用的、护照遗失或者被盗的、有正当理由需要换发或者补发护照的其他情形，可以按照规定申请换发或者补发护照，其程序和第一次申办护照一样。

● 护照的变更申请 ●

如果护照上面的登记事项（包括护照持有人的姓名、性别、出生日期、出生地，护照的签发日期、有效期和签发机关）发生变更时，也要持相关证明材料，向该护照的签发机关申请护照变更加注。

申办申根签证所需材料
1. 所需文件
2. 签证申请表
3. 护照照片2张（尺寸为35毫米×45厘米的白色背景正面彩照）
4. 护照
5. 医疗保险
6. 机票订票信息
7. 户口原件
8. 住宿证明
9. 旅行行程
10. 申请人偿付能力证明
11. 以下文件的复印件：
    护照身份页及签名页
    身份证（正反两面）
    居住许可（外国申请人）
    医疗保险
12. 未成年人（未满18岁）还需要以下文件：
    学生证以及学校证明信原件
    旅行许可公证书
    家庭关系或监护证明公证书

◆ 签证

签证是对象国发行的入境许可证。通常在护照的签注栏上会盖有印章，这是护照发行的标志。荷兰、比利时、卢森堡因加入了《申根协定》，所以办理申根签证即可前往其他国家旅游。可以事先比较一下哪个国家比较容易办理旅游签证，就办理哪个国家的签证。不过，各个国家颁发签证所需的材料有所不同，建议提前咨询相关部门。以下以赴荷兰旅游为例说明签证的申办流程。

申根签证可分为ADS团体旅游签证、个人旅游短期签证等九种。如果选择从中国赴荷兰短期旅游，那么可以选择办理个人旅游短期签证即可（90日以内）。具体申办事宜可登陆

TLS签证申请中心网站http://cn.tlscontact.com/cnanl进行了解，该中心在北京、上海、广州都有办事处，且网站还详细罗列了申办签证所需的材料、申办流程、签证费用等内容，另外还可以免费下载签证申请表格。也可以登录荷兰驻中国大使馆网站http://china-cn.nlembassy.org进行了解。

● 办理申根签证需注意 ●

■ 如果只去某一个申根国家，根据规定办理改过的签证即可。
■ 如果过境某一申根国或几个申根国前往另一申根国，应申办另一申根国的签证。
■ 如果要前往几个申根国，应申办主访申根国或停留时间最长的申根国的签证。
■ 如果一时无法确定主访国时，可申办第一个前往的申根国的签证。
■ 各个申根国家颁发签证所需的材料要求不变，必要时受理国可要求提供附加材料。
■ 申根签证不能逐个国家去申办，统一在某一个申根国办理即可。
■ 办妥一国签证即可进入其他申根国，如被某一申根国拒签即意味着也被其他申根国拒签。
■ 有了申根签证并不意味着能自由进入所有欧盟国家。因为有些加入《申根协定》的国家并没有加入欧盟，如挪威和冰岛，而有些加入欧盟的国家并没有加入《申根协定》，如英国和爱尔兰。

◆ 海外旅行伤害保险

在国外万一碰到生病看医生的话，那么花费可能就会超出自己的预算。所以还是加入海外旅行伤害保险比较安全。海外旅行伤害保险有很多种，分别对应伤害、疾病、财产赔偿、随身财物等。所以要清楚了解保险的种类、内容和支付条件后再选择合适的加入。可以在保险公司、旅行社等地方进行申请购买。购买前，可以先做一些了解。一般来讲，各个保险公司的保险内容差别不是很大，就看服务质量和信誉。推荐大家在负责组团旅行和购买机票的旅行社中申请，这样一来一旦出现意外，赔偿手续办理起来会比较方便顺利。每个保险公司都与相应的援助服务公司联手合作，在出现意外时可以用本国语言进行求助。而且还有24小时的紧急援助体系等服务，能提供不少安全感。另外，有的信用卡上附带保险功能，办理信用卡时确认一下有没有这项服务。

■ 国际学生证

国际通用，发放对象是学生，到主要的美术馆、博物馆等地方旅行时，只要出示自己的学生证，就可以享受打折待遇。
资格：年满12岁的全日制在校生
申请所需材料：
❶ 申请表格
❷ 一寸及两寸近期证件照各一张
❸ 证明是学生身份的材料，如学生证
申办地点：可登录国际学生证官方网站http://www.isic.org/查询
费用：85元人民币

■ 国际青年证

英文名简称为IYTC（The International Youth Travel Card）。持有此证可以在世界各地享有多种优惠服务，如住宿、购物、买门票等。
资格：未满26岁的青年人
申请所需材料：
❶ 申请表格
❷ 1张1寸彩色有效证件照
❸ 身份证或出生证明文件
费用：85元人民币

旅行费用

■ **欧元兑换汇率**
1欧元约合8.5元人民币（2014年5月）

■ **欧元货币单位**
1欧元=100欧分

■ **其他使用欧元的国家**
奥地利／芬兰／法国／德国／希腊／爱尔兰／意大利／葡萄牙／西班牙／斯洛文尼亚／塞浦路斯／马耳他／斯洛伐克／爱沙尼亚／拉脱维亚

■ **欧元与三国原有货币之间的兑换**
荷兰的原有货币荷兰盾、比利时的原有货币比利时法郎、卢森堡的原有货币卢森堡法郎目前已经停止在市场上流通了。一般的银行和兑换所也已停止原有货币与欧元的兑换工作。但是，还保留有所在国的中央银行作为唯一可以进行原有货币与欧元纸币的兑换（接待时间各国不尽相同）。详见各国实用指南（p.325~）。

■ **谨防欧元假币**
随着欧元在欧洲范围内的流通，欧元的防伪工作也在逐步加强。人们对新货币的适应还有一段时间，尤其是刚加入欧元区的，这往往也是伪币制造的高发期，建议最好了解一些真币的特征。
〈防伪特征〉
凹版印刷：用各国文字书写的"欧洲中央银行"有凹凸感。
水印：迎光仰视，可以看到建筑物的图案和数字。
安全线：迎光仰视，可以看到一条黑线。
全息标志：纸币会印上常用于制作信用卡的全息图，倾斜纸币可以看到纸币所代表的面额。
特殊油墨：随着纸币倾斜角度的变化，表示面额数字的颜色会由紫依次逐渐变为淡绿、茶色。
手触：纸币多使用棉质材质制成，手感柔软。

在荷比卢，几乎可以在任意一家酒店、餐馆、商店使用信用卡进行消费。但是，为了安全起见，支付时还是要视场合和情况区分使用现金和信用卡。

◆ 欧元区单一的流通货币

现在，欧盟25个加盟国中的13个国家已使用单一的流通货币——欧元（符号是€、euro、eur），比欧元更小的单位是欧分（cent或是用小数点表示）。所以，在欧元流通于荷兰、比利时、卢森堡中的任何一个国家，可以省去兑换货币的麻烦，非常方便。

主要流通的纸币币种有5€、10€、20€、50€四种，硬币从1欧分到1欧元，共有8种，具体为2欧元、1欧元和50欧分、20欧分、10欧分、5欧分、2欧分、1欧分。纸币的设计基本上是各国通用的，硬币正面的设计和欧元正面的设计是一样的，反面是各个国家自己设计的。其中荷兰的硬币采用贝娅特丽克丝女皇的肖像，比利时的货币采用阿尔贝二世国王的肖像，卢森堡的货币采用亨利大公的肖像。

欧元货币一览表

1欧分　　2欧分　　5欧分　　5欧元

10欧分　　20欧分　　50欧分
10欧元

20欧元

1欧元　　2欧元
50欧元

1欧元=100欧分

◆ 尽量携带少量的现金

要结合逗留天数、消费金额、旅行类型来准备旅行的费用。需要注意的是要考虑到可能发生的意外，多预备一些费用。旅行途中，携带一定数量的现金是很有必要的，但也不要随身携带大量现金，一来是为了自身安全，二来是带少的话即便丢失或被盗也不会觉得心疼。

另外，还要根据自己的实际情况按照下面的方法在旅行途中使用金钱。如果是居住在高级酒店中的短期旅行，那么最好使用现金、信用卡和上面提到的现金卡；如果是在没有ATM的地方逗留，或居住在便宜旅馆中较长时间则最好多利用旅行支票。

◆ 携带信用卡最方便

当信用卡出现丢失、被盗、超额、消磁等情况时，如果只持有一张卡的话则会非常尴尬。若持有两张或两张以上的卡，即使在补办过程中也不会对旅行造成影响。另外持有多张卡时最好选择不同发卡机构和不同品牌的信用卡，这样一来服务的内容也会扩大。而且信用卡附带的海外旅行伤害保险的补偿事项也会叠加（意外死亡、意外致残、携带财物损毁不做加成）。所以比起购买保险，还是信用卡比较划算。为了以防被盗，最好事先记下信用卡发生意外时的紧急联络方式，并且把联络方式和卡装在不同的地方。

◆ 国际借记卡也有必要

如果拥有一张国际借记卡，而且在银行账户中存入足够金钱的话，也可以在法国当地的ATM中取现使用，这样一来就不用携带大量现金，而且也省去了兑换的麻烦，不过此时取现是要被收取手续费的，费用直接从账户中划走，汇率也是依照当地当日的外汇率换算（具体各个银行都不一样，可以事先咨询一下）。另外如果卡中金额不足的话还可以让国内的家人往账户内存款，而且国际借记卡消费时能方便刷卡，所以还是很方便的。

◆ 旅行支票也很实用

旅行支票就是给旅行者使用的一种支票，可以在银行内购买。其优势是安全，即便被盗或丢失也可以重新领取。而且旅行支票也可以用来兑换，并在一流酒店、商场中进行消费。法国有不少地方是可以使用旅行支票的。不过在具体使用时有几条需要遵守的规定。
- ●在购入T/C时要在所有支票的"持有人签名"一栏中签上自己的名字。
- ●使用旅行支票时要当着对方的面在"countersign"一栏中用和"持有人签名"中同样的笔迹签名。只有两处签名一致且本人亲自签名的情况下旅行支票才能生效。
- ●一般在使用支票会要求出示护照。
- ●另外为了防止被盗、丢失，最好事先记下支票的号码、金额和使用场所等信息。
- ●最好在购买旅行支票时就常遇到的相关问题先咨询清楚，如不慎丢失或者被盗如何挂失等。

几个主要的信用卡公司

❶ VISA卡

只要客户的卡片有Visa标志，就可以在全球范围内享受其服务，特别是国内的客户，持有Visa卡在国外刷卡消费都比较方便。
HP http://www.visa-asia.com

❷ 中国银联卡

中国银联是中国的银行卡联合组织，其受理网络已延伸至境外一百多个国家和地区，使用境外用卡消费方便实惠、境外消费退税省事，24小时提供服务。
HP http://cn.unionpay.com

❸ 万事达卡

万事达卡国际组织(Master Card International)是全球第二大信用卡国际组织。
HP http://www.mastercard.com/cn

收集信息

荷兰驻中国大使馆
✉ 北京市朝阳区亮马河南路4号
☎ 010-8532 0200

荷兰驻上海总领事馆
✉ 上海市长宁区上海市红宝石路500号东银中心东塔10楼
☎ 021-2208 7288

荷兰驻广州总领事馆
✉ 广州市环市东路339号广东国际大厦主楼905
☎ 020-3813 2200

荷兰驻香港总领事馆
✉ 香港皇后大道中2号长江集团中心57楼5702
☎ 0852-2522 5127

比利时驻中国大使馆
✉ 北京三里屯路6号
☎ 010-6532 1736

比利时北京签证申请中心
✉ 北京市东城区东水井胡同5号北京Inn 2号楼A座9层A区A901至919室
☎ 010-5864 3830

比利时上海签证申请中心
✉ 上海市黄浦区徐家汇路555号广东发展银行大厦3楼
☎ 021-6390 1445

比利时广州签证申请中心
✉ 广州市天河区体育西路189号城建大厦3楼351A
☎ 020-38797382

卢森堡驻中国大使馆
✉ 北京市朝阳区工体北路甲2号盈科中心B座1701
☎ 010-8588 0900

为了在有限的时间里,特别是要在有限的自由活动时间里玩得更加开心,出发前的信息收集工作是非常重要的。现在,很多国家的旅游局在自己的网址上登载了丰富的内容,荷兰、比利时、卢森堡也都有自己的官方旅游网站,而且也都有中文界面,这样利用网络信息就可轻松收集大量有用的信息。

此外,还可以在出发前读一些和这些国家相关的旅游参考书,或者看一下介绍这些国家的风光纪录片等,也能加深自己对旅游目的地的认识,增强旅行的乐趣。

◆ 通过大使馆、旅游局获取相关信息

●荷兰国家旅游会议促进局(NBTC)

荷兰国家旅游会议促进局(NBTC)会经常举行一些荷兰国际活动、主题年、旅游资源和产品的推介。其北京代表处(微博http://e.weibo.com/nbtc)成立于2004年12月。对荷兰旅行比较关注的读者可以经常浏览一下该网站,以获取对自己有用的资料信息。

图片截取自NBTC中国官方网站

●荷兰驻中国大使馆

也可以向荷兰驻中国使馆咨询旅游的相关问题,尤其是签证申办。荷兰驻中国使领馆的具体联系方式参见左栏列表相关信息

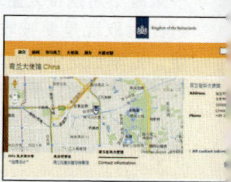
图片截取自荷兰驻中国大使馆官方网站

●比利时旅游局

比利时旅游局官方网站(有中文界面)是比利时对外宣传国内旅游景点和旅行宣传信息的门户站点,在这里可以了解到比利时国内特色的美食、旅游景点、生活方式、城市气息等详细资料。

图片截取自比利时旅游局官方网站

●比利时佛兰德旅游局

比利时佛兰德旅游局官方网站(有中文界面)主要是以宣传、推广佛兰德旅游及相关信息为主,在北京设有代表处。

图片截取自比利时佛兰德旅游局官方网站

图片截取自卢森堡旅游局官方网站

图片截取自卢森堡驻中国大使馆官方网站

● 卢森堡旅游局

卢森堡国家官方旅游局网站（分法文、德文、荷兰语、中文四种语言）主要是以宣传、推广卢森堡旅游及相关信息为主，在该网站可以获得不少旅游信息，而且还可以下载到官方中文版旅游指南。

● 卢森堡驻中国大使馆

也可以通过卢森堡驻中国大使馆询问赴卢森堡旅游的相关问题，联系方式可参见左栏列表。

● 比利时签证申请中心

比利时签证申请中心主要负责签证的申办工作，也可以询问相关旅游的问题。比利时签证申请中心的具体联系方式参见左栏列表。

图片截取自比利时签证申请中心（中国）官方网站

善用网络获取旅游相关信息

现在网络已成为获取信息的重要途径，不妨多浏览一些资讯内容丰富的旅游网站或叙述详尽、很有参考价值的个人博客及微博等信息，提前了解一下旅行目的地的历史、文化、观光、住宿、饮食等内容，以方便自己制订旅行规划。

相关网站一览表

〈荷兰〉
- 荷兰国家旅游会议促进局
  HP http://www.holland.com
- 荷兰驻中国大使馆
  HP http://china-cn.nlembassy.org
- 中国驻荷兰大使馆
  HP http://nl.china-embassy.org
- 荷兰皇家航空公司
  HP http:// www.klm.com
- 阿姆斯特丹国际机场
  HP http://www.schiphol.nl
- 阿姆斯特丹旅游局
  HP http://www.iamsterdam.com
- 荷兰铁路
  HP http://www.ns.nl
- 荷兰公共交通旅行咨询网
  HP http://www.9292ov.nl
- 荷兰观光旅游咨询
  HP http://www.vvv.nl
- Timeout（阿姆斯特丹版）
  HP http://www.timeout.com/amsterdam

〈比利时〉
- 比利时旅游局
  HP http://www.visitbelgium.com
- 比利时佛兰德旅游局
  HP http://www.visitflanders.com
- 比利时瓦隆布鲁塞尔旅游局
  HP http://www.opt.be
- 比利时签证申请中心（中国）
  HP http:// www.vfs-be-cn.com
- 中国驻比利时大使馆
  HP http:// www.chinaembassy-org.be
- 布鲁塞尔国际机场
  HP http://www.brusselsairport.be
- 比利时铁路
  HP http://www.b-rail.be

〈卢森堡〉
- 卢森堡旅游局
  HP http://www.visitluxembourg.com
- 卢森堡市旅游局
  HP http://www.lcto.lu
- 卢森堡驻中国大使馆
  HP http://pekin.mae.lu/cn
- 中国驻卢森堡大使馆
  HP http://lu.china-embassy.org
- 卢森堡铁路
  HP http://www.cfl.lu

〈其他〉
- 欧洲铁路网
  HP http://www.eurorailways.com
- 欧洲巴士
  HP http://www.eurolines.com
- 欧洲之星
  HP http://www.eurostar.com

机场指南

北京首都国际机场

机场概况

北京首都国际机场,简称首都机场,1958年开始启用,是目前中国最重要、规模最大、设备最齐全、运输生产最繁忙的大型国际航空港,是中国民航最重要的航空枢纽。首都机场位于北京东北郊顺义区天竺镇,距市中心25.35公里,通航近200余个国内外城市,每周有5000多个定期航班,是北京乃至全国的重要空中门户和对外交往的窗口。

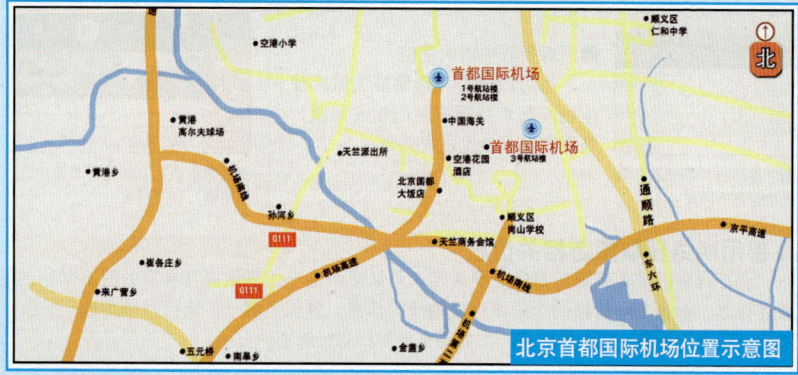

北京首都国际机场位置示意图

航站楼

北京首都国际机场共有3个航站楼。1号航站楼规模较小,约有10个登机口。2号航站楼的规模比1号航站楼大得多,可同时停靠20架飞机,并同时承担国内和国际航班的服务。1、2号航站楼之间有乘客连接通道,同时也可乘坐摆渡车互通。3号航站楼于2007年建设完工,规模比2号航站楼更为庞大,目前是国内面积最大的单体建筑。与2号航站楼一样,它也同时承担着国内和国际航班的服务。

停车场信息

首都机场1号停车场,位于首都机场1号航站楼正南侧,共有车位约600个,其中含小车位、中巴车位、大车位、无障碍车位,主要停放机场巴士、社会临时车辆及过夜车辆。

3号停车楼位于首都机场3号航站楼南侧,一层为商业区、派出所、办公区等,二层设有机场快轨车站,并设有前往3号航站楼的通道。3号停车楼目前开放地下一层作为旅客车辆停放区域,共有车位约3300个,其中含小车位、中巴车位和无障碍车位。

主要航空公司

中国国际航空公司(CA) T3
www.airchina.com 95583

中国东方航空公司(MU) T2
www.ceair.com 95530

中国南方航空公司(CZ) T2
www.csair.com 95539

荷兰皇家航空公司(KLM) T2
www.klm.com
400-880-8222

英国航空公司(BA) T3
www.britishairways.com
4008-007-008

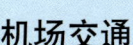

Airport Guide

机场交通

机场快轨（东直门—机场）

全长28.1公里，沿途设4个站，到达首都国际机场T3航站楼大约只需20分钟，十分便捷。另外，机场快轨与地铁2号线的东直门站和10号线的三元桥站均有换乘站。

出租车

北京出租车的费用按跳表计算，起步价13元（3公里以内）；超过3公里后，每公里加2.3元。夜间行驶（23:00至次日5:00）计价器会自动加价20%。现在还需要多付2元的燃油附加费。正规出租车上均有发票打印机，下车前记得索取发票，上面有出租车公司的电话，若不慎在车上遗失物品还可打电话询问。

机场大巴

有10多条线路，可就近选择停靠站搭乘。北京周边城市的人士，可选择往返于机场与天津、廊坊、秦皇岛、塘沽等城市之间的省际巴士。北京市内巴士统一票价为每人16元，省际巴士则依距离远近价格有所不同。具体线路可参见下表。

市区至机场大巴线路		
线路名称	主要途经站点	首、末班时间（机场→市内）
1线（出）	T3航站楼→T2航站楼→T1航站楼→亮马桥→白家庄→大北窑→潘家园→十里河→方庄	7:00至次日1:00，发车间隔不超过30分钟，客满随时发车
2线（出）	T3航站楼→T2航站楼→T1航站楼→北小街桥西→安定门桥西→积水潭桥西→西直门桥南→复兴门桥东→西单	7:00~24:00，发车间隔不超过30分钟，客满随时发车
3线（出）	T3航站楼→T2航站楼→T1航站楼→三元桥→渔阳饭店→东直门→东四十条→朝阳门→雅宝路→北京站	7:00~24:00，发车间隔不超过30分钟，客满随时发车
4线（出）	T3航站楼→T2航站楼→T1航站楼→国际展览中心→西坝河→安贞桥→马甸桥→北太平庄→蓟门桥→友谊宾馆→苏州街→紫竹桥→航天桥→公主坟	6:50至次日1:00，发车间隔不超过30分钟，客满随时发车
5线（出）	T3航站楼→T2航站楼→T1航站楼→小营→亚运村→学院桥→中关村	6:50~24:00，发车间隔不超过40分钟，客满随时发车
6线（出）	T3航站楼→T2航站楼→T1航站楼→广顺北大街→湖光中街→育慧里→北苑路大屯→大屯→奥运村→亚奥国际酒店	8:00~21:00，发车间隔不超过40分钟，客满随时发车
7线（出）	T3航站楼→T2航站楼→T1航站楼→朝阳公园桥→通惠河北路→永安里东街→广渠门→磁器口→珠市口→菜市口→广安门外→西客站南广场	7:20~24:00，发车间隔不超过30分钟，客满随时发车
8线（出）	T3航站楼→T2航站楼→T1航站楼→白坊→天通西苑→回龙观东大街→回龙观西大街→回龙观→上地大厦→上地信息产业区	8:00~21:00，发车间隔不超过40分钟，客满随时发车
9线（出）	T2航站楼→T1航站楼→T3航站楼→北关站→西大街→北苑路口→翠屏北里→太阳花酒店	7:00~24:00，发车间隔不超过30分钟，客满随时发车
10线（出）	首都机场→广渠门→肿瘤医院→玉蜓桥→北京南站北出口	9:30~21:30，发车间隔不超过30分钟，客满随时发车
11线（出）	T2航站楼→T1航站楼→T3航站楼→窑洼湖桥北→小武基→亦庄北环西路→泰河站	每日18:00由机场发一班车

机场常用电话

机场投诉：010-64541100-9
机场服务热线：010-64541100

医疗急救站

T1航站楼：010-64540999

T2航站楼：010-64591919
T3航站楼：010-64530120

失物招领

T1航站楼：010-64540110
T2航站楼：010-64598333
T3航站楼：010-64530030

旅行信息【中国篇】 机场指南

机场指南

上海浦东机场

机场概况

上海浦东机场与北京首都国际机场、香港国际机场并称为中国三大国际航空港。机场位于浦东新区的江镇、施湾、祝桥滨海地带，距市中心约30公里。目前，浦东机场中外通航公司已达到48家，通航60多个国内城市、90多个国际城市，是中国重要的对外交往的窗口之一。

浦东机场位置示意图

航站楼

上海浦东机场共有两座航站楼，两座航站楼之间有通道可互通，也有免费机场摆渡大巴，非常方便。

主要航空公司

中国国际航空公司（CA）
www.airchina.com
95583

中国南方航空公司（CZ）
www.csair.com
95539

英国航空公司（BA）
www.britishairways.com
4008-007-008

中国东方航空公司（MU）
www.ceair.com
95530

荷兰皇家航空公司（KLM）
www.klm.com
400-880-8222

德国汉莎航空公司（LH）
www.lufthansa.com
021-53524999

机场交通

地铁

可以选择乘坐地铁2号线（绿色）到达或者离开浦东国际机场，不过，需要在广兰路站进行换乘。注意，2号线地铁在机场与广兰路站之间的运营时间为6:00~22:00，每8.5分钟发一趟，乘坐很方便。

磁悬浮（龙阳路地铁站—机场）

车票单程每人50元和往返每人80元（普通票）。运行时间为6:45~21:40。每日19:02前，发车时间为15分钟一趟；19:02后，发车时间为20分钟一趟。

Airport Guide

地面公交

也可以利用地面公交到达或者离开浦东国际机场。目前，浦东国际机场共有大巴专线8条，外加浦东机场环一线和浦东守航线，乘坐也是很方便的。具体线路可参见下表。

地面公交线路		
线路	主要途经站点	首、末班时间（机场→市内）
1线（出）	T1航站楼→T2航站楼→虹桥机场T2航站楼	7:00~23:00
2线（出）	T1航站楼→T2航站楼→城市航站楼(静安寺)	7:00~23:00
3线（出）	T1航站楼→T2航站楼→龙阳路地铁站→打浦路→肇嘉浜路天平路→银河宾馆	7:00~23:00
4线（出）	T1航站楼→T2航站楼→德平路浦东大道→五角场→运光新村→鲁迅公园	7:00~23:00
5线（出）	T1航站楼→T2航站楼→洋泾港桥→东方医院→延安中路成都北路(下行单向)→上海火车站	7:00~23:00
6线（出）	T1航站楼→T2航站楼→龙东大道科苑路→龙阳路地铁站→张杨路东方路→老西门→延安中路石门一路→延安西路华山路→安化路定西路(中山公园)	6:00~20:00
7线（出）	T1航站楼→T2航站楼→川沙路华夏东路→上南路华夏西路→上海南站	7:30~23:00
8线（出）	T1航站楼→T2航站楼→当局楼→海天三路启航路→交通队→海关仓库→航油站→东方航空→河滨西路卡口→机场保税区→金闻路闻居路→祝潘公路川南奉公路→千汇路南祝公路→南祝公路周祝公路→南祝公路祝成路→南祝公路卫亭路→盐仓→人民公路城东路→南汇汽车站	7:00~19:30
机场环一线	T1航站楼→T2航站楼→当局楼→公安分局→指挥部（非高峰站）→海关仓库→航空公司→施湾→航城园	8:00~19:15
守航线	T1航站楼→T2航站楼→龙阳路地铁站→东方路张杨路→东方医院（浦东大道）→浙江中路（延安路人民广场）→石门一路（延安路）→华山路（延安路静安寺）→虹许路（延安路）→虹桥机场T1航站楼	23:00后至当日航班结束后45分钟

旅行信息【中国篇】

305

机场指南

出租车

公里数	日间(5:00~23:00)	夜间(23:00至次日5:00)
0~3公里	14元（含1元燃油费）	18元
3~10公里	2.4元/公里	3.1元/公里
10公里以上	3.6元/公里	4.7元/公里

机场常用电话

机场问讯：96990
失物招领：021-68346324/68340417
机场投诉电话：021-68347575
行李寄存：021-68346324/68340076

候机楼广播电话：021-68346523/68346234
机场售票电话：021-68346465/68346466/68346467

广州白云国际机场

机场指南

机场概况

广州白云机场始建于20世纪30年代,现位于白云区人和镇与花都区新华街道交界处,距广州市中心约28公里,是我国著名的航空枢纽机场之一。白云机场目前与30多家航空公司建立了业务往来,已开通国内、国际航线110多条,通航国内外100多个城市,在我国民用机场布局中占有举足轻重的地位。

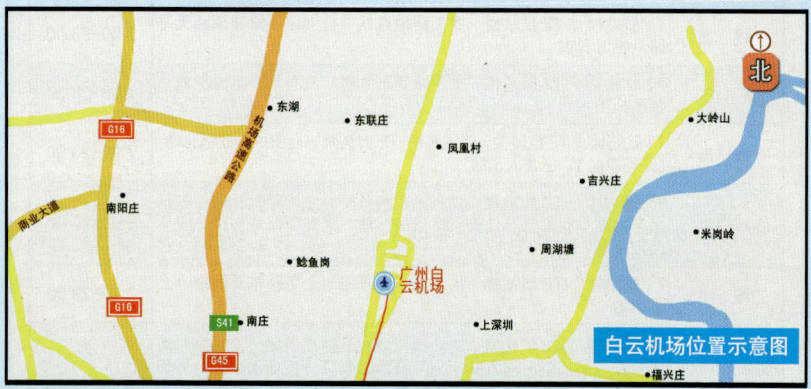

白云机场位置示意图

航站楼

广州白云国际机场航站楼包括地上3层及地下1层。其中,1层为到达层、接机大厅和商业层,2层为到达夹层,3层为出发及候机大厅,地下1层则通往地铁、停车场和机场酒店。

机场交通

机场大巴

机场大巴有两种:空港快线与机场快线。1~4号大巴为空港快线,5~10号大巴为机场快线。同时,机场还有前往周边城市的直达班车,乘坐很方便。

地铁

乘坐地铁3号线的北延伸段(体育西路至机场南站),可往来于机场与市区之间。机场地铁位于航站楼地下1层。

出租车

机场设有两处出租车搭乘处,分布在航站楼两侧。一般从市区前往机场费用相对比较高,要100多元。

机场常用电话

航班查询台:020-36066999
机场投诉电话:020-36066315
机场民航售票处:
  020-86130088(国内)
  020-86130099(国际)
咨询电话:020-86137273

航站楼急救站:020-36062664
空港快线查询:020-86122102
行李寄存台:020-36066854
机场行李查询:
  020-36066763(国内)
  020-36066790(国际)

旅行信息
【当地篇】

荷兰 …………………… 308
　出入境指南 …………… 308
　国内交通 ……………… 314
　实用信息 ……………… 317
比利时 ………………… 322
　出入境指南 …………… 322
　国内交通 ……………… 329
　实用信息 ……………… 331
卢森堡 ………………… 334
　出入境指南 …………… 334
　实用信息 ……………… 335
荷比卢治安状况 ……… 336
旅行健康管理 ………… 337
旅行会话 ……………… 338
　英语+法语 …………… 338
　荷兰语 ………………… 343
　购物用语 ……………… 344
　问路 …………………… 346

荷兰 出入境指南

入境荷兰免税范围
200支香烟或250克烟草或50支雪茄或100支小雪茄。酒精浓度在22%以上的烈酒1升，或酒精浓度不足22%的酒2升或葡萄酒2升。香水50克和古龙水0.25升。咖啡豆500克或咖啡制品200克、红茶100克或红茶制品40克。价格不超过175欧元的土特产。

荷兰机场
除了阿姆斯特丹国际机场（史基浦机场）外，荷兰还有三个机场有国际航线。鹿特丹机场和马斯特里赫特机场有欧洲境内的国际航班，此外还有恩斯赫德机场。

航空公司
●荷兰皇家航空
KLM Royal Dutch Airlines
☎020-4747747（英语）
🕐24小时
●南方航空
China Southern Airlines
HP http://www.csair.com/cn
☎4006695539-1-2（国内）
+86-20-4006695539-1-2（海外）
+86 4008695539-1-4（海外）
🕐24小时

申根地区
从申根协定成员国入境荷兰，或是前往其他成员国的时候，无论是何国籍都不需要出入境检查。史基浦机场里，无论是出发还是到达，南休息区（B-C出入口）仅面向申根地区。

<申根协定成员国>
冰岛/意大利/爱沙尼亚/奥地利/荷兰/塞浦路斯/希腊/瑞士/瑞典/西班牙/斯洛伐克/斯洛文尼亚/捷克/丹麦/德国/挪威/匈牙利/芬兰/法国/比利时/波兰/葡萄牙/马耳他/拉脱维亚/立陶宛/卢森堡

从空路入境

作为荷兰空中门户的阿姆斯特丹国际机场（史基浦机场Amsterdam Airport Schiphol）位于阿姆斯特丹西南部15公里。这里有约80家航空公司提供飞往全球230个目的地的班机，是欧洲的枢纽机场。拥有完备设施的第一航站楼因其便利性，被誉为机场。

从中国前往阿姆斯特丹国际机场

目前，从中国北京首都国际机场和上海浦东国际机场可以直飞荷兰阿姆斯特丹国际机场，航线由中国南方航空公司和荷兰皇家航空公司运营，航行时间大约约为11~12个小时。还可以乘坐马来西亚航空公司、土耳其航空公司、英国航空公司、法国航空公司等航班中转到达荷兰，也是不错的选择。不过要注意的是时间上要比直飞久一些。

出入口处有航空公司换乘的柜台。换乘旅客较多，注意不要走散了。

从欧洲前往阿姆斯特丹国际机场

在欧洲的中枢机场到阿姆斯特丹国际机场，有以荷兰皇家航空公司为代表的欧洲各国的各个航空公司的直飞航班。从欧洲主要城市飞抵阿姆斯特丹国际机场的时间如下：布鲁塞尔45分钟，法兰克福·伦敦·巴黎约1小时，苏黎世1小时15分钟，柏林·慕尼黑·哥本哈根1小时20分钟，维也纳1小时50分钟，罗马2小时20分钟，马德里2小时30分钟。其中除了没有加入申根条约（欧盟内的居民通行自由化的条约。参照左侧竖栏）的航班外，都在B-C口到达。如果无须检查，可以直接前往提取行李。

从着陆到入境

1.入境检查Passport Control

到达和出发口位于2层，旅客可以按照英文标示的黄色指示牌到达1层Arrivals到达口大厅的入境检查·出口处。荷兰的入境检查只是检查护照，不需要检查签证和入

出了到达大厅，出租车、巴士乘车点的左手边是管制塔

乘电梯下楼能够到达1楼的到口大厅

境卡。检查官基本上不会问问题，气氛很轻松。但是如果窗口排队的人较多，就会分为欧盟国专用窗口和非欧盟国窗口，注意不要弄混。

2.提取行李 Baggage Claim

入境检查结束后，就可前往行李提取大厅。显示屏上会标示每个到达航班的顺序编号，旅客只需推着免费的行李车等待即可。大厅里设有酒店预约窗口、货币兑换处、ATM、卫生间、公共电话等设施。取到的行李可以使用行李车推到巴士、出租车搭乘点以及地下铁路的站台。

3.海关检查 Customs

如果入境时携带的物品没有超过免税范围不需要申报，可以直接前往绿色的出口。门口有官员，他只是检查行李牌，不会具体检查你的行李。如果有需要申报的，就前往红色大门，进行申报接受检查。对携带的货币没有特别限制。

行李投诉

如果托运的行李没有出现在传送带上，可以前往所搭乘航班的航空公司柜台进行投诉。出示登机牌时领到的行李托运牌和机票，并告知住宿的地点和行李送达的地点。

阿姆斯特丹国际机场设施
HP http://www.schiphol.nl
（荷兰语、英语）

从商场、各种餐饮店到娱乐场，各种设施一应俱全。2002年，这里还开设了国立美术馆（参见p.60）的分馆。位于2层出发口大厅完成出国检查后到E及F出口之间。如果是需要在欧洲其他申根国家经停后回国的，需要经过B-C出入口、出入境检查后才能通过。

旅行信息【当地篇】

309

荷兰／出入境指南

阿姆斯特丹国际机场
Amsterdam Airport Schiphol

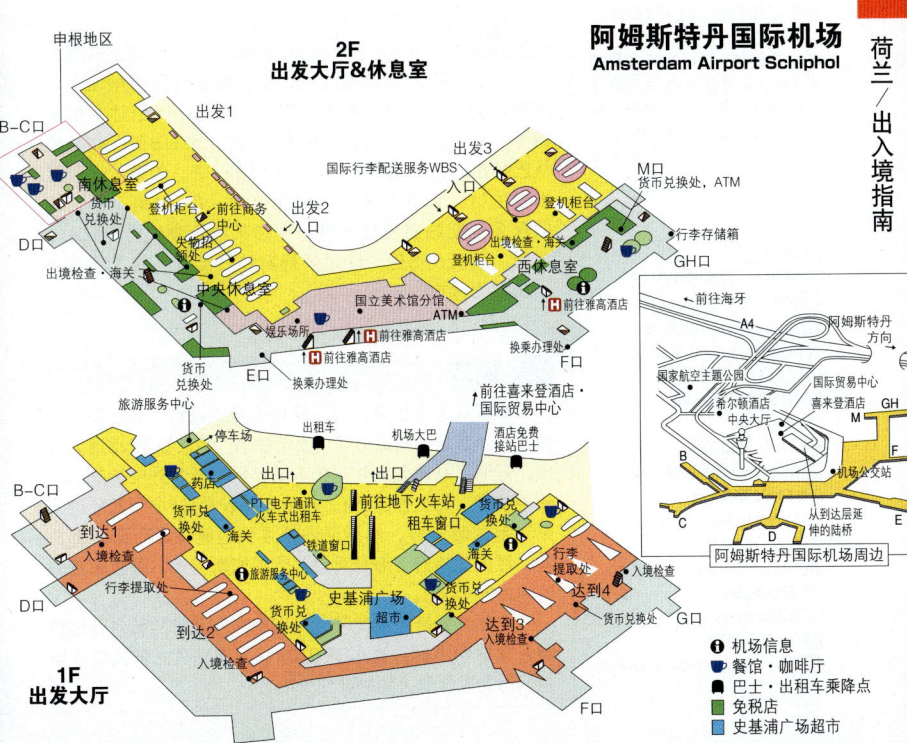

铁路国际线的专用售票窗口

从陆路·海路入境

铁路国际线指南
☎ 0900-9296（收费）
HP http://www.ns.nl（荷兰语·英国语）

大力士高速列车
HP http://www.thalys.com（英）

比荷卢经济联盟火车通票
Eurail Benelux Pass

　　在荷兰、比利时、卢森堡三国境内随意搭乘火车的通票。一个月内的任意5天有效。一等票为231欧元，二等票为197欧元，25岁以下一等票为197欧元，二等票为129欧元。比利时境内的国营火车站或是旅行代理店内有售。

欧洲火车通票
Eurail Global Pass

　　在欧洲21个国家境内随意乘坐火车的通票。费用中包含特快、快车的费用，但是不包含指定座位和卧铺的费用。这种通票分为两种，一种是有效期内可以每天连续使用的，还有一种是在2个月有效期内可以自由选择使用期（10天或是15天）的。此外还有面向团体推行的通票、面向不满26岁人使用的通票、国境接壤的3~5个国家之间的欧洲选择通票等（把比荷卢经济联盟看作是一个国家）

欧洲大巴
Eurolines Nederland
☎ 088-0761700
HP http://www.eurolines.nl
阿姆斯特丹的出发站位于地铁阿姆斯特丹站站前

斯坦纳航运公司
Stena Line
☎ 0174-389333
HP http://www.stenaline.nl

P&O北海轮渡
P&O North Sea Ferries
☎ 020-2008333
HP http://www.poferries.com

DFDS航线
DFDS Seaways
☎ 0255-546660
HP http://www.dfdsseaways.com

铁路

　　沿着欧洲大陆各个国家的铁路旅行是很有意思的。入境荷兰无须关税检查，也没有入境检查，非常简单。如果是用5日内有效的比荷卢经济联盟火车通票或是最长3个月有效期的欧洲火车通票，将会享受一次经济的快乐之旅。国际线的车票或是通票除可以在阿姆斯特丹中央车站购买外，还有26个车站有售。此外，虽然价钱可能比较高，但是在国内旅行社也能买到通票或是大力士高速列车的车票。

　　到达阿姆斯特丹中央车站，从巴黎北站出发乘大力士高速列车仅需4个小时，每日往返6班。从比利时的布鲁塞尔南站出发大约需要2小时45分钟。如果乘坐城市高速IC、国际快速INT的话，从布鲁塞尔南站出发需要3个小时，从安特卫普出发约需要2小时15分钟，从德国的普林顿出发需要7个小时。从英国伦敦乘欧洲之星可直接到达比利时布鲁塞尔。

巴士

　　巴士旅行虽然花费时间，但长途旅行费用很便宜，因而很受学生欢迎。欧洲大巴的长途巴士，到达阿姆斯特丹，从布鲁塞尔出发需要4个小时，每日8班。如果是从巴黎出发大约需要8小时，每日3~7班，如果从比利时出发的话，大约需要12小时30分钟，每日1班。从伦敦的维多利亚站出发经多佛尔到加莱的轮渡，需要11~12小时，每天5~6班。除了阿姆斯特丹换乘之外，还可到达20多个城市。

轮渡

　　如果从英国出发，可以采用轮渡、铁路、巴士相结合的方式。斯坦纳航运公司、英国铁路、荷兰铁道NS通力合作，开通了从伦敦利物浦街车站到阿姆斯特丹中央车站的转乘航线，每日往返2班。从伦敦可以乘坐1小时20分钟的火车到达哈里奇，然后通过轮渡到达鹿特丹西面的荷兰湾，经由鹿特丹、海牙可以到达阿姆斯特丹，乘坐轮渡的时间为3~4小时。

　　此外，乘坐P&O轮渡，从英格兰东北部的赫尔到达鹿特丹需要14小时；乘坐DFDS航线从英格兰北部的纽卡斯尔到达艾默伊登大约需要16个小时。

回国指南

回国流程

事先确认机票

如果机票需要再确认,可以在回国前3天(72小时)同航空公司窗口取得联系,告知自己的姓名、搭乘日期、航班号,以便得到确认,防止因天气等因素发生的变动。短期出行,可以在入境时提前确认好。

了解机场环境

出发大厅位于2层。想要在免税店和一楼史基浦广场逛逛,一定要提前安排好时间。通常要提前2小时办理登机手续。同层还配有WBS国际快递服务(3号出发大厅附近/☎020-4466234　營周一~周五9:00~17:00)。

办理登机手续

向航空公司的服务台出示机票和护照,如果有该航空公司的累计飞行里程记录,可以一起提出申请。各家航空公司关于行李重量的要求不同,不要忘记确认。之后换取登机牌和行李牌。

接受出境检查・安全检查

只需向出境检查柜台出示护照和机票即可。征税方面只有一条限制,所持物品中球茎物品不能超过99个。确认好机票上的登机口和时间,如果有时间可以在免税店逛一逛。之后可以在登机口等候,直至听到广播提示登机。座位靠前的乘客可以优先登机。

机内填写报关单

空乘人员分发报关单,按照模板填写即可。

入境检查

前往入境检查窗口,出示护照后接受检查。

领取行李

在行李提取处,根据行李牌上的号码找到该航班行李所在位置,提取自己的行李。

海关检查

如果身上携带的物品未超过免税范围可以前往绿色检查台。如果超过免税范围,或者不知道自己超没超过免税范围需要前往红色检查台,出示护照后接受检查。有时工作人员会问旅行目的地、旅行目的等问题,并提交刚刚在飞机内填写的报关单。

登机时对液体物品的限制

从2006年11月起,欧盟对于旅客随机携带液体物品有新规定:所有在欧盟EU境内登机的旅客,即使是乘坐内陆航班,也只能携带少量的液体物品通过安检,所有容器的容量均不得超过100毫升,并装入一个容积为1升可反复封口的透明塑料袋内,每位旅客只能携带一个塑料袋,该塑料袋须完全封口。液体物品包括:香水、剃须泡沫、香体剂、胶状物品、喷雾剂、霜剂、膏剂(包括牙膏)、饮料、汤、糖浆等。需带入机舱的药品与特殊食品(如婴儿食品等)可在塑料袋之外携带,此类物品也必须向安检人员出示。凡在欧盟境内的机场或欧盟航空公司航班购买的免税商品,必须封装后携带,并出具当日的购物凭证。所购商品的封装将由出售该商品的商店进行。目前这一新规定仅适用于手提行李,液体物品仍可装入托运行李中。

退税

在购物时,需要索取退税支票(Refund Cheque)。当归国或离开欧盟时,向机场海关人员出示购买的商品、退税发票和护照后,由海关在退税支票上加盖。然后便可以取回退税款。可以在离自己最近的现金退税点(Cash Refund Office)领取现金退税款,或直接划入自己选定的信用卡或银行账户,或要求将银行支票寄至自己选定的地址。

1层的史基浦广场让人流连忘返，无论出境、入境都想去逛一逛。

机场

出了行李提取处，便可以看见机场的问讯处和银行兑换窗口、ATM、咖啡厅等。机场里还有终年无休的购物中心——史基浦广场，实在是便利至极。其中不仅有美容院、药店，就连日用品也一应俱全。有什么忘带的东西，都可以在这里选购。到达大厅中央出口附近有出租电话、电脑的服务中心，右侧是租车窗口，2层出发大厅楼上是商务中心。

投币式存储柜和行李存储处

机场随处可见硬币储柜，也就是Baggage Locker，这些储存柜有的最长存储时间为168小时。位于地下的到达大厅1、2的行李储存处Baggage Depot最长可以储存行李1个月。储存后一定要注意保存收据。行李储存处的营业时间为6:15~22:45。

到达大厅除了配备有银行、兑换窗口，还有自动兑换机和ATM机

这里有世界数一数二的免税店，甚至赌场、网吧都一应俱全

外币兑换

到达大厅配备有银行的兑换窗口和外币兑换处GWK（参见p.317），前往市内前一定要兑换好一定数额的外币。这里还安置了自动兑换机和ATM机，如果乘客持有信用卡或国际借记卡，可以直接提取现金（参见p.317）。此处的欧元兑换率同市内银行和全国的GWK一样。

预订酒店

到达大厅出口对面左侧靠前方和左侧出口附近有2处旅游服务中心（VVV），此外，在KLM柜台提供金郁金香酒店的预订服务，机场内也提供美居酒店的预订服务。

机场内的特产店

阿姆斯特丹国际机场拥有品种丰富、类型多样的商品。游客不妨在这里选上几种，作为自己旅行的美好纪念。

郁金香的球茎只有在夏秋两季才在市面销售。如果在荷兰市内购买，需要选购印有已检疫商标的球茎，否则无法通过机场检疫。阿姆斯特丹国际机场内销售的所有球茎都已检疫，可以直接带入飞机。

说起荷兰的特产，就不能不提到当地产的木鞋。表面圆滑、造型丰满的木鞋原材料来自一种白木，从传统朴素到华丽时尚类型，各式各样、琳琅满目。自古以来，当地人们将木鞋搭配民族传统服装。荷兰当地土壤湿度较高，沙粒也多，正适合穿着木鞋。直至今日，人们仍常常穿着木鞋打扫花园。

从机场前往市内

火车

机场地下有火车站，只需要15~20分钟即可到达阿姆斯特丹中央车站。不仅价钱比大巴便宜，行李也可以用手推车一直送到站台。

穿过1楼到达大厅的史基浦广场，左侧是荷兰铁路NS的售票处。到阿姆斯特丹中央车站车票价格为1等座6.30欧元，2等座3.70欧元。大厅中央有通向各个站台的缓坡，前往站台之前，一定要先确认好自己的站台号码。阿姆斯特丹中央车站方向的列车每小时6~7趟，行程大约耗时15分钟。想要前往阿姆斯特丹市内的世贸中心站Amsterdam Zuid/WTC车站或阿姆斯特丹站Amsterdam RAI，可以搭乘韦斯浦方向的列车，所需时间为7~8分钟，每小时大约运行8~10趟。

史基浦位于阿姆斯特丹—海牙线路上，此外还有通往布鲁塞尔、柏林、巴黎方向的国际列车。

机场大巴

机场同市内大型酒店之间运行着短途往返大巴（Connexxion Airport Shuttle Bus），单程费用为15.50欧元，往返为25欧元。机场航站楼右侧为乘车站台。车票可以从工作人员或司机处购买。

前往市区的巴士和出租车的乘车大厅。出了右手边的门即是乘车点

如果入住的酒店并非大巴行程中指定的酒店，但距离同该酒店并不远，也可以考虑一下搭乘该大巴。机场到普利策酒店（参见p.77）所在的西教堂广场约20分钟，到帕拉马里博酒店所在的达姆广场约30分钟。到市内南部的大仓酒店（参见p.77）约1小时。每隔10分钟左右运行1趟。线路不同，途经酒店也不同。

出租车

出租车站位于到达大厅门外左侧。如道路顺畅，30分钟内即可到达阿姆斯特丹市内。车费是计价器收费，大约35欧元。无夜间行车收费等。

一般携带大件行李的乘客，可以让司机帮忙搬运，需给付1欧元左右的小费。此处通行英语，但为了以防万一，最好事先将酒店名称写在纸上，可以出示给司机看。

铁路车票售票处分为国内线路窗口和国际线路窗口

搭乘火车前往荷兰国内主要城市

到海牙中央车站约30分钟
到海牙HS车站约25分钟
到鹿特丹约45分钟
到马斯特里赫特需要在Duiven-drech换乘，时间约为2小时40分钟

前往阿姆斯特丹市内的巴士路线

在阿姆斯特丹市内同机场之间设有一定线路的巴士。Cnnexxion的Interliner370路巴士每隔25~30分钟运行一趟，经由莱顿广场前往Marnixstraat的航站楼。另外，还有前往市内南部阿姆斯特尔芬站的199路，前往西北方向斯洛特代克站的192路等线路。

酒店免费摆渡巴士

有些酒店在机场安排了免费的接送巴士。每天6:00~23:30期间，每隔15~30分钟运行一趟。阿姆斯特丹机场多林顿酒店、霍夫多尔普酒店、希尔顿阿姆斯特丹国际机场店、美居阿姆斯特丹国际机场店。

出租车费

起价2公里以内7.50欧元，之后每公里增加2.20欧元

租车

到达大厅设有各家租车公司办理窗口。详情见p.316。

荷兰 国内交通

车辆多为上下2层构造，车身清晰标记1等座和2等座两类型

荷兰铁道网
☎ 0900-9292（€0.50/分钟）
HP http://www.ns.nl（荷兰语・英语）

1日票Dagkaart
1日票适合1天出行在200公里以上的乘客。费用：1等座80欧元、2等座47欧元。（+5.50欧元可以换购市内公交车・有轨电车・地铁通票OVDagkaar）

荷兰・铁路・通票
Holland Rail Pass
通票30天有效期内可任选3天或5天乘坐。购买时需提供护照和一张照片。此票只能在荷兰以外国家购买，因此出发前一定不要忘记前往旅行社购买。不同旅行社、时节，具体情况或有改变。

夏季车票
Zomertoer
该通票每年7~8月份销售。有效期为10天，可任选3天乘坐。费用：单人用2等座票59.50欧元、2人用2等座84欧元（另外还有可以乘坐市内公车・有轨电车・地铁的通票Zomertoen-pluskaart）

车站出租车
Treintaxi
荷兰同城出租车。此类出租车范围包括荷兰59个火车站周围直径8公里以内（阿姆斯特丹中央车站、阿姆斯特丹国际机场站不可用）。火车站有窗口和自动售票机售票，票价一律4.70欧元。也可向司机直接购买，但价钱略高，5欧元。车站外有该出租车站台，间隔最长不超过10分钟，待凑足乘客人数后即发车。
☎ 0900-8734682

租赁自行车
租自行车1天的车费为6欧元。清晨、傍晚高峰期不能使用。

铁路

荷兰铁路名为Nederlandse Spoorwegen，简称为NS。铁路枢纽位于荷兰乌得勒支市，整个铁路网辐射地域广，运行时间精准。主要车站以及列车上的设备都一应俱全。

● 荷兰列车

阿姆斯特丹、Schiphol史基浦机场同荷兰主要城市之间定期运行着名为IC（intercity）的快车。其中包括快速Sneltrein和每站都停的Stoptrein。主要车站之间都有IC连接，换乘非常便利。IC在荷兰西部城市间每小时4~8趟，在其他地区每小时2辆。车辆分1等座、2等座两类，1等座座位较宽，配备能够使用电脑等器材的插座。国内线路虽没有餐车，但IC上有列车商店和洗手间。

● 车票种类・购买

车票可在车站窗口或自动售票机（具体使用方法参见p.315）处购买。中小规模的车站内有名为"Wizzl"的站内便利店，店内也销售车票。国内线提前一个月销售，国际线提前两个月销售。国内线基本上无法选座。在窗口购票时，告知对方自己要乘车的日期、目的地、单程enkele reis或往返retour还是当天往返dagkaart（能打9折），以及1等座1e klas、2等座2e klas（1日票、通票等参见栏外）。购票结束后，不要忘记确认一下票面内容。1等座车票价格比2等座多了5成，3岁以下儿童免票，有成年人做伴的4~11岁儿童，每位一律2欧元（每位成年人最多可带3名儿童）。

阿姆斯特丹中央车站的售票处

● 乘车注意事项

在窗口确认一下出发线路编号Vertrekspoor，或者在站内自行核实后前往站台。车站无人检票，车票票面无日期的情况，将票插入站内黄色检票机，检票机即会打上日期。车门开关有按钮控制。一般来讲，车上会有人检票。如果坐过站，在车上购票价格会增加几成。无票乘车也会被处以高额罚金。如所在车站无工作人员，导致无法购票，则应在开车前找车长说明情况，这样就无须以高额价格购买车票。

阿姆斯特丹中央车站中央大厅2层有餐馆等设施

自动售票机的使用方法

窗口人太多时，不妨用自动售票机买票。虽然提示语为荷兰语，只要记住操作方法，就可以很轻松地掌握。机器分为只能使用储值卡和可同时使用储值卡、硬币的两种类型。后者更适合游客使用。

❶在列表中先按英文字母顺序找到目的地的四位编码。

❷在键盘上输入四位编码。

❸选择票的类型（从上至下，1等座为1e klas，2等座为2e klas，正价票vol tarief，打折票korting，单日有效alleen vandaag geldig，未指定乘车日期zonder datum，单程enkelereis，往返retour）。

❹确认列表上的选择内容。

❺投入列表上显示的费用（只能用硬币，不可用纸币）。

❻取出车票。

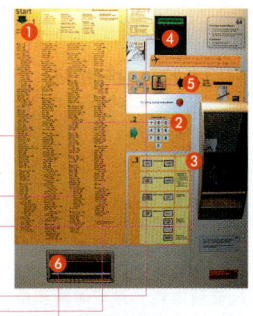

车站

大型铁路车站站内商家鳞次栉比，有餐饮店、硬币储存柜、杂货店、药店、书店、外币兑换所GWK（参见p.321）以及旅行社等。此外，火车站多设有轨电车、巴士等前往市内及近郊等地的中心地，可以充分利用周边的车站出租车（参见p.314栏外）、租凭自行车店、租车窗口。但有一点还需注意，火车站内以及周边扒窃等犯罪率较高。特别是阿姆斯特丹中央车站北侧和乌得勒支站的立体停车场附近。

巴士

荷兰的巴士主要是连接市内交通和大城市近郊、铁路网涉及不到的小城镇的交通手段。几乎没有连接大城市之间的巴士。巴士运营也按照地区由民营企业负责运营。全国规模的公共交通信息介绍由公共交通旅行介绍处OVR统一负责。其中经由须德海大坝Afsluitdijk、连接阿克玛与瓦尔登之间的中长距离的有Connexion公司的城际巴士Interliner。此外观光还可以利用包括阿纳姆—阿伯尔多伦（参见p.112）的巴士线路。巴士站基本上都位于火车站前，可以从司机那里购买车票。

投币式储存柜

阿姆斯特丹中央车站的储存柜安全性能高，可以储存物品长达72小时。一般主要车站大体上都有硬币储存柜，24小时费用约为5欧元。

列车时刻表

NS发行的时刻表Spoorboekje虽然是荷兰语书写而成，但时刻表上都用标志描绘出了车站的具体设施以及可乘出租车的站名。时刻表可以在车站内看到，此外售票处也有销售。费用：5.50欧元。

公共交通旅行介绍处OVR

☎0900-9292（收费）

■http://www.9292ov.nl（荷兰语·英语）

首页的Ov planner，可以检索交通方式和出发时间、步行所花时间。在尽量输入前往的城市名Plaats（或为City）、路名Straat（Street）、门牌号Huisnr（Street nr）、出发日期Datum（Date）和时刻Tijd（Time），点击geef reisadvies（Adviseme）。

城际巴士

Interliner

☎0900-2666399（收费）

HP http://www.connexxion.nl（荷兰语）

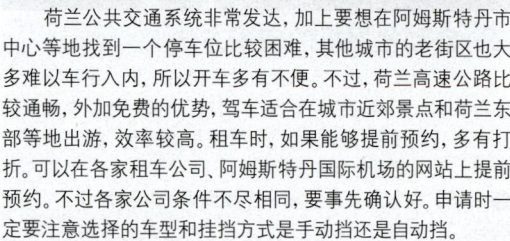

阿姆斯特丹国际机场的租车窗口。换车时需加满油箱

在荷兰的假日，常可见路上的汽车带着自行车前往郊外

阿姆斯特丹国际机场
HP http://www.schiphol.nl

停车计时器
　　在街边停车时，要先在附近的停车计时器购买停车券，然后将停车券出示在挡风玻璃内侧。停车时间和费用根据地点不同而异。工作日晚间、双休日和节假日免费。注意不要超时、不要停在残障人士专用地区。

停车卡
　　蓝色区域的停车场需要专门的停车卡Pareers-cgijf，停车卡可在香烟店、药店等地购买。荷兰境内，停车卡可反复多次使用。

高速公路服务ANWB
　　交通旅行咨询与服务可拨打以下电话。
☎0800-0888

紧急联络
事故拨打警察电话　☎112
车辆故障拨打租车公司电话

高速公路的标识
　　阿姆斯特丹的环状线从A10为起始，高速公路的编号通常接在A、E或者N的后面。

出租车费
　　起步价：7.50欧元，之后每公里增加2.20欧元。

租车

预约和申请

　　荷兰公共交通系统非常发达，加上要想在阿姆斯特丹市中心等地找到一个停车位比较困难，其他城市的老街区也大多难以车行入内，所以开车多有不便。不过，荷兰高速公路比较通畅，外加免费的优势，驾车适合在城市近郊景点和荷兰东部等地出游，效率较高。租车时，如果能够提前预约，多有打折。可以在各家租车公司、阿姆斯特丹国际机场的网站上提前预约。不过各家公司条件不尽相同，要事先确认好。申请时一定要注意选择的车型和挂挡方式是手动挡还是自动挡。

交通规则

　　荷兰汽车右侧通行，超车道在左侧。十字路口处只要没有优先标志（路上的黄色菱形）或非优先标志（路上的白色倒三角形），右侧车辆优先。但公交车和有轨电车等为最优先类别。从外侧进入没有红绿灯的大型交通环岛时，右侧车辆优先。在住宅小区的小型交通环岛时，出去的车辆为优先车辆。

　　一般道路限速为市内50公里，郊外80公里，高速道路100公里或120公里。荷兰严查处超速、非法停车、酒后驾驶等违法行为。车内后座也有安全带，未满12岁的儿童必须坐在后排座位，未满3岁的儿童必须坐在儿童专用座椅上。

行驶要点

　　在荷兰一些运河较多的城市里，运河沿线多是单行路，朝向运河的停车场也格外引人注目。实际上，经常有车落入河内，所以请一定小心驾驶。另外，高速公路有时会因为船只通过而打开大桥，导致交通阻塞。驾驶时还需小心自行车的出现。据说有的道路，车道和人行道之间没有自行车道，为此行车右转时可能会将自行车卷入车轮下。再有，停车后一定不要在车内留下贵重物品。打劫无人车辆的犯罪在此处时有发生。

　　荷兰的加油站多是自助式，Super是有铅型汽油，Superplus是无铅的高辛烷值汽油，Euro是常规汽油。

出租车

　　荷兰出租车行业为了保证服务质量，只要达到一定的标准，出租车即可获准在车窗贴上写有"T☆K"的黄色贴纸。游客可以选择此类出租车乘坐。

荷兰 实用信息

语言

荷兰公用语为荷兰语，但据称荷兰是非英语的欧洲各国中英语使用起来最为方便的国家，几乎所有人都会说英语。

治安

荷兰在欧洲各国中治安相对较好，但出门在外不能大意。阿姆斯特丹、鹿特丹等大城市时有扒窃、盗窃案件发生，对此需非常小心。

货币

目前荷兰使用的法定货币是欧洲共同使用的货币——欧元。荷兰旧货币盾目前在荷兰中央银行可兑换成纸币，兑换期限截止到2031年前（兑换期限有可能缩短，事前需确认）。

1CENT

2CENT

5CENT

5EURO

10CENT

20CENT

50CENT

10EURO

20EURO

1EURO　2EURO
硬币的背面

50EURO

换汇

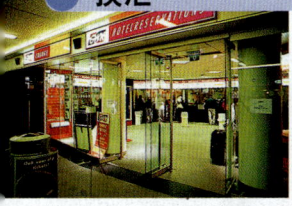
荷兰国内35个主要车站都有GWK，终年无休，从早晨一直营业到深夜

几乎所有的银行都可以兑换货币。阿姆斯特丹中央车站等主要车站、机场、边界设置了外币兑换所GWK，十分便利。美元、人民币币种的旅行支票T/C可换成欧元现金。邮局、酒店、民营兑换商可兑换外币，但银行和GWK的汇率和手续费比较稳定，因此首选在这里兑换。此外，也可以用街边的ATM，提取国际借记卡中的现金，或者从国际借记卡中直接提取当地货币。

欧元汇率
1欧元大约兑换8.5元人民币（2014年5月的汇率）

欧元单位
1欧元=100欧分

银行营业时间
周一~周五9:00~17:00

荷兰中央银行（阿姆斯特丹）
✉ Westeinde 1
1017 ZN Amsterdam
☎ 020-5249111
FAX 020-5242500
HP http://www.dnb.nl

为您导航
对货币黑市陷阱说"No"

阿姆斯特丹市内有Chequepoint等民营兑换商。这些地方虽然汇率诱人，但手续费较高，且没有小额纸币。原以为白送的地图也可能会被收取价款。兑换前至少要确认好相关的手续费再兑换。

观光胜地的民间货币兑换处Chequepoint

旅行信息【当地篇】

荷兰／实用信息

旅行小贴士 荷兰通用语为荷兰语,但在北部弗里斯兰省也讲弗里斯兰语。非服务业人员也经常使用英文,街头巷尾常常可以听见英语。此外,饭店菜单也通常有英文版本。

环球蓝联Global·bule
☎ 00121-232111111
HP http://www.global-blue.com

国内公用电话

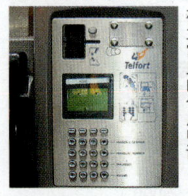
荷兰常见的公用电话

☎ 0900-1313(收费)
HP http://www.telefoongids.ptt-telecom.nl(荷兰语)

特殊服务电话号码
0800-:通话免费/0900-:通话费+服务费(VVV等可提供常用电话号码)。

邮局
☎ 0900-7678526 营周一~周五9:00~17:00,一部分周六为9:00~12:00
HP http://www.postkantoor.nl(荷兰语)

国际快递服务
●WBS阿姆斯特丹国际机场
☎ 020-4466234
营周一~周五 9:00~19:00

退税

来自欧盟国家以外的游客在回国前的3个月内,1家店铺1次性消费50欧元以上,可以在离境时申请获得购买商品时支付的税款。购物时向店家出示护照后,可以获得一张税金返还支票或一张申请书以及返现专用信封和发票。拿到后需要检查一下内容是否有误。在申请书中填入返现方式,归国时在机场海关办理返现手续,由对方在申请书上盖章。

如果没有店方的返现支票或申请书,就无法获得返现。所以购买贵重商品最好选择中国也有分店的环球蓝联加盟店(店内有标志)。此外,使用信用卡消费,店家办理手续也比较顺利。

电话

用公共电话也可拨打国际长途。公共电话分为绿色的投币式和蓝色的插卡式两种。拨打市外、国际长途时,最好使用蓝色的插卡式。市内通话的基本计费为10秒0.10欧元。旅游服务中心、车站、邮局和香烟店都有销售面值5欧元、10欧元的电话卡。

有些公共电话可以使用信用卡,拿起电话插入信用卡,按下英文标识的按键,即会出现提示音。此外,本书中详细记录了在荷兰拨打市外电话时需要的地方区号,可供参考。如拨打市内电话,可无须添加区号。

从荷兰向中国拨打电话,请按照0086+区号+电话号码顺序拨打。荷兰国家代码为0031,从中国向荷兰拨打电话,可按照0031+区号+电话号码顺序拨打。如海牙区号为070,拨打中国驻荷兰使馆,即为0031-70-3065083。

邮局、国际快递

酒店前台大多放置了邮票供人购买。只要支付邮资,对方还可以代为投递。除了邮局,香烟店、报亭等也销售邮票。想要邮送国际快递的话,可以利用阿姆斯特丹国际机场的WBS国际行李配送服务。

国际快递应投入到"其他地区"(Overig)的左侧信箱中

河边停车场的男厕所。厕所直接面向道路，前去的人还真得需要点儿勇气?!

投入硬币使用的公共洗手间十分干净

卫生间

荷兰人一般身材较高，不仅男厕所里的洗手池、镜子，就连酒店房门的猫眼都位置较高。所以大家一定要做好心理准备。阿姆斯特丹街区随处可见男性公厕和收费的公厕。这点或许在其他城市不太寻常。几乎所有火车站和快轨车站都有卫生间，虽然不收费，但一般会摆放装小费的碟子，每次需支付0.50欧元的小费。也可以向咖啡店借用洗手间，只要向店内支付0.50欧元即可。

饮用水、餐饮

荷兰水资源丰富，自来水也可以饮用。只不过水质较硬，喝起来称不上美味。用自来水打肥皂也比较难以起泡。另外，在咖啡厅等地点矿泉水时，对方可能会提供含有碳酸的矿泉水。如果想要无碳酸的矿泉水，只需要事先告诉对方要"non gas"就可以了。

追溯历史，荷兰的饮食文化由于受到新教势力的长期影响，多以朴素、简约为特点。另外荷兰气候寒冷，所以比起出外就餐，人们更喜欢在家中享受暖和和的家庭餐。直至今日，不少荷兰人仍然坚持"一日一热餐"的理念，早午饭只是吃点儿面包和芝士片打发。但是荷兰同时也是个贸易发达的国家，这里聚集了世界各种食材，也拥有世界各国风味的餐馆。在大城市的超市里，人们可以轻松买到面包、煎蛋、寿司等食物。

此外，荷兰的汉堡包连锁店等快餐店也很令人瞩目。这里的快餐店供应的蔬菜食物更多，更富有特色。此外，也有很多卖小点心的Snackbar。棒状的炸肉饼Bitterballen和涂有蛋黄酱的炸土豆Patat等格外受欢迎。有些还能在自动售货机上买到，非常适合当作午餐享用。特别是有些店家营业时间长，一直到深夜，对于游客来说非常方便。

电压和电源

荷兰的电压为230伏特，50赫兹，但一般情况下，220伏的也可以使用。插座为圆柱状的两孔型，也就是B、C、SE类型。国内电器为220伏特，所以使用荷兰的电器没问题。酒店内多配备吹风机，没有的话可以联系前台借用。荷兰的电视和录像机同国内的制式相同，都为PAL制式。

卫生间的荷兰语表示
卫生间toilet
男厕所heren
女厕所dames

荷兰矿泉水

常见的矿泉水品牌有SPA。蓝色商标的没有加碳酸，也就是没有气。红色的有碳酸，绿色的是柠檬口味加碳酸。除此以外，还有Evian、Vittel或Perrier等品牌。

旅行小贴士　醉心于观光,稍不注意就过了商场关门时间。这时候不妨前往夜市Avondwinkel逛逛。夜市上不仅有饮料、食品,还有土特产销售。不知道地点,可以向酒店前台咨询。

夜市一直营业到深夜1点左右

巧妙利用超市

如果超市内手推车或篮筐被锁上了,只要放入0.50欧元的零钱即可解锁。使用后放回原处即可返还押金。结账时,将商品先放在柜台,结算后将商品装入口袋。商家不提供塑料袋,如有需要,可以向商家购买或者自行准备。

大型超市Albert Heijn店门口写着营业时间

刷卡消费要付小费

在饭店等场所消费后,要想用银行卡支付餐费和小费,需在签字的时候,额外加上金额的10%~15%。如果已经刷卡结算完毕,也可以用现金支付一定的小费。

阿姆斯特丹需提高警惕的地区

● 阿姆斯特丹国际机场的到达大厅、货币兑换处附近、出租车站周围:针对海外游客的顺手牵羊、抢劫案件会发生。
● 阿姆斯特丹中央车站、达姆广场、达姆拉克大街、饰窗地带:会发生较多扒窃、抢劫、假警察诈骗、安眠药抢劫案件。一定要提高警惕,注意保管好自己的贵重物品,避免一个人夜间行路。

时差和工作时间

荷兰同中国的时差基本上为7小时,但3月最后一个周日~10月的最后一个周六变成夏令时,此时时差为6个小时。在夏冬令时切换之际旅行的朋友不要忘记适时调整自己手表上的时间。荷兰同德国、法国、意大利没有时差。

荷兰的商务时间为9:00~17:00或18:00,银行、邮局基本上周末都休息。商店周六的大多会提前休息,周日全天休息,周一下午以后再正式营业。这里还有每周一天的深夜购物日Koopavond。这一天根据地域不同,会定在周四或周五的19:00~21:00。一般在城市里,商店平日营业时间到19:00,有些商场购物中心周日也会营业。

节假日

右侧表格为荷兰的节假日和纪念日。与基督教相关的节日旁标有★,具体日期每年会改变。圣周五~圣周一为3月下旬~4月上旬的4连休。女王诞辰日为前女王朱莉安娜的生日,为了感受春天的最好时节,这个节日直至今日依然沿用。

新年	1月1日
耶稣受难日★	3月29日
复活节★	3月31日
复活节周一★	4月1日
女王诞辰日	4月30日
解放纪念日	5月5日
基督升天日★	5月9日
圣灵降临节★	5月19日
白色周一★	5月20日
圣诞节	12月25日
节礼日	12月26日

(上图以2013年为例。★表示每年具体日期有变化)

解放纪念日每5年放一次假。在其前一天的战争阵亡者追悼纪念日20:00,荷兰全国民众会进行默哀悼念活动。基督升天日在复活节后第40天的周四,圣灵降临节在第50天的周日,一般都处于5月下旬~6月上旬。12月5日并不是休假日,但大家会一起庆祝圣尼古拉斯节。此外,荷兰人习惯在圣诞节前夕燃放烟花、吃炸面包。

小费等习俗

在荷兰,基本上无须支付小费,但请出租车司机、酒店门童帮忙搬运重行李、加油站帮忙加油等,一般要支付1欧元的小费。如餐厅的账单中包含税费、服务费(inclusief),则一般将找回的零钱作为小费。如果没有标示,但感觉服务很周到,可以支付餐费的10%~15%作为小费。在饭店、剧场、酒店等行李寄存处寄存物品,一般要每次提前支付1欧元左右的小费。对酒店的服务及清洁人员,则通常无须支付小费。此外,如果饮料瓶上印有"Statiegeld(可回收)",则可以在购买的地方用空瓶换钱。

在当地收集信息

阿姆斯特丹中央车站的VVV里有咖啡厅和商店

旅游服务中心VVV

荷兰的旅游服务中心VVV标识为一个倒三角，中间有3个V字母。大城市、旅游地的火车站和广场等地常可以见到此标志，为游客出行提供全方位的服务。这里综合了各地的名胜景点、交通、节庆活动、购物等信息。在这里还可以买到地图、旅游指导手册和商品，也可以兑换货币。此外，还可以较低的手续费预约酒店和剧院等，还能为游人安排各种旅行行程。

阿姆斯特丹的VVV几乎全部发行英文月刊杂志what's on，里面介绍了当地最新的信息。所以，在前往各地游览时，最好首先找到当地的VVV搜集相关信息。VVV的营业时间为：中央站的VVV为周一~周三9:00~18:00，周四~周六9:00~19:00，周日9:00~17:00；机场的VVV为周日~周三9:00~17:00，周四~周六9:00~19:00。夏令时期间，周日也正常营业。但小城镇的VVV除了旅游旺季，其他时间有可能会关门。再者，VVV为某一地域范围的旅游服务中心，要想获得荷兰全国性的信息，最好在出发前同荷兰政府观光局（参见p.300）确认。

公共交通旅行介绍处 OVR

阿姆斯特丹中央站前有市交通局GVB，在这里可以获得市内公共交通方面的信息。全国性的公共交通信息则需要通过电话或者上网联系公共交通旅行介绍处OVR。

外币兑换所 GWK

阿姆斯特丹国际机场和30多个主要火车站及比利时、德国边境附近的外币兑换处GWK还可以提供酒店预订等多项服务。此外，AUB则提供阿姆斯特丹娱乐方面的信息（参见p.64）。

紧急联系方式

中国驻荷兰大使馆/Embassy of China
✉ Tobias Asserlaan 2, Den Haag　☎ 070-3469544
FAX 070-3106341　开 周一至周五上午9:00~12:30、13:30~16:00

阿姆斯特丹中央邮局/Hoofdpostkantoor singel
✉ Singel 250, Amsterdam　☎ 020-628272

紧急医疗机构/Medisch Centru Buitenveldert
Dr.R.S.Van Coeverden，　✉ A.J.Ernstraat 173, Amsterdam
☎ 020-6441627　（只接受急诊）

阿姆斯特丹VVV

阿姆斯特丹国际机场、中央站车站前、中央车站2b号线站台、莱兹广场附近均设有VVV。中央车站前VVV1层还有网吧。
☎ 020-2018800　（€0.40/分钟）
HP http://www.amsterdamtourist.nl

荷兰VVV

HP http://www.vvv.nl (荷兰语)
在网站首页最上方的"ZOEKEN"栏处输入城市名，就会出现该城市的VVV地址、联系方式、营业时间等信息。

VVV的what's on以及英文杂志time out可以在报刊亭购买

市交通局GVB

可以提供阿姆斯特丹的有轨电车、公车、地铁、渡船等公共交通出行、旅行信息。
☎ 0900-9292　（€0.50/分钟）
HP http://www.gvb.nl

公共交通旅行介绍处OVR

HP http://www.9292ov.nl（荷兰语·英语）（参见p.323）

阿姆斯特丹入场券 Uit Buro（AUB）

提供音乐会、娱乐活动等相关信息（参见p.64）。位于莱兹广场的城市剧院附近。预约电话 ☎ 020-6211311（收费）
HP http://www.amsterdamsuitbum.nl

紧急联络方式

警察·救护车·消防车　☎ 112

比利时 出入境指南

入境比利时免税范围

200支香烟或250克烟草或50支雪茄或100支小雪茄。酒精浓度在22%以上的烈酒1升，或酒精浓度不足22%的酒2升或葡萄酒4升。香水50克和古龙水0.25升。咖啡豆500克或咖啡制品200克、红茶100克或红茶制品40克。价格不超过430欧元的土特产。

比利时的国际机场

布鲁塞尔国际机场（BRU）
HP http://www.brusselsairport.be
安特卫普机场（ANR）
HP http://www.antwerpairport.be
奥斯坦德机场（OST）
HP http://www.ost.aero
布鲁塞尔南机场（CRL）
HP http://www.charleroi-airport.com
列日机场（LGG）
HP http://www.liegeairport.com

申根地区

从申根协定成员国入境比利时时，或是前往其他成员国的时候，无论是何国籍都不需要出入境检查。非申根国家需要入境检查和关税检查。
<申根协定成员国>
参见p.308。

从空路入境

比利时的空中门户是布鲁塞尔扎芬特姆（Bruxelles Zaventem）国际机场，通常被称作布鲁塞尔国际机场。虽然比利时还有另外四个国际机场，但基本上旅行者都从国际航班最多的布鲁塞尔国际机场入境。

一到达机场，会立刻感受到这个国际组织机构云集的大都市国际化氛围

从中国前往布鲁塞尔国际机场

目前，从中国北京首都国际机场可以直飞比利时布鲁塞尔国际机场，航线由中国海南航空公司和比利时航空公司运营，航行时间大约需10个半小时。还可以乘坐荷兰航空公司、芬兰航空公司、奥地利航空公司、北欧航空公司、德国汉莎航空公司等航班中转到达比利时，这也是不错的选择。不过要注意的是时间上比直飞要久一些。

从欧洲前往布鲁塞尔国际机场

布鲁塞尔国际机场除了有德国汉莎航空公司、法国航空公司、KLM荷兰航空公司、英国航空公司的航班外，还有很多航空公司的航班。这里距离法兰克福、阿姆斯特丹、巴黎、伦敦等邻近的都市都很近，大约需要1小时的航行。加上，从申根协定成员国入境无须出入境检查，宛如国内旅行一般方便，因而有很多人在到其他国家旅行之余会到比利时游览一番。

欧洲境内的换乘航班几乎都是在A口到达。从A口到行李提取处非常近，只需按照标识前行即可。

从着陆到入境

1.入境检查 Passport Control

从非申根协定成员国入境，需要按照到达指示标识通过中央大厅前往入境检查处。排队到自己时，向窗口出示护照即可。可能会被工作人员问及停留天数、旅行目的、有无随行人员等问题，可以稍事准备以便回答（参见p.340）。

2.行李提取Baggage Claim

通过入境检查后，前方即是行李提取的传送带。确认好航班班次后等待行李到达即可。如果要利用免费的行李车，需要在行李送抵之前准备好。这个大厅还有卫生间和兑换处。出租车费等立刻就需要现金，在这里提取兑换好会很方便。

3.海关检查Customs

行李提取处的出口附近就是海关检查处。从中国可以免税带入比利时的物品范围是固定的（参见p.325栏外内容），如果超出范围，需要前往有红色标识的地方申报。如果没有需要申报的物品，可以前往绿色标识处。如果没有大纸箱等大件行李，基本上不会进行关税检查。

2层到达大厅。建筑设计风格简约，服务标识清晰明了

行李投诉

如果在行李提取处没有等来自己的行李，可以向机场的工作人员出示行李牌（托运行李的证明）进行查询。

行李提取处的货币兑换处

行李传送带的附近即是货币兑换处。但是，机场内兑换的汇率比较低，最好只兑换所必需的最低金额。

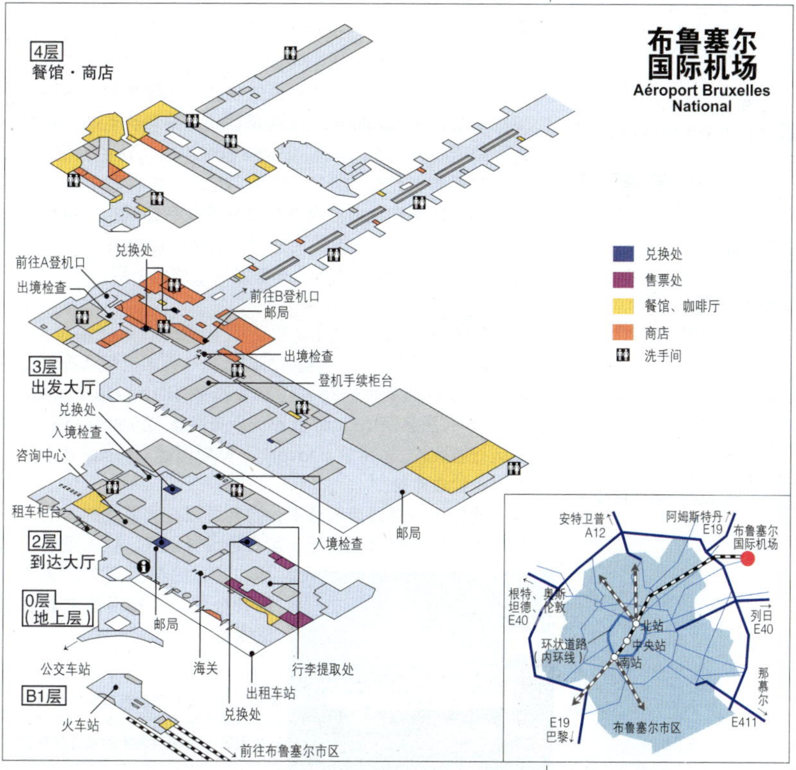

 乘坐火车或大巴穿越国境时,不同的车次停车站和发车站都会不同,乘车前一定要确认好。大力士高速列车Thalys在布鲁塞尔中央站、南站停车,但在北站不停车。长途巴士Euroline则到达北站公交总站。

从陆路、海陆入境

铁路

欧洲各国铁路网发达,入境检查较为简单,相邻各国多可以搭乘火车直接入境。欧盟EU各成员国公民入境时无须检查护照。如果是未加盟国家,只需在国界线车站站台、临近国界线附近时,向巡检的工作人员出示护照即可。火车上的跨国旅程悠闲舒适,窗外风景宜人,让人流连忘返。

比利时同周边各国之间的火车种类很多。德国城际特快列车ICE、快速列车IC是过轨客运;高速列车TGV连接法国南部各地同布鲁塞尔;欧洲之星Eurostar每天9趟周日7趟往返在伦敦圣潘可拉斯站和布鲁塞尔南站间。

列车中速度最快的是Thalys大力士高速列车。其行车连接法国、荷兰、德国、瑞士境内的19站。其中,到巴黎的车每日25趟往返,到阿姆斯特丹每日6趟往返,到科隆每日7趟往返。

巴士

和火车相比较,巴士入境的频度较少,但因价格较为经济划算,所以也受到不少人的欢迎。布鲁塞尔北站的地下巴士车站是Eurolines巴士线路的始发站和终点站。其中到阿姆斯特丹约5个小时,巴黎约4个小时,法兰克福约6小时30分钟,伦敦约7个小时等。此外,布鲁塞尔机场运行着固定班车定期前往荷兰的艾恩德霍芬Eindhoven和鹿特丹Rotterdam、法国的瓦朗谢讷Valenciennes。出发和到达地点位于前往市内的公车车站所在的地上层。

渡轮

比利时濒临北海,入境时可以选择从英国走海路进入。英国北部的海港城市赫尔河畔金斯顿(Kingston upon Hull)和布吕赫(Brugge)北部的泽布吕赫(Zeebrugge)之间运行着渡轮。多佛尔(Dover)—奥斯坦德(Oostende)之间也运营着渡轮。

渡轮上设有酒店和酒吧,游客可以在此享受的同时,悠闲地度过一段海上航程,实在是优雅别致,让人难以忘怀。泽布吕赫距离布吕赫大约13公里。下船后的交通也很便利。

比荷卢经济联盟火车通票
Eurail Benelux Pass
该火车通票可以在荷兰、比利时、卢森堡三个国家使用。详情见p.310栏外。

欧洲火车通票
Eurail Global Pass
欧洲火车通票可在欧洲21个国家乘坐任意火车。详情见p.310栏外。

主要城市之间的火车行驶时间
阿姆斯特丹:Thalys大力士高速列车2小时44分钟/IC2小时48分钟
巴黎:Thalys大力士高速列车1小时22分钟
卢森堡:IC3小时
伦敦:欧洲之星Eurostar1小时51分钟

SNCB(比利时国铁)
http://www.b-rail.be(荷兰语·英语)

Thalys大力士高速列车
http://www.thalys.com(英语)

欧洲之星
http://www.eurostar.com

铁路问讯处
比利时国铁 02-5282828

渡轮航行时间
赫尔(英国)→泽布吕赫1天1趟往返(11小时30分钟)
P&O Ferries
070-707771
http://www.poferries.com

面朝北海的泽布吕赫港口诞生于19世纪末(意为海边的布吕赫),现在运行比利时—英国的渡轮的港口只有这里一个

回国指南

回国流程

事先确认机票

如果机票需要再确认,可以在回国前3天(72小时)同航空公司窗口取得联系,告知自己的姓名、搭乘日期、航班号,以便得到确认,防止因天气等因素发生的变动。如果是在阿姆斯特丹、法兰克福等城市转机,荷兰皇家航空公司、德国汉莎航空公司等无须再确认。短期出行,可以在入境时提前确认好。

了解机场环境

布鲁塞尔国际机场的出发大厅位于3层。想要在四层的餐馆、免税店逛逛的话,一定要提前安排好时间。如果想要寄存好行李轻轻松松享受购物之旅,可以利用4层的小件寄存箱。(€每30分钟1欧元,1小时2欧元,2小时3欧元)。

办理登机手续

登记手续在起飞前2小时开始受理。如果要办理退税或是购物的话,一定要尽早。大家按照出发提示板的显示确认登机柜台。

接受出境检查·安全检查

只需向出境检查柜台出示护照和机票即可。确认好机票上的登机口和时间,如果有时间可以在免税店逛一逛。您可以在大厅等候,直至听到广播提示登机。座位靠前的乘客可以优先登机。

机内填写报关单

空乘人员分发报关单,按照模版填写即可。

入境检查

前往入境检查窗口,出示护照后接受检查。

领取行李

在行李提取处,根据行李牌上的号码找到该航班行李所在位置,提取自己的行李。

海关检查

如果身上携带的物品未超过免税范围可以前往绿色检查台。如果超过免税范围,或者不知道自己超没超过免税范围需要前往红色检查台,出示护照后接受检查。有时工作人员会问旅行目的地、旅行目的等问题,并提交刚刚在飞机内填写的报关单。

登机时对液体物品的限制

从2006年11月起,欧盟对于旅客随机携带液体物品有新规定:所有在欧盟EU境内登机的旅客,即使是乘坐内陆航班,也只能携带少量的液体物品通过安检,所有容器的容量均不得超过100毫升,并装入一个容积为1升可反复封口的透明塑料袋内,每位旅客只能携带一个塑料袋,该塑料袋须完全封口。液体物品包括:香水、剃须泡沫、香体剂、胶状物品、喷雾剂、霜剂、膏剂(包括牙膏)、饮料、汤、糖浆等。需带入机舱的药品与特殊食品(如婴儿食品等)可在塑料袋之外携带,此类物品也必须向安检人员出示。凡在欧盟境内的机场或欧盟航空公司航班购买的免税商品,必须封装后携带,并出具当日的购物凭证。所购商品的封装将由出售该商品的商店进行。目前这一新规定仅适用于手提行李,液体物品仍可装入托运行李中。

退税

在购物时,需要索取退税支票(Refund Cheque)。当归国或离开欧盟时,向机场海关人员出示购买的商品、退税发票和护照后,由海关在退税支票上加盖。然后便可以取回退税款。可以在离自己最近的现金退税点(Cash Refund Office)领取现金退税款,或直接划入自己选定的信用卡或银行账户,或要求将银行支票寄至自己选定的地址。

到达大厅里的Airport Forum可以为团体游客提供各种服务

银行
（到达大厅）
开 周一~周五8:00~18:00
　　周六8:30~13:30

兑换所
・转机区
・出发大厅
・到达大厅
・免税区
・行李提取处
开 24小时
Travelex：☎02-7253491

机场

机场里设施齐全，服务周到。在游客踏上自己旅程第一步之前，不妨利用候机时间，在离开前充分且巧妙地体验相关服务。

兑换所、邮局、公用电话

机场内随处可见兑换窗口和公用电话。到达大厅里有银行和邮局。兑换汇率较市里略高，因此尽可能少利用。不过，归国时游客手中剩余的欧元在国内兑换很不划算，所以也可以考虑在机场提前兑换好。

（左）到达大厅的兑换所（右）到达大厅的ATM机，4层的Promenade处

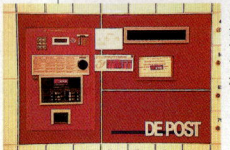

（上）到达大厅的邮局（左）机场随处的可见自动售货机销售信封和邮票的

电脑、手机

2层到达大厅的信息中心配备了网络设施，可以在此使用电脑，或者利用机场方面提供的电脑上网、发邮件。到达大厅处也有手机租赁公司的服务柜台。

在到达大厅处可以租赁到比利时国内外都可以使用的手机

机场旅游服务中心
FAX 02-7251189
邮 espace.wallonie@opt.be
HP http://www.belgium-tourism.net
开 8:00~21:00

机场内的酒店
Sheraton Brussels Airport
☎02-7108000

机场附近的酒店
Sofitel Brussels
☎02-2355100
Holiday Inn Brussels Airport
☎02-7205865
Hotel Mercure Brussels Airport
☎02-7267335

机场内的租车公司
HP http://www.avis.com
营 6:30~23:00

预订酒店

到达大厅处有旅游服务中心，可以为游客提供酒店预订服务。机场周边酒店大多可以乘坐机场大巴直达。机场内也有希尔顿酒店，可方便乘坐早晚班飞机的游客就近入住。当然，机场也可以提供其他酒店的预订服务。

机场大厅内有旅游服务中心，可在此处申请旅行团或预订酒店

租车

出了到达大厅，右侧深处整齐地排着租车公司的服务柜台。换车时，将车停在出发大厅所在的2层租车专用停车场即可。办理手续至少要10分钟以上，所以一定要留出充裕的时间办理手续。

机场内的租车公司服务柜台

餐厅&休息室

到达和出发大厅、机场4层、B大厅入口附近有咖啡厅和餐馆。其中有些店家24小时营业，游客可以和送行的亲友一同享用，非常便利。咖啡厅Wingtips就位于出境检查前的地区（☏5:00~23:00）。

在到达大厅的咖啡厅里享受一杯咖啡，可以舒缓长途飞行后的紧张心情

购物场所

旅行的乐趣之一就是购物。机场内免税店位于B大厅入口处、4层Gallery of Light。普通商店位于出发、到达大厅和Promenade，店里商品琳琅满目、应有尽有。与此同时，出发、到达大厅和Promenade里还配备有游戏中心。

二层的Promenade里有不少餐馆和购物商店

卫生间

机场各处都有卫生间，且全部免费开放。其中还配备了残疾人专用的卫生间和为婴儿换尿布的设施。

临时寄存处·投币式储存柜

储存柜位于机场地上层。使用费用一律为7.50欧元。如身上没有硬币，可以使用附近的硬币兑换机兑换。如行李物件太大，无法放进储存柜，可以选择寄存。每件要额外支付2.50欧元。可以通过拨打储存柜附近标注的电话（5:00~22:00）联系工作人员。

如储存柜遇到问题，可拨打24小时营运电话。
☏02-7533013

失物招领中心
☏02-7537753

如在机场遇到行李丢失的情况，可以拨打上述电话寻求帮助。

机场里的比利时特产

说起比利时的特产，那就不得不提到巧克力。而布鲁塞尔国际机场作为世界上销售巧克力最多的机场，其比利时知名的巧克力品牌店比比皆是。其中包括GODIVA（高迪瓦）、Guylian（吉利莲）Neuhaus（诺豪斯）、Leonidas（列奥尼达斯）等知名品牌。如果距离登机还有段时间，各位不妨前去逛一逛。

布吕赫的有名特产布吕赫蕾丝是用细线勾勒出种种植物纹路，并且连接在一起的一种蕾丝。其基本图形元素设计独特，使用的线纤细，风格华丽，可以说是巧夺天工的艺术品。品种分为餐桌巾、手绢等多个类型，质地轻巧柔软，特别适合馈赠家人。

布吕赫蕾丝的编织技巧始于中世纪时期的欧洲壁毯编织技艺，受到了当时的皇室和贵族所喜爱。其中比利时产的蕾丝更因品质上乘而广受好评。通常用蕾丝制作的零钱包、小拎包等小物件深受游客喜爱，被当做特产礼物送给亲友。

位于到达大厅的电梯可通往火车、巴士站台

从机场前往市内

机场快铁Airport City Express
运营时间5:00~24:00
所需时间：约16分钟
（每小时约发4车。也有前往根特、蒙斯的快铁）
停车站：布鲁塞尔北站、中央车站、南站
购票：车站窗口或车内购买（车内价格略高）
费用：1等座4.70欧元
2等座3欧元

机场快铁车票

火车

从机场进入布鲁塞尔市内，可以选择在机场车站搭乘列车，乘坐十分方便。机场快铁每小时发4辆车左右，速度很快。其到市内中途不停站，只在布鲁塞尔北站、中央车站、南站停车。除此以外，还有多辆到达比利时西部、南部各方向的列车频繁运行。

机场车站位于机场航站楼地下1层。出了海关右前方可以看见电梯和扶梯，下楼即是。

前往市内的直达车机场快铁。车票（左）可以在自动售票机购买（右下）

（上）售票窗口。如果窗口未营业，可以在车内向列车员购买

巴士

巴士车站位于地上层，机场航站楼正对面约50米处。车票可在车内购买。国铁巴士De lijn前往布鲁塞尔北站、梅赫伦、维尔福德等站。也有前往安特卫普方向的巴士。此外前往酒店的班车和旅行团的班车也在此处出发。约35分钟即可到达北站，每小时运行一趟，费用为8欧元。

地上层的巴士车站。站内没有广播提示，一定要确定好标识。车票可在车上购买

出租车站内车辆较多。出了到达大厅就是出租车站

搭乘出租车前往布鲁塞尔市区
所需时间：约20分钟（约10公里）
费用：30欧元左右

出租车

对于游客来说，有出租车可以直达酒店实在是一件非常方便的事情。出租车站位于到达大厅同层的2层，出了海关一直前进，外面即是出租车站。出租车站里等候的众多黑色奔驰车会让人瞬间感受到欧洲旅游的气氛。基本上出租车无须支付小费，如果行李较多，可以支付车费的找零当作小费。

比利时 国内交通

火车

比利时铁路网络十分发达，人们国内出行的主要方式就是铁路。比利时的铁路全部由国有铁路SNCB（Société Nationale des Chemins de Fer Belges）运营，在布鲁塞尔北站、中央站、南站都设有办事处。车站站内各处都有列车时刻表显示屏。此外，乘客也可以拿到简明列车时刻表。

从布鲁塞尔中央车站到安特卫普只需要40分钟

比利时国铁
☎ 02-5282828
HP http://www.b-rail.be

车票种类・购买

车票种类分为1等座和2等座。通常1等座费用为2等座的1.5倍左右。但不同列车收费不尽相同。6~11岁的儿童车票票价为成年人车票的一半。如果想要更加经济地出行，可以选择周末特价车票，这种车票在周六、周日19:00以后出行可以特价。此外，也有往返车票。但往返车票有效期多为1天，费用是单程车票的1.54倍，没有特价。

一般而言，普通车票不能中途下车。如果想要中途下车，需要事先支付追加金额，购买VIA车票。比利时火车内不能进行补票，没有车票乘车会被处以罚金，所以一定要提前购买好到达目的地的车票。

从布鲁塞尔乘火车前往其他城市所需时间
安特卫普：35分钟
奥斯坦德：1小时17分钟
根特：36分钟
布吕赫：1小时
列日：59分钟

比利时境内长途客车特别优惠乘车票
5-day B-Tourrail Card
可以在比利时境内任选5天乘车的记名票。不计起至站1个月内有效。1等座219欧元，2等座139欧元。

乘车注意要点

①周末时一部分列车时刻表会发生改变，为此一定要在站内确认清楚（具体详情，可以购买正式出版的列车时刻表indecateur）②火车站内没有检票环节，乘客可直达站台。③站台上有停车站告示板，上车前首先要确认列车是否到达自己想去的目的地。④上车后不久，车上的列车员会过来检票，准备好车票接受检票。

提前进入站台，确认好停车站名和列车前行方向

投币式储存柜
国铁的主要车站里多数都设有投币式储存柜。24小时（最长72小时）费用为3~4欧元。可以寄存行李的车站里，寄存1件行李的一天费用为3.80欧元。营业时间为4:30~24:00。需要工作人员的寄存服务营业时间为6:30~21:00。最长寄存时间为6个月（为了预防恐怖主义活动，有时没有此项服务）。

火车+自行车租赁

比利时的各个城市虽小但整齐划一。可参观的景点多依靠步行就能够到达。但如果前行地方较远，就需要搭乘快轨或是有轨电车。此时如果身边有一辆自行车，就可以省去不少步行时间，还可以前往一些有轨电车、汽车无法到达的地方，旅行内容也会变得丰富不少。比利时国内12处国铁车站都配备了不少自行车租赁点。在乘车站购买国铁车票的同时，还可以申请租赁自行车，这样能享受一定的套餐打折优惠。

比利时随处可以见到自行车租赁点

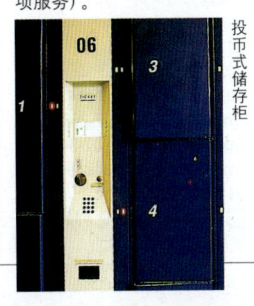

投币式储存柜

尽情感受美丽的自然风光,留下永久难忘的美好回忆

布鲁塞尔同其他城市间的距离

安特卫普约45公里
奥斯坦德约112公里
根特约5公里
布吕赫约95公里
列日约97公里

加油和支付方式

加油站全部是自助式。加油时记好加油泵的编号和机器显示的费用前往柜台处自己缴费。

首先确认好自己要加的汽油型号,然后取下油枪,归零后,将油枪放入油箱口,等待油表显示器处的费用数字,记住不要忘记盖好油箱盖子

出租车费

基本起步价:2.40欧元,每公里市内为1.60欧元,市外为2.70欧元。
深夜行车费:4.40欧元
等待时间收费:每小时30欧元

出租车公司
　　（布鲁塞尔）
Autolux　☎02-4114142
Taxis Bleus　☎02-2680000
Taxis Orange　☎02-3494343
Taxi Vert　☎02-3494949

出租车投诉CCN
☎080014795 （比利时国内专用免费电话号码）

巴士

虽然比利时有不少国外跨境而来的长途巴士,又因其国内铁路网络发达,所以比利时的长途巴士实在少之又少。铁路、快轨等几乎覆盖了所有的出行方式,特别适合短距离出行。不过巴士则起到了连接铁路车站与目的地之间的作用,使得出行变得更加方便。所以游客出行一定要积极尝试乘坐巴士。

在加油站能够顺便买到地图和水,非常便利

租车

预约和申请

要想在当地租车,一般是在机场或主要火车站的租车公司柜台、市内的租车公司办事处办理手续。办理时需要提交驾照和护照等资料,还需要提供信用卡。支付方式基本上是信用卡。在这里以上场所租车时会自动加入自赔责任保险,其他保险根据租车公司要求而不同。不过为了以防万一,最好购买保险。

交通规则和驾驶要点

比利时为右侧通行,注意拐弯时不要闯入对面车道。超车也在左侧。右面行驶车辆优先,而不是直行车优先。十字路口时要仔细确认好。限速为高速公路120公里（70公里以上）,国道90公里,一般道路大体上为50公里。此外,前排座椅乘客乘车时必须系上安全带。

比利时道路状况很好,车行条件尤佳。道路标识表示为荷兰语、法语双语。出行前最好记下目的地的双语标识。离开车时,记住要将多余的行李放入后备箱,更不要忘记锁好车门。

出租车

旅行途中,或多或少可能乘坐出租车,最好也能了解一下出租车的乘坐方法。比利时的出租车很少有在街边拦下的,多是在出租车站等候,或是让酒店帮忙叫车,再者自己拨打出租车公司电话叫车。出租车站多位于主要车站前或是大型酒店前。

费用为以计价器收费制度。起步价再加每进1公里增加费用。前往市外的长途车和夜班车会额外收费,等候时间也需要额外收费。小费包含在最后的计价费里,不过行李较多时,可以适当给些零钱当作小费。

比利时 实用信息

比利时通用多国语言，各种文化在这里交汇

语言

按照地域，公用语言分为3种。北部的佛兰德地区为荷兰语区，南部的瓦隆地区为法语区，首都布鲁塞尔则为法语、荷兰语的双语区。东面德国边境线附近使用德语。(参见下图)

治安

最近布鲁塞尔等城市出现了不少抢劫游客的案件，还有犯罪分子装成警察进行诈骗。大家出行一定要谨慎小心。特别是在繁华街区、车站、机场、咖啡厅、酒店大堂一定要提高警惕。如果真的遇到此类案件，要立刻联系警察，请警方为自己办理被盗证明。

货币

参见p.11、p.298。

兑换

兑换货币可以在机场内的银行、国铁主要车站的兑换所、市内银行、酒店、街区的兑换处进行。兑换汇率中，数市内银行最划算，机场或国铁车站不是很划算。

小费

这里几乎所有的收费都包含了服务费和税费，因此原则上无须再支付小费。不过酒店相关场合的搬运服务、高级餐厅服务等通常礼貌上要支付一定小费。如果使用信用卡结账，可以在服务栏内写上小费金额。一般为餐费的10%~15%。

双语标识

布鲁塞尔是双语通用地区，街道和建筑物的名称等多用双语标识。

公用电话的双语标识Telephone Public（法语）、Publieke Telefoon（荷兰语）

紧急联络方式

警察☎101
救护车・消防车☎112
中国驻比利时大使馆☎0032-476751182（领事保护）

银行营业时间

周一~周五9:00~15:30，有些营业到16:00（一部分银行周六上午也营业）

布鲁塞尔市内兑换处

＜车站＞
☎布鲁塞尔北站8:00~19:30、中央车站9:00~17:00（周日休息）、南站7:00~20:30（全年无休）
＜CBC-Automatic change＞
Grand Place☎24小时（ATM）
＜Inter Change＞
rue du Marché-aux-Herbes 88☎周一~周六夜间也营业
＜Best Change＞
rue de la Colline 2

布鲁塞尔的Toison D'or路。路两旁随处可见兑换处

小费

＜卫生间＞每次费用大约在0.20~0.50欧元。中央站大厅右侧的卫生间为0.30欧元。
＜行李搬运＞车站等地的行李搬运按件收费。工作日每件1欧元。周六、周日每件为1.25欧元。（预约☎02-2245238）

语言分区图

- 荷兰语、法语双语地区
- 荷兰语地区
- 法语地区
- 德语地区

北海／荷兰／德国／卢森堡／法国

安特卫普省（安特卫普）、东佛兰德省（根特）、西佛兰德省（布吕赫）、林堡省（哈瑟尔特）、佛兰德布拉班特省、布鲁塞尔、瓦隆布拉班特州、鲁汶、埃诺省、那慕尔省（那慕尔）、列日省（列日）、卢森堡省

旅行小贴士

机场内和市内有租手机的商家,从这里可以租到在欧洲地区通用的手机。

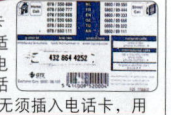

(上)电话卡
(右)非常适合打长途电话的电话卡。使用时无须插入电话卡,用硬币等划开卡片背面覆盖区域,找到密码。根据电话提示音输入此密码即可

从比利时拨打国际长途
00+国家代码+区号(去掉最前面的0)+对方号码
(如北京10区:00+86+10+** ** ****)

国际电话的国家代码
中国86/英国44/意大利39/荷兰31/德国49/法国33/比利时32/卢森堡352

邮局营业时间
周一~周五9:00~17:00
(一部分邮局周五晚上、周六上午也营业)

发往中国的航空件费用
信件(50克以内)0.90欧元
明信片0.90欧元

发传真
在酒店前台可以发送传真。要格外注意的是,发送至国外的传真,传真号码前需添加00和国家代码。一般需另外收取费用。
邮局、车站的介绍所一般只提供自助式寄信服务。

电话

公用电话分为投币式、电话卡式、卡和硬币混合式,后者已逐渐成为主流,刷卡使用非常方便,不妨您也来试试

游客出门在外,肯定会有需要打电话的时候。酒店的直拨电话虽然方便,但价钱较高,因此不如利用公共电话划算。公用电话市内通话1分钟0.60欧元(周一~周五8:00~19:00),周一~周五19:00~8:00,以及周末、节假日为0.30欧元。公用电话一般多为电话卡式,电话卡可以在电话局、邮局、报亭、旅游服务中心等地购买。

拨打市外电话时,要加上城市区号(布鲁塞尔为02)后再拨打。

从比利时向中国拨打电话,按00+中国国家代码86+区号(去掉最前面的0)+电话号码顺序拨号即可。比利时国家代码为32,从中国向比利时拨打电话时,顺序为0031+区号+电话号码。如拨打中国驻比利时使馆电话即为0032-4-76751182。

邮局·国际配送

邮局位置多临近主要车站。报刊亭也销售邮票。游客也可以请求酒店前台帮忙投递邮件。到中国的航空件需要5~6天。邮局销售打包用的包装盒,方便客户打包。此外也有国际快递EMS配送到中国,只需要四天左右即可到达。

叭箱,位于中央车站出口处的邮筒,上面装饰了王冠和喇叭,显得十分优雅

卫生间

由于没有公共卫生间,只能利用咖啡厅的卫生间。只要告知对方自己想要借用卫生间,然后在厕所旁的小碟子上放0.30欧元即可。博物馆等地的卫生间几乎全部为免费使用。

饮用水

自来水可以直接饮用,但此处的自来水石灰成分比较多,或许会对某些过敏体质人群有影响。在此向大家强烈推荐矿泉水。购买时不要忘记区分含气和不含气两种类型。

在当地收集信息

机场旅游服务中心
到达比利时以后,最先可以获得信息的地方就是位于机场到达大厅的旅游服务中心(参见左下栏)。这里准备了主要观光地的宣传手册和地图,还可以为游客预订酒店。

各地旅游服务中心
有不少人都喜欢将布鲁塞尔作为自己此次旅行的根据地。布鲁塞尔市内的旅游服务中心中还分为佛兰德地区观光局和瓦隆地区观光局。我们可前往这些观光局搜集一些资料,这样可以为制订计划起到一个良好的开端。

各省观光局一般位于各省省会或者主要的繁华街区。特别是有些标有 🛈 的城市,通常旅游服务中心位于车站站内或者附近,要不就是街区中心。所以到达目的地以后,建议首先要前往旅游服务中心,获取一份地图、观光手册、酒店或饭店名录。购买详细手册需要付费,其中也有英文手册,还是很方便游人使用的。旅游服务中心还提供酒店、音乐会、旅行活动等预约服务。

酒店的信息栏
不同酒店都会准备自家的观光介绍手册等,有时也会制作自己所在小镇的地图。有些还会帮助游客安排音乐会、戏剧、旅行方面的活动。此外,无论是入住哪家酒店,只要向前台咨询一下,对方就会告知附近好玩的景点以及美味的餐厅等。游客可以尝试一下。

地方杂志
主要城市里发行一本叫作LOOK OUT的当地杂志。杂志会免费放在酒店、大型饭店等地方。里面介绍了知名饭店和新近饭店的店内情况以及员工情况等信息。有时从中可以得到旅行手册中得不到的消息。

在主要城市都可看到的酒店杂志LOOK OUT

电压和电源
当地电压基本上是220伏,50赫兹。地区不同,偶有110伏的情况。使用从国内带去的电器时,注意是否需要借助转换器。

节假日

比利时人多为罗马正教的信徒,因此比利时拥有很多和圣经有关的节假日。其中很有特色的一点是,比利时三个不同的公用语言圈分别拥有独立的纪念日。国王日是为了纪念比利时利奥波德二世而设的节日。此外这一天也是德语圈的纪念日,是为纪念1830年比利时从荷兰独立而创设的。

新年	1月1日
复活节★	3月29日
复活节周一★	3月31日
国际劳动节	5月1日
基督升天日★(复活节后第四十天的周四)	5月9日
圣灵降临节★	5月19日
白色周一★(复活节后的第七个周日的第二天)	5月20日
佛兰德社会节★(只有荷兰语圈)	7月11日
国庆节	7月21日
圣母升天节(比利时・卢森堡)	8月15日
瓦隆节(只限于比利时的法语圈)	9月27日
万圣节(比利时・卢森堡)	11月1日
第一次世界大战停战纪念日(比利时)	11月11日
国王日*	11月15日
圣诞节	12月25日
节礼日(送礼物的节日)	12月26日

上述内容以2013为例。双休日同节假日重合时顺延,周一休息。 *国王日并不是国庆日,但政府、公共机关、学校等休息。★每年具体日期不定

旅游服务中心
<瓦隆区观光局总部>
(法语标志)
Office de Promotion du Tourisme Wallonie-Bruxelles
✉ Rue Marche-aux-Herbes 63, 1000 Bruxelles
☎ 02-5040390
FAX 02-5040270
HP http://www.opt.be

<佛兰德观光局总部>
(荷兰语标志)
Toerisme Vlaanderen
✉ Grasmarkt 63, 1000 Bruxelles
☎ 02-5040390
FAX 02-5040270
HP http://www.toervl.be

比利时各地电话区号
安特卫普03/奥斯坦德059/克诺克・海斯特050/根特09/哈瑟尔特011/布吕赫050/布鲁塞尔02/梅赫伦015/那慕尔081/迪南082/列日04/勒芬016

卢森堡 出入境指南

眺望溪谷城市卢森堡

乘飞机前往附近城市所需时间

阿姆斯特丹：1小时15分钟（KLM荷兰航空）
巴黎：1小时（Luxair）
法兰克福：50分钟（Luxair）

免税范围

纸卷香烟	200支
细叶卷烟	100支
卷烟	50支
烟斗用烟	250克
22度以上酒或白酒	1升
低于22度酒	2升
香水	50克
古龙水	0.25升
其他物品	175欧元

※超出上述范围则需要进行申报。

乘火车前往附近城市所需时间

阿姆斯特丹：6小时
巴黎：2小时05分钟
法兰克福：4小时
布鲁塞尔：3小时

便利的火车票

A.任意乘坐·网络车票（至第二天8:00有效）1张5欧元 5张20欧元
B.近程车票（10公里、1小时以内有效）每张1.50欧元 10张10欧元
C.卢森堡卡（参见p.276）

列车时刻表

车站或书店内有售。
卢森堡车站销售处
☎904990　营5:00~21:00

从空路入境

从中国到卢森堡芬德尔国际机场没有直达航班，需要通过瑞士、法国、德国、荷兰中转前往，这些国家的机场距离卢森堡只需要1个小时左右，航班数量较多，入境手续也比较简单，值得推荐。不过，这样算来通过中转最终抵达卢森堡的时间需要一天左右。

机场

卢森堡机场占地不大，但规划整齐，功能明晰。无论到达还是出发都比较顺利。

〈机场设施〉
兑换/1F（营周一~周五6:00~22:00、周六9:00~17:00、周日及节假日10:00~19:00）邮局/2F（营周一~周五8:00~19:00）
餐厅/2F（营周一~周五6:00~22:30、周六5:30~22:30、周日5:00~22:30）免税店/2F·礼品店/1F（营每日6:00~19:00）

预订酒店·租赁汽车

机场有预约窗口，随时可以预订酒店租车/周一~周五8:00~22:30、周六及节假日9:00~17:00、周日10:00~21:30

从机场前往市内

机场距离市区为6公里。没有铁路，可以乘坐公交车或者出租车。公交车班次比较频繁，几乎可以应对所有航班。公交车16路乘车地点位于机场正对面200米处。车行至卢森堡站需要约25分钟，每15~20分钟出发一班车。车票为1.50欧元（每添加一件行李，费用增加1.50欧元）。此外，有班车往返于市内和机场。到中央站所花时间约15分钟，车费为3.72欧元。出租车乘车站位于机场外面不远处。到火车站约15~20分钟，车费为25~30欧元。

从铁路入境

卢森堡车站是国际车站。因此可以选择搭乘火车进入卢森堡境内。此时，游客需要在车上接受护照检查。卢森堡—巴黎的列车TGV每天运行4趟。

卢森堡国内交通网络发达，由卢森堡国铁CFL和公交车CFL/CRL组成。出租车无法在路边拦截，所以游客要么选择前往出租车站，要么请酒店帮忙叫车。出租车白天行驶每公里2.80欧元。夜间行驶（22:00~第二天6:00）车费增加10%，假日增加25%（假日的夜间增加35%）。司机等候时间为每分钟0.50欧元，每小时32.60欧元。

芬德尔机场内景

餐厅分别设在两处，提供小吃和当地特色美食

前往市内的机场往返班车

卢森堡 实用信息

语言

公用语言为卢森堡语、法语、德语。用英语也几乎没有问题。但在一些小型酒店和商店里,对方有可能会不懂英语。

货币

从2002年3月1日开始,卢森堡所有货币都换成了欧元。在此之前,卢森堡通行卢森堡的LF和比利时的BF。一些大型商店和酒店还通行德国马克、法国法郎等,但现在统一为欧元。

机场车站的兑换机

兑换

兑换货币可在银行、兑换所、机场、车站、邮局、大型酒店进行。机场和车站的兑换所每天都营业。酒店也很方便,但汇率较好的只有银行和邮局。

电话

卢森堡国家代码为352,无地区区号。在卢森堡拨打国际电话的方法是00+对方国家代码+去掉最初的0的区号+对方电话号。有黄色标识的公共电话可以拨打国际电话。最好事先在电话局或报亭购买好电话卡以备万一。此外,从2012年开始,卢森堡引入了刮刮卡式的电话卡,拨打国际长途非常方便。

电话卡的自动售卡机(右)和电话卡(左)

饮用水和电压

卢森堡的自来水比较安全,适合饮用。但游客或许会水土不服,因此最好还是饮用矿泉水比较稳妥。电压为220伏特(有些地方为110伏特),50赫兹。

小费

通常账单中已经包含了服务费,因此无须小费。不过结账时,大家一般不会要零头。如果有特殊请求,或者要求对方提供特别服务,最好支付一定的小费。出租车小费一般为出租车费的10%左右。

酒店等级

荷比卢酒店等级体系是通用的。按照星星的数量分为5档。星越多级别越高。但有些酒店没有遵从此分类。

欧元汇率换算
1欧元约兑换8.5元人民币(2014年5月)

欧元单位
1欧元=100欧分

银行营业时间
周一~周五
9:00~12:00、13:30~16:30
上述为一般情况。另有特殊情况,需要格外注意。

信用卡
几乎所有的信用卡都可以使用。一般最好每次最低消费在15~25欧元左右。

邮政
邮票可以在报亭购买。

黄色的信箱　　邮票

紧急联络方式
警察　☎113
救护车消防车　☎112
酒店预订

中国驻卢森堡大使馆
☎621366081

卢森堡国家旅游局
✉卢森堡中央车站
☎42828220
HP http://www.visitluxembourg.lu
开 10~5月/9:15~12:30、13:45~18:00　6~9月的周一~周六/8:30~18:30　周日/9:00~12:30、14:00~18:00
休 1/1、11/1、12/25

卢森堡市旅游局
✉威廉二世广场
☎222809
HP http://www.lcto.lu
开 4~9月/9:00~19:00(周日~18:00)、10~3月/9:00~18:00(周日10:00~)

荷比卢治安状况

■ 紧急联络方式
<荷兰>
警察·救护车·消防车 ☎112
中国驻荷兰大使馆
☎0031(0) 70-3065083
<比利时>
警察 ☎101
警察·救护车·消防车 ☎112
中国驻比利时大使馆
☎0032- 476751182
<卢森堡>
警察 ☎113
救护车·消防车 ☎112
中国驻卢森堡大使馆
☎00352-621366081

■ 护照遗失怎么办
首先请求当地警方工作人员出具一份护照丢失、被盗证明，然后向中国驻当地大使馆或总领事馆申请颁发新的护照。

所需材料：①护照被盗证明。②2张相片。③回国的返程机票，或机票预订证明。④护照遗失和申请的文件。（详见p.296护照申办内容）

■ 信用卡遗失怎么办
立刻联系信用卡发卡公司的工作人员，告知信用卡号码和有效期限，立刻办理挂失手续。如果有购物收据等能够证明自己最后的消费时间，就可以查出是否有信用卡被盗刷的情况。或者可以在当地的银行支行重新办理信用卡。

■ 旅行支票遗失怎么办
首先请警方出具一份被盗、丢失证明，然后联络发行支票的公司，办理补发手续。办理时需要提供护照、用完的编号、剩余具体金额。即便尚未使用，一旦使用时署名部分有签署，则无法补发。

荷比卢治安再好，也不能大意

人们向来认为荷比卢地区治安良好，但近年来城市附近的犯罪率也有上升趋势。虽然穷凶极恶的犯罪较少，但盗窃、扒手、顺手牵羊等案件比较频发。特别是在机场、车站、观光景点等，需要小心谨慎。为了以防万一，最好了解一下下面的预防对策。如果真的遇到此类犯罪，一定要及时联系警察，虽然丢失的东西很难找回来，不过为了顺利补发护照，一定要请求警方出示一份被盗证明。

通过真实案例提高警惕
常见案例类型
★拥挤的轻轨地铁里，小偷会趁机下手。
★向女性推荐含有大麻等物质的软饮料，趁其意识不清时迷奸。据称，阿姆斯特丹中央车站、达姆拉克大街、达姆广场东侧的饰窗地带最为危险，这里不分白天黑夜，经常会有人在此销售毒品。
★如果有乘客下车时忘记拿手机，边上好心游客起身离开行李前去送还时一些犯罪分子开始趁机偷盗。此类犯罪多在荷兰和比利时国界线一带发生。
★以利好汇率诱使游人兑换外币，期间以计算失误等为借口，糊弄游客。
★犯罪分子展开地图假装指路，实为分散游人注意力，趁机盗窃贵重财物。
★提醒游人掉钱或者粘上口香糖等，分散游人注意力，趁机盗窃贵重财物。
★装作带小孩的乞丐，用报纸等遮住行李，伺机偷走。
★观察从银行、兑换所出来的行人，待走到人少的地方趁机抢劫。
★在列车车窗外吸引游人的注意力，然后车内同伙趁机下手。
★不断和游人搭话，吸引游人的注意力，其他同伴趁机偷走行李。

应对措施及建议
★在荷兰销售软饮料是合法的，但有不少犯罪都和软饮料有关联，因此请大家一定谨慎对待。
★在手提箱上留有写着自己姓名、住址、标识的标牌。
★贵重物品寄存在酒店前台或保险箱内。
★相机要装入口袋中，不要太过招摇。
★不要随身携带巨款，护照、银行卡等要分开存放。
★包裹、上衣不要随手放在椅子背后或是旁边的座位上。
★不要将行李随手放在酒店大堂的地上。
★要提防陌生人的邀请和关心。
★夜晚尽量不要在人少的地方行走，尽量走大路。
★不要靠近车道一侧手持行李，尽量将行李放在身前。
★不要在出门乘车时将行李放在一旁打瞌睡。
★不要乘坐"黑车"，一定要找有正规标志的出租车。
★警车不会没有正当理由询问一般人。如果有警察要求检查所持物品，一定请对方出示身份证明。如果觉得情况不合常理，可以告知对方"我想去警察局接受检查"。

旅行健康管理

注重自我管理及调节，旅途才能更顺畅

境外旅行的时候，在经历了长时间飞行之后，还要适应不同的气候和环境，这不可避免地要增加身体的负担。此外，除地理环境的不同之外，语言的差异也会增加人的紧张感，不免让人疲惫。从未品尝过的菜肴也渐渐厌烦了，出现缺乏食欲的现象。于是，即使是平时很有活力的人也很容易出现身体问题。我们只能通过良好的自我控制和调节，来保持健康状态。

◆ 生物钟与睡眠

荷比卢与中国的时差，夏季为6个小时，近乎为昼夜颠倒。如果到达了当地后，由于时差问题睡不着的话，那么白天的行动就会很辛苦，也影响健康状况，因而最好在飞机上就要注意调整生物钟。比如说，乘坐从早上首都国际机场出发、下午（12个小时后）到达当地的航班，那么在机内用餐后稍稍睡个午觉会比较好。如果睡不着，可以看看电影、听听音乐，或是阅读机内的杂志，放松一下。到达之后可能就会觉得困倦，但是不要立即就寝，最好在附近散散步，到晚上再睡觉。

◆ 气候与饮食

由于这些地方气候多变，下雨后气温会降低，所以出行前，最好带上雨具和外套。利用容易更换的衣服随时调整，以防感冒。路途中很容易因为蔬菜和食物纤维摄入不足导致便秘，因而要注意菜单选取。如果是自助形式的早餐，尽量多吃一些水果、谷物、燕麦等。水虽然很卫生，但却是与国内不同的硬水，大家最好还是饮用矿泉水比较放心。

此外，由于三个国家的餐饮丰富可口，所以注意不要吃得过饱弄坏了肚子。如果是很多人一同就餐，不要每人都点一份，最好是有人少点一点，大家分食比较好。

◆ 应对疾病

如果感受身体不舒服时，不妨本着"小病上药店、大病找医院"的原则进行处理。感冒或是腹泻比较严重的话，一定不要勉强，应该在宾馆好好休息。如果没有携带药品，注意外国的剂量一般要大于国内的，最好按照说明书减量服用。如果病症较重，或是受伤较重，别犹豫尽早就医或叫救护车。

◆ 医疗保险

如果到与投保公司合作的当地医院就医，那么只需要出示保险卡，无须支付现金。如果不是，那么需要先垫付现金，然后到保险公司位于当地的办事处报销。报销时需要提交诊断书和收据，所以注意不要丢失。如果进行短期旅行没有时间办理手续的话，那么需要在回国后的规定时间内完成申请也可以。

虽然看起来非常可口，但注意不要吃得太撑了

■ 荷兰药店

营 周一～周五8:00或是9:00～17:30或是18:00

＊也有为了预防紧急情况，晚上・夜间・周末会轮班营业的药店。

■ 比利时药店

开 24小时对外营业（夜间和周末轮流值班，值班日期可在药店和当地报纸上查询）

＊药店最明显的标志是店铺外挂有绿色十字牌。如果有紧急情况，可以及时拨打112迅速得到急救服务。

■ 卢森堡药店

开 24小时对外营业

＊处方药须有医生处方。药店最明显的标志是店外挂有绿色十字牌。

卢森堡市中心医院 HOPITAL MUNICIPAL

✉ 4, rue Ernest Barblé
☎ +352 4411 11

■ 境外健康旅行三大准则

❶ 不要过度疲劳，根据自己身体状况，注意保持充沛体力。

❷ 不吃生东西、不喝生水、不用生水制成的冰。

❸ 了解当地一些医疗状况，以备不时之需。

旅行

在荷比卢的城市地区,人们除了使用母语以外,大多数人都会讲英语,在比利时、卢森堡,法语也是通用语言。只要会英语或法语,再加上一点点荷兰语,相信旅行一定会增添不少乐趣的。

沟通其实很容易 英语+法语

在荷兰主要讲荷兰语,以弗里斯兰省为中心的北部地区主要讲弗里斯兰语,不过通用语言还是荷兰语。

但是,不用担心,荷兰人中四分之三的人除了母语之外还掌握一门外语,百分之四十四的人会两门外语,百分之十二的人会三门以上的外语。事实上几乎所有的人都会英语、法语,用德语也很容易交流。虽然几率很小,但是也说不定能碰到会讲中文的人。

比利时也毫不逊色。由于没有比利时语,其通用语言是荷兰语、法语、德语。当然了,基本上所有的地方,英语都是通用的。不过,瓦隆地区的小村庄里有些人只会讲法语,因此掌握一些最基本的语言会比较方便。

卢森堡比较特殊,其母语是卢森堡语,通用语言还有法语和德语。在城市或大一点儿地方的酒店、餐馆,基本上都可以使用英语来交流。

英语+法语 [＊SVP是法语s'il vous plaît(请)的省略形式]

＜基础用语＞

	英	法		英	法
早上好	Good morning	Bonjour	对不起	Excuse me	Excusez-moi
您好	Hello	Bonjour	抱歉	I'm sorry	Pardon
晚上好	Good evening	Bonsoir	我(我们)	I(we)	je(nous)
再见	Good bye	Au revoir	你(你们)	you(you)	vous(vous)
是的	Yes	Oui	他(他们)	he(they)	il(ils)
不是	No	Non	她(她们)	she(they)	elle(elles)
谢谢	Thank you	Merci	男人(男人们)	man(men)	homme(hommes)
不客气	You're welcome	Je vous en prie	女人(女人们)	woman(women)	femme(femmes)

＜基本单词＞

	英	法		英	法
推	push	pousser	关店	closed	fermé
拉	pull	tirer	开店	open	ouvert
出口	exit	sortie	卫生间	toilet	toilettes

会话

中	英	法	中	英	法
入口	entrance	entrée	使用中	occupied	occupé
禁止入内	no entry	défense d'entrer	空的	vacant	libre
空位	vacancies	libre	预约	reservation	réservation
满员	no vacancies	complet	付费	pay	payer
指定座位	reserved (seat)	réservé	好的	good	bon
故障	out of order	en panne	坏的	bad	mauvais

<基本数字>

英	zero	one	two	three	four	five	six	seven	eight	nine	ten
	0	1	2	3	4	5	6	7	8	9	10
法	zéro	un	deux	trois	quatre	cinq	six	sept	huit	neuf	dix

<基本会话>

中	英	法
多少钱?	How much is it?	C'est combien?
我是中国人。	I am a Chinese.	Je suis Chinois (e).
我的名字是……	My name is ~.	Je m'appelle...
你叫什么名字?	What's your name?	Comment vous appelez-vous?
救命!	Help!	Au secours!
不知道。	I don't understand.	Je ne comprends pas.
你能告诉我如何去……吗?	Please tell me how to ~.	Pouvez-vous me dire comment....
你能……?	Would you ~ ?	Voudriez-vous...?

<基础对话> 飞机内

中	英	法
我的灯坏了。	My light isn't working.	Ma lumière ne marche pas.
请给我拿条毛毯。	Please lend me a blanket.	Puis-je avoir une couverture.
我可以把座位往后放吗?	May I put my seat back?	Puis-je abaisser le dossier de mon siège?

旅行信息【当地篇】

旅行会话／英语+法语

中文	英	法
您要鱼肉还是牛肉？	Which would you like, fish or beef?	Que préférez-vous, du poisson ou du boeuf ?
您要喝什么？	Would you like anything to drink ?	Voulez-vous boire quelque chose ?
请给我杯咖啡。	Yes, coffee please.	Un cafe, s'il vous plaît.

＜基础对话＞机场

中文	英	法
您此行的目的是？	What is the purpose of your trip ?	Quel est le but de votre visite ?
观光。	Sightseeing.	Tourisme.
我的行李箱找不到了。	I can't find my luggage.	Je ne trouve pas mes bagages.
我想兑换一下钱币。	I would like to change some money.	Je voudrais changer de l'argent, SVP.
我想再确认一下航班。	May I reconfirm my flight ?	Je voudrais reconfirmer mon vol.

＜基础对话＞出租车

中文	英	法
请问出租车站在哪里？	Could you tell me where the taxi stand is ?	Pourriez-vous m'indiquer la station de taxis, SVP ?
请把我带到○○酒店。	Please take me to the ○○ hotel.	Voudriez-vous me conduire a l'hôtel ○○, SVP.
请停在这儿吧。	Stop here, please.	Arrêtez ici, SVP.

＜基础对话＞酒店

中文	英	法
我以李明的名义预订了。	I have a reservation for Li Ming.	J'ai une reservation au nom de Li Ming.
可以办理入住手续吗？	Can I check in ?	Je voudrais m'inscrire, SVP.
有给我的留言吗？	Do you have any messages for me ?	Est-ce qu'il y a des messages pour moi ?
我可以把这个放到保险箱吗？	Could you put this in the safety deposit box ?	Pourriez-vous me mettre ceci dans le coffre, SVP ?
请帮我打开保险箱。	Could you open the safety box ?	Pourriez-vous m'ouvrir le coffre, SVP.
我想用一下干洗机。	I would like to use your laundry service.	Je voudrais faire nettoyer des vêtements.
（打电话）我是123房间的李明。	This is Li Ming speaking in room 123.	C'est Monsieur Li Ming, chambre 123.
请给我100房间的钥匙。	Can I have the key to room 100 ?	La clé de la chambre 100, SVP.
请给我送份咖啡和面包。	Please bring me coffee and toast.	Pourriez-vous m'apporter du café et des toasts, SVP.
请帮我叫辆出租车。	Please call a taxi for me.	Apppelez-moi un taxi, SVP.

中文	英	法
我把钥匙落在房间里了。	I have left my key in my room.	J'ai laissé ma clé dans la chambre.
请帮我把行李取来。	Please take down my luggage.	Voudriez-vous descendre mes bagages, SVP ?
电视机坏了。	The TV doesn't work.	La télévision ne marche pas.
我的浴室被水淹了。	My bathroom has flooded.	Ma salle de bains est inondée.
能使用旅行支票吗？	Do you accept (take) traveller's checks ?	Acceptez-vous les traveller's checks ?
我要结账。	I would like to check out, please.	Je voudrais régler ma note, SVP.
这笔费用是什么？	What is this charge for ?	Et ces frais, c'est pourquoi ?
迷你吧坏了。	I didn't use the mini-bar.	Je n'ai pas utiliser le mini-bar.

＜基础对话＞闲逛

中文	英	法
旅游服务中心在哪里？	Where is the tourist information office ?	Où se trouve l'office de tourisme ?
这是前往○○的公交车吗？	Is this bus going to ○○ ?	Est-ce que cet autobus va à ○○ ?
我在这里下车。	I'll get off here.	Je voudrais descendre ici.
我要参加这个团。	I would like to take part in this tour.	J'aimerais participer à cette excursion.
有带中文导游的旅行团吗？	Do you have a tour with a Chinese guide ?	Avez-vous des visites guidées en Chinese ?
我想把信寄到中国。	I would like to mail this letter to China.	Je voudrais envoyer une lettre au Chinois.
我能拍照吗？	Can I take a picture ?	Puis-je prendre une photo ?
您能帮我拍张照片吗？	Can you take a picture ?	Pourriez-vous prendre une photo, SVP ?

＜基础对话＞购物

中文	英	法
有什么我可以帮你的吗？	May I help you ?	Que désirez-vous ?
谢谢，我只是看看。	No, thanks. Just looking.	Je regarde seulement, merci.
能再便宜些吗？	Can you give me a discount ?	Pourriez-vouz me faire un rabais, SVP ?
我能试穿吗？	Can I try this one on ?	Puis-je l'essayer ?
请让我看看那块手表。	Could you show me that watch ?	Montrez-moi cette montre là, SVP.
稍微有点儿小（大）。	It's little small (big).	C'est un peu trop petit (large).
我要买这个。	This one, please.	Je voudrais ceci, SVP.
可以用信用卡吗？	Can I use this credit card ?	Puis-je utiliser cette carte de crédit ?

中	英	法
可以退税吗？	Can I get tax refund ?	Puis-je obtenir la détaxe ?
可以给我送到酒店吗？	Can you deliver it to my hotel ?	Pouvez-vous le livrer à mon hôtel ?

＜基础对话＞就餐·观剧

中	英	法
我要预订餐位。	Would you make a reservation for me ?	Je voudrais faire une reservation.
今晚8点，预订2人。	For two people at 8 p.m. tonight.	Pour deux personnes, à 8 heures ce soir.
有什么推荐的菜品吗？	What dish do you recommend ?	Que recommandes-vous ?
请给我一份和他们一样的。	I would like the same dish as those people.	J'aimerais la même chose que les personnes là-bas, SVP.
请给我选一瓶与这道菜相配的酒。	Please select a good wine for this meal.	Pouvez-vous choisir un vin qui a bien avec ce plat ?
这不是我点的菜。	This is not what I ordered.	Ce n'est pas ce que j'ai commandé.
非常好吃。	It is very delicious.	C'est très bon.
我要结账。	Check, please.	L'addition, SVP.
今晚有什么演出？	What is showing tonight ?	Quel est le spectacle de ce soir ?
门票多少钱？	How much is the ticket ?	Combien ça coûte ?

＜基础对话＞遇到麻烦

中	英	法
有会讲中文的人吗？	Is there anybody here who can speak Chinese ?	Y a-t-il quelqu'un ici qui parle Chinois ?
我的包被偷了。	My bag has been stolen.	On m'a volé mon sac.
我的钱包忘在出租车里了。	I have left my wallet in the taxi.	J'ai oublié mon portefeuille dans le taxi.
请注销我的信用卡。	Please cancel my credit card.	Voudriez-vous faire opposition à ma carte de crédit, SVP.
请帮我办一张新卡。	Please issue a new card.	Voudriez-vous me délivrer une autre carte, SVP ?
我错过了到北京的航班。	I have missed the flight to beijing.	J'ai raté mon avion pour beijing.
能乘坐前往北京的其他航班吗？	Can I take another beijing flight ?	Puis-je prendre un autre vol pour beijing ?
我购买了旅行伤害保险。	I have a travel insurance.	J'ai une assurance-voyage.
请叫救护车。	Please call an ambulance.	Appelez une ambulance, SVP.
我要去医院就诊。	I would like to see a doctor.	Je voudrais voir un médecin.
我发烧了。	I have a fever.	J'ai de la fièvre.
我胃痛。	I have a pain in my stomach.	J'ai mal au ventre.

最好知道一点常用语
荷兰语

如果会一点荷兰语的话，那么旅游会更方便。借旅游之机，再多学一点，进一步加深与当地人的友好情感。

＜基础对话＞

早上好	Goedemorgen	再见	Totziens	对不起	pardon
您好	Goedemiddag	是	ja	谢谢	Dank jou
晚上好	Goedenavond	不	nee	好吃	Heerlijk！
晚安	Welterusten	请	Alstublieft	多少钱？	Hoeveel is het？

＜基础单词＞

星期一	maandag	风车	molen	开店	open
星期二	dinsdag	入口	ingang	关店	gesloten
星期三	woensdag	出口	uitgang	公交车	bus
星期四	donderdah	安全门	nooduitgang	公交站点	bushalte
星期五	vrijdag	指南	inlichting	电车	tram
星期六	zaterdag	售票点	loket	电车站点	tramhalte
星期日	zondag	卫生间	toilet	出租车乘车点	Taxi-standplaats
博物馆	museum	男用	heren	禁止停车	niet parkeren
市场	markt	女用	dames	禁止入内	verboden toegang
教堂	kerk	禁烟	verboden te roken	危险	gevaar

＜基础单词＞就餐

水	water	面包	brood	鸡肉	kip
咖啡	koffie	黄油	boter	猪肉	varkensvlees
红茶	thee	乳酪	kaas	牛肉	rundvlees
牛奶	melk	汤	soep	鱼	vis
啤酒	bier	沙拉	salade	贻贝	mossel
红葡萄酒	rode wijn	蔬菜	groente	水果	fruit
白葡萄酒	wite wijn	肉	vlees	冰激凌	ijs

＜字母发音＞

a	b	c	d	e	f	g	h	i	j	k
l	m	n	o	p	q	r	s	t	u	v
w	x	y	z							

＊ｙ多被标记为"ij"

定制服装轻松搞定
购物用语

好不容易去国外购物，还是希望能够买到满意的商品。与其因为语言不通买到不感兴趣的商品，还不如一手持书一手指着该页的内容来交流呢。

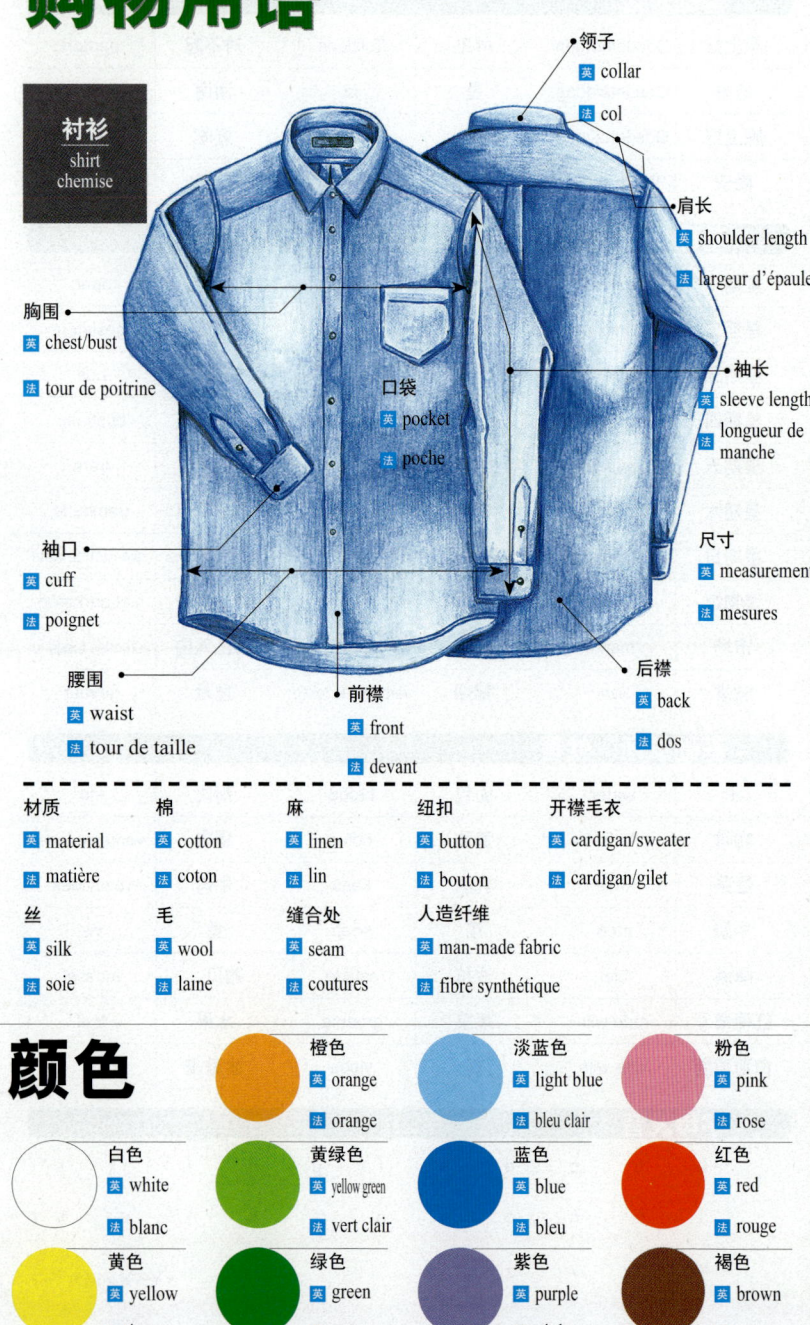

衬衫 shirt / chemise

- 领子 — 英 collar / 法 col
- 肩长 — 英 shoulder length / 法 largeur d'épaules
- 胸围 — 英 chest/bust / 法 tour de poitrine
- 口袋 — 英 pocket / 法 poche
- 袖长 — 英 sleeve length / 法 longueur de manche
- 袖口 — 英 cuff / 法 poignet
- 尺寸 — 英 measurement / 法 mesures
- 腰围 — 英 waist / 法 tour de taille
- 前襟 — 英 front / 法 devant
- 后襟 — 英 back / 法 dos

材质 英 material 法 matière	棉 英 cotton 法 coton	麻 英 linen 法 lin	纽扣 英 button 法 bouton	开襟毛衣 英 cardigan/sweater 法 cardigan/gilet
丝 英 silk 法 soie	毛 英 wool 法 laine	缝合处 英 seam 法 coutures	人造纤维 英 man-made fabric 法 fibre synthétique	

颜色

- 橙色 — 英 orange / 法 orange
- 淡蓝色 — 英 light blue / 法 bleu clair
- 粉色 — 英 pink / 法 rose
- 白色 — 英 white / 法 blanc
- 黄绿色 — 英 yellow green / 法 vert clair
- 蓝色 — 英 blue / 法 bleu
- 红色 — 英 red / 法 rouge
- 黄色 — 英 yellow / 法 jaune
- 绿色 — 英 green / 法 vert
- 紫色 — 英 purple / 法 violet
- 褐色 — 英 brown / 法 marron

问路

在不熟悉的城市难免会迷路。一个人旅行自由随性，也不妨和当地人好好交流一下。只要记住了问路的必要词组，相信一定能找到目的地。

单侧通行
- 英 One way
- 法 circulation à sens unique

＜观光用词＞

	英	法		英	法
禁止入内	No entry	défense d'entrer	旅游服务中心	Tourist Information	bureau de tourisme
左侧通行	Keep (to the) left	tenez la gauche	博物馆	Museum	musée
禁止停车	No parking	défense de stationner	城堡	Castle	château
请慢行	Slow (down)	ralentir	广场	Square	place
禁止左转	No left turn	défense de tourner gauche	大街	Street	rue
高速公路	Highway	autoroute	车站	Station	gare
观光胜地	Sightseeing spot	lieu touristique	中央车站	Central Station	gare centrale

东 英 East / 法 est　**西** 英 West / 法 ouest　**南** 英 South / 法 sud　**北** 英 North / 法 nord

人行道
- 英 pavement
- 法 trottoir

十字路
- 英 intersection
- 法 croisement

交叉口
- 英 crossing
- 法 carrefour

信号灯
- 英 tarffic signal
- 法 feux

人行横道
- 英 pedestrian crossing
- 法 passage clouté

丁字路
- 英 crossroads
- 法 intersection

〈观光会话〉

您能在地图上告诉我一下位置吗?
- 英 Could you show me the location on the map?
- 法 L'indiquez-moi sur cette carte, s'il vous pleît.

我迷路了。
- 英 I'm lost.
- 法 Je me suis perdu.

请问我现在哪里?
- 英 Where am I now?
- 法 Où suis-je? (Où est ici?)

请在地图上指给我看，好吗?
- 英 Please show me on this map?
- 法 Indiquez-moi sur cette carte où je suis maintenant?

请问在~附近有地标建筑吗?
- 英 Are there any landmarks near~?
- 法 Est-ce qu'il y a des repères près de~.

从这里步行大约15分钟。
- 英 It takes about 15 minutes on foot.
- 法 Il faut quinze minutes pour aller à ~ d'ici.

观光景点索引

＜荷兰＞

A
- 阿尔斯梅尔鲜花市场 ················ 31
- 阿默兰海事博物馆（阿默兰）······· 103
- 阿默兰自然博物馆（阿默兰）······· 103
- 阿姆斯格林博物馆（阿姆斯特丹）··· 54
- 阿姆斯特丹防线（阿姆斯特丹）····· 54
- 阿姆斯特丹历史博物馆（阿姆斯特丹）··· 57
- 阿姆斯特丹植物园（阿姆斯特丹）··· 58
- 阿姆斯特丹中央站（阿姆斯特丹）··· 53
- 阿森城堡花园 ···················· 30
- 埃888博物馆（埃丹）·············· 91
- 埃舍尔博物馆（海牙）············· 122
- 艾河（阿姆斯特丹）··············· 53
- 安妮·弗兰克之家（阿姆斯特丹）··· 56
- 奥尔德·马特·于斯农场博物馆（羊角村）··· 101
- 奥尔德霍弗斜塔（吕伐登）········· 96

B
- 贝姆斯特圩田（阿姆斯特丹）······· 89
- 宾霍夫修道院（阿姆斯特丹）······· 57
- 玻璃中心（莱尔斯）·············· 143
- 博芝曼斯·范·伯宁恩美术馆（鹿特丹）··· 136
- 博尼范登博物馆（马斯特里赫特）··· 147
- 博物馆广场（阿姆斯特丹）········· 59
- 布雷达博物馆（布雷达）·········· 153

C
- 城堡（莱顿）···················· 117

D
- 达姆广场（阿姆斯特丹）··········· 55
- 戴杜伦音乐厅（鹿特丹）·········· 135
- 德法尔克市立风车博物馆（莱顿）··· 116
- 德夫哈芬地区（鹿特丹）·········· 137
- 德哈尔城堡（哈泽伊伦）
- 迪克·布鲁纳博物馆（乌得勒支）··· 108
- 地狱之门（马斯特里赫特）········ 147
- 杜莎夫人蜡像馆（阿姆斯特丹）····· 55
- 多姆大教堂（乌得勒支）·········· 106

F
- 法尔肯堡（马斯特里赫特）········ 151
- 范隆博物馆（阿姆斯特丹）········· 59
- 凡·高美术馆（阿姆斯特丹）······· 62
- 冯德尔公园（阿姆斯特丹）········· 59
- 弗兰斯·哈尔斯美术馆（哈勒姆）··· 86
- 弗里斯博物馆（吕伐登）··········· 97
- 弗里斯陶瓷博物馆（马克姆）······· 99
- 弗美尔中心（代尔夫特）·········· 132

G
- 公主庭院陶瓷博物馆（吕伐登）····· 96
- 古城墙（马斯特里赫特）·········· 147
- 古运河（乌得勒支）·············· 106
- 国会大厦（海牙）················ 122
- 国立玻璃博物馆（莱尔斯）········ 143
- 国立古文明博物馆（莱顿）········ 117
- 国立美术馆（阿姆斯特丹）········· 60
- 国立民族学博物馆（莱顿）········ 116
- 国立自然史博物馆（莱顿）········ 116
- 过磅房/奶酪博物馆（阿克玛）····· 92

H
- 海牙市立博物馆（海牙）·········· 125
- 航海和海滩拾荒者博物馆（泰瑟尔）··· 102
- 豪达博物馆（豪达）·············· 141
- 和平宫（海牙）·················· 124
- 荷兰国家森林公园（阿纳姆及周边）··· 112
- 荷兰海洋博物馆（阿姆斯特丹）····· 58
- 荷兰户外博物馆（阿纳姆及周边）··· 113
- 荷兰建筑协会（鹿特丹）·········· 136
- 荷兰铁路博物馆（乌得勒支）······ 107
- 皇家代尔夫特蓝陶工厂（代尔夫特）··· 132
- 皇家蒂士拉陶瓷工坊（马克姆）····· 98

J
- 监狱博物馆（海牙）·············· 124
- 旧教堂（阿姆斯特丹）············· 54
- 旧教堂（代尔夫特）·············· 132
- 旧证券交易所（阿姆斯特丹）······· 54

K
- 凯瑟琳修道院博物馆（乌得勒支）··· 108
- 科里蒂博姆博物馆（哈勒姆）······· 85
- 库肯霍夫公园 ···················· 31
- 库勒–米勒美术馆（阿纳姆及周边）··· 112

L
- 莱顿布料厅市立博物馆（莱顿）···· 116
- 莱顿大学植物园（莱顿）·········· 117
- 莱兹广场（阿姆斯特丹）··········· 59
- 老地球博物馆（羊角村）·········· 101
- 泪之塔 ························· 53
- 立方体房屋（鹿特丹）············ 135
- 鹿特丹海事博物馆（鹿特丹）······ 135
- 伦勃朗广场（阿姆斯特丹）········· 57
- 伦勃朗住宅（阿姆斯特丹）········· 58
- 洛宫 ··························· 30
- 洛宫（阿纳姆及周边）············ 113

M
- 马德罗丹小人国（海牙）·········· 124
- 马肯博物馆（马肯）··············· 89
- 玛塔·哈里故居（吕伐登）········· 97
- 梅登城堡（梅登）················ 110
- 梅斯达全景画博物馆（海牙）······ 124
- 米达赫顿城堡 ···················· 30
- 米德尔堡 ······················· 154
- 莫瑞泰斯皇家博物馆（海牙）······ 123

N
- 奶酪过磅房（埃丹）··············· 91
- 奶酪计量所（豪达）·············· 140
- 南城墙（莱尔斯）················ 143
- 纽南（海牙）···················· 129

O
- 欧洲塔（鹿特丹）················ 137

Q
- 蔷薇园（海牙）·················· 125

R
- 热带博物馆（阿姆斯特丹）········· 63

S
- 圣巴弗教堂（哈勒姆）············· 86
- 圣彼得堡洞窟（马斯特里赫特）···· 147
- 圣彼得教堂（莱顿）·············· 117
- 圣劳伦斯教堂（马克姆）··········· 92
- 圣劳伦斯教堂（鹿特丹）·········· 135
- 圣母教堂（布雷达）·············· 153
- 圣母玛利亚教堂（马斯特里赫特）··· 146
- 圣尼古拉斯教堂（马斯特里赫特）··· 53
- 圣塞尔法斯教堂（马斯特里赫特）··· 146
- 圣扬教堂（豪达）················ 141
- 圣扬教堂（马斯特里赫特）········ 146
- 施罗德住宅（乌得勒支）·········· 107
- 市立近代美术馆（阿姆斯特丹）····· 63
- 市立亲王庭院博物馆（代尔夫特）··· 132

市政厅（代尔夫特）	131
市政厅（哈勒姆）	86
市政厅（豪达）	141
市政厅（马斯特里赫特）	145
斯霍克兰博物馆（斯霍兰）	100
斯希兰住宅（鹿特丹）	136
索赫德拉赫文化史博物馆（阿默兰）	103

T

泰勒斯博物馆（哈勒姆）	86
天鹅绒洞窟（马斯特里赫特）	151
托伦	154

W

瓦登海和海豹康复研究中心（瓦登海岸）	100
王宫（阿姆斯特丹）	55
温泉2000（马斯特里赫特）	151
沃达蒸汽泵站（莱瓦顿）	100
沃伦丹博物馆（沃伦丹）	89
乌得勒支大学（乌得勒支）	108
乌得勒支大学博物馆（乌得勒支）	108
乌得勒支中央博物馆（乌得勒支）	108

X

西班牙门（布雷达）	153
西弗里斯博物馆（霍伦）	94
西教堂（阿姆斯特丹）	56
希特·奈三财团博物馆（欣德洛彭）	99
席凡宁根（海牙）	128
喜力体验馆（阿姆斯特丹）	63
戏剧博物馆（阿姆斯特丹）	56
小孩堤防——埃尔斯豪特的风车群	32
辛格尔花市（阿姆斯特丹）	57
欣德洛彭滑冰博物馆（欣德洛彭）	99
新都市科技中心（阿姆斯特丹）	58
新教堂（阿姆斯特丹）	55
新教堂（代尔夫特）	131
须德海博物馆（恩科豪森）	94

Y

音乐钟博物馆（乌得勒支）	107

Z

赞瑟斯汉斯	33
曾德（海牙）	129
主教堂（乌得勒支）	106
铸币塔（阿姆斯特丹）	57

＜比利时＞

A

阿道尔夫·萨克斯大街（迪南）	269
阿曼德努号博物馆（奥斯坦德）	220
埃尔热博物馆（鲁汶）	248
爱伶之家（根特）	240
安妮圣布尔博物馆（列日）	257
安特卫普大广场（安特卫普）	227
安特卫普中央站（安特卫普）	225
昂洞穴（迪南）	269
奥尔塔美术馆（布鲁塞尔）	192

B

贝尔福钟楼（布吕赫）	211
贝居安修道院（布吕赫）	213
贝居安修道院（哈瑟尔特）	251
贝居安修道院（鲁汶）	248
比利时漫画中心（布鲁塞尔）	186
布埃伦山（列日）	258
布拉班特公爵馆（布鲁塞尔）	183
布鲁塞尔大广场（布鲁塞尔）	183
布斯莱顿博物馆（梅赫伦）	236

C

采邑主教宫殿（列日）	255
城堡（迪南）	269
城堡（那慕尔）	263

D

大萨布隆广场（布鲁塞尔）	190
大卫布伦爱丽丝美术馆（布鲁塞尔）	192
迪尔比伊阿芙妮蒂勒（迪尔比伊）	261

F

凡·登·贝尔格美术馆（安特卫普）	228
费里西安·罗普斯美术馆（那慕尔）	264
佛兰德伯爵城（根特）	240
弗蕾鲁城堡（阿登地区）	267
服饰与针织品博物馆（布鲁塞尔）	184

G

盖伊·德尔福奇香水工作室（那慕尔）	264
甘鲁莉百货大楼（布鲁塞尔）	189
格鲁特福斯博物馆（布吕赫）	213
格罗宁格博物馆（布吕赫）	213
根特美术馆（根特）	241
古伦广场（安特卫普）	225
国家琴酒博物馆（哈瑟尔特）	252

H

哈瑟尔特时装博物馆（哈瑟尔特）	251
海054法啤酒酿造所（布吕赫）	213
黑塔（布鲁塞尔）	187
花边针织品中心（布吕赫）	214
滑铁卢（布鲁塞尔）	205
皇家美术馆（布鲁塞尔）	188
皇家莫奈剧场（布鲁塞尔）	186
霍博肯	228

J

救世主大教堂（布吕赫）	212

K

坎布雷修道院（布鲁塞尔）	191
考古学博物馆（那慕尔）	264
克洛瓦鲁城堡（阿登地区）	267

L

拉肯皇家温室庭园（布鲁塞尔）	193
拉沃圣安妮城堡（阿登地区）	266
乐器博物馆（布鲁塞尔）	189
利奥波德公园（奥斯坦德）	220
鲁本斯故居（安特卫普）	225

M

MAS博物馆（安特卫普）	228
马格利特博物馆（布鲁塞尔）	185
玛格丽特宫殿（梅赫伦）	237
梅姆林美术馆（布吕赫）	214
蒙德爱庭园（布鲁塞尔）	189
民俗博物馆（布吕赫）	214
魔王杰拉德城（根特）	240
莫达沃城堡（阿登地区）	266

N

那慕尔古典博物馆（那慕尔）	264
诺克法勒博物馆（克诺克–海斯特）	222

P

帕拉丁–莫瑞图斯工坊–博物馆（安特卫普）	229
裴龙喷泉（列日）	256
啤酒博物馆（布鲁塞尔）	184

Q

观光景点索引

349

汽车世界（布鲁塞尔）··················· 192
巧克力博物馆（布鲁塞尔）··············· 184

S

萨布隆圣母教堂（布鲁塞尔）············· 189
圣奥古斯丁大教堂&钟乐博物馆（哈瑟尔特）··· 251
圣巴夫大教堂（根特）·················· 239
圣巴泰勒米教堂（列日）················ 257
圣保罗大教堂（列日）·················· 256
圣彼得&保罗教会（奥斯坦德）············ 220
圣彼得教堂（鲁汶）··················· 248
圣德尼教堂（列日）··················· 258
圣杰克教堂（列日）··················· 256
圣卡洛斯教堂（安特卫普）·············· 228
圣凯瑟琳教堂（布鲁塞尔）·············· 187
圣肯特奈斯博物馆（布鲁塞尔）··········· 192
圣鲁伯特大教堂（梅赫伦）·············· 236
圣米歇尔大教堂（列日）················ 186
圣米歇尔教堂（鲁汶）·················· 248
圣母教堂（布吕赫）··················· 212
圣母院教堂（迪南）··················· 269
圣母院礼拜堂（布鲁塞尔）·············· 190
圣母主教座堂（安特卫普）·············· 225
圣尼古拉斯教堂（布鲁塞尔）············· 186
圣尼古拉斯教堂（迪尔比伊）············· 261
圣尼可拉斯教堂（根特）················ 240
圣血教堂（布吕赫）··················· 211
市场广场（布吕赫）··················· 211
市政厅（安特卫普）··················· 227
市政厅（布鲁塞尔）··················· 183
市政厅（根特）······················ 240
市政厅（鲁汶）······················ 247
市政厅（梅赫伦）···················· 235
市皮耶和哥特式小屋（布吕赫）··········· 211
斯皮耶纳新石器时代燧石矿（蒙斯）······· 234
斯托克雷特宅邸（布鲁塞尔）············· 193

T

Topiaires自然公园（迪尔比伊）··········· 261
泰菲伦公园（布鲁塞尔）················ 205
图恩人偶剧场（布鲁塞尔）·············· 184
图尔奈圣母大教堂（布鲁塞尔）··········· 234

W

瓦尔·圣·兰伯特水晶工厂和博物馆（列日）··· 258
瓦隆美术馆（列日）··················· 257
瓦隆民俗博物馆（列日）················ 256
玩具博物馆（梅赫伦）·················· 236
万国宫美术学院（布鲁塞尔）············· 187
王宫（布鲁塞尔）···················· 187
威伍城堡（阿登地区）················· 267
乌鲁塞鲁伯爵城堡（迪尔比伊）··········· 260

X

小欧洲（布鲁塞尔）··················· 193
小萨布隆广场（布鲁塞尔）·············· 190

Y

亚伦斯之家/布朗温博物馆（布吕赫）······· 214
伊克赛勒地区（布鲁塞尔）·············· 191
伊拉斯谟之家（布鲁塞尔）·············· 192

鱼市场（布吕赫）···················· 212
原子球塔（布鲁塞尔）················· 193

Z

炸薯条博物馆（布吕赫）················ 214
詹姆斯·恩索尔故居（奥斯坦德）·········· 220
中央车站（布鲁塞尔）················· 183
钟楼（根特）······················· 239
兹维尼自然保护公园（克诺克–海斯特）····· 223
自由布吕赫的文艺复兴之家（布吕赫）····· 212
最高裁判所（布鲁塞尔）················ 190

＜卢森堡＞

A

阿道夫桥（卢森堡市）················· 278
艾乃恩葡萄酒博物馆（摩泽尔河）········· 272

B

博克要塞（卢森堡市）················· 278

D

大公府邸（卢森堡市）················· 277

J

基希贝格（卢森堡市）················· 279
军事广场（卢森堡市）················· 276

K

克莱沃城堡（克莱沃）················· 288

L

历史博物馆（维安登）················· 287
卢森堡赌场（卢森堡市）················ 278
卢森堡国家历史美术博物馆（卢森堡市）··· 279
卢森堡市历史博物馆················· 279

M

玛丽·阿丝特里德公主号（摩泽尔河）······ 272

S

三橡栗（卢森堡市）··················· 279
善能霍夫曼葡萄园（摩泽尔河）··········· 273
圣彼得和圣保罗教堂（埃希特纳赫）······· 285
圣马丁酒窖（摩泽尔河）················ 273
圣莫里斯和圣莫尔修道院（克莱沃）······· 288
圣母大教堂（卢森堡市）················ 277
圣威利布罗德修道院和修道院博物馆（埃希特纳赫）··· 285

T

特里尼泰礼拜堂和回廊（维安登）········· 287

W

瓦茨拉夫环状城墙（卢森堡市）··········· 278
威廉二世广场（卢森堡市）·············· 276
维安登城堡（维安登）················· 286

Z

中央车站（卢森堡市）················· 279

乐游全球丛书翻译委员会

丛书翻译统筹
潘寿君

翻译审订（以音序排名）
陈燕生　程长善　侯越　潘寿君　王怡　谢立群
颜悦　陶芳英　张建邦　张文颖　张志军　周洁

翻译成员（以音序排名）
陈晨　迟晓春　董娜娜　宫静　郭攀霞　郭文雅　韩佳梅
黄叶清　黄奕纬　凌艳　刘东婧　刘芳　柳慕云　罗芳芳
满新茹　潘丽　裴玺　任二青　王丽珠　王平　吴媛媛
徐超　徐琳　徐珊珊　阎婷婷　杨欢　张静超　张楠
张潇　张亚林　张永　张玉　赵丽　赵季玉　郑凤
钟萍萍　周微　宗文玉

Staff

Editors & Writers	(有)オカプランニング
	松林寛子 Hiroko MATSUBAYASHI
	光武俊子 Toshiko MITSUTAKE
	田中裕子 Yuko TANAKA
	Tomoko FREDELIX
	肥田綾 Aya HIDA
	能出聡子 Satoko NOI
	(有)ラッシュ RASH
	遠田智子 Tomoko TODA
	佐野華英 Kae SANO
	GB London Office
	瀬戸環 Tamaki SETO
	三浦梨奈 Rina MIURA
	堂山優子 Yuko DOYAMA
	永田衣緒菜 Iona NAGATA
	(有)テクスタイド TXTIDE
	成田志麻 Shima NARITA
Photographers	ノビー・キーリー Nobby KEALEY
	山本大樹 Taijyu YAMAMOTO
	大西剛 Go ONISHI
	村田誠司 Seiji MURATA
	Cor Mooy / TOMIKOSHI PHOTOGRAPHY
	赤木真二 Shinji AKAGI
	加世田紀雪 Noriyuki KASETA
Designers	武井里香 Rika TAKEI
	パイデザイン
	川口真由 Mayu KAWAGUCHI
	イエドゥ由美子 Yumiko YEDU
	平野剛 Go HIRANO
	オムデザイン OMU
	道信勝彦 Katsuhiko MICHINOBU
	岡本倫幸 Tomoyuki OKAMOTO
Cover Designer	鳥居智架紫 Machie TORII
Map Production	(株)千秋社 Sensyu-sya
Map Design & Graphic Guide	(株)チューブグラフィックス TUBE
	木村博之 Hiroyuki KIMURA
Desktop Publishing	(株)千秋社 Sensyu-sya

Editorial Cooperation	藤田陽一 Youichi FUJITA
	佐藤祐弘 Masahiro SATO
	佐藤直美 Naomi SATO
	NBA スタジオフロッグ NBA STUDIO FROG
	川上晃 Akira KAWAKAMI
	小野幸恵 Sachie ONO
	村田悦子 Etsuko MURATA
	根本千恵子 Chieko NEMOTO
	岡田和子 Kazuko OKADA
	田島なるみ Narumi TAJIMA
	根本安子 Yasuko NEMOTO
	林弥太郎 Yataro HAYASHI
	川崎英子 Hideko KAWASAKI
	榊原史閑 Shimon SAKAKIBARA
	藤田結子 Yuiko FUJITA
	劉楚慧 Chu-Hui LIU
Special Thanks to	オランダ政府観光局
	Netherlands Board of Tourism & Convention, Japan
	オランダ大使館
	The Royal Netherlands Embassy
	ベルギー観光局ワロン・ブリュッセル
	Belgian Tourist Office Wallonia-Brussels
	ブリュッセル市観光局
	Tourist & Information Office of Brussels
	ベルギー・フランダース政府観光局
	Tourist Office for Flanders, Belgium
	ルクセンブルク大使館
	Embassy of the Grand-Duchy of Luxembourg
	ルクセンブルク政府観光局
	Office National du Tourisme Luxembourg
	根本孝 Takashi NEMOTO
	KLMオランダ航空
	KLM Royal Dutch Airlines
	アコー・アジア・パシフィック
	日本旅行

北京市版权局著作权合同登记图字：01-2011-1628
审图号：GS（2013）564号

总 策 划：刘　权
执行策划：陈凤玲
责任编辑：陈凤玲

WAGAMAMA ARUKI series：（オランダ・ベルギー・ルクセンブルク）

Copyright © 2012 by Jitsugyo no Nihon Sha, Ltd. All rights reserved.
Original Japanese editions published by Jitsugyo no Nihon Sha, Ltd. This Simplified Chinese edition is published by arrangement with Jitsugyo no Nihon Sha, Ltd, Tokyo,Japan through Tuttle-Mori Agency, Inc., Tokyo, Japan in association with Eric Yang Agency Beijing Representative Office, Beijing.

图书在版编目（CIP）数据

荷兰、比利时、卢森堡／实业之日本社海外版编辑部编著；迟晓春，郭攀霞，满新茹译. -- 北京：旅游教育出版社，2014.6
（乐游全球．自由行系列）
ISBN 978-7-5637-2879-4

Ⅰ.①荷… Ⅱ.①实… ②迟… ③郭… ④满… Ⅲ.①旅游指南—荷兰②旅游指南—比利时③旅游指南—卢森堡　Ⅳ.①K950.9

中国版本图书馆CIP数据核字（2014）第014208号

乐游全球　自由行系列

荷兰、比利时、卢森堡

实业之日本社海外版编辑部　编著
迟晓春　郭攀霞　满新茹　译
张建邦　审订

出版单位：	旅游教育出版社
地　　址：	北京市朝阳区定福庄南里1号
邮　　编：	100024
发行电话：	（010）65778403　65728372
	65767462（传真）
本社网址：	www.tepcb.com
E－mail：	tepfx@163.com
印刷单位：	北京利丰雅高长城印刷有限公司
经销单位：	新华书店
开　　本：	880毫米×1230毫米　1/32
印　　张：	11
字　　数：	525千字
版　　次：	2014年6月第1版
印　　次：	2014年6月第1次印刷
定　　价：	66.00元

（图书如有装订差错请与发行部联系）